مركز حسن بن محمد للدراسات التاريخية

قطـــــــــر

ودول الخليج العربي

في وثائق الأرشيف الهندي

(مختارات من الأرشيف الوطني، دلهي)

1871-1840

(I)

ترجمة وتحرير: مركز حسن بن محمد للدراسات التاريخية

دار جامعة حمد بن خليفة للنشر
HAMAD BIN KHALIFA UNIVERSITY PRESS

قطـــــر

ودول الخليج العربي في وثائق الأرشيف الهندي

(مختارات من الأرشيف الوطني، دلهي)

1871-1840

دار جامعة حمد بن خليفة للنشر
صندوق بريد 5825
الدوحة، دولة قطر

www.hbkupress.com

Qatar and the Arabian Gulf States in the Indian Archival Records
(Selections from the National Archives, Delhi)
تمت الترجمة بموافقة الأرشيف الوطني الهندي، دلهي
Published in collaboration between Hamad Bin Khalifa University Press and Hassan Bin Mohammed Center for Historical Studies
تم النشر بالتعاون بين دار جامعة حمد بن خليفة للنشر
ومركز حسن بن محمد للدراسات التاريخية

تحرير: أ. محمد همام فكري، د. علي عفيفي علي غازي
فريق العمل: د. علي عفيفي علي غازي، د. صاحب عالم الأعظمي الندوي،

د. أنس محمد رأفت سعيد، أ. فراس واكد، أ. اغسطين فرانسيس.

الطبعة العربية الأولى عام 2022
الطبعة العربية الثانية عام 2023
دار جامعة حمد بن خليفة للنشر

الترقيم الدولي: 9789927161186

تمت الطباعة في الدوحة-قطر.

مكتبة قطر الوطنية بيانات الفهرسة – أثناء – النشر (فان)

[Qatar and the Arabian Gulf States in the Indian Archival Records]. Arabic

قطر ودول الخليج العربي في وثائق الأرشيف الهندي : مختارات من الأرشيف الوطني، دلهي 1840-1871 / ترجمة وتحرير مركز حسن بن محمد للدراسات التاريخية. – الطبعة العربية الأولى. - الدوحة، دولة قطر : دار جامعة حمد بن خليفة للنشر : مركز حسن بن محمد للدراسات التاريخية، 2022-

مجلدات ؛ سم. – (تاريخ)

تدمك 978-992-716-118-6

يتضمن كشاف.

1. قطر -- تاريخ -- المصادر. 2. دول الخليج العربي -- تاريخ -- المصادر. أ. مركز حسن بن محمد للدراسات التاريخية، مترجم.

ب. العنوان.

DS247.Q3 A36 2022

202228482396 953.63– dc23

المقدمة

يأتي هذا المجلد في إطار مشروع بدأناه منذ أكثر من عشرين عامًا؛ يهدف إلى ترجمة الوثائق البريطانية المتعلقة بتاريخ قطر ودول الخليج العربي. وقد أُنجزت المرحلة الأولى من ذلك المشروع، مشتملةً على وثائق مقيمية بوشهر. ويعد هذا العمل إضافة لما قدمه المركز من قبل للمكتبة العربية؛ حيث قدم المركز ترجمة لمختارات من وثائق حكومة بومباي.

يتضمن هذا المجلد «المجموعة الأولى» من الوثائق التي حصل المركز عليها من دار الوثائق القومية بدلهي، تلك الدار التي تُعدُّ أكبر مستودع أرشيفي في جنوب شرق آسيا، نظرًا لتعدد فروعها في العديد من المدن الهندية، فضلًا عن أنها متممة للمجموعات الوثائقية المحفوظة في الأرشيف البريطاني بلندن. وتحتوي محفوظاتها على مجموعة كبيرة من السجلات العامة، والأوراق الخاصة التي تغطي المدة الزمنية بدءًا من عام 1748. كما يوجد بها عدد من المخطوطات العربية والشرقية والفرمانات، التي صدرت عن سلاطين دويلات المشرق الإسلامي، إضافة إلى الخرائط والصور وغيرها من الأوعية التاريخية، التي تشكل مصدرًا مهمًّا للباحثين والدارسين في تاريخ الخليج وشبه الجزيرة العربية وبلدان الشرق الأوسط، وغيرها.

والوثائق التي يتضمنها المجلد الذي بين أيدينا، التي ترجمها المركز، تخص قطر ودول الخليج العربي، وعلاقتها بالقوى الدولية والإقليمية والمحلية، وبخاصة الحكومة البريطانية وحكومة الهند البريطانية، ومن ثم فهي مصدرٌ مهمٌ من مصادر تاريخ المنطقة، لأنها تحتضن في أضابيرها تقارير وبرقيات ومكاتبات متبادلة بين المقيميين والوكلاء، وقادة السفن التابعة للبحرية الهندية، ورؤسائهم في وزارتي شؤون الهند والخارجية البريطانية بلندن، فضلًا عن رسائل شيوخ المنطقة وتجارها. كما تتضمن أحوالهم وردود أفعالهم، وتفاعلاتهم مع الوقائع والأحداث، التي مروا بها، وتقدم إفاداتهم على أحداث كانوا شهود عيان عليها، ولهذا فإن موضوعاتها تتنوع بين الأمور السياسية والعسكرية والاقتصادية والاجتماعية، وغيرها.

والكثير من هذه الوثائق قد يوجد منها نسخ محفوظة في الأرشيف البريطاني في لندن، وعلى الرغم من ذلك، قد لا تشتمل على كافة الملاحق والإفادات؛ ويرجع ذلك إلى أن العاملين في دار

الوثائق القومية بدلهي لهم منهجهم الخاص في الأرشفة، الذي يختلف عن منهج أرشيف لندن في تنظيماتهم الأرشيفية الخاصة، وقد حرص المركز على إنجاز هذا المشروع لأنه يدخل في دائرة اهتماماته بجمع المصادر المتعلقة بتاريخ قطر ودول الخليج العربي من مظانها الأولية في الأرشيفات البرتغالية والبريطانية والهولندية والفرنسية والعثمانية، وغيرها من الأرشيفات، التي تعكس اهتمام دولها بالمنطقة.

ويسير ترتيب الوثائق في هذا المجلد وفق ترتيب زمني تاريخي؛ إذ يُغطي الأحداث والوقائع التاريخية للفترة (1840-1871)، وقد وضعت الإشارة المرجعية الأرشيفية لبيانات الوثائق وأرقامها وتواريخها، وفق آلية حفظها الأصلية، وتتضمن قائمة المحتويات مفاتيح دلالية على محتوى كل وثيقة تيسيرًا للقارئ والباحث، آملين أن يحقق أحد أهداف المركز، في توفير مصادر تاريخ قطر والخليج العربي. وسوف يتبعه، إن شاء الله، مجلدات أخرى، آملين أن يُقدم فائدة علمية وتاريخية للباحثين والدارسين والمؤرخين والمهتمين بتاريخ قطر والمنطقة.

وأخيرًا فإنني أشكر باسم المركز الزملاء الباحثين والمحررين، الذين أعدوا هذا العمل، والعاملين في دار الوثائق القومية بدلهي، الذين سمحوا للمركز بالحصول على هذه الوثائق، وترجمتها ونشرها باللغة العربية، ونأمل أن يشكل هذا العمل إضافة للمكتبة التاريخية العربية عامة، ومكتبة تاريخ قطر ودول الخليج العربي خاصة.

والله ولي التوفيق،،،،

محمد همام فكري

المحتويات

م	التاريخ	الموضوع	المصدر	ص
14	من دون تاريخ	تسوية النزاع بين شيخي دبي وأبوظبي.	(Foreign Dept. Secret, Progs., 67, January, 4, 1840), pp. 26-34.	42
15	3 أكتوبر 1840	الصراع بين القواسم وبني ياس وقبائل أخرى حول البريمي ومحاولات خالد بن سعود بسط سيطرته في ساحل عمان والبريمي	(Foreign Dept. Secret, Progs., 67, January, 4, 1840), pp. 35-42.	44
16	5 مارس 1843	مساندة أهل قطر لمحمد بن خليفة واستعداد عبد الله لمهاجمة قطر.	(Foreign Dept. Secret, Progs., 9, May, 17, 1843), pp. 3- 4.	47
17	10 مارس 1843	استعدادات عبد الله بن أحمد آل خليفة لمهاجمة قطر.	(Foreign Dept. Secret, Progs., 9, May, 17, 1843), pp. 4- 6.	48
18	16 مارس 1843	موقف أهل قطر من الصراع بين أسرة آل خليفة.	(Foreign Dept. Secret, Progs., 9, May, 17, 1843), pp. 2-3.	49
19	24 ديسمبر 1843	أحداث الخليج العربي والتحركات البريطانية لاحتوائها.	(Foreign Dept. Political, Progs., Nos. 46, 1846), pp. 9-11.	50
20	17 ديسمبر 1845	أحداث بالقرب من أبوظبي تزعزع أمن الخليج.	(Foreign Dept. Political, Progs., Nos. 46, 1846), pp. 4-5.	51
21	23 ديسمبر 1845	وصول سعد بن مطلق إلى ساحل عمان ورد الفعل البريطاني.	(Foreign Dept. Political, Progs., Nos. 46, 1846), pp. 5-9.	52
22	24 ديسمبر 1845	عودة الهدوء إلى الخليج بعد زيارة سفينة بريطانية.	(Foreign Dept. Political, Progs., Nos. 46, 1846), pp. 2-3.	54
23	31 يناير 1846	زيارة السفينتين فوكس وبايلوت إلى الخليج العربي.	(Foreign Dept. Political, Progs., Nos. 46, 1846), pp. 12.	55
24	25 يونيو 1849	إجراءات بريطانية تجاه تجارة الرقيق في الخليج العربي.	(Foreign Dept. Political, Progs., 5, Dec., 8, 1849), pp. 8- 11.	56
25	11 يوليو 1849	إجراءات بريطانية تجاه تجارة الرقيق في الخليج العربي.	(Foreign Dept. Political, Progs., 5, Dec., 8, 1849), pp. 5- 7.	58
26	11 يوليو 1849	إجراءات بريطانية تجاه تجارة الرقيق في الخليج العربي.	(Foreign Dept. Political, Progs., 5, Dec., 8, 1849), p. 12.	59

م	التاريخ	الموضوع	المصدر	ص
27	25 يوليو 1849	إجراءات بريطانية تجاه تجارة الرقيق في الخليج العربي.	(Foreign Dept. Political, Progs., 5, Dec., 8, 1849), p. 4.	**61**
28	30 يوليو 1849	إجراءات بريطانية تجاه تجارة الرقيق في الخليج العربي.	(Foreign Dept. Political, Progs., 5, Dec., 8, 1849), pp. 2- 3.	**62**
29	26 أغسطس 1849	رد محمد بن أحمد آل خليفة على شكوى المقيم من تحركات الهواجر.	(Foreign Dept. Secret, Progs., 7, Dec., 8, 1849), pp. 4- 6.	**63**
30	2 سبتمبر 1849	تسوية النزاع بين الهواجر والمريخات.	(Foreign Dept. Secret, Progs., 7, Dec., 8, 1849), pp. 6- 8.	**65**
31	27 سبتمبر 1849	تحالفات بين محمد بن أحمد آل خليفة وقبيلة الهواجر.	(Foreign Dept. Secret, Progs., 7, Dec., 8, 1849), pp. 2- 4.	**66**
32	27 سبتمبر 1849	المقيم البريطاني يحمل محمد بن خليفة المسؤولية على تحركات قبيلة الهواجر.	(Foreign Dept. Secret, Progs., 7, Dec., 8, 1849), pp. 8- 9.	**68**
33	1 أكتوبر 1851	تحركات المقيم هينل في ساحل عمان وعمان وقطر.	(Foreign Dept. Political, Progs., 72, October, 1, 1851), pp. 2- 7.	**69**
34	13 أبريل 1863	جولة لويس بيلي في الخليج العربي وزيارة الكويت وجنوب العراق.	(Foreign Dept. Political, A., Progs., 58- 62, August, 1863), pp. 3- 20.	**72**
35	13 أبريل 1863	ملاحظات لويس بيلي على القبائل والأماكن والتجارة والموارد في ساحل الخليج العربي.	(Foreign Dept. Political, A., Progs., 68- 72, August, 1863), pp. 5- 67.	**99**
36	5 مايو 1863	مصور الخليج العربي يبين الطرق من البصرة إلى الكويت وبوشهر والزبير والمحمرة ومنطقة عرب كعب.	(Foreign Dept. Political, A., Progs., 58- 62, August, 1863), p. 20.	**164**
37	5 مايو 1863	إحال تقرير لويس بيلي إلى الجمعية الأسيوية والجمعيات الجغرافية.	(Foreign Dept. Political, A., Progs., 58- 62, August, 1863), p. 21.	**165**
38	5 مايو 1863	إحال تقرير لويس بيلي إلى الجمعية الأسيوية والجمعيات الجغرافية.	(Foreign Dept. Political, A., Progs., 68- 72, August, 1863), p. 68.	**166**
39	11 يوليو 1863	إحال تقرير لويس بيلي إلى الحاكم العام في الهند.	(Foreign Dept. Political, A., Progs., 58- 62, August, 1863), p. 2.	**167**
40	31 يوليو 1863	إحال تقرير لويس بيلي إلى الجمعية الأسيوية.	(Foreign Dept. Political, A., Progs., 58- 62, August, 1863), p. 22.	**168**

م	التاريخ	الموضوع	المصدر	ص
41	5 أغسطس 1863	إحال تقرير لويس بيلي إلى حكومة بومباي.	(Foreign Dept. Political, A., Progs., 68- 72, August, 1863), p. 70.	**169**
42	8 يناير 1868	شكاوى ضد شيخ القواسم في الشارقة.	(Foreign Dept. Political, A., Progs., 329- 332, Part A., Feb., 1868), pp. 7- 8.	**170**
43	21 يناير 1868	هجوم شيخ أبوظبي على قطر.	(Foreign Dept. Political, A., Progs., 329- 332, Part A., Feb., 1868), p. 2.	**173**
44	21 يناير 1868	طلب المقيم من شيخ أبوظبي إعادة الممتلكات المنهوبة.	(Foreign Dept. Political, A., Progs., 329- 332, Part A., Feb., 1868), p. 2.	**174**
45	21 يناير 1868	تخلي شيخ القواسم عن الهجوم على ميناء بُخا.	(Foreign Dept. Political, A., Progs., 329- 332, Part A., Feb., 1868), pp. 6- 7.	**175**
46	13 فبراير 1868	هجوم شيخ أبوظبي على قطر.	(Foreign Dept. Political, A., Progs., 329- 332, Part A., Feb., 1868), p. 2.	**177**
47	13 فبراير 1868	اعتزام شيخ القواسم الهجوم على ميناء بُخا.	(Foreign Dept. Political, A., Progs., 329- 332, Part A., Feb., 1868), p. 6.	**178**
48	28 فبراير 1868	وصول الوكيل البريطاني إلى كابول في أفغانستان.	(Foreign Dept. Political, A., Progs., 329- 332, Part A., Feb., 1868), p. 4.	**179**
49	5 أبريل 1868	رد شيخ أبوظبي بخصوص هجومه على ساحل قطر.	(Foreign Dept. Political, A., Part A, Progs., 1- 21, August, 1868), p. 11.	**180**
50	23 أبريل 1868	هجوم قرصاني على ساحل قطر شنه شيخا البحرين وأبوظبي.	(Foreign Dept. Political, A., Progs., 92- 96, June, 1868), pp. 8- 10.	**181**
51	9 مايو 1868	هجوم قرصاني على ساحل قطر شنه شيخا البحرين وأبوظبي.	(Foreign Dept. Political, A., Progs., 92- 96, June, 1868), pp. 5- 7.	**187**
52	12 مايو 1868	رد شيخ أبوظبي بخصوص هجومه على ساحل قطر.	(Foreign Dept. Political, A., Part A, Progs., 1- 21, August, 1868), pp. 10- 11.	**189**

م	التاريخ	الموضوع	المصدر	ص
53	12 مايو 1868	تقرير المقيم عن هجوم أبوظبي على ساحل قطر.	(Foreign Dept. Political, A., Part A, Progs., 1- 21, August, 1868), pp. 11- 12.	**190**
54	23 مايو 1868	رد شيخ أبوظبي بخصوص هجومه على ساحل قطر.	(Foreign Dept. Political, A., Part A, Progs., 1- 21, August, 1868), p. 10.	**191**
55	24 مايو 1868	التفكير البريطاني في محاصرة شيخ أبوظبي.	(Foreign Dept. Political, A., Progs., 92- 96, June, 1868), p. 11.	**192**
56	6 يونيو 1868	التفكير البريطاني في محاصرة شيخ أبوظبي.	(Foreign Dept. Political, A., Progs., 92- 96, June, 1868), p. 11.	**193**
57	6 يونيو 1868	هجوم شيخي البحرين وأبوظبي على ساحل قطر.	(Foreign Dept. Political, A., Progs., 92- 96, June, 1868), p. 5.	**194**
58	7 يونيو 1868	خسائر هجوم شيخي البحرين وأبوظبي على ساحل قطر.	(Foreign Dept. Political, A., Part A, Progs., 1- 21, August, 1868), pp. 14-15.	**195**
59	8 يونيو 1868	إنذار المقيم البريطاني لشيخ أبوظبي لإعادة الممتلكات المنهوبة.	(Foreign Dept. Political, A., Part A, Progs., 1- 21, August, 1868), p.15.	**197**
60	8 يونيو 1868	الإجراءات البريطانية ضد شيخ أبوظبي بعد خرقه الهدنة بالهجوم على ساحل قطر.	(Foreign Dept. Political, A., Part A, Progs., 1- 21, August, 1868), p.15.	**198**
61	9 يونيو 1868	التفكير البريطاني في محاصرة شيخ أبوظبي.	(Foreign Dept. Political, A., Part A, Progs., 1- 21, August, 1868), p. 12.	**199**
62	9 يونيو 1868	اقتراح المقيم البريطاني محاصرة شيخ أبوظبي.	(Foreign Dept. Political, A., Progs., 92- 96, June, 1868), p. 11.	**200**
63	14 يونيو 1868	تأجيل محاصرة شيخ أبوظبي لاستكمال الاستعدادات.	(Foreign Dept. Political, A., Progs., 92- 96, June, 1868), p. 13.	**201**
64	14 يونيو 1868	هجوم القبائل القطرية على البحرين.	(Foreign Dept. Political, A., Part A, Progs., 1- 21, August, 1868), p. 17.	**202**
65	27 يونيو 1868	دعوة شيخ البحرين للمقيم البريطاني لزيارة البحرين.	(Foreign Dept. Political, A., Progs., 406- 410, August, 1868), p. 3.	**203**

م	التاريخ	الموضوع	المصدر	ص
66	3 يوليو 1868	تحركات شيخ أبوظبي واقتراح حصاره.	(Foreign Dept. Political, A., Part A, Progs., 1- 21, August, 1868), p. 10.	204
67	3 يوليو 1868	نصائح إلى حاكم ريوه لتحسين إدارة ولايته.	(Foreign Dept. Political, A., Part A, Progs., 1- 21, August, 1868), p. 2.	205
68	3 يوليو 1868	تحذير المقيم لشيخ البحرين لأجل إعادة الممتلكات المنهوبة.	(Foreign Dept. Political, A., Progs., 406- 410, August, 1868), p. 3.	206
69	4 يوليو 1868	حاكم ريوه يقبل بنصيحة البريطانيين لإدارة ولايته.	(Foreign Dept. Political, A., Part A, Progs., 1- 21, August, 1868), p. 2.	207
70	6 يوليو 1868	بريطانيا توجه تحذيرات لشيخي أبوظبي والبحرين بخصوص خرق هدنة السلام.	(Foreign Dept. Political, A., Part A, Progs., 406- 410, August, 1868), p. 2.	208
71	7 يوليو 1868	هجوم قبائل قطر على البحرين.	(Foreign Dept. Political, A., Part A, Progs., 1- 21, August, 1868), p. 17.	210
72	7 يوليو 1868	ارتكاب شيخ أبوظبي لعملية قرصنة بالاتفاق مع شيخ البحرين.	(Foreign Dept. Political, A., Part A, Progs., 1- 21, August, 1868), p. 14.	211
73	10 يوليو 1868	تعيين مهراجا هندي جديد في ريوه.	(Foreign Dept. Political, A., Part A, Progs., 1- 21, August, 1868), p. 2.	212
74	17 يوليو 1868	تحذير شيخي أبوظبي والبحرين لأجل دفع التعويضات عن هجومهم على ساحل قطر.	(Foreign Dept. Political, A., Part A, Progs., 1- 21, August, 1868), p. 19.	213
75	17 يوليو 1868	هجوم قبائل قطر على البحرين، وإجبار شيخي البحرين وأبوظبي على دفع التعويضات.	(Foreign Dept. Political, A., Part A, Progs., 1- 21, August, 1868), p. 21.	214
76	19 يوليو 1868	تحذير شيخي أبوظبي والبحرين ومطالبتهم بالتعويض.	(Foreign Dept. Political, A., Part A, Progs., 1- 21, August, 1868), p. 25.	215
77	20 يوليو 1868	التحركات البريطانية في سبيل فرض الهدنة وتحصيل التعويضات.	(Foreign Dept. Political, A., Part A, Progs., 1- 21, August, 1868), p. 27.	216

م	التاريخ	الموضوع	المصدر	ص
78	21 يوليو 1868	التحركات البريطانية في سبيل فرض الهدنة وتحصيل التعويضات.	(Foreign Dept. Political, A., Part A, Progs., 1- 21, August, 1868), p. 29.	**217**
79	22 يوليو 1868	التحركات البريطانية في سبيل فرض الهدنة وتحصيل التعويضات.	(Foreign Dept. Political, A., Part A, Progs., 1- 21, August, 1868), p. 31.	**218**
80	22 يوليو 1868	نجاح السلطات البريطانية في بورما في حل أزمة الممتلكات المتنازع عليها.	(Foreign Dept. Political, A., Progs., 406- 410, August, 1868), pp. 7- 8.	**219**
81	23 يوليو 1868	التحركات البريطانية في سبيل فرض الهدنة وتحصيل التعويضات.	(Foreign Dept. Political, A., Part A, Progs., 1-21, August, 1868), p. 33.	**220**
82	23 يوليو 1868	تحركات شيخي أبوظبي والبحرين والاضطرابات على ساحل قطر.	(Foreign Dept. Political, A., Part A, Progs., 1- 21, August, 1868), pp. 35- 36.	**221**
83	23 يوليو 1868	تعيين رئيس وزراء "ريوه" ونصائح للمهراجا للاضطلاع بمسؤوليات حكومته.	(Foreign Dept. Political, A., Part A, Progs., 1-21, August, 1868), p. 4.	**223**
84	23 يوليو 1868	نصائح للمهراجا بعدم التخلي عن الإشراف على حكومة "ريوه".	(Foreign Dept. Political, A., Part A, Progs., 1- 21, August, 1868), p. 5.	**224**
85	31 يوليو 1868	خرق الهدنة البحرية من قبل شيخي البحرين وأبوظبي.	(Foreign Dept. Political, A., Part A, Progs., 1- 21, August, 1868), pp. 39- 43.	**225**
86	1 أغسطس 1868	خرق الهدنة البحرية من قبل شيخي البحرين وأبوظبي.	(Foreign Dept. Political, A., Part A, Progs., 1- 21, August, 1868), pp. 45- 46.	**231**
87	1 أغسطس 1868	الموافقة على تعيين مهراجا "ريوه" وزيرًا أول لولايته.	(Foreign Dept. Political, A., Part A, Progs., 1- 21, August, 1868), p. 6.	**233**
88	1 أغسطس 1868	الموافقة على تعيين مهراجا "ريوه" وزيرًا أول لولايته.	(Foreign Dept. Political, A., Part A, Progs., 1- 21, August, 1868), pp. 6- 7.	**234**
89	1 أغسطس 1868	خرق شيخي أبوظبي والبحرين للهدنة البحرية بالهجوم على ساحل قطر والتحركات البريطانية.	(Foreign Dept. Political, A., Part A, Progs., 1- 21, August, 1868), pp. 46- 48.	**235**

م	التاريخ	الموضوع	المصدر	ص
90	من دون تاريخ	اعتداءات شيخ البحرين وأبوظبي على قطر والتحركات البريطانية لأجل الحصول على التعويضات المناسبة.	(Foreign Dept. Political, A., Part A, Progs., 1- 21, August, 1868), pp. 51- 56.	239
91	4 أغسطس 1868	استيلاء حكومة بورما على بعض الممتلكات المتنازع عليها والمساعي البريطانية.	(Foreign Dept. Political, A., Progs., 406- 410, August, 1868), p. 7.	243
92	6 أغسطس 1868	خرق شيخي البحرين وأبوظبي للهدنة البحرية بهجومهم على ساحل قطر.	(Foreign Dept. Political, A., Progs., 406- 410, August, 1868), p. 2.	245
93	31 أغسطس 1868	خرق شيخي البحرين وأبوظبي الهدنة البحرية بالهجوم على ساحل قطر.	(Foreign Dept. Political, A., Progs., 406- 410, August, 1868), p. 5.	246
94	28 مارس 1869	علي بن خليفة يطلب من محمد بن عيد القبيسي الرحيل عن مدينة الخوير.	(Foreign Dept. Political, A., Part A, Progs., 357- 421, May, 1869), p. 7.	247
95	2 أبريل 1869	مغادرة الشيخ محمد بن عيد القبيسي للخوير واللجوء إلى محمد بن ثاني.	(Foreign Dept. Political, A., Part A, Progs., 357- 421, May, 1869), P. 6.	248
96	2 أبريل 1869	تعهد محمد بن عيسى القبيسي بعدم القيام بعمل يخالف الهدنة البحرية.	(Foreign Dept. Political, A., Part A, Progs., 357- 421, May, 1869), P. 7.	249
97	3 أبريل 1869	مغادرة الشيخ محمد بن عيد القبيسي للخوير واللجوء إلى محمد بن ثاني.	(Foreign Dept. Political, A., Part A, Progs., 357- 421, May, 1869), P. 6.	250
98	5 أبريل 1869	دخول أهل الخوير في رعاية الشيخ محمد بن ثاني.	(Foreign Dept. Political, A., Part A, Progs., 357- 421, May, 1869), P. 7.	251
99	9 أبريل 1869	أهالي جوادر يؤيدون السيد ناصر بن ثويني، والموقف البريطاني.	(Foreign Dept. Political, A., Part A, Progs., 357- 421, May, 1869), P. 5.	252
100	9 أبريل 1869	المساعي البريطانية ضد تحركات ناصر بن ثويني في جوادر.	(Foreign Dept. Political, A., Part A, Progs., 357- 421, May, 1869), P. 5.	253
101	10 أبريل 1869	الشيخ علي بن خليفة يبرر طرده لأخيه عبد الله إلى الكويت عنوة.	(Foreign Dept. Political, A., Part A, Progs., 357- 421, May, 1869), P. 5.	254

م	التاريخ	الموضوع	المصدر	ص
102	10 أبريل 1869	مساعي بريطانيا لاحتواء النزاع بين والي جوادر والسيد ناصر بن ثويني.	(Foreign Dept. Political, A., Part A, Progs., 357- 421, May, 1869), Pp. 4- 5.	**255**
103	12 أبريل 1869	وصول السيد ناصر بن ثويني إلى جوادر لأجل تولي إدارتها.	(Foreign Dept. Political, A., Part A, Progs., 357- 421, May, 1869), p. 5.	**256**
104	12 أبريل 1869	تفاصيل مغادرة ناصر بن ثويني إلى جوادر.	(Foreign Dept. Political, A., Part A, Progs., 357- 421, May, 1869), Pp. 5-6.	**258**
105	12 أبريل 1869	الأوضاع في مسقط وتحركات عزان بن قيس والسيد سالم والسيد ماجد والوهابيين في الشارقة.	(Foreign Dept. Political, A., Part A, Progs., 357- 421, May, 1869), Pp. 13-14.	**259**
106	15 أبريل 1869	ثورة في جوادر ضد حكومة مسقط.	(Foreign Dept. Political, A., Part A, Progs., 357- 421, May, 1869), P. 4.	**262**
107	15 أبريل 1869	زيارة الكابتن واي مساعد المقيم لساحل عمان للتحقيق في عدد من الشكاوى.	(Foreign Dept. Political, A., Part A, Progs., 357- 421, May, 1869), Pp. 8-13.	**263**
108	20 أبريل 1869	تحركات السيد عزان لإخماد ثورة جوادر.	(Foreign Dept. Political, A., Part A, Progs., 357- 421, May, 1869), P. 4.	**273**
109	24 أبريل 1869	الصراع بين سعود وعبد الله آل سعود في المنطقة الوهابية.	(Foreign Dept. Political, A., Part A, Progs., 357- 421, May, 1869), P. 3.	**274**
110	24 أبريل 1869	السيد سالم إمام مسقط يبيع مركبه "الرحماني" لتاجر لؤلؤ.	(Foreign Dept. Political, A., Part A, Progs., 357- 421, May, 1869), P. 3.	**275**
111	24 أبريل 1869	الشيخ علي بن خليفه يطرد أخاه محمدًا عنوة إلى الكويت.	(Foreign Dept. Political, A., Part A, Progs., 357- 421, May, 1869), Pp. 3-4.	**276**
112	24 أبريل 1869	تحركات السيدين ناصر وعزان في جوادر.	(Foreign Dept. Political, A., Part A, Progs., 357- 421, May, 1869), P. 4.	**277**
113	24 أبريل 1869	نية عزان، إمام مسقط، شن هجوم بحري ضد جوادر.	(Foreign Dept. Political, A., Part A, Progs., 357- 421, May, 1869), P. 5.	**278**

م	التاريخ	الموضوع	المصدر	ص
114	24 أبريل 1869	حملة ناصر بن ثويني ضد جوادر.	(Foreign Dept. Political, A., Part A, Progs., 357- 421, May, 1869), P. 5.	**279**
115	24 أبريل 1869	حملة ناصر بن ثويني على جوادر.	(Foreign Dept. Political, A., Part A, Progs., 357- 421, May, 1869), P. 6.	**280**
116	24 أبريل 1869	تفاصيل عن تحركات القبائل القطرية.	(Foreign Dept. Political, A., Part A, Progs., 357- 421, May, 1869), P. 6.	**281**
117	24 أبريل 1869	تسوية خلافات قطر تحقق أفضل النتائج.	(Foreign Dept. Political, A., Part A, Progs., 357- 421, May, 1869), P. 7.	**282**
118	24 أبريل 1869	استعدادات السيد سالم والوكيل الوهابي انطلاقًا من دبي للهجوم على مسقط.	(Foreign Dept. Political, A., Part A, Progs., 357- 421, May, 1869), Pp. 7-8.	**283**
119	24 أبريل 1869	الأوضاع في مسقط ومساعي السيد سالم لاستعادة السلطنة.	(Foreign Dept. Political, A., Part A, Progs., 357- 421, May, 1869), P. 13.	**285**
120	24 أبريل 1869	موت الوكيل الوهابي في الشارقة وأثره على مخططات السيد سالم تجاه السيد عزان في مسقط.	(Foreign Dept. Political, A., Part A, Progs., 357- 421, May, 1869), P. 14.	**286**
121	13 مايو 1869	الصراع بين سعود وعبد الله آل سعود في المنطقة الوهابية.	(Foreign Dept. Political, A., Part A, Progs., 357- 421, May, 1869), P. 3.	**287**
122	5 أغسطس 1869	اعتزام عبد الله بن فيصل آل سعود إرسال قوات إلى عمان.	(Foreign Dept. Political, A., Part A, Progs., 228- 232, Oct., 1869), p. 6.	**288**
123	16 أغسطس 1869	الهدوء يعم ساحل قطر بعد تسوية النزاعات مع شيخي البحرين وأبوظبي.	(Foreign Dept. Political, A., Part A, Progs., 228- 232, Oct., 1869), pp. 6- 7.	**289**
124	أغسطس 1869	طمأنة المقيم للشيخ محمد بن ثاني بخصوص الغارات على ساحل قطر.	(Foreign Dept. Political, A., Part A, Progs., 228-232, Oct., 1869), p. 7.	**290**
125	10 سبتمبر 1869	شؤون قطر والخليج العربي.	(Foreign Dept. Political, A., Part A, Progs., 228- 232, Oct., 1869), pp. 5- 6.	**291**

م	التاريخ	الموضوع	المصدر	ص
126	17 سبتمبر 1869	شؤون قطر والخليج العربي وطمأنة المقيم للشيخ محمد بن ثاني.	(Foreign Dept. Political, A., Part A, Progs., 228- 232, Oct., 1869), p. 6.	**292**
127	2 أكتوبر 1869	موافقة حكومة الهند على رد المقيم وطمأنته للشيخ محمد بن ثاني.	(Foreign Dept. Political, A., Part A, Progs., 228- 232, Oct., 1869), pp. 8- 9.	**293**
128	18 أكتوبر 1869	حكومة الهند تحيل موافقة القيم وطمأنته للشيخ محمد بن ثاني إلى وزارة شؤؤون الهند.	(Foreign Dept. Political, A., Part A, Progs., 228- 232, Oct., 1869), p. 10.	**294**
129	18 أكتوبر 1869	الأوضاع في قطر والخليج العربي.	(Foreign Dept. Political, A., Part A, Progs., 228- 232, Oct., 1869), pp. 10- 11.	**295**
130	30 نوفمبر 1870	نهب بعض سكان سيهات لمركب قطري بالقرب من القطيف.	(Foreign Dept. Secret, Progs., 292-355, December, 1871), p. 14.	**296**
131	26 يناير 1871	الوساطة البريطانية بين البحرين وقطر بخصوص تعرض بعض المراكب القطرية للنهب	(Foreign Dept. Secret, Progs., 292- 355, December, 1871), p. 14.	**297**
132	26 يناير 1971	تعرض مركب قطري للنهب على يد بعض سكان سيهات.	(Foreign Dept. Secret, Progs., 292- 355, December, 1871), p. 15.	**298**
133	6 فبراير 1871	شكوى الشيخ محمد بن ثاني بخصوص تعرض أحد مراكبه للاحتجاز على يد بعض سكان سيهات.	(Foreign Dept. Secret, Progs., 292- 355, December, 1871), p. 15.	**299**
134	16 مارس 1871	رد شيخ البحرين بخصوص شكوى الشيخ محمد بن ثاني عن تعرض أحد مراكبه للاحتجاز.	(Foreign Dept. Secret, Progs., 292- 355, December, 1871), p. 15.	**300**
135	13 يوليو 1871	قبول الشيخ جاسم الراية العثمانية ورفعها على منزله بالبدع.	(Foreign Dept. Secret, Progs., 292- 355, December, 1871), p. 15.	**301**
136	17 يوليو 1871	الراية العثمانية التي حملها شيخ الكويت للشيخ جاسم مرفوعة في البدع.	(Foreign Dept. Secret, Progs., 292- 355, December, 1871), p. 14.	**302**
137	17 يوليو 1871	قبول الشيخ جاسم الراية العثمانية ومن ثم يرفعها بالبدع.	(Foreign Dept. Secret, Progs., 292- 355, December, 1871), p. 16.	**303**

م	التاريخ	الموضوع	المصدر	ص
138	18 يوليو 1871	الشيخ جاسم يبين أسباب قبول الراية العثمانية.	(Foreign Dept. Secret, Progs., 292- 355, December, 1871), p. 16.	**304**
139	18 يوليو 1871	تأكد البريطانيين من أن الشيخ جاسم يرفع الراية العثمانية في البدع.	(Foreign Dept. Secret, Progs., 292- 355, December, 1871), p. 16.	**305**
140	18 يوليو 1871	احتلال القوات العثمانية للأحساء.	(Foreign Dept. Secret, Progs., 292- 355, December, 1871), p. 16.	**306**
141	19 يوليو 1871	الشيخ جاسم يحيل البريطانيين للسلطان العثماني بخصوص الراية العثمانية.	(Foreign Dept. Secret, Progs., 292- 355, December, 1871), pp. 11- 12.	**307**
142	19 يوليو 1871	مبررات الشيخ جاسم لقبول الراية العثمانية.	(Foreign Dept. Secret, Progs., 292- 355, December, 1871), pp. 13- 14.	**308**
143	20 يوليو 1871	العلم العربي مرفوع على منزل الشيخ محمد بن ثاني والعلم العثماني على منزل نجله.	(Foreign Dept. Secret, Progs., 292- 355, December, 1871), pp. 10- 11.	**310**
144	20 يوليو 1871	شيخ الكويت يصل البدع ومعه أربع رايات عثمانية.	(Foreign Dept. Secret, Progs., 292- 355, December, 1871), p. 12.	**312**
145	20 يوليو 1871	مبررات الشيخ محمد بن ثاني بخصوص رفع الراية العثمانية.	(Foreign Dept. Secret, Progs., 292- 355, December, 1871), p. 12.	**313**
146	20 يوليو 1871	الشيخ محمد بن ثاني يعتذر عن مقابلة مساعد المقيم.	(Foreign Dept. Secret, Progs., 292-355, December, 1871), p. 13.	**314**
147	20 يوليو 1871	احتلال القوات العثمانية للأحساء.	(Foreign Dept. Secret, Progs., 292- 355, December, 1871), p. 16.	**315**
148	21 يوليو 1871	استفسار حكومة الهند عن المقصود بمنطقة الأحساء.	(Foreign Dept. Secret, Progs., 292- 355, December, 1871), p. 16.	**316**
149	22 يوليو 1871	توضيح المقيم للمقصود بمنطقة الأحساء.	(Foreign Dept. Secret, Progs., 292- 355, December, 1871), p. 17.	**317**

م	التاريخ	الموضوع	المصدر	ص
150	25 يوليو 1871	المقيم يحيل إلى خريطة رحلته إلى الرياض لتوضيح المقصود بمنطقة الأحساء.	(Foreign Dept. Secret, Progs., 292- 355, December, 1871), p. 17.	**318**
151	27 يوليو 1871	أنباء عن تحركات القوات العثمانية في الأحساء وموقف القوات الوهابية.	(Foreign Dept. Secret, Progs., 292- 355, December, 1871), p. 13.	**319**
152	28 يوليو 1871	إبحار سفينة عثمانية في الخليج العربي.	(Foreign Dept. Secret, Progs., 292- 355, December, 1871), p. 17.	**320**
153	28 يوليو 1871	تفكير القوات العثمانية بالتوجه للرياض، وأنباء عن تحركات القوات الوهابية.	(Foreign Dept. Secret, Progs., 292- 355, December, 1871), p. 20.	**322**
154	30 يوليو 1871	الشيخ جاسم يرفع الراية العثمانية بناء على طلب القائد التركي.	(Foreign Dept. Secret, Progs., 292- 355, December, 1871), p. 17.	**324**
155	30 يوليو 1871	تقرير مفصل بخصوص قبول الشيخ جاسم للراية العثمانية وقيامه برفعها في البدع.	(Foreign Dept. Notes, Progs., C 190 / 253½, 1871), pp. 2-7.	**325**
156	31 يوليو 1871	تقرير عن مستجدات الأخبار التي تخص الحملة العثمانية في الأحساء وقطر.	(Foreign Dept. Secret, Progs., 292- 355, December, 1871), pp. 10- 11.	**330**
157	1 أغسطس 1871	أنباء عن تحركات عثمانية تجاه البحرين، وضريبة الشيخ جاسم على التجار البانيان.	(Foreign Dept. Secret, Progs., 292- 355, December, 1871), pp. 20- 21.	**332**
158	من دون تاريخ	تقرير إخباري عن التحركات العثمانية في الأحساء والقطيف ونجد.	(Foreign Dept. Secret, Progs., 292- 355, December, 1871), pp. 21- 22.	**334**
159	7 أغسطس 1871	استقرار الأوضاع في البحرين والأحساء والعقير ونجد.	(Foreign Dept. Secret, Progs., 292- 355, December, 1871), p. 22.	**336**
160	8 أغسطس 1871	التحركات العثمانية تجاه قطر والرياض والبحرين.	(Foreign Dept. Secret, Progs., 292-355, December, 1871), p. 19.	**337**
161	8 أغسطس 1871	صدور الأوامر للقوات العثمانية بالزحف إلى نجد.	(Foreign Dept. Secret, Progs., 292- 355, December, 1871), p. 22.	**339**

م	التاريخ	الموضوع	المصدر	ص
162	14 أغسطس 1871	القوات العثمانية تتخذ من الأحساء نقطة انطلاق لعملياتها في نجد.	(Foreign Dept. Secret, Progs., 292- 355, December, 1871), pp. 17- 19.	**340**
163	14 أغسطس 1871	تأكيد الشيخ محمد بن ثاني التزامه باتفاقية الهدنة البحرية.	(Foreign Dept. Secret, Progs., 292- 355, December, 1871), p. 22.	**343**
164	14 أغسطس 1871	مبررات الشيخ محمد بن ثاني بخصوص قبوله الراية العثمانية.	(Foreign Dept. Secret, Progs., 292- 355, December, 1871), p. 23.	**344**
165	18 أغسطس 1871	وفاة عبد الله بن سعود ورفض العثمانيين الإقرار بشقيقه سعود حاكمًا على نجد.	(Foreign Dept. Secret, Progs., 292- 355, December, 1871), p. 24.	**345**
166	19 أغسطس 1871	قائد القوات العثمانية يجند مواطني الأحساء، ووصول بواخر عثمانية عليها مقاتلون أتراك.	(Foreign Dept. Secret, Progs., 292- 355, December, 1871), pp. 5-6.	**347**
167	19 أغسطس 1871	وصول سفينة عثمانية إلى البحرين للتزود بالماء.	(Foreign Dept. Secret, Progs., 292- 355, December, 1871), p. 25.	**349**
168	22 أغسطس 1871	عبد العزيز بن سعود يرغب في الإقامة بالبحرين، والسلطات البريطانية تنصح شيخ البحرين بعدم التدخل في مسألة الوهابيين والعثمانيين.	(Foreign Dept. Secret, Progs., 292- 355, December, 1871), p. 6.	**350**
169	25 أغسطس 1871	وصول مبعوث عبد الله بن ثنيان إلى البحرين يطلب المعونة وشيخ البحرين يعتذر.	(Foreign Dept. Secret, Progs., 292- 355, December, 1871), pp. 6- 7.	**351**
170	26 أغسطس 1871	عبد العزيز بن سعود يصل البحرين وشيخها يتكفل بنفقاته.	(Foreign Dept. Secret, Progs., 292- 355, December, 1871), p. 7.	**353**
171	27 أغسطس 1871	تعرض قافلة عثمانية لهجوم بدو العجمان وتعقب العثمانيين لهم.	(Foreign Dept. Secret, Progs., 292- 355, December, 1871), p. 7.	**354**
172	27 أغسطس 1871	أنباء عن التحركات العثمانية والوهابية في الأحساء والقطيف ونجد.	(Foreign Dept. Secret, Progs., 292- 355, December, 1871), p. 8.	**355**
173	27 أغسطس 1871	وفاة عبد الله بن سعود وتحرك القوات العثمانية للرياض.	(Foreign Dept. Secret, Progs., 292- 355, December, 1871), p. 24.	**357**

م	التاريخ	الموضوع	المصدر	ص
174	28 أغسطس 1871	القائد العثماني يجند مواطني الأحساء استعدادًا للتحرك للرياض.	(Foreign Dept. Secret, Progs., 292- 355, December, 1871), p. 8.	**358**
175	28 أغسطس 1871	القائد العثماني ينتظر التعزيزات للتحرك إلى الرياض.	(Foreign Dept. Secret, Progs., 292- 355, December, 1871), pp. 23- 24.	**359**
176	28 أغسطس 1871	المقيم يحيل مراسلات قائد السفينة "ماجبي".	(Foreign Dept. Secret, Progs., 292- 355, December, 1871), p. 25.	**360**
177	28 أغسطس 1871	أنباء عن تحركات للبواخر العثمانية تجاه البحرين، والسلطات البريطانية تنصح شيخها بألا يدخل في محادثات معهم.	(Foreign Dept. Secret, Progs., 292- 355, December, 1871), p. 25.	**361**
178	9 سبتمبر 1871	أنباء عن تحركات البواخر العثمانية في الخليج العربي.	(Foreign Dept. Secret, Progs., 292- 355, December, 1871), p. 9.	**362**
179	12 سبتمبر 1871	تقارير بشأن البحرين والقطيف ومستجدات العلاقات الوهابية العثمانية.	(Foreign Dept. Secret, Progs., 292- 355, December, 1871), p. 5.	**363**
180	14 سبتمبر 1871	وصول سفينتين عثمانيتين إلى بوشهر في طريقهما للبصرة.	(Foreign Dept. Secret, Progs., 292- 355, December, 1871), pp. 9- 10.	**364**
181	22 سبتمبر 1871	شيخ البحرين يطلب النصح من السلطات البريطانية فيما يجب عليه اتخاذه حيال التحركات العثمانية.	(Foreign Dept. Secret, Progs., 292- 355, December, 1871), p. 26.	**366**
182	23 سبتمبر 1871	أنباء عن تحركات السفينتين العثمانيتين في الخليج العربي.	(Foreign Dept. Secret, Progs., 292- 355, December, 1871), p. 9.	**367**
183	29 سبتمبر 1871	المقيم ينصح شيخ البحرين بألا يقحم نفسه في أي نزاع خارج نطاق حدوده.	(Foreign Dept. Secret, Progs., 292- 355, December, 1871), p. 26.	**368**
184	30 سبتمبر 1871	شيخ البحرين يؤكد التزامه بالحياد وعدم التدخل في أي نزاع.	(Foreign Dept. Secret, Progs., 292- 355, December, 1871), pp. 26- 27.	**369**
185	30 سبتمبر 1871	سعود بن فيصل يطلب المعونة من شيخ البحرين ضد القوات العثمانية.	(Foreign Dept. Secret, Progs., 292- 355, December, 1871), p. 27.	**370**

م	التاريخ	الموضوع	المصدر	ص
186	7 أكتوبر 1871	شيخ البحرين يلتزم بالحياد وعدم التدخل في أي نزاع.	(Foreign Dept. Secret, Progs., 292- 355, December, 1871), p. 26.	**372**
187	18 أكتوبر 1871	مراسلات بين سعود بن فيصل وشيخ البحرين.	(Foreign Dept. Secret, Progs., 292- 355, December, 1871), p. 26.	**373**
188	27 أكتوبر 1871	التحركات العثمانية في الخليج العربي، وبيع منهوبات من قطر في سوق البحرين.	(Foreign Dept. Secret, Progs., 292- 355, December, 1871), p. 5.	**374**
189	28 أكتوبر 1871	وصول سفن حربية عثمانية إلى الخليج العربي.	(Foreign Dept. Secret, Progs., 292- 355, December, 1871), p. 8.	**375**
190	3 نوفمبر 1871	أوضاع قطر وقبول شيخها رفع الراية العثمانية على منزله بالبدع.	(Foreign Dept. Secret, Progs., 292- 355, December, 1871), p. 10.	**376**
191	25 نوفمبر 1871	تحركات القوات العثمانية في نجد.	(Foreign Dept. Secret, Progs., 292- 355, December, 1871), p. 23.	**377**
192	25 نوفمبر 1871	تحركات القوات العثمانية في نجد.	(Foreign Dept. Secret, Progs., 292- 355, December, 1871), p. 25.	**378**
193	20 ديسمبر 1871	أنباء عن تحركات السفن العثمانية في الخليج، والقوات العثمانية في نجد.	(Foreign Dept. Secret, Progs., 292- 355, December, 1871), p. 28.	**379**
194	20 ديسمبر 1871	التحركات العثمانية في نجد والخليج وتداعياتها في قطر.	(Foreign Dept. Secret, Progs., 292- 355, December, 1871), p. 28.	**380**

الوثائـــق

Ref.: (Foreign Dept. Secret, Progs 20A, January, 8, 1840), pp. 2-4.

30 Dec. 1839

الإدارة السرية

معسكر أجرا Agra

30 ديسمبر 1839م

إلى: إم. دبليو. موجلي Moughly

سكرتير الحكومة، بومباي

سيدي؛

يُشرفني أن أقر بتسلم رسالتك المؤرخة في الثامن عشر من الشهر الحالي (ديسمبر 1839)، والتي أرسلت فيها نسخًا من رسائل الكابتن هينيل، المقيم في الخليج الفارسي، ومن رسائل مساعده الملازم إدموندز Edmunds، التي تطرقا فيها إلى الأحداث في تلك المنطقة.

2 - تلقيت تعليمات تُفيد بأنه لا يوجد في هذه الرسائل ما يستدعي طلب توجيهات من الحاكم العام.

3 - إن استمرار السلطات المصرية في تنفيذ مخططات التوسع في الجزيرة العربية يتناقض في الواقع مع تصريحات الباشا، التي أدلى بها سابقًا للقنصل العام في مصر، والتي يعتقد الحاكم العام أنها لفتت انتباه مفوضي صاحب الجلالة، وقد اتفق مجلس اللوردات مع الحاكم العام في فكرة أنه من السابق لأوانه إعطاء الإذن باتخاذ إجراءات للتدخل في تزويد حامية القطيف أو أي ميناء مصري آخر بالذخائر، إلا أن تحصل هذه الحكومة على آراء مفوضي صاحب الجلالة فيما يتعلق بتمسّك القائد المصري بتثبيت موقعه، في المناطق المحتلة مؤخرًا وسعيه لتوسيعها جنوبًا، بالرغم من تصريحات محمد علي المناقضة لذلك. وبما أن هذه المسألة قد تتطلب تلقي تعليمات من أوروبا في فترة غير محددة، فإن مجلس اللوردات لن يُجري مزيدًا من المباحثات حول الأوضاع في الخليج الفارسي.

Ref.: (Foreign Dept. Secret, Progs., 67, January, 4, 1840), pp. 48- 49.
15 July 1840

15 جمادى الأولى/ 15 يوليو 1840م
مقتطف مترجم من رسالة وكيل الحكومة في البريمي

يقول إن قبيلتي المزاريع والمناصير سطوتا مؤخرًا على قبيلة بني قتب، فاستولتا على عدد كبير من الجمال وقتلتا رجلين، فقام شيخ دبي بمعاقبتهما. وقام عدد من رجال بني قتب والغفلة Ghiflah والنعيم باعتراض قافلة في طريق عودتها من أبوظبي، فاستولوا عليها وقتلوا خمسة رجال، ثم توجهوا إلى مكان يُدعى الظفرة Zafrah، فنهبوه وقتلوا خمسة من رجاله أيضًا. وقال إن أحد رعايا شيخ أبوظبي كان قد أغار منذ بضعة أيام على أفراد من قبيلة النعيم، فاستولى على سبعة عشر جملًا، وبعد يوم أو اثنين شن رجل آخر من رعاياه غارة على علي بن حمود، أحد شيوخ النعيم، فقتل أربعة من رجاله. وقال إن عددًا من أتباع حمود بن عزان Azans قد أغار على قبائل أخرى، وأن ستة من رجال بن عزان قُتلوا. وذكر أيضًا أن عشيرتين من النعيم بقيادة علي بن حمود وفضل بن حمود شنتا غارة على قبيلة الظواهر، فاستولوا على عدد من الجمال وممتلكات أخرى، وأصابوا امرأة بجروح، واستولوا على حصانين، تعود ملكيتهما لشيخ أبوظبي، كان قد وضعهما في عهدة الظواهر. وأضاف أن معركة أخرى قد وقعت بين أتباع حمود بن عزان وأتباع قبيلتين أخريين، فقُتل سبعة رجال من أتباع حمود وجُرح عشرة آخرون، في حين لم يُعرف حجم الخسائر في الطرف الآخر. وقال إن واحدًا من أتباع حمود بن عزان قد صادفوا أحد رعايا الإمام، فقتله. وقال إن سلطان بن صقر وجه رسائل إلى شيخ البريمي طالبًا منه إرسال شخص للتفاوض ورعاية مصالحهم، لأن المصريين غادروا نجد، ولأن المنطقة باتت محتلة من أشخاص غير معروفين، إلا أن القافلة التي حملت رسائل المقيم إلى شيوخ البريمي تعرضت للنهب، والرسائل لم تصل.

ترجمة طبق الأصل،

التوقيع/ تي ماكينزي
مساعد المقيم المسؤول بالنيابة

Ref.: (Foreign Dept. Secret, Progs., 67, January, 4, 1840), p. 50.

U. D.

مقتطف مترجم من رسالة غير مؤرخة
من شيخ أبوظبي خليفة بن شخبوط

بعد التحيات،

أرسلت لك رسالة بواسطة سفينة الحكومة، وآمل أن تكون قد وصلتك. اسمح لي الآن أن أخبرك بما جرى بين قبيلتي النعيم والظواهر؛ أي بين فضل بن حمود وأتباعه وبين علي بن حمود وأتباعه، فقد وقع اقتتال ونهب بينهما، وألحقت النعيم أضرارًا كبيرة بالظواهر، التي لم يكن لديها دوافع للحرب، إلا أن النعيم لم تتركها تنعم بالسلام. لقد سرقوا حصانين تعود ملكيتهما لي؛ حيث كنت قد وضعتهما في عهدة الظواهر، وقتلوا أحدهما، إلا أن الآخر مازال في حوزتهم. لقد ألقيت اللوم علي في العام الفائت، فيما يخص قبيلة النعيم، إلا أنني امتثلت لأوامرك وامتنعت عن مهاجمة البريمي، والآن هذا ما يلقاه حلفائي على أيديهم.

مقتطف مترجم،

التوقيع/ تي ماكينزي

مساعد المقيم المسؤول بالنيابة

Ref.: (Foreign Dept. Secret, Progs., 67, January, 4, 1840), pp. 51- 52.
9 Aug. 1840

10 جمادى الأولى/ 9 أغسطس 1840م
مقتطف مترجم من رسالة شيخ رأس الخيمة سلطان بن صقر

يقر بتسلم الرسالة، ويقول إنه يرغب في إحلال السلم والأمن، خاصة أن ذلك يتوافق مع رغبات الحكومة البريطانية. وقال إن من المعروف أن رعايا خليفة بن شخبوط شنوا غارة في السنة الماضية على رعاياه بحرًا وبرًا، وكذلك على أهالي البريمي، إلا أن خليفة يريد للأمر أن يبدو وكأن قبيلتي المزاريع والنعيم، اللتين قامتا بالإعتداء، قد توجهتا باتجاه نجد بتوجيه منه، إلا أن سلطان بن صقر أكد أن رعايا خليفة هم من نفذوا الإعتداء، وأنه لا بد لأي رجل قادم من جهة نجد أن يأتي إليه ويتفق معه. وقد اتهم خليفة بالتآمر مع أهالي نجد، مع أن الأخير يدّعي عكس ذلك، ويقول إن أية قوة قادمة من نجد، ويزيد عدد أفرادها عن رجلين أو ثلاثة، هي من المناصير والمزاريع والنعيم، وأنهم هم من نهبوا بني قتب، وعلى الرغم من أن خليفة على علم بالحادثة، إلا أنه سمح بوقوعها، وبقي على وفاق معهم، وفي نفس الوقت ظل يدّعي الصداقة لبني قتب. وقال إن جماعة من أبوظبي كانت قد غزت بني قتب وقتلت خمسة من وجهائهم، وأضاف أنه سيرسل مترجمه محمد بن علي ليزور المقيم.

ترجمة طبق الأصل،

التوقيع/ تي ماكينزي
مساعد المقيم المسؤول بالنيابة

Ref.: (Foreign Dept. Secret, Progs., 67, January, 4, 1840), pp. 45- 47.

1 Sep. 1840

3 رجب/ 1 سبتمبر 1840

مقتطف مترجم من رسالة الوكيل المحلي في الشارقة

تعمّ الفوضى العارمة أرجاء المنطقة الداخلية، والطرقات غير آمنة.

تحالف مؤخرًا فضل بن حمود وعلي بن حمود (شيخا عشيرتين من قبيلة النعيم Naim)؛ فهما يشنان غارات على الظواهر Zawahir، ويمارسان السرقة والنهب ضد بعضهم البعض.

وردنا نبأ منذ زمن طويل أن علي بن حمود (كبير شيوخ النعيم) كان قد أرسل ثلاثة رسل إلى خورشيد باشا والأمير خالد، إلا أن عليًّا أنكر إرسالهم، مدّعيًا أنهم ذهبوا من تلقاء أنفسهم، وقال إنه كان قد وجه رسائل إلى قبيلة الموانع Almoona طالبًا تزويده بالمعلومات حول التحركات في نجد. يُقال إن أحد أولئك الرجال الثلاثة عاد إلى علي بن حمود حاملًا رسائل من الأمير خالد له ولسلطان بن صقر. تفيد هذه الرسائل، حسب معلوماتنا، أن الأمير خالدًا أخبرهما أن خورشيد باشا لم يعد حاكمًا، وإنما هو الحاكم، وأنه يعتزم إرسال جيش إلى عمان في شهر شعبان؛ حيث يكون الطقس معتدلًا، لمحاربة كل من يقف في وجهه وليدعم كل من يحالفه ويقف في صفه. وقد سر هذا الخبر الأهالي في أنحاء الشارقة، وهم يترقبون وصول قوات الأمير خالد؛ فقد يسلمونه البريمي ويخضعون له، وقد علمت مؤخرًا أن حاكم البريمي محمود بن عبدالله أرسل رسولًا خاصًا إلى الأمير خالد يتعهد له بتسليمه القلعة.

مقتطف مترجم طبق الأصل،

التوقيع/ تي ماكينزي

مساعد المقيم المسؤول بالنيابة

Ref.: (Foreign Dept. Secret, Progs., 67, January, 4, 1840), pp. 20- 22.

1 sep. 1840

(3)

مقتطف مترجم لرسالة

3 رجب/ 1 سبتمبر 1840م

من: الوكيل المحلي في الشارقة

جميع الشيوخ موجودون في مناطقهم، ولم يحدث أي اضطراب في البحر، وقد أطلق شيخ دبي سراح طاقم البقارة التي استولى رعاياه عليها من رعايا شيخ أبوظبي، وسلموا البقارة لي شخصيًا، وقام الشيخ المذكور أخيرًا بإرسال بلور شعت Belor Shaat والبقارة إليّ، وتمت تسوية مطالب كلا الطرفين. لكن بلور شعت فضل العودة إلى أبوظبي، إلا أن شيخ هذه المنطقة مازال يُطالب بالممتلكات التي سرقها رعايا شيخ دبي من البقارات الثلاث، التي تعود ملكيتها لرعاياه؛ وقدم ادعاءات ضد المدعو جوينزان Guinzan، الذي غادر من أبوظبي؛ حيث توجد مستحقات كبيرة في ذمته، وذهب إلى دبي، وكذلك بشأن بقارتين طاقماهما من قبيلة القبيسات؛ حيث قاموا بنهب بعض ممتلكات الأهالي وتوجهوا إلى دبي.

Ref.: (Foreign Dept. Secret, Progs., 67, January, 4, 1840), pp. 11- 18.

5 sep. 1840.

رقم (1320) لعام 1840م

5 سبتمبر 1840م - قبالة رأس غراب Rass ul Grab

إلى: توماس ماكينزي المحترم

المقيم في الخليج الفارسي بالوكالة

سيدي؛

إلحاقًا بتقريري السابق من البحرين، يُشرفني أن أفيدكم بأنني أبحرت من ذلك الميناء في صبيحة يوم 28 أغسطس، وفي اليوم نفسه مررنا بجوار ساحل قطر، وشاهدت بعض المدن أثناء مرورنا في وسط أساطيل مراكب الغوص على اللؤلؤ، واجتزنا رأس ركن ومدينة فويرط Affiercat، وعند مغيب الشمس مررنا بمدينة الحويلة Alowhal وفي الساعة الواحدة رسونا بين رأس المطبخ Ras Mutbuch والبدع، وفي صباح اليوم التالي أبحرنا ووصلنا إلى مسافة ثمانية أو عشرة أميال من البدع، وبعد أن مررنا بوسط العديد من مراكب الغوص على اللؤلؤ هبت رياح جنوبية شرقية، وغيرت رأيي بالمرور عبر المياه الضحلة، وتوجهت إلى جزيرة ديينة Demae، وفي يوم 31 مررنا بالقرب من جزر شراعوه Sheranon وديينة Denaee وأرزنة Arzenia وجنان Junain، وبعد أن شاهدنا جزر دلما Dalmy وصير بني ياس رسونا في المساء جنوب جزيرة Terchod. وغادرنا تلك الجزيرة يوم 2 سبتمبر وسط أسطول مكون من 116 مركب صيد لؤلؤ تابع للشارقة، وفي الساعة 10 مساء مررنا بأسطول آخر كان راسيًا في Regrey Tukkum.

وفي مساء 3 سبتمبر رسونا قبالة أبوظبي، وأرسلت رسالتك إلى الشيخ مع أخرى مني، وعبرت فيها عن أملي في أن تكون كل الخلافات مع شيخ دبي قد انتهت، وتلقيت رده بأن كل المشاكل قد انتهت فيما يخصه في حضور ملا حسين، واشتكى من أنه تلقى للتو معلومات بأن مركبًا من أبوظبي كان في خور البزم Core el Bessom؛ بغرض قطع الأشجار عندما اعتدت عليه مجموعة من أهالي دبي جاؤوا برًا، وقاموا بتدمير المركب، وأخذوا منه الأشرعة وكافة الممتلكات، وسأحقق في هذا الموضوع، وأتصرف وفق ما أراه مناسبًا، وقمت بإرسال السفينة «رويال تايجر» إلى صير أبو نايد لزيارة مغاصة اللؤلؤ هناك، والتحقت بنا مرة أخرى هذا الصباح ورست السفينتان قبالة

الشارقة في الساعة الثانية مساء هذا اليوم. وستلاحظ مما ورد أعلاه أننا زرنا كل أجزاء الساحل حتى هذا المكان، كما زرنا مغاصات اللؤلؤ كافة، وذلك حتى يرى جميع الناس أننا نمارس مراقبة صارمة على جميع ما يجري هناك.

2 - الشارقة في 7 سبتمبر 1840، عند وصولي إلى هذا الميناء اتصلت بالوكيل، ووجدت أن المشاكل بين شيخي أبوظبي ودبي قد حلت، حسب الوعد الذي قطعاه للضابط نوت Nott، وحسبما وعدا به المقيم في رسائلهما، ويبدو أن المشكلة الجديدة هي كما يلي: وفقًا لأقوال شيخ أبوظبي؛ ذهب مركب من ذلك الميناء إلى خور البزم لقطع الأشجار، عندئذ هجمت عليهم مجموعة من أهالي دبي، وأخذوا الأشرعة وكل أدواته الصغيرة، وكسروا مقدمة المركب، وجرحوا أحد أفراد طاقمه في ذراعه.

وأرسلت نسخة من الشكوى إلى شيخ دبي طالبًا منه التعويض عن الخسائر كافة، وأن يُسلِّم لي كل الأفراد الذين ارتكبوا هذا العمل، وخرقوا المعاهدة لأقوم بتسليمهم إلى المقيم ليتصرف معهم وفق ما يراه مناسبًا، ورد على رسالتي موضحًا أنه يعتقد أن كل التقرير مجرد كذب، وأن الناس المتهمين غير موجودين، وأنه سيُحقق في الموضوع كله ويعاقب أولئك الناس، ورأيت أن رده هذا مجرد تهرب من طلبي، وعليه طالبته مرة ثانية بإرسال الرجال إلى الوكيل ملا حسين، الذي سيقوم بإحضارهم إليّ في هنجام Angar بحلول يوم 13 رجب (14 سبتمبر).

وقد تلقى شيخ أبوظبي تعليمات تقضي بإرسال الرجل الجريح، وكل شهود الحادثة إلى الشخص والمكان نفسه، وسأحقق في الموضوع بصورة كاملة وستتم تسوية الموضوع وفق ما تقتضيه الظروف، وأبلغت شيخ دبي بأنه إذا لم يتصرف حسب الطلب الموجه إليه فإنني سأعده متواطئًا مع الجناة، وأنني سأستولي على عشرة مراكب مقابل كل مركب تعرض للسلب من جانب أي طرف عضو في المعاهدة.

لقد أصبح من الضروري اتخاذ إجراءات صارمة لفرض المعاهدة التي نقوم بدور الضامن لها، وإن لم نفعل ذلك فإن القرصنة ستعود مرة ثانية، وتكون نشاطًا يوميًا؛ لأنه لا يوجد إلا القليلون جدًا على هذا الساحل، الذين لا يرغبون في العودة إلى الممارسات القديمة.

3 - أما في الداخل فإن كل شيء في حال اضطراب، ومنذ فترة قصيرة أغار مائة وخمسون رجلًا من قبيلتي المناصير والمزاريع Mugarrie كانوا على ظهور الجمال على مكان يسمى الذيد Zaut على بعد سفر يوم من الشارقة، ونهبوا قافلة من النساء وبعض العبيد كانوا عائدين من حصاد التمور، ويُقال إن 12 من رجال القافلة قد قتلوا، وأخذوا ثلاثة عبيد مع الممتلكات المنهوبة، وفي الليل وصل هؤلاء النهابون إلى جوار الشارقة، وفي ضوء النهار استولوا على 50 جملًا، و15 عبدًا، وأخذوهم معهم بعد أن قتلوا 3 رجال. ووجهت الدعوة إلى خليفة بن شخبوط للانضمام إلى غزو

شاهبار Chappow ولكنه رفض رغم أنه لا يوجد شك في أنه خطط لهذه الغارات وأخذ نصيبه من الغنائم.

4 - ويبدو أن علي بن أحمد شيخ البريمي كتب رسالة إلى خالد بن سعود يدعوه لإرسال قوات والاستيلاء على المنطقة، وتلقى ردودًا من خالد يعده بإرسال رجال وشخص ليتولى أحدهم الحكم، وذلك خلال شهر أو أكثر، وكتب أيضًا إلى سلطان بن صقر يخبره أنه سيرسل القوات بحرًا إلى الشارقة، وطلب منه أن يقدم لهم كل عون، ورد عليه سلطان بن صقر ردًا إيجابيًا موضحًا أنه سيستقبلهم، ويُقدم لهم كل عون.

وسأكتب رسالة إلى سلطان بن صقر لأخبره بأنني إذا صادفت في البحر أي مركب يحمل رجالًا مسلحين فإنني سأوقفهم، وأرسلهم إلى خارج Khargh، وعندما سمع محمد بن عبد الله الشيخ الآخر للبريمي Brahamee بالمفاوضات المذكورة أعلاه، كتب إلى خالد بن سعود موضحًا له أنه سيقوم بتسليمه المنطقة، وحسب علمي كانت البريمي دائمًا وحتى وقت قريب خاضعة للوهابيين، ويمكن لهذا الوضع أن ينهي كافة النزاعات، ويخلصنا من أية مشاكل إضافية؛ وقيل لي إن الشيخ الآخر للبريمي لن يُسلّم ما لم يدفع له خالد المبالغ التي كان يحصل عليها من الإنجليز، وقام أهل البريمي مؤخرًا بغزوات سلبوا فيها المناطق القريبة من شناص.

5 - الأحوال هادئة في الشارقة وعجمان وأم القيوين ورأس الخيمة، وباستثناء ما قلته من قبل فإن موسم الغوص على اللؤلؤ لم يكن ناجحًا حتى الآن، ولكنهم يعتقدون أنه سيكون موسمًا متوسطًا. وربما يكون مفيدًا من وقت لآخر أن نعرف عدد المراكب والعاملين.

وفيما يلي أفضل المعلومات، التي استطعت أن أحصل عليها:

البحرين وتوابعها	575 مركبًا
متوسط عدد الرجال في كل مركب هو 19	10925 رجلا
أبوظبي	217 مركبًا
متوسط عدد الرجال في كل مركب هو 11	2387 رجلًا
دبي	108 مركب
متوسط عدد الرجال في كل مركب هو 11	1188 رجلًا
الشارقة وما جوارها	406 مركب
متوسط عدد الرجال في كل مركب هو 8	3248 رجلًا
عجمان	43 مركب
متوسط عدد الرجال في كل مركب هو 8	344 رجلًا

أم القيوين	51 مركبًا
متوسط عدد الرجال في كل مركب هو 9	459 رجلًا
رأس الخيمة والحمرة	40 مركبًا
متوسط عدد الرجال في كل مركب هو 9	360 رجلًا
من الكويت والساحل الفارسي	57 مركبًا
متوسط عدد الرجال في كل مركب هو 20	1140 رجلًا
القطيف ومناطق أخرى في الساحل	63 مركبًا
متوسط عدد الرجال في كل مركب هو 13	819 رجلًا
مجموع عدد المراكب هو	1560 مركبًا
مجموع الرجال هو	20870 رجلًا

6 - في هذا العام سيأخذ شيخ البحرين 1.5 دولار من كل غيص وسيبه، وشيخ أبوظبي 5 دولارات، وشيخ دبي 4 دولارات، وسلطان بن صقر (باستثناء الرجال ذوي النفوذ الذين لا يدفعون شيئًا) سيأخذ 7 دولارات من كل واحد، ولا تفرض حكومات الدول الأخرى ضرائب على رعاياها في السواحل الأخرى. ويتضح أن هناك انخفاضًا يقدر بحوالي 300 مركبٍ من مراكب البحرين عن الأعوام الماضية، ويوجد أيضًا انخفاض بقدر 100 مركب من مراكب أبوظبي، وحوالي نفس العدد من مراكب دبي والشارقة ورأس الخيمة، ونظرًا لتصرفات شيوخ عجمان وأم القيوين لوحظ وجود تحسن فيهما.

7 - قام سلطان بن صقر مؤخرًا ببناء مركب بغلة من الفئة الأكبر حجمًا، ويملك القواسم سبع سفن بغلة كبيرة أخرى وثلاثة وعشرين بتيلًا وبقارة تجارية، وتملك عجمان وأم القيوين سفينتي بغلة وعشرة أو اثني عشر بتيلًا وبقارة. ويذهب العديد من هذه السفن إلى الهند، وتُسافر أحيانًا إلى ساحل أفريقيا لجلب العبيد والمنتجات، وتستخدم أحيانًا لنقل التجارة، ويشترون العبيد أيضًا في الموسم بأعداد كبيرة من مسقط ولنجة Linger، ومن الغريب كما يبدو أنه قيل لي إنه في العام الماضي فقط ذهب أول مركب من هذا الساحل إلى زنجبار والساحل الأفريقي لجلب العبيد.

وفي نيتي أن أتوجه إلى هنجام لصيانة السفينة، وإذا لم تصلني منك توجيهات قبل ذلك، فإنني سأستمر في الدوريات. والسفن بحال جيدة، والطقس أكثر برودة في هذا الساحل.

يشرفني أن أكون خادمكم المطيع،

العميد البحري/ بي. بركس
قائد الأسطول الهندي
في الخليج الفارسي

نسخة طبق الأصل
التوقيع/ تي. ماكينزي
المقيم السياسي في الخليج الفارسي بالوكالة

Ref.: (Foreign Dept. Secret, Progs., 67, January, 4, 1840), pp. 43- 45.

5 Sep. 1840

5 سبتمبر 1840م- قبالة جزيرة رأس غراب

مقتطف من رسالة العميد بروكس إلى مساعد المقيم بالنيابة

تعمّ الفوضى أرجاء المنطقة الداخلية؛ فمنذ فترة قصيرة جاء مئة وخمسون رجلًا من قبيلتي المناصير والمزاريع Muzanie على ظهر الجمال إلى مكان يُدعى زعات Zaat، الذي يبعد سفرًا مسافة يوم واحد من الشارقة، وقاموا بنهب نساء وعبيد من الغفلة Coffa أثناء عودتهم بعد جني ثمار التمر، ويُقال إن اثني عشر رجلًا من الغفلة قُتلوا، وأن عبيدهم خُطفوا في هذه العملية. وقد وصل اللصوص إلى مشارف الشارقة في نفس الليلة، وفي نهار اليوم التالي سرقوا خمسين جملًا، وخطفوا خمسة عشر عبدًا، ويُقال إن ثلاثة رجال قُتلوا. وقد تلقى خليفة بن شخبوط دعوة للانضمام إلى هذه الغارة، إلا أنه رفض ذلك، مع أننا نعتقد أنه قد يكون المخطط لها، وأنه حصل على حصته من الغنائم.

يبدو أن شيخ البريمي علي بن حمود وجه رسالة إلى خالد بن سعود طالبًا منه إرسال قوات للاستيلاء على تلك المنطقة، فجاء الرد من خالد بأنه سيُرسل الجنود وشخصًا يتولى قيادتهم في غضون شهر أو أكثر. ووجه رسالة إلى سلطان بن صقر قائلًا إنه سيُرسل القوات بحرًا إلى الشارقة، وطلب منه تقديم المساعدة لهم، فأرسل سلطان بن صقر ردًا مرضيًا قائلًا إنه سيستقبلهم ويقدم الدعم لهم. سأوجه رسالة إلى سلطان بن صقر، كي أخبره بأنني سأوقف أي مركب مسلح أواجهه في البحر، وسوف أرسله إلى خارج Khargh. وجه شيخ البريمي الآخر، محمود بن عبدالله، عندما عرف بأمر تلك المفاوضات، رسالة إلى خالد بن سعود قائلًا إنه سيسلم المنطقة له؛ إذ اعتقد أن البريمي كانت دائمًا خاضعة للوهابيين وحتى وقت قريب، وذلك سوف يحل جميع الخلافات، ويُريحنا من مشاكل أخرى. وقد علمت أن شيخ البريمي الآخر قال إنه لن يستسلم إلا إذا دفع خالد له نفس المبلغ الذي يدفعه البريطانيون. وقد شن أهالي البريمي مؤخرًا غارات نهب على المنطقة المجاورة لشناص Shinass.

مقتطف طبق الأصل،

التوقيع/ تي ماكينزي

مساعد المقيم المسؤول بالنيابة

Ref.: (Foreign Dept. Secret, Progs., 67, January, 4, 1840), pp. 22- 23.
7 sep. 1840.

ترجمة محتوى رسالة

9 رجب/ 7 سبتمبر 1840م

من: وكيل الحكومة في الشارقة

يبلغ عن وصول العميد البحري إلى قبالة الشارقة، ويذكر أنه تم تسوية قضية بلور شعت، إلا أن شيخ أبوظبي اشتكى مدعيًا أن أهالي دبي لم يُعيدوا الممتلكات التي سرقوها من ثلاث بقارات تعود ملكيتها لرعاياه، وأن المدعو Khucitium al Oreidi من دبي فر وصعد متن بقارة أبحرت من أبوظبي إلى أحد الخلجان بهدف قطع الأخشاب، وألحق أضرارًا بالبقارة وجرح فردًا من طاقمها بعد أن استولى على شراعها ومعدات أخرى، وقال إن العميد البحري وجه رسالة إلى شيخ أبوظبي؛ طالبه بإعادة الممتلكات وتسليم الجناة، وأن شيخ دبي أنكر في رده صحة الشكوى قائلًا إنها من إعداد الأعداء، ولذلك لا ينبغي تصديقها، إلا أن العميد البحري طالب بنقلهم إلى هنجام Anjam كي يُحقق في الحادثة.

Ref.: (Foreign Dept. Secret, Progs., 67, January, 4, 1840), pp. 23- 25.

21 sep. 1840

رقم (4)

ترجمة رسالة

21 سبتمبر -1840 خارج Karrak

إلى: مكتوم، شيخ دبي

بعد التحيات؛

سرني معرفة أن بلور شعت أُرسل إلى الشارقة، وأنه تم تسوية الخلافات بين أتباعك وأتباع شيخ أبوظبي. وقد نفذ الشيخ خليفة ما طُلب منه في هذا الشأن، ولبى المطالب التي طلبناها منه، لكن يؤسفني معرفة أن الادعاءات الموجهة ضدك بشأن المعدات التي استولى أتباعك عليها من ثلاث بقارات تعود ملكيتها لأهالي أبوظبي لاتزال عالقة، بعد نقل بلور شعت إلى تلك المنطقة، وكيف أنه طُلب منك إنصاف كلا الطرفين فيما يتعلق بالمعدات المأخوذة من البقارات الثلاث، وذلك من خلال إعادتها أو التعويض عنها تعويضًا كاملًا، وأنه كلما تم ذلك بسرعة كان ذلك أفضل. ويؤسفني أن جماعة من أتباعك عمدت إلى نهب معدات من بقارة تابعة لأهالي أبوظبي، وقتل أحد أفراد طاقمها، بالإضافة إلى إلحاق أضرار بالبقارة نفسها.

آمل أن تكون قد لبيت مطالب العميد البحري، وأعدت كل الممتلكات المنهوبة. فضلًا عن ذلك؛ هناك شكوى أخرى ضدك؛ إذ يبدو أن المدعو ابن عسكر Ben Asker، الذي لم يكتف بالفرار مع الممتلكات التي تعود ملكيتها للشيخ سلطان بن شخبوط، متهم بنهب بقارتين تعود ملكيتهما لأبوظبي، ومن ثم توجه إلى دبي ووضع نفسه تحت حمايتك. أعتقد أن الأمر صحيح، لكن كي لا يبقى هناك أي شك حول هذا الموضوع؛ أمرت بإجراء تحقيق في هذا الشأن، وليكن في علمك أن مثل هذه الأفعال التي أقدم ابن عسكر عليها لا يمكن السماح بها، وأنك ستعتبر مسؤولًا عن الممتلكات التي سرقها وعن سلوكه، وكلما أسرعت في اتخاذ الترتيبات لتلبية المطالب التي ستوجه إليك كان ذلك أفضل لك.

التوقيع/ تي. ماكينزي
القائم بأعمال مساعد المقيم
المسؤول في الخليج الفارسي

نسخة طبق الأصل
التوقيع/ تي. ماكينزي
القائم بأعمال مساعد المقيم
المسؤول في الخليج الفارسي.

Ref.: (Foreign Dept. Secret, Progs., 67, January, 4, 1840), pp. 52- 53.

22 Sep. 1840

22 سبتمبر -1840 خارج

مقتطف من رسالة مساعد المقيم المسؤول بالنيابة إلى العميد بروكس

بالنسبة إلى الحملة التي يعتزم الأمير خالد (بن سعود) شنها على عمان، فالخطر ليس وشيكاً حسبما وردني من معلومات أكيدة. وبما أن قوات محمد علي باشا النظامية انسحب معظمها أو كلها من وسط الجزيرة العربية، فقد تغير الوضع بشكل كامل بالنسبة لعلاقات حاكم وسط الجزيرة العربية مع شيوخ الساحل العربي، وبالتالي يبدو أن من المستحسن، إن أمكن، تجنب أي نقاش حول الموضوع، إلى أن نعرف موقف الحكومة، ورأيها بخصوص النهج السياسي، الذي ترى أن من الأنسب اتباعه.

مقتطف طبق الأصل،

التوقيع/ تي ماكينزي

نسخة طبق الأصل،

التوقيع/ تي ماكينزي
مساعد المقيم المسؤول بالنيابة

نسخة طبق الأصل،

التوقيع/ (غير مقروء)
سكرتير الحكومة

Ref.: (Foreign Dept. Secret, Progs., 67, January, 4, 1840), pp. 2- 10.
25 sep. 1840.

المقيمية في الخليج الفارسي
25 سبتمبر 1840م- خارج
الإدارة السياسية

إلى: السيد إل. آر. ريد Reid

السكرتير العام لحكومة بومباي

سيدي؛

يُشرفني أن أحيل لعلم الحاكم الموقر في المجلس المقتطف المرفق من تقرير أعده العميد بروكس Brucks، وكذلك ترجمة مقتطفات من رسائل من شيخ أبوظبي ووكيل الحكومة في الشارقة.

2 – وسيلاحظ من خلالها أنه تم تسوية مسألة المدعو بلور شعت Belor Shoat، المشار إليها في رسالتي رقم (83) بتاريخ 19 أغسطس في هذه الإدارة، على نحو مرض إلى حد ما، قبل وصول العمداء إلى ذلك الجزء من الساحل العربي، وذلك من خلال الإعادة المتبادلة للممتلكات التي تم الاستيلاء عليها، باستثناء المنطقة التي سلبها رعايا شيخ دبي من بقّارات Begarahs، رعايا شيخ أبوظبي، ولذلك لاتزال هناك قضية ضد ذلك الشيخ، وبما أنه كان من المقرر إجراء عملية إعادة متبادلة.

وبما أن إنصاف الطرفين يستدعي فعل ذلك، يبدو لي أنه من الضروري مطالبة شيخ دبي بإجراء المبادلة أو التعويض عن المعدات المنهوبة من البقّارات الثلاثة. ولهذا السبب أُرسلت التعليمات ردًا على تقرير العميد. وقد طلبت منه (العميد) التحقيق في القضية، وأن يحاول إقناع شيخ دبي، في حال تبين أن القضية كما ذكرت، بتلبية المطالب المقدمة إليه، وفي حال تبين أن الأمر ضروري جدًا أن يلجأ إلى اتخاذ إجراءات قسرية لفرض تلبيتها.

3 – وبسبب شكوى قدمها شيخ أبوظبي مدعيًا أن جماعة من رعايا شيخ دبي نهبوا شراع مركب بقارة ومعداته؛ وألحقوا أضرارًا بالبقارة نفسها، وأصابوا أحد أفراد طاقمها بجروح، قام العميد بإجراء

تحقيق في الحادثة، وتبين له أن الشكوى غير صحيحة، فرأى أنه من المناسب أن يطلب من شيخ دبي أن يرسل له الأشخاص المعنيين إلى هنجام Angar، وطلب من شيخ أبوظبي أن يرسل الجريح وما ضدهم من أدلة، من أجل إجراء تحقيق كامل في الحادثة. ونستنتج من تقرير العميد أن جماعة رعايا شيخ دبي قاموا بالهجوم على البقارة من الساحل، بينما كان الطاقم منهمكًا في قطع الأخشاب، ولكن يتضح من رسالة الوكيل المحلي، الذي من المفترض أنه على علم بوقائع الحادثة، أن الاعتداء كان من أحد المراكب ضد آخر.

ولو أن الإفادة الأولى كانت صحيحة؛ وذلك أن جماعة دبي كانوا على الساحل، لما رأيت أنه من الضرورة التدخل، لأن الهدنة حددت على نحو صريح الاعتداءات الحاصلة في البحر. ولا شك أنه من المستحسن الحد بسرعة من أية أعمال من شأنها أن تربك مصائد اللؤلؤ؛ حيث يتعلق الأمر فيها بمصالح مهمة، أو أن تخلق شعورًا من انعدام الأمن بين العاملين على ضفاف الغوص على اللؤلؤ، لكن أن نكون الحكم والمحكم دائمًا في جميع نزاعاتهم البسيطة سيرافق ذلك صعوبة كبيرة، وسيعرضنا لأكثر مما قد نكون مستعدين لتحمله.

وبالنسبة للملاحظات التي وردت في تقرير العميد، المتعلق بهذه الحادثة، فأنا لم أُجر أي نقاش حول الموضوع؛ فقد كان من المحتمل أن يُبت فيها قبل أن يتسلم الرسالة، وبدا لي عمومًا أنه من المرجح جدًا أن يكون الاعتداء قد حدث في البحر. وما يدفعني الآن إلى التعليق على ملابسات الحادثة ليس وجود ثغرات في تقرير العميد، الذي تصرف حتمًا وفق الفكرة التي كوّنها، والتي قد تكون صحيحة، وإنما لأنه كانت لي وجهة نظر مختلفة حول المبدأ الذي يجب أن نتبعه في التعامل مع نزاعات أولئك الشيوخ؛ إذ من الواضح أنه كان لدى العميد انطباع بأن جماعة دبي كانوا على الساحل، ولم يكن معهم أي مركب حينها، ومع ذلك يرى أنه من الضروري تقديم مطالب معينة إلى شيخ تلك المنطقة؛ لأننا نمثل الضامن لتنفيذ شروط الهدنة، بينما يبدو لي أننا لسنا مطالبين بذلك وفق شروط الهدنة. وكنت سأتجنب التدخل في جميع الحوادث، باستثناء تلك التي يحدث الاعتداء فيها بين السفن، أو التي قد تؤدي إلى إرباك مصائد اللؤلؤ.

4 – الموضوع الوحيد المتبقي في هذه الوثائق، والذي يستدعي التعليق عليه، هو الشكوى التي قدمها خليفة بن شخبوط، شيخ أبوظبي، ضد أحد رعاياه المدعو ابن عسكر Ben Askar، متهمًا إياه بالهرب، في حين أن شقيقه سلطان بن شخبوط له بذمته أموال قرض مستحقة منحه إياها قبل ذهابه إلى ضفاف الغوص على اللؤلؤ، وبنهب كمية كبيرة من اللؤلؤ من على متن بقّارتين تعود ملكيتهما لرعاياه، واللجوء إلى دبي؛ حيث منحه شيخها حق اللجوء.

وعلى الرغم من أن تصريح شيخ أبوظبي قد يكون صحيحًا في حقيقة الأمر، لا يمكن الاعتماد عليه كليًا، ولذلك طُلِبَ من الوكيل المحلي في الشارقة أن يتحقق من وقائع الحادثة، وطلبت من

العميد كذلك أن يُحقق في الحادثة، وأعربت في نفس الوقت عن رأيي فيها. وقد أخبرت شيخ أبوظبي في رسالة وجهتها له أنه سيتحمل مسؤولية تصرفات ابن عسكر ومسؤولية الممتلكات التي سرقها من بقّارتي أبوظبي. ولو أن ابن عسكر اكتفى بترك شيخه واللجوء إلى شيخ دبي، لما رأيت أنها حادثة تستدعي التدخل، لكن نهب البقارتين عمل لا يُمكن التغاضي عنه، دون تعريض الأمن العام على ضفاف الغوص على اللؤلؤ للخطر، خاصة في الحادثة الحالية، لأن ابن عسكر ينتمي لقبيلة تُدعى القبيسات، التي يُعتقد أنها خرجت عن سلطة شيخ أبوظبي منذ أربع أو خمس سنوات، من خلال الانشقاق عن القبيلة والتوجه إلى العديد، إلا أن شيخ أبوظبي أعد حملة، واستولى على المنطقة، وأجبرهم على العودة.

وعلى الرغم من ذلك، يبدو أن القبيلة لم تتصالح مع شيخها ورعاياه؛ حيث سرعان ما تظهر مشاعر العداوة تجاه بعضهم البعض كلما سنحت الفرصة. ويتضح في ظل هذه الظروف أنه إذا سنحت الفرصة لأفراد قبيلة القبيسات بالاعتداء على رعايا شيخ أبوظبي الآخرين، الذين شاركوا في الاستيلاء على العديد أو الذين أساؤوا إليهم، فإن أولئك الرعايا لن يكونوا بمأمن، وربما يدفعهم ذلك إلى التخطيط للدفاع عن أنفسهم، مما سيؤدي إلى حدوث الفوضى والاضطرابات في مغاصات اللؤلؤ. ولذلك أنوي أن أطلب من شيخ دبي، حالما يتم الانتهاء من التحقيق في ملابسات الحادثة، والتأكد من الحقائق تمامًا، أن يعمل على إعادة كامل الممتلكات المنهوبة من البقارتين أو أن يدفع التعويض عنها، وسوف أصرّ على تسليم ابن عسكر نفسه، إن تبين أن هناك شعورًا بانعدام الأمن على ضفاف الغوص على اللؤلؤ، كي أسلمه إلى شيخ أبوظبي.

يشرفني أن أكون خادمك المطيع،

التوقيع/ تي. ماكينزي Mackenzie

القائم بأعمال مساعد المقيم المكلّف

Ref.: (Foreign Dept. Secret, Progs., 67, January, 4, 1840), pp. 18- 20.

U. D.

رقم (2)

ترجمة رسالة

رقم (...) بتاريخ...

من: خليفة بن شخبوط شيخ أبوظبي

فيما يخص ابن عسكر الذي كان معه عشرة........ فقد استلموا مبلغًا من شقيقي سلطان، كي يتمكنوا من الذهاب إلى مصائد اللؤلؤ، فاستغرق الأمر منهم بعض الوقت، وبعد ذلك توجهوا إلى بقّارتين تعود ملكيتهما لأتباعي واستولوا على لؤلؤ قيمته 1000 دولار، وفروا إلى دبي، وأنت تعلم أن مثل هذه الأفعال ستزيد من حدة الاضطرابات في مغاصات اللؤلؤ. ونحن نعلم أنك ستجبر كل من يهرب خلال فترة الهدنة على العودة؛ فنحن نثق بك ثقة تامة.

وبالنسبة لجماعة دبي؛ فقد تحركوا باتجاه خورنا، واستولوا على جملين، ثم استقلوا مركبًا، لكننا لم ننتقم منهم بعد، وإن سمحت لنا فسوف نستعيد حقوقنا، لكنني أعتقد أن كل من ينفذ أعمال السلب والنهب بحرًا يجب أن يعاقب عقابًا شديدًا ليكون عبرة لغيره.

اشتكى قائلًا إن بقارتين تابعتين لرعاياه توجهتا إلى دبي، وعلى متنهما ممتلكات استلموها من شقيقه سلطان بن شخبوط، وإن إحدى البقارتين تعود ملكيتها لأبناء نهيمان Neheiman من القبيسات Gubeizat، وإن النوخذة يدعى عبد الله بن عسكر، وأنه لم يتم استرداد اللؤلؤ، الذي سرقه أتباع شيخ دبي من البقارتين.

Ref.: (Foreign Dept. Secret, Progs., 67, January, 4, 1840), pp. 26- 34.

U. D.

إلى: السيد جي. بي. بروكس

عميد في البحرية الهندية

قائد أسطول البحرية الهندية

في الخليج الفارسي

سيدي؛

تشرفت بتسلم تقريرك الوافي والمهم بشأن الأوضاع والأطراف في البحرين، واسمح لي أن أذكر أنني أحلته إلى الحكومة كي تطلع عليه.

وأود أن أقر بتسلم تقرير سلفك في المنصب، بعد مغادرتك للبحرين؛ حيث يحتوي على معلومات مهمة، وسيتضح أنه وثيقة مهمة للرجوع إليها لاحقًا.

إنه لأمر مريح أن أعرف أن شيخي دبي وأبوظبي قد لبيا المطالب الموجهة إليهما، وأنه تم تسوية المسألة التي تخص المدعو بلور شعت دون اتخاذ أية إجراءات قسرية، التي تبين أنه كان من الضروري اتخاذها.

وعلى الرغم من ذلك؛ سيتضح من خلال رسائل شيخ أبوظبي وتقارير الوكيل المحلي في الشارقة أن شيخ دبي لم يُعد كامل الممتلكات بعد. وأنت تعلم الظروف الأساسية لحادث بلور شعت في العام الماضي، وذلك أنه توجه إلى دبي، بعد تواجده في مصائد اللؤلؤ، بدلًا من العودة إلى أبوظبي، على متن بقارة تعود ملكيتها لشيخ أبوظبي أو شقيقه، وأنه عاد هذه السنة إلى أبوظبي طواعية أو قسرًا، وأن رعايا شيخ دبي، بعدما اكتشفوا أو اعتقدوا أنه تم احتجاز بلور شعت وبقارته من قبل شقيق شيخ أبوظبي أو بأمر منه، قاموا باحتجاز بقارة تعود ملكيتها لبني ياس Benyas ونقلوها إلى دبي، وقاموا كذلك بنهب كمية غير معروفة من اللؤلؤ، ومعدات أخرى من ثلاث بقارات تعود ملكيتها لرعايا شيخ أبوظبي. ويبدو أنه تم تسوية المسألة على نحوٍ مرضٍ، باستثناء ما يتعلق بالمعدات التي تم الاستيلاء عليها من البقارات الثلاث، التي لم يقم شيخ دبي بإعادتها بعد، حسبما أكده تاون Town.

تفتقر تقارير الوكيل المحلي حول هذا الموضوع إلى الوضوح، لكن ظروف الحادثة، حسبما أذكر،

هي كما وردت أعلاه، وإن تبين بعد إجراء تحقيقات وافية أن الأمر كذلك، فإنه من الضروري أن يقوم شيخ دبي بإعادة الممتلكات إلى شيخ أبوظبي قبل أن يتم اعتبار المسألة قد سُويت على نحو مرض أو بشكلٍ نهائي.

ولذلك أطلب منك التكرم بإجراء تحقيق في القضية، وبعد أن تتأكد من المبلغ المسلوب من البقارات الثلاث، ومن أنه لم يتم دفع التعويض بعد، عليك أن تطالب شيخ دبي بإعادتها، وفي حال أنه حاول المراوغة، أو رفض رفضًا حاسمًا، فعليك أن تُجبره بعد إمهاله فترة مقبولة على الامتثال لمطالبك من خلال احتجاز بعض ممتلكاته أو ممتلكات رعاياه بقيمة المبلغ المستحق عليه، لكنني أطلب اللجوء إلى الإجراءات القسرية فقط في حال تم التأكد بشكل واضح أن ظروف الحادثة مطابقة لما ورد أعلاه، وتبين أنه من الضروري جدًا تحقيق الهدف المنشود.

وقعت حادثة أخرى بين شيخي دبي وأبوظبي، والتي أود أن ألفت انتباهك إليها؛ فقد ذكر شيخ أبوظبي وكذلك الوكيل المحلي في الشارقة أن بقارة طاقمها من قبيلة القبيسات بقيادة النوخذة ابن عسكر، وطاقم سفينته من قبيلة القبيسات، لم يكونوا راضين عن دفع المال لشقيق شيخ أبوظبي، الشيخ سلطان، عندما كان متوجهًا إلى مغاصات اللؤلؤ، فقاموا بنهب ما قيمته ألف دولار، على حد قول شيخ تلك المنطقة؛ من بقارتين تعود ملكيتهما لشيخ أبوظبي، وتوجهوا بالغنائم إلى دبي. وقد وقعت هذه الحادثة عدما قرر ابن عسكر الذهاب إلى دبي، التي كان قد أقام مع شيخها علاقات جيدة، من شأنها على الأغلب أن تمنع اعتراضه أو محاسبته بأي شكل من الأشكال في ظل أي ظرف من الظروف التي كان يتوقعها.

فمن المؤكد أنه عمد قبل أن يبحث عن مكان آمن في أثناء تنفيذ عمليته إلى بحث موضوع شيخ دبي، ومن ثم موضوع شيخ أبوظبي، وبما أن مثل هذه الإجراءات مخالفة لشروط الهدنة، ومن شأنها خلق حال من عدم الأمان حول مغاصات اللؤلؤ، فمن الضروري محاسبة ابن عسكر على الأعمال العدوانية التي يرتكبها، واعتبار شيخ دبي مسؤولًا عن سلوكه، لكن لكونه يحمل صفة ضيف لدى شيخ دبي حاليًا، فإنه لا يستطيع تسليمه خوفًا على سمعته.

وعلى الرغم من ذلك، يُمكن تقديم احتجاج منطقي على عدم تعويض الخسائر التي تكبدها رعايا شيخ أبوظبي نتيجة نهب البقارتين، وبالتالي ينبغي مطالبة شيخ دبي بالتعويض عن تلك الخسائر.

ومن الأفضل التخلي عن ابن عسكر وتسليمه إلى شيخ أبوظبي، لكن لسوء الحظ يوجد حاليًا العديد من الشكاوى والادعاءات ضد شيخ دبي، إلى درجة أنه يعتقد أن من الصعب ضمان تنفيذ كل المطالب من دون اللجوء إلى إجراءات مشددة، وخلق مشاعر غضب وسوء نية تجاهنا، أكثر مما نرى أنه من المستحسن تحمله إذا كان بالإمكان تجنبها، فضلًا عن عدم ورود معلومات مرضية تمامًا حول هذا الموضوع.

Ref.: (Foreign Dept. Secret, Progs., 67, January, 4, 1840), pp. 35- 42.
3 Oct. 1840

رقم (92) لعام 1840م

3 أكتوبر 1840م

المقيمية في الخليج الفارسي- خارج

إدارة الشؤون السياسية

إلى: السيد إل. آر. ريد

السكرتير العام لحكومة بومباي

سيدي؛

سيتضح من خلال المقتطف المرفق من تقرير أعده القائد بروكس؛ ومن خلال المقتطفات المترجمة لرسائل من وكيلي الحكومة في الشارقة والبريمي، ومن شيخي قبيلتي بني ياس والقواسم، والتي يشرفني إرفاقها لعلم الحاكم العام في المجلس، أن حال من الفوضى العارمة تعم كامل المنطقة الداخلية من الساحل العربي؛ من مناطق سمو الإمام إلى مناطق شيخ البحرين؛ حيث تقوم قبيلتا المزاريع والمناصير، اللتان تعتبران عمومًا من رعايا شيخ بني ياس، بشن غارات باتجاه الشارقة على شيوخ القواسم رعايا قبيلة بني قتب Beni Kuttub التي تعتبر حليفًا له، وكذلك على القبيلة الرئيسية بالقرب من منطقة البريمي، ليقوم هؤلاء مجددًا وبدعم من شيخ دبي، الذي بدا مستعدًا للمشاركة في زعزعة الأمن العام، بشن هجوم انتقامي على قبيلة بني ياس وحلفائها، ولذلك فمن الصعب معرفة أي من هذه القبائل هي المذنبة بارتكاب الأعمال الوحشية، فالجميع ينهب كل ما يقع في طريقه، والكل يقتل كل من يقع بين يديه من الفريق المعادي، ليكون مصير معظم من لا يملك وسيلة للدفاع أو يعجز عن المواجهة هو الذبح بدم بارد، حتى إن النساء العزّل والأطفال الضعفاء لا ينجون من اعتدائهم الهمجي.

2 – أما قبيلة الظواهر Zawahir إضافة إلى عشيرتين من قبيلة النعيم بالقرب من البريمي، والتي تم التصالح فيما بينها بفضل مساعي المقيم ونفوذه، كما جاء في التقرير السابق، فلاتزال مستمرة في الاقتتال فيما بينها، ويُخشى أنهم الآن يستخدمون الأسلحة، التي حصلوا عليها لدعمهم وتشجيعهم في سبيل الدفاع عن منطقتهم ضد عدوهم المشترك، ضد بعضهم البعض، الأمر الذي سيؤدي إلى كثير من الدمار والأضرار.

3 – لا يستطيع سلطان بن صقر، شيخ القواسم، حماية رعاياه، ويبدو أنه تعب من حال الفوضى وانعدام الأمن للأشخاص والممتلكات التي سادت في المنطقة الداخلية؛ فقد ذكر في رسالته وبلسان مترجمه، حاملها، أنه يرغب بتدخل الحكومة البريطانية لإنهاء تلك الغزوات، التي عانى رعاياه وحلفاؤه منها كثيرًا. وفي حال رأت الحكومة البريطانية أنه من المناسب الموافقة على طلبه، فما من شك أن مترجمه، وبأوامر منه، طلب أن يعرف ما إذا كان هناك أي مانع من التفاوض مع الأمير خالد، بُغية حلحلة الأمور، متذرعًا بأن الأمير خالد لديه القوة والقدرة على وضع حد لقبائل البدو، ومؤكدًا أن قبائل المنطقة الداخلية خاضعة فعليًا لحاكم ذلك المكان، على الرغم من أن الوهابيين يسيطرون على البريمي. مع ذلك يتضح من تقرير الوكيل المحلي في الشارقة أن سلطان بن صقر طلب الإذن للتفاوض مع الأمير خالد، لكن في الواقع ليس هو وحده؛ إذ إن معظم شيوخ الساحل العربي إن لم يكن جميعهم كانوا قد توصلوا إلى تفاهم مع الشيخ خالد. ويتضح أيضًا أنه تعهد بإرسال قوة إلى عمان، وأن الجميع كانوا مسرورين بسماع هذا الخبر.

4 – لقد اتضحت حقيقة العلاقة بين شيخ البحرين والأمير خالد (بن سعود) منذ فترة، وكان يُشك دائمًا، ويُعتقد أن شيخ بني ياس، وكذلك شيوخ قبائل القواسم، يتآمرون معه، هذا إن لم يكونوا على اتفاق معه فعلًا. وإن كانت الأنباء صحيحة، فقد ظهرت حال أخرى أشد احتيالًا وخيانة للحكومة البريطانية، حتى يُقال إن رسولًا عاد من عند الأمير خالد إلى شيخ النعيم المدعو علي بن حمود، الذي أنكر بشكل قاطع أن يكون قد أرسله، وأنه كان يوجه الرسائل طيلة الوقت إلى حاكم نجد، على الرغم من تأكيداته المتكررة التي تنفي ذلك، وأنه مستعد حاليًا لتسليم المنطقة التي تعهد بحمايتها في أقرب فرصة. ويُقال أيضًا إن شيوخ النعيم، الذين يسيطرون على قلاع البريمي، مستعدون ليفعلوا مثله، وأن الشيخ الذي كان يُعتبر الأكثر تبعية وولاءً للحكومة البريطانية كان قد أرسل وكيلًا لإبرام صلح مع الأمير خالد، ولإجراء الترتيبات من أجل تسليمه الحصن. ينبغي التأكد من صحة هذه الأنباء قبل تصديقها، لكنني أخشى أن يكون فيها شيء من الصحة.

5 – وأقل ما يُمكن قوله هو أن الخلافات طويلة الأمد بين هذه الأطراف، وحقدها لبعضها البعض هو أكبر دليل على صعوبة توحيدها والتوفيق بينها، إلا أنه جرى توجيه رسائل إلى شيخ القواسم وإلى قبائل بني ياس؛ أُعرب فيها عن الأسف الشديد لما آلت إليه الأوضاع في المنطقة الداخلية، والتي تدفعنا إلى عدم التصديق بأن أي شيخ على الساحل العربي يمكنه التفكير بتقديم المساعدة للشيخ خالد أو تشجيعه على تعزيز نفوذه في عمان؛ بعدما خبروه من معاملة الوهابيين لهم، كما تدفعنا إلى تذكيرهم بالمزايا التي حصلوا عليها من الحكومة البريطانية، مقترحةً عليهم التصالح والعيش بسلام فيما بينهم، ومعربةً عن أملها في استخدام نفوذهم من أجل إحلال السلم بين المتحاربين، خاصة قبيلتي النعيم والظواهر. وقد جرى توجيه رسائل إلى شيوخ القبائل المذكورة أخيرًا، بمفاد مماثل للرسائل الموجهة إلى شيوخ قبيلي بني ياس والقواسم، إلا أنه أضيف إليها

الإعراب عن الدهشة لنسيانهم بسرعة المكارم السخية التي حصلوا عليها، والاتفاق الذي أبرموه حينها من أجل إنهاء خلافاتهم للأبد، والتوحد ضد عدو بلادهم المشترك.

6 – ونظرًا لما ورد من أنباء عن رغبة الشيوخ، الذين يسيطرون على قلاع البريمي في دعم الأمير خالد، واستعدادهم فعليًا لإبرام اتفاق من أجل تسليمه القلعة، فقد تم توجيه رسائل إليهم احتجاجًا على نكرانهم الجميل؛ لأنهم نسوا بسرعة المزايا التي حصلوا عليها من الحكومة البريطانية، كما نسوا تعهداتهم للمقيم بأنهم لن يستخدموا تلك الوسائل إلا للدفاع عن بلادهم؛ وجاء في تلك الرسائل أنه كان يتوقع منهم أن يتصرفوا على نحو يحول دون نشر شائعة عن انخراطهم في مثل هذه الأعمال، حتى وإن كانت تلك الأنباء غير صحيحة.

7 – لسنا متأكدين من مدى فعالية الإجراءات المتخذة في منع الأمير خالد من تعزيز نفوذه في عمان. ونظرًا لما أبداه الشيوخ على الساحل، وكذلك في البريمي من تحيز تجاه الوهابيين، ربما بسبب التطابق في معتقداتهم الدينية، فإنني أرى أنه لابد من اللجوء في نهاية الأمر إلى حجج دامغة، ولابد أيضًا من إقناعهم في حال تكبد المزيد من النفقات على التمسك بولائهم للحكومة البريطانية. ولست على اطلاع بالأوضاع في وسط الجزيرة العربية، لكني لست مقتنعًا أن الأمير خالد في وضع يسمح له بإرسال حملة إلى عُمان، ومع ذلك قد أكون مخطئًا. وبما أن الأوضاع تتبدل بشكلٍ جوهري، ليس فقط لأن الأمير خالد بات الحاكم الاسمي لمنطقة وسط الجزيرة العربية؛ وليس لأنه جرى سحب معظم القوات النظامية، إن لم يكن كلها، بل أيضًا لأن محمد علي باشا شخصيًا منهمك في مشاغله؛ فإنه من المناسب جدًا أن نعرف قرار الحكومة بشأن النهج السياسي الذي ترى أنه من الأنسب اتباعه. وسوف أخبر الحاكم في المجلس عن حجم المعارضة، التي قد يلقاها الشيخ خالد في أية محاولة لتعزيز نفوذه أو بسط سلطته على سواحل الخليج وفي البريمي. وقد أبلغت العميد بروكس، ردًا على الجزء الذي يُشير إلى هذا الموضوع في تقريره، أنني لست مستعدًا لإجراء نقاشات مع الشيوخ على الساحل العربي إلى أن أعرف موقف الحكومة، وأن السياسة المعتزم اتباعها في تلك الأثناء هي السعي لإبقاء الأطراف المتخاصمة في مواقعها الحالية، إلى أن يُصبح مسار الأحداث أكثر وضوحًا، وإلى أن نتلقى قرار الحكومة الحاسم حول النهج السياسي الذي ينبغي اتباعه.

يشرفني أن أكون خادمك المطيع،

التوقيع/ تي ماكينزي

مساعد المقيم المسؤول بالنيابة

Ref.: (Foreign Dept. Secret, Progs., 9, May, 17, 1843), pp. 3- 4.

5 March 1843

ترجمة رسالة

بتاريخ 3 صفر 1259هـ (5 مارس 1843م)

من: حاجي جاسم

الوكيل في البحرين

إلى: المقدم إتش. دي. روبرتسون

القائم بأعمال المقيم في الخليج الفارسي

بعد التحيـة،

في اليوم الأول من الشهر الجاري أرسل إلى عبد الله بن أحمد خطابًا يتساءل فيه: «ألم تتلق بعد ردودًا على خطاباتكم المرسلة للمقيم حول الموضوع الذي حدثتكم عنه من قبل؟» فأجبته قائلًا: «لم تصل مراكب من بوشهر حتى الآن».

وتُفيد الأنباء الواردة من قطر أن سكان هذا الساحل قد ساندوا محمد بن خليفة، ومكّنوه من الإقامة في فويرط. وقد جهز عبد الله بن أحمد سفنه بغرض مهاجمة قطر، بانتظار مساعدة من البر تأتي من الدمام. ولشعور أهل البحرين وتجارها بالخوف الشديد، فقد استقلوا مراكبهم للإبحار بها إلى بعض المناطق الأخرى.

وفي يوم 29 محرم وصلت بقارة من البدع، حاملة رسالة من سالمين بن ناصر، حاكم البدع إلى عبد الله بن أحمد يقول فيه: «لن أساند أحدًا سواك، وأود أن تستمر المراسلات فيما بيننا». وقال بحارة إحدى البقارات: إن بقارة تنتمي لأهالي قيس قد وصلت قطر حيث سمعت بأن محمد بن خليفة قد وصل إلى هناك، ثم عاد البحارة لمركبهم.

ترجمة طبق الأصل،

التوقيع/ إيه. بي. كيمبل

مساعد المقيـم

Ref.: (Foreign Dept. Secret, Progs., 9, May, 17, 1843), pp. 4- 6.

10 March 1843

ترجمة رسالة

بتاريخ 8 صفر 1259هـ (10مارس 1843م)

من: حاجي جاسم

الوكيل في البحرين

إلى: المقدم إتش. دي. روبرتسون

القائم بأعمال المقيم في الخليج الفارسي

بعد التحيـة،

بالأمس أرسل عبد الله بن أحمد مركبًا إلى قطر لتزويده بالأنباء، وعاد المركب مشيرًا إلى أنه شاهد خمس بقارات قرب جو Jow (بجوار البحرين)؛ حيث انتاب سكان البحرين رعب شديد لاعتقادهم بوجود محمد بن خليفة على متن إحدى هذه البقارات الخمس. لقد مر وقت منذ أن جهز عبد الله بن أحمد سفنه للقتال، ونظرًا لوجود رجال المدينة في الوقت الحالي على متن سفنه المسافرة بعيدًا، فقد أرسل إلى مبارك في الدمام طالبًا تزويده بالرجال. ووصل 30 رجلًا منهم بالأمس ويُقال بأن الكثير من رجال الدمام على وشك الوصول قريبًا.

كما وصل أحد الحجاج قادمًا من الأحساء؛ حيث ذكر أن جيشًا من مكة والمدينة يسير متجهًا نحو نجد لحساب السلطان بقيادة ابن الشريف عون، كما ذكر أيضًا أن ابن ثنيان يقوم بتجميع القوات من الأحساء والرياض لتوجيهها ضد نجد.

ملاحظـة:

ترامى إلى مسامعي نبأ مفاده أن عبد الله بن أحمد ما إن علم بوجود محمد بن خليفة في واحدة من تلك البقارات مع أهالي قطر، أرسل 6 بقارات وبتيلين للبحث عنه.

ترجمة طبق الأصل،

التوقيع/ إيه. بي. كيمبل

مساعد المقيـم

Ref.: (Foreign Dept. Secret, Progs., 9, May, 17, 1843), Pp. 2-3.

16 March 1843

الإدارة السياسية - رقم المهمة (106) لعام 1843م
رقم المراجعة (24) لعام 1843م
بتاريخ 16 مارس 1843م

من الليوتنانت كولونيل: إتش. دي. روبرتسون
مساعد المقيم

إلى: آي. بي. ويلوبي المحترم
سكرتير الحكومة - بومباي

سيدي؛

يشرفني أن أحيط فخامة الحاكم في المجلس علمًا، بترجمة لرسالتين وردتا من حاجي جاسم وكيل الحكومة في البحرين، بشأن ما وقع من أحداث هناك حتى يوم 10من الشهر الجاري.

يشرفني أن أكون خادمكم المطيع،

التوقيع/ إتش. دي. روبرتسون
مساعد المقيم

Ref.: (Foreign Dept. Political, Progs., Nos. 46, 1846), pp. 9-11.

24 Dec. 1843

24 ديسمبر 1843م
السفينة فوكس في بوشهر

سيدي؛

يشرفني أن أقر بتسلم رسالتك المؤرخة في الثالث والعشرين من الشهر الحالي، والتي تحتوي معلومات بخصوص الأحداث الدموية في الخليج الفارسي، والتي دفعت حكومة بومباي إلى توجيه أمر لي بزيارة هذا الميناء.

يسرني معرفة أن مخاوف تلك الحكومة من العواقب التي كان من المتوقع أن تؤدي إلى زعزعة أمن تلك المنطقة من الخليج الفارسي نتيجة تلك الأحداث لا مبرر لها.

وبالإشارة إلى الفقرة الثالثة من رسالتك، التي ذكرت فيها أن الانطباع الذي تركه وصول سفن صاحبة الجلالة إلى هذا البحر سيقوى أكثر إذا ما قامت بزيارة الموانئ الواقعة بين أبوظبي وصحار، ونظرًا لأنني أرغب في بذل قصارى جهدي لإيصال وجهة نظرك، فقد قررت زيارة تلك الموانئ، لأنه من الجيد زيارتها في هذا الوقت من السنة.

سأحاول التواصل مباشرة مع شيخي الشارقة ورأس الخيمة، وإقناعهما بآراء الحكومة البريطانية التي أشرت إليها في الفقرة الرابعة من رسالتك.

ونظرًا لما ذكرته في الفقرة الثالثة من رسالتك حول نفعية زيادة القوة العاملة تحت إمرتي لتنضم إلى ضم سفن البحرية الهندية المتواجدة حاليًا في الميناء، فقد وجهت رسالة للعميد هاوكينز طلبت فيها منه أن يتعاون مع سفن صاحبة الجلالة في هذه المهمة، بمشاركة أكبر عدد يمكن توفيره من سفن البحرية الهندية العاملة تحت إمرته.

سوف أسأل سمو حاكم مسقط لأعرف ما إذا كان لديه نية بتنفيذ طلبي، فيما يخص معاقبة تابعه، وفقًا لما جاء في الفقرة السادسة من رسالتك، وسوف أبلغ حكومة الهند بنتيجة تحقيقاتي. أعتزم الإبحار من هذا الميناء في أي وقت يكون فيه الطقس ملائمًا بعد الخامس والعشرين من الشهر الجاري.

يشرفني أن أكون خادمك المطيع،

التوقيع/ هنري إم. بلاكوود
العميد البحري

نسخ طبق الأصل
التوقيع/ (غير مقروء)
السكرتير العام
مساعد المقيم في الخليج الفارسي

Ref.: (Foreign Dept. Political, Progs., Nos. 46, 1846), pp. 4-5.

17 Dec. 1845

17 ديسمبر 1845م- بوشهر
سفينة صاحبة الجلالة «فوكس Fox»

إلى: الرائد هينيل

المقيم السياسي في الخليج الفارسي

سيدي؛

أود أن أخبرك بتخوف حكومة بومباي، بناءً على طلب منها، من أن تؤدي أحداث العنف الأخيرة التي حصلت بالقرب من أبوظبي، والموضحة في رسالتك بتاريخ 16 سبتمبر، إلى زعزعة أمن الخليج الفارسي، فأبحرت إلى هناك على متن السفينة «فوكس» برفقة السفينة الشراعية «بايلوت Pilot» من أجل تقديم العون الدعم حسب ما تقتضيه الحاجة.

أرجو منك تزويدي بأية معلومة لديك حول الأوضاع في تلك المنطقة. أرفق لعلمك مقتطفًا من رسالة من حكومة بومباي حول ذلك الموضوع.

يشرفني أن أكون خادمك المطيع،

التوقيع/ هنري إم. بلاكوود

العميد البحري

نسخة طبق الأصل

التوقيع/ إيه. بي. كيمبول

مساعد المقيم في الخليج الفارسي

Ref.: (Foreign Dept. Political, Progs., Nos. 46, 1846), pp. 5-9.

23 Dec. 1845

رقم (513) لعام 1845م

23 ديسمبر -1845 بوشهر

مقيمية الخليج الفارسي

من: الرائد هينيل

المقيم في الخليج الفارسي

إلى: العميد السير إتش. بلاكوود

سفينة صاحب الجلالة «فوكس»

سيدي؛

يشرفني أن أقر بتسلم رسالتك المؤرخة في السابع عشر من الشهر الحالي، والتي أخبرتني فيها أنك أبحرت بطلب من حكومة بومباي إلى هناك على متن السفينة «فوكس»، برفقة السفينة الشراعية «بايلوت»، من أجل تقديم المساعدة حسب ما تقتضيه الحاجة في تلك المنطقة، في حال أدت أحداث العنف الأخيرة التي حصلت بالقرب من أبوظبي إلى زعزعة الأمن في الخليج الفارسي.

2 – وعلى الرغم من الأحداث الدموية الأخيرة قد جرت في أبوظبي، هددت في وقت ما بحدوث عواقب وخيمة لتلك المنطقة من الخليج. ويسرني أن أخبرك أن تعقّل وجهاء البانيان وتواضعهم قد أسهم إلى حد كبير في الحفاظ على الأمن، وقمع فكرة القرصنة، التي خفت أن تنشأ في تلك القبيلة خلال الثورات الأخيرة المتتالية.

3 – كان الهدوء يعم الخليج الفارسي حتى إعداد التقارير الأخيرة من الساحل العربي. ولا شك أن وجود سفن صاحبة الجلالة في تلك المنطقة سيعزز حال الهدوء تلك، لكن الانطباع الذي يتركه وصولها سوف يتعزز عندما تزور الموانئ الواقعة بين أبوظبي وصحار. أدرك أن هناك صعوبة في الوصول إلى أبوظبي خلال فصل الشتاء، وعلى الرغم من أن رؤية الأسطول قبالة ذلك الميناء ستكون حتمًا مفيدة للمصلحة العامة، ليس الهدف بالأهمية الكافية للقيام بتلك الخطوة، إلا إذا كان الطقس مناسبًا تمامًا.

4 – سنوجه تعليمات إلى الوكيل المحلي في الشارقة ليزورك من أجل إبلاغك بآخر المعلومات. ومن المفيد جدًا أن تقوم أنت شخصيًا؛ إذا كان بمقدورك ذلك، بالتواصل مع الشيخ صقر بن سلطان، شيخ تلك المنطقة، ووالده الشيخ سلطان حاكم رأس الخيمة لتخبرهما أن الحكومة ستنظر بعين الاستياء إلى أي اعتداء، سواء أكان بحرًا أم كان برًا، على مناطق سمو إمام مسقط، أو مناطق قريبه السيد حمود بن عزان، حاكم صحار Humaid bin Agar of Sohar.

5 – إن الانطباع الجيد الذي تكوّن لدى سعد بن مطلق، معاون الحاكم الوهابي في عمان، من خلال استعراض أسطول الخليج الفارسي قبالة صحار منذ أشهر، يدفعني إلى الاعتقاد أن استعراض قوة بحرية أكبر بقيادتك قبالة ذلك الميناء حاليًا سيُعزز كثيرًا الآثار الإيجابية الناجمة عن العرض الأول ويُرسخها. وبُغية تعزيز ذلك الانطباع، طلبت من العميد هاوكينز Hawkins أن يرافق سفن صاحبة الجلالة وصولًا إلى مسقط، لأن السفينة الحربية «تايجر» ستُبحر من هناك إلى بومباي مباشرة، في حين ستعود بقية سفن أسطول الخليج الفارسي إلى هذه المنطقة.

6 – تعرض الخوجا حزقيل Khoja Heskail، الوكيل المحلي في مسقط، لإهانة شديدة على يد قوات الحاكم السيد ثويني، وخاصة من قبل رجل يدعى سالمين بن توفيق Salmin Bin Tawfeak أحد أتباعه. وقد اقترحت على صاحب السمو ضرورة إبداء استيائه من سوء معاملته لوكيلنا، من خلال توجيه أوامر بجلد تابعه بحضور قائد البحرية البريطانية والخوجا حزقيل. لا أعتبر نفسي مخولًا حاليًا للإلحاح على هذه النقطة، وبالتالي أود منك أن تتكرم وتسأل سموه عمّا إذا كانت لديه نية لتنفيذ طلبي أم لا. وسأكون ممتنًا لك جدًا إذا أبلغت حاكم بومباي في المجلس بنتيجة تحقيقاتك.

يشرفني أن أكون خادمك المطيع،

التوقيع/ صموئيل هينيل

المقيم في الخليج الفارسي

نسخة طبق الأصل

التوقيع/ إيه. بي. كيمبول

مساعد المقيم في الخليج الفارسي

Ref.: (Foreign Dept. Political, Progs., Nos. 46, 1846), pp. 2-3.

24 Dec. 1845

توصية رقم (518) لعام 1845م
مداولة رقم (130) لعام 1845م
الإدارة السياسية
24 ديسمبر 1845م- بوشهر

من: الرائد هينيل

المقيم السياسي في الخليج الفارسي

إلى: آي. بيه. السيد ويلوجبي Willoughby

السكرتير العام لحكومة بومباي

سيدي؛

حظيت بشرف تلقي رسالتك رقم (4896) المؤرخة في التاسع والعشرين من أكتوبر الماضي؛ حيث أشرت فيها إلى الزيارة المقرر أن تقوم بها السفينة «فوكس»، والسفينة الشراعية «بايلوت» إلى الخليج الفارسي، بموجب طلب قدمته الحكومة إلى السير إتش. إم. بلاكوود، خشية زعزعة أمن الخليج الفارسي؛ نتيجة أحداث العنف التي وقعت مؤخرًا في أبوظبي. وقد طلبت فيها أيضًا تزويد السير إتش. بلاكوود بمعلومات وافية حول تاريخ الأحداث في تلك المنطقة.

وردًا على ذلك، يشرفني أن أحيل، لعلم الحاكم العام في المجلس، نسخة من رسالة مؤرخة في السابع عشر من الشهر الحالي، وردت من العميد السير هنري بلاكوود على عنواني؛ ليخبرني فيها بوصوله، مرفقًا نسخة من ردي عليها بتاريخ الثالث والعشرين منه، والتي طلبت فيها، بعد إطلاعه على حال الهدوء التي عمت حينها الخليج الفارسي، أن يعزز ذلك الانطباع باستعراض سفن صاحبة الجلالة التي يقودها في تلك المنطقة، من خلال الإبحار برفقة أسطول البحرية الهندية في الخليج بقيادة العميد هاوكينز، من أجل زيارة الموانئ العربية بين أبوظبي وصحار.

آمل أن يحظى إرفاق نسخة من رد السير هنري بلاكوود على هذه الرسالة، وملخص فحوى رسالتي المرسلة لهذا الضابط، بموافقة الحاكم العام في مجلس المقيمية في الخليج الفارسي.

يشرفني أن أكون خادمك المطيع،

التوقيع/ صموئيل هينيل

المقيم السياسي في الخليج الفارسي

Ref.: (Foreign Dept. Political, Progs., Nos. 46, 1846), pp. 12.

31 Jan. 1846

إدارة الشؤون الخارجية

1846

رسالة رقم (30)

31 يناير 1846م

من: السكرتير العام لحكومة بومباي

مشاورات بتاريخ 11 أبريل

رقم (46)

من: المقيم السياسي في الخليج الفارسي

إلى: حكومة بومباي

رقم (6)

يرسل نسخة من المراسلات مع العميد هنري بلاكوود حول موضوع زيارة السفينتين «فوكس» و«بايلوت» إلى المنطقة.

Ref.: (Foreign Dept. Political, Progs., 5, Dec., 8, 1849), pp. 8- 11.

25 June 1849

ترجمة مقتطف من رسالة
بتاريخ 4 شعبان (25 يونيو 1849م)

من: الملا حسين
الوكيل في الشارقة

إلى: الرائد هينيل
المقيم السياسي في الخليج الفارسي

وصلت إلى لنجة في الثامن عشر من يونيو، فعلمت أن مركب بغلة صغير، لصاحبه محمد بن هاشم لوتاه Lootyah، كان يُبحر بين قشم ولنجة وبندر عباس، وأن رجلًا يُدعى سعيد الحديدي، كان يقيم سابقًا على جزيرة الحمره Ul Humra، إلا أنه استقر منذ ست سنوات في قرية من ضواحي الباطنة تُسمى القصبية Kusbeeah، تحت سلطة سيف بن حمود، كي يبحر إلى ساحل أفريقيا، وقد جاء إلى ميناء قشم واستأجر مركبًا صغيرًا وأبحر إلى زنجبار، فحمل على متنه سبعين عبدًا، من الذكور والإناث. ويُقال إن بعض هؤلاء مخصص لأهالي البحرين المقيمين في جزيرة قيس، وبعضهم الآخر لأهالي الباطنة وقشم.

عاد ذلك الرجل من الساحل الأفريقي متوجهًا إلى بلده، إلا أنه بقي على ساحل الباطنة، عندما علم بأن سفن الحكومة راسية قبالة الخابورة Khaboorah، وأنزل عددًا من العبيد، ثم توجه إلى قشم حيث أنزل البقية وبعدها أعاد المركب إلى صاحبها. وحيث إن هاشمًا سالف الذكر كان في قشم مع مركبه، قام سعيد الحديدي بشحن سبعة عشر عبدًا على متنه لأهالي البحرين، المقيمين حاليًا في قيس، وصعد معهم كي يُسلمهم إلى مالكيهم في تلك الجزيرة. وعندما اقترب منها رأى سفينة حكومية راسية قبالة جارك، فنزل سعيد الحديدي من المركب في شناص Shinas ، لكنه لم يصل إلى لنجة.

وتوجه بن هاشم إلى قيس، وهو هناك حاليًا، لكنه لم يرسل لي أي رد. يعتقد أهالي مسقط والباطنة وصور أن عددًا كبيرًا من العبيد (1500 عبدٍ أو أكثر) قد جُلبوا هذه السنة من زنجبار وسواحل أفريقيا إلى موانئ مسقط وصور والباطنة. يُباع العبيد علانية دون تستّر، ولا يعترض أحد في تلك

الموانئ على ذلك. وعلمت أيضًا أن مركبين من مراكب صور قد وصلا إلى بندر عباس وقشم، وعلى متنهما عددٍ من العبيد الأفارقة والأحباش؛ حيث يتم بيعهم هناك.

مقتطفات مترجمة،

التوقيع/ إيه. بي. كيمبول
مساعد المقيم في الخليج الفارسي

نسخة طبق الأصل

التوقيع/ إيه. بي. كيمبول
مساعد المقيم في الخليج الفارسي

Ref.: (Foreign Dept. Political, Progs., 5, Dec., 8, 1849), pp. 5- 7.

11 July 1849

مقطتف مترجم من رسالة
بتاريخ 20 شعبان (11 يوليو 1849م)

من: خوجا حزقيل Hiskael
الوكيل في المسقط

إلى: الرائد هينيل
المقيم في الخليج الفارسي

اسمح لي أن أُقر بتسلم رسالتك المؤرخة في 27 يونيو، التي طلبت فيها إجراء تحقيقات بشأن العبيد، الذين علمت من مناطق أخرى أنه قد جرى جلبهم بأعداد أكبر مما ذكرته.

لقد أرسلت لك سابقًا ما وصلني من معلومات حول مسألة العبيد سالفي الذكر، لكن أولئك الذين يُنقلون سرًا ويصلون خلال الليل هم كثيرون، وأنا لا أراهم سوى لدى النخاسين الذين ينادون لأجل بيعهم في الأسوق. وقد تبين لي من خلال التحقيقات أن عددًا كثيرًا من العبيد قد أوتي بهم هذا العام من زنجبار، ولن أتهاون في البحث عنهم.

مقتطفات مترجمة،

التوقيع/ إيه. بي. كيمبول
مساعد المقيم في الخليج الفارسي

نسخة طبق الأصل

التوقيع/ إيه. بي. كيمبول
مساعد المقيم في الخليج الفارسي

Ref.: (Foreign Dept. Political, Progs., 5, Dec., 8, 1849), p. 12.

11 July 1849

11 يوليو 1849م – خليج مسقط

من: ألان هايدي غاردنر Allan Hyde Gardner
الملازم بالبحرية الهندية
قائد السفينة إلفينستون

إلى: العميد آي. بي. بورتر
قائد أسطول البحرية الهندية
في الخليج الفارسي

سيدي؛

تنفيذًا لأوامرك بتاريخ الثاني من الشهر الحالي (يوليو 1849)، أبحرت مساء ذلك اليوم، ورسوت قبالة لنجة في الساعة العاشرة مساءً في السادس منه، وقمت بتسليم الرسالة التي وجهها الرائد هينيل إلى المُلا حسين. وفي الساعة الثانية عشرة من مساء ذلك اليوم، أبحرت عائدًا بأقصى سرعة لأصل هذا الميناء في السادسة من صباح اليوم التالي.

وفي معرض أوامرك أيضًا، استقصيت اليوم عما إذا كان قد وصل عبيد في هذه السنة إلى الخليج أم لم يصل، فتبيّن لي ما يلي:

نزل ثلاثة عبيد في هذا الميناء من على متن مركب بغلة Bugla في السادس والعشرين من مايو، وتعود ملكيتهم لإمام مسقط. وفي العاشر من يونيو، تم نقل ستة عبيد إلى هنا على متن مركب صغير من زنجبار، والمالك هو جاسم بن محمد بن سقا Sacca من البحرين. ونُقل أيضًا تسعة عشر عبدًا على متن بغلة من زنجبار في نفس الفترة تقريبًا لمالك يُدعى صالح Salla بن سيد بن سيدي Seedy من صحار، وجُلب ثلاثة منهم أيضًا على متن بغلة تتبع محمد علي سلطان المسوكي Massukee، وهو يُقيم في قليع Cullea بالقرب من مسقط. يعرف الوكيل هناك كل شيء؛ أي إنه يعرف الأشخاص الذين جلبوا العبيد وأوصلوهم، لكني علمت أيضًا أنه تم جلب أعداد كبيرة منهم إلى هنا، وبيعوا علنًا في السوق. وتبين أن أولئك العبيد يُجلبون عمومًا من الساحل

الأفريقي مباشرة إلى صحار وموانئ أخرى على ساحل الباطنة، ليتم نقلهم بأعداد صغيرة على متن قوارب الكانو Canoes من هناك إلى هذا الميناء، ويتم إيصالهم إلى مكتب الجمارك من دون أية صعوبة، ليتضح أن السلطات غير مهتمة مطلقًا بما يحدث.

قام الوكيل البريطاني بتوجيه العديد من الرسائل إلى سيد شيواني Shewanee حول جلب العبيد وبيعهم، إلا أنه لم يتلق ردًا شافيًا منه.

أخبرني الوكيل أن مركب بغلة أبحرت، وعلى متنه عدد من العبيد، بعد ذلك بفترة قصيرة متجهًا إلى بوشهر، وعندما سئل كابتن المركب حول الموضوع، قال إن المعاهدة أُبرمت بين شاه فارس الراحل، ولم تعد سارية حاليًا.

ولم أتمكن من الحصول على مزيد من المعلومات من سيد شناوي، لأنه كان خارج مسقط.

أعتزم أن أغادر يوم غد متجهًا إلى بومباي بأقصى سرعة كما أمرتني.

يشرفني أن أكون خادمك المطيع،

التوقيع/ ألان هايدي غاردنر

قائد السفينة إلفينستون

نسخة طبق الأصل

التوقيع/ آي. بي. بورتر

العميد في البحرية الهندية

نسخة طبق الأصل

التوقيع/ إيه. بي. كيمبول

مساعد المقيم في الخليج الفارسي

Ref.: (Foreign Dept. Political, Progs., 5, Dec., 8, 1849), p. 4.

25 July 1849

رقم (29) لعام 1849م
25 يوليو 1849م - مرفأ بوشهر

من: آي. بي. بورتر العميد في البحرية الهندية
قائد أسطول البحرية الهندية في الخليج الفارسي

إلى: الرائد صموئيل هينيل
المقيم في الخليج الفارسي
السفينة الحربية «كلايف Clive»

سيدي؛

يُشرفني أن أحيل نسخة من رسالة وردتني اليوم من الملازم غاردنر، قائد السفينة الحربية «إلفينستون»، والتي تحدث فيها عن الإجراءات التي اتخذها في مسقط؛ بخصوص جلب العبيد إلى الخليج.

يشرفني أن أكون خادمك المطيع،

التوقيع/ آي. بي. بورتر
العميد في البحرية الهندية

نسخة طبق الأصل

التوقيع/ إيه. بي. كيمبول
مساعد المقيم السياسي في الخليج الفارسي

Ref.: (Foreign Dept. Political, Progs., 5, Dec., 8, 1849), pp. 2- 3.
30 July 1849

الإدارة السياسية

رقم المهمة (217) لعام 1849م
رقم المراجعة (47) لعام 1843م

30 يوليو -1849 بوشهر

من: الرائد هينيل
المقيم في الخليج الفارسي

إلى: السيد إيه. ماليت
السكرتير الأول لحكومة بومباي

سيدي؛

فيما يتعلق برسالتي المرسلة إليك برقم (34) في سجلات هذه الإدارة، والمؤرخة في السابع والعشرين من الشهر الماضي، حول موضوع تجارة العبيد، يشرفني أن أحيل لعلم اليمين المبجل الحاكم في المجلس، النسخة المرفقة من رسالة بتاريخ الخامس والعشرين من الشهر الحالي، والتي تلقيتها من العميد بورتر Porter، متحدثًا عن التقرير الذي أعده الملازم غاردنر Gardner، قائد السفينة الشراعية «إلفينستون Elphinstone»، حول نتيجة التحقيقات التي أجراها في مسقط بشأن إدخال العبيد إلى الخليج. واسمح لي في نفس الوقت أن أقدم مقتطفات مترجمة من رسائل الوكلاء المحليين في مسقط والشارقة بتاريخ الخامس والعشرين من يونيو، والحادي عشر من الشهر الحالي (يوليو)، والتي يؤسفني القول بأنها تؤكد ما يُشاع عن جلب عدد كبير من العبيد الزنوج والحبشيين من الساحل الأفريقي في بدء الموسم.

يشرفني أن أكون خادمك المطيع،

التوقيع/ صموئيل هينيل
المقيم السياسي في الخليج الفارسي
المقيمية في الخليج الفارسي

Ref.: (Foreign Dept. Secret, Progs., 7, Dec., 8, 1849), pp. 4- 6.

26 Aug. 1849

ترجمة رسالة
بتاريخ 7 شوال - 26 أغسطس 1849م

من: الشيخ محمد بن خليفة حاكم البحرين

إلى: الرائد صموئيل هينيل المقيم في الخليج الفارسي

بعد التحيـة،

في لحظة ميمونة وساعة سعيد، وصلتني رسالتكم، وقد شعرت براحة كبيرة نظرًا لما تضمنته من أنباء تشير إلى تمتعكم بكامل الصحة والسعادة، ولقد علمت بمحتواها، وبصفة خاصة تصرفات شافي شيخ الهواجر الذي جاء إليّ مؤخرًا، والآن شاء الله أن تتوطد أسس السلام والصداقة فيما بيننا، إضافة إلى تسوية كافة المسائل التي تخصنا معًا، ولا شيء أفضل من ذلك، ولا شك في أن كل ما تسبغه علينا الحكومة السامية من نوايا طيبة وصداقة أمر نقدره ونعتز به كثيرًا، وينعكس ذلك بشكل واضح في كل تسوية أو تحالف نعقده مع الأطراف الأخرى. وهذا هو ما نتوقعه منكم، وقد أعلنتم أيضًا أننا قد وافقنا على إقامة قبيلة الهواجر على الساحل القطري، وأننا نمتلك القوة اللازمة لتمكيننا من فعل ما نراه ملائمًا ولكن كان لزامًا عليكم تذكيرنا بطبيعة الهواجر، تلك القبيلة المعتدية.

لقد عانينا نحن كثيرًا في الماضي من أفعالهم غير المشروعة في البحر مرات عديدة؛ فقد سبق لهم الاستيلاء على مركب لؤلؤ تابع للبحرين، وأبحروا به، ثم استقلوا مركبًا خاصًا بالعماير. وهم الآن يُقيمون في الأقاليم الواقعة تحت حمايتنا، وقد عبرتم عن مخاوفكم من إمكانية ارتكابهم أفعالًا تثير غضب السركار المبجل، وتجعلنا نتحمل اللوم؛ حيث إنهم صاروا تابعين لنا، وتقع على عاتقنا مسؤولية تصرفاتهم وأعمالهم، وقد أحسنتم بتحذيرنا مسبقًا كي نحذر بدورنا شافي شيخ الهواجر ليكف هو وأتباعه عن ارتكاب المخالفات، والعمل غير المشروع في البحر، حتى لايصيبنا لوم السركار المبجل وغضبه، وليحفظكم اللّه، ولتعلموا أن شافي وتابعيه ليسوا من رعايانا، وهم غير خاضعين لنا، وهم في الواقع بدو تابعون لابن سعود، إلا أن مشيئة اللّه قضت بنشوب نزاع بينهم

وبين العجمان Oojmaun، ومن ثم فقد رحلوا إلى أراضي قطر من الجنوب بالداخل. ونحن نخشى أن يصيب الأذى رعاياكم أهالي قطر منهم، ولهذا استدعينا شافي شيخ الهواجر، وأخذنا عليه ميثاقًا شديدًا بعدم التعرض بالأذى لرعايانا وأن يعمل على استتباب الأمن والسلام.

ونحن لا نستطيع أن نأخذ عهدًا على أنفسنا بما قد يرتكبونه من أفعال؛ إذ لا يمكن توقع سلوكياتهم. ولنفترض أن أشخاصًا ارتكبوا عملًا مخالفًا للقوانين ثم قدموا إلى أقاليمنا، عندئذ يمكننا أن نقبض عليهم، سواء أكانوا من الهواجر أم كانوا من القبائل الأخرى، وذلك لأننا لا نقبل أبدًا أي شيء لا يرضى عنه السركار المبجل. ولكن لنفترض أن هذه المسألة كانت أكبر من قدراتنا في السيطرة عليها... ذلك ما يعطيكم الحق فيما تتوقعونه منا.

ترجمة طبق الأصل،

التوقيع /إيه. بي. كيمبل
مساعد المقيم في الخليج الفارسي

ترجمة طبق الأصل

التوقيع/ صموئيل هينيل
المقيم السياسي في الخليج الفارسي

Ref.: (Foreign Dept. Secret, Progs., 7, Dec., 8, 1849), pp. 6- 8.

2 Sep. 1849

ترجمة رسالة

بتاريخ 14شوال / 2 سبتمبر 1849م

من: حاجي جاسم الوكيل في البحرين

إلى: الرائد صموئيل هينيل المقيم في الخليج الفارسي

إشارة إلى موضوع الهواجر في البحرين؛ فقد نشب نزاع بينهم وبين المريخات Mureykhat، أسفر عن مقتل اثنين من القبيلة المذكورة أولًا، ثم احتدم الخلاف الدامي بين الطرفين. وقد دفع التجار عبدالله بن مشاري، وحاجي يوسف بن إبراهيم، ومحمد بن سعيد، للهواجر دية قدرها 800 ريال نيابة عن المريخات، وبذلك هدأت الأحوال بصورة واضحة بين الطرفين. ومع أن الشيخ محمد بن خليفة طرد عددًا منهم قدم آخرون بمجرد رحيل المطرودين عن البلاد، ويُعاني السكان الكثير من القهر والتسلط على أيديهم، داخل البلاد أو في الأسواق. ولا يبدي الشيخ محمد شخصيًا نفورًا من معاملتهم المؤذية للشعب، كما أن الشيوخ أيضًا لا هَمَّ لهم سوى إقحام أنفسهم في شؤون البدو.

ويتأهب الشيخ محمد بن خليفة الآن لعقد قرانه على ابنة أحد الهواجر، بينما يستعد الشيخ علي بن خليفة للسفر إلى قطر ليتزوج من ابنة شافي (شيخ الهواجر). وليس هناك أمر آخر أكثر أهمية بالنسبة لهما من هذه الخطوة التي يقومان بالترتيب لها حاليًا.

ترجمة طبق الأصل،

التوقيع /إيه. بي. كيمبل

مساعد المقيم في الخليج الفارسي

ترجمة طبق الأصل

التوقيع/ صموئيل هينيل

المقيم السياسي في الخليج الفارسي

Ref.: (Foreign Dept. Secret, Progs., 7, Dec., 8, 1849), pp. 2- 4.

27 Sep. 1849

الإدارة السياسية
رقـم المهمـة (284) لعام 1849م
رقم المراجعة (65) لعام 1849م
27 سبتمبر 1849م- بوشهر

من: صموئيل هينيل

المقيم في الخليج الفارسي

إلى: إيه. ماليت المحترم

السكرتير العام للحكومة - بومباي

سيدي؛

إشارة لرسالتي المرسلة إليكم برقم (53) في سجلات هذه الإدارة، والمؤرخة في 13من الشهر المنصرم، حول موضوع إقامة العلاقات الودية بين شيخ البحرين وشيخ قبيلة الهواجر البدوية، أتشرف أن أرفق هنا ترجمة للرد الذي تلقيته (بتاريخ 26 من الشهر نفسه) من الشيخ محمد بن خليفة، على ما تضمنه خطابي المرسل إليه، والمشار إليه في الفقرة الأخيرة من الرسالة المذكورة، التي أشارت إلى الحاجة لاتخاذ موقف صارم تجاه تصرفاتهم الاعتدائية التي يتصف بها حلفاؤه الأجداء، وهو الخطاب الذي حذرته فيه من أنه طالما سمح لهم بالإقامة في ساحل قطر تحت حمايته، فإنه (شيخ البحرين) قد أصبح مسؤولًا عن تصرفاتهم.

2 - من صيغة رد الشيخ لاحظت أنه يجنح إلى التنصل من تحمل المسؤولية الملقاة على عاتقه، وكذلك فإن الأعذار التي تذرع بها تبدو لي غير مُقنعة جميعها؛ ذلك أنه هو الذي تزوج طواعية من إحدى بنات الهواجر، كما أنه بارك زواج شقيقه علي من بنت الشيخ شافي شيخ هذه القبيلة. وهم يترددون على البحرين بأعداد كبيرة ويبدو أنهم يعاملون الأهالي بكثير من الغطرسة والتسلط، دون أن تتخذ السلطات المحلية أي إجراء لإيقاف هذه التصرفات غير القانونية. وتلك حقيقة ذكرها وكيلنا

في خطابه المرسل بتاريخ 2 من الشهر الجاري، الذي نعرض ترجمة له لفخامة الحاكم في المجلس مع هذه الرسالة.

3 - وفي ظل هذه الظروف، لا أجد سببًا يدفعنا للتخلي عن سياستنا القائمة على أن يتحمّل كل حاكم مسؤولية تصرفات رعاياه المقيمين داخل إقليمه. وبناء على ما تقدم؛ بادرت بإرسال رسالة إلى الشيخ محمد بن خليفة، (يتم الآن إعداد ترجمة لها)، أُعلمه فيها أنه ينبغي أن يُعدَّ مسؤولًا عن السلوك الحميد لقبيلة الهواجر في البحر، وبطبيعة الحال فإنه يفهم من ذلك ضمنًا أنه يتحمل بالتالي المسؤولية الكاملة بمفرده عن أية عملية قرصنة يرتكبها أفراد يُقيمون بالفعل داخل أقاليمه.

يشرفني أن أكون خادمكم المطيع،

التوقيع / صموئيل هينيل

المقيم السياسي في الخليج الفارسي

Ref.: (Foreign Dept. Secret, Progs., 7, Dec., 8, 1849), pp. 8- 9.

27 Sep. 1849

ترجمة لنص الرسالة
بتاريخ 27 سبتمبر 1849م

من: الرائد هينيل

المقيم في الخليج الفارسي

إلى: الشيخ محمد بن خليفة

شيخ البحرين

بعد التحية،

في ساعة سعد تسلّمت رسالتكم الودية المؤرخة في يوم 26 أغسطس، في أطيب وقت، وقد سرني للغاية أن أعلم أنكم في تمام الصحة والرفاهية، وقد علمت تمامًا محتوى رسالتكم، خاصةً مايتعلق بقبيلة الهواجر؛ حيث أبلغتنا أنك لست مسؤولًا عن أي أعمال قرصنة قد يقومون بها في البحر، وأنهم ليسوا تحت إمرتك عمومًا. ولعدة أسباب؛ فإن الحقيقة هي أنه لا يمكن النظر في هذه المسألة إلا من ناحية أنك مسؤول عنهم؛ ففي المقام الأول ارتبطت بهم بعلاقة زواج، وثانيًا؛ أحضرتهم إلى المناطق التابعة لك، وثالثًا؛ وافقت لهم على الإقامة في تلك المناطق. وفي ظل هذه الظروف؛ فمن الواضح بالأدلة والمبررات أنه لا يمكن إعفاؤك من المسؤولية تجاه أعمال القرصنة التي قد يرتكبونها في البحر.

ترجمة طبق الأصل،

التوقيع / صموئيل هينيل

المقيم السياسي في الخليج الفارسي

Ref.: (Foreign Dept. Political, Progs., 72, October, 1, 1851), pp. 2- 7.

1 Oct. 1851

نسخة
رقم (72) لعام 1851م
الإدارة السياسية
1 أكتوبر 1851م- قلعة بومباي

إلى: أعضاء مجلس المديرين

شؤون شركة الهند الشرقية المحترمة

لندن

السادة المحترمون،

يشرفنا أن نرسل طيه نسخًا من تقاريرنا المتعلقة بشؤون الخليج الفارسي، والتي أبلغنا مجلسكم الكريم بها سابقًا.

2 - اسمحوا لنا أن نحيل، في المجموعة رقم (1)، نسخة من رسالة من الملازم هينيل بتاريخ 30 يناير الماضي (1851م)، متحدثًا عن تفاصيل المقابلات التي أجراها، وحول اجتماعه في اليوم السابق مع شيوخ أم القيوين والشارقة ودبي.

3 - في نفس المجموعة؛ اسمحوا لنا أن نحيل نسخة من رسالة بتاريخ 4 فبراير الماضي من الملازم هينيل، قدم فيها تفاصيل مقابلته التي أجراها في نفس اليوم مع شيخ البحرين.

4 - اسمحوا لنا أن نرسل، في المجموعة رقم (2)، نسخًا من ثلاث رسائل، مؤرخة في 20 مارس و2 و4 أبريل الماضيين، من الملازم هينيل، بخصوص أحداث البحرين. ومن رسالة بتاريخ 24 أبريل الماضي من نفس الضابط، محيلًا نسخة من رسالة من العميد بورتر، قائد أسطول البحرية الهندية في الخليج الفارسي؛ حيث تحدث فيها عن التحركات الأخيرة لسفن ذلك الأسطول قبالة ساحل قطر وعمان.

5 - اسمحوا لنا أن نحيل، في المجموعة رقم (3)، نسخًا من رسالتين من الملازم هينيل، مؤرختين في 5 و9 أبريل الماضي، متحدثًا عن تفاصيل زيارة الأمير حاكم مقاطعة فارس إلى بوشهر في السادس والعشرين من الشهر الماضي، ومغادرة صاحب السمو الملكي في 6 أبريل عائدًا إلى شيراز.

6 - اسمحوا لنا أن نحيل، في نفس المجموعة، نسخًا من رسائل وجهها الملازم هينيل مؤرخة في 11 و 15 و31 مارس الماضي إلى المبعوث فوق العادة والوزير المفوض لدى صاحب الجلالة في مجلس طهران؛ حيث تحتوي الرسالتان الأولى والأخيرة منهن على معلومات تتعلق بعدد الأرمن والأجانب، الذين يقطنون في فارس تحت الحماية البريطانية. وتحتوي الرسالة الأخرى معلومات تتعلق بأحداث تلك المقاطعة.

7 - اسمحوا لنا كذلك أن نحيل في نفس المجموعة نسخًا من ثلاث رسائل مؤرخة في 10 و11 و14 أبريل الماضي، من الملازم هينيل إلى نفس العنوان؛ حيث تحتوي الأولى على معلومات حول عملية القرصنة التي ارتكبها أتباع الشيخ Mohumbiah ضد سفينة كنجون Congoon. وتحتوي الرسالتان الأخريان على معلومات عن حال الهدوء العامة التي تعم جنوب فارس، باستثناء لار Lar، وبهبهان Babehan، وتحتوي أيضًا على معلومات عن الأوضاع على ساحل فارس.

8 - تتضمن المجموعة نفسها نسخة من مراسلات بين العقيد شيل Sheil والملازم هينيل حول موضوع بعض القيود التجارية التي حاول حاكم بوشهر فرضها على الرعايا البريطانيين مؤخرًا.

9 - اسمحوا لنا أن نحيل، في المجموعة رقم (4)، نسخة من رسالة بتاريخ 25 مارس الماضي تحتوي معلومات حول طريقة جباية الضرائب في مقاطعة فارس، والمصادر التي تُستمد منها تلك الضرائب.

10 - ويشرفنا أن نرسل في المجموعة رقم (5) نسخة من رسالة بتاريخ 4 يونيو الماضي (1851) من الملازم هينيل، تحتوي تقريرًا من الملازم شيتي Chitty من البحرية الهندية، قائد سفينة شركة الهند الشرقية «تايجر Tigris»، متحدثًا عن تفاصيل زيارته الأخيرة على متن تلك السفينة إلى عسيلوه والشارقة وغيرها.

11 - اسمحوا لنا أن نحيل، في المجموعة رقم (6)، نسخًا من رسالتين مؤرختين في 6 و11 مايو الماضي (1851)، من الملازم هينيل، تحتويان معلومات من الساحل العربي.

12 - إكمالًا للفقرة الثانية من رسالتنا إلى رقم (113) بتاريخ 16 ديسمبر 1850، الموجهة إلى مجلسكم الكريم، وبالإشارة إلى المرفقين رقم 5 و6 في رسالتنا رقم (13) بتاريخ 3 فبراير الماضي (1851)، الموجهة إلى اللجنة السرية الموقرة، اسمحوا لنا أن نحيل في المجموعة رقم (7) نسخًا من ثلاث رسائل من الملازم هينيل، تحتوي مزيدًا من المعلومات حول أعمال القرصانين سهيل بن عطيش وجاسم الرقراقي Rugragee قبالة ساحل قطر.

13 - اسمحوا لنا أن نحيل في المجموعة رقم (8) نسخًا من رسالتين مؤرختين في 12 فبراير و29 مارس الماضيين، من الملازم هينيل، تحتويان معلومات بشأن هندرابي Inderabia وقيس والشارقة.

14 - وبالإشارة إلى المرفقين رقم 6 و28 في المجموعات التي رافقت رسالتنا رقم (90) بتاريخ 17 أكتوبر 1850، الموجهة إلى مجلسكم الكريم، اسمحوا لنا أن نحيل، في المجموعة رقم (9)، المرفقة في رسالتنا الحالية، نسخة من رسالة من السير هنري إليوت Henry Elliot، سكرتير حكومة الهند لدى الحاكم العام المبجل، بخصوص مطالبة محمد صادق، الحاكم في أصفهان Isphan، في شهر فبراير من عام 1850 بالحماية البريطانية.

15 - أبلغ الملازم هينيل الحكومة، في الرسالة المؤرخة في الحادي عشر من أبريل الماضي، بالمضايقات والممارسات التعسفية التي يمارسها مدير الجمارك في بندر عباس التابع لإمام مسقط ضد الرعايا البريطانيين؛ حيث أشار في رسالته إلى تلك الحالات، فطلبنا من الملازم هينيل، ردًا على رسالته، أن يحصل من حكومة سمو الإمام على تعويض مالي كامل عن الخسائر الناجمة عن قيام مدير الجمارك بالحجز على البضائع بشكل غير قانوني، وأن يستعيد كامل مبلغ الرسوم المفروضة زيادةً على ما هو مسموح به بموجب المعاهدة المبرمه مع سموه، وأن يطلب أيضًا متابعة تصرفات الموظف، من أجل تفادي مسببات مماثلة للشكاوى.

16 - إكمالًا للتقرير، الذي شكل المجموعة رقم (6) الملحقة برسالتنا رقم (97) بتاريخ 31 أكتوبر 1850، اسمحوا لنا أن نحيل نسخة من رسالة مؤرخة في الثالث والعشرين من يناير الماضي، من الملازم هينيل، مفادها أنه تبيّن بطلان تهمة النهب المشار إليها، والموجهة ضد الوكيل المحلي في لنجة.

17 - لا يبدو أن التقرير المتنوع، المتعلق بأحداث الخليج الفارسي، والذي شكل المجموعتين رقمي (12) و(21)، يتطلب تقديم أية ملاحظات معينة.

يشرفنا أن نكون خدامك المطيعين،

التوقيع/ دي. إيه. بلين

التوقيع/ إيه. بيل A. Bell

نسخة طبق الأصل

التوقيع/ إيه. ماليت A. Malet

السكرتير العام

Ref.: (Foreign Dept. Political, A., Progs., 58- 62, August, 1863), pp. 3- 20.

13 April 1863.

رقم (59)

رقم (65)

13 أبريل 1863 - بوشهر

من: الملازم لويس بيلي

القائم بأعمال المقيم السياسي والقنصل العام في الخليج الفارسي

إلى: السيد إتش. إل. أندرسون Anderson

السكرتير العام لحكومة بومباي

أبحرت إلى البصرة على متن سفينة البريد، ومن هناك توجهت جنوبًا مرورًا بالزبير Zobier، عبر الصحراء، وصولًا إلى ساحل البحر في النقطة الجنوبية الشرقية من خليج الكويت. (كما أشرت في رسالتي رقم (2)، في الإدارة السرية، بتاريخ 24 فبراير 1863).

2 - أمضيت ثلاثة أيام في ضيافة شيخ الكويت؛ حيث استقبلني استقبالًا مناسبًا.

3 - أبحرت من الكويت على متن مركب بغلة إلى جزيرة ميسكان Machan الصغيرة، ومنها توجهت عبر القناة الممتدة بين جزيرة بوبيان والبر الرئيسي، وتابعت عبر خور يتجه شمالًا إلى أن وصلت بندر الزبير، الذي يبعد حوالي اثني عشر ميلًا عن البصرة. ولاحظت أن عرض القناة يتراوح بين ميل وميلين، وتبين من خلال سبر العمق أن عمقها يتراوح ما بين خمس وثماني قامات؛ بل يصل أحيانًا عشر قامات.

4 - رست مركب البغلة في بندر الزبير إلى جانب الضفة، وعلى عمق أربع أو خمس قامات من جزئها العلوي.

5 - وعندما وصلت بندر الزبير، تتبعت قاع قناة قديمة وصولًا إلى خرائب الشونية Ashooneeah، الواقعة على مسافة تزيد على الميل إلى الشرق من حصن الزبير الحالي.

6 - لاحظت أن بعض القنوات الضيّقة، وخاصة أحدها، يجري باتجاه البصرة، وقد علمت أنه يمكن

للزوارق الخفيفة، عند ارتفاع المد، مغادرة شط العرب من نقطة تبعد ثلاثة أو أربعة أميال جنوب البصرة لتصل إلى بندر الزبير.

7 - وبعد مغادرة خرائب الشونية، تحركت شرقًا باتجاه الجنوب قليلًا عبر سهل متفرع في كل الاتجاهات، حاملًا كل ما يدل على أنه كان سهلًا خصبًا ومزروعًا بعناية.

8 - وعندما وصلت شط العرب في منطقة زين Zein، قبالة المحمرة، عبرت على متن زورق خفيف، عبر نهر البهمناشير Bamosheer، ثم اتجهت إلى الشمال الشرقي لمسافة قصيرة إلى حفار Huffar باتجاه قارون، وهناك خرجت من المجرى الأساسي لأتتبع مجرًى فرعيًا، وأنا أسحب القارب عبر منطقة واسعة من أرض مغمورة بالمياه، إلى أن وصلت الدورق Dorack، وهي المدينة الرئيسية لعرب بني كعب Chaab. وفي الواقع؛ تشكل كامل المنطقة الواقعة بين نهر قارون من الشمال وبندر معشور من الشرق والجنوب الشرقي وحفار والبهمانشير غربًا، مساحة مائية متصلة أو مستنقع.

9 - استقبلني شيخ الدورق استقبالًا مناسبًا.

10 - ومن الدورق تتبعت مسار القناة الواسعة التي تمتد عبر تلك المدينة لمسافة ستة أميال، وهناك وصلت إلى بعض السدود التي تزود المياه بالقناة، بعد خروجها من نهر الجراحي Gerahee.

11 - الجراحي عبارة عن نهر صاف يجري من الجبال باتجاه رام هرمز Ram Hormuz، ومن أخدود آخر في التلال، متدفقًا بمسار سلس (على طول الجزء الذي رأيته من مساره)، وبقناة متوسطة عمقها حوالي عشرة أقدام، وهو يصب في البحر عند البوزية Boozeeah.

12 - لقد اجتزت مسافة ستة أميال عبر هذا النهر، ولاحظت في تلك المسافة أنه يتفرع من ضفته اليمنى سبعة أو ثمانية فروع كبيرة، وجرى تحسين هذه الفروع جزئيًا لتنهمر باتجاه قارون وحفار، مزودةً المزارع وحقول الأرز بالمياه، ومن ثم تتجه نحو المستنقع الكبير المشار إليه سابقًا.

13 - إلى الجنوب قليلًا من النقطة، التي وصلت عندها إلى نهر الجراحي، يجتاز النهر منطقة تُدعى السبيخة Soobeeah، ليتفرع عندها إلى فروع أخرى، تبعد السبيخة فرسخًا واحدًا تقريبًا عن الدورق؛ حيث تُنقل البضائع برًا، ومن ثم تُشحن بواسطة مراكب محلية متوسطة الحجم.

14 - يشبه الجزء الذي تتبعته من نهر الجراحي نهر التيمز في ريتشموند، إلا أن أشجار النخيل تنتشر بشكل غير منتظم على ضفتيه، وتعيش السلاحف في بعض الأماكن عليهما.

15 - نزلت بالقرب من منطقة تدعى الجُنجية Junjeeiah، وتقدمت عبر منطقة تقسمها القنوات التي يفيض جزءٌ منها على نهر الخابور Nahr- ool- Khabur، ثم إلى بندر معشور، ومنه إلى هنديان Hindeean؛ حيث يصب ذلك النهر في البحر.

16 - تابعت طريقي إلى شاه أبو الشاه Shah Abool Shah، وهي القرية الحدودية بين منطقة عرب بني كعب والمناطق الخاضعة مباشرة لحكومة بوشهر الفارسية.

17 - لاحظت أن المنطقة من نهر الخابور إلى بقعة إلى الشمال قليلًا من شاه أبو الشاه عبارة عن سهل بكر معشب، ولا أتذكر أنني رأيت بروعته من قبل. باختصار ينحدر هذا السهل تدريجيًا من هنديان جنوبًا ومن التلال الغربية إلى مجرى النهر المشار إليه سابقًا، وإلى الدورق والقرى الوسطى وبندر معشور من مناطق تقع عند خط المنحنى؛ حيث تدخل الأراضي العشبية في السبخة أو السيل.

18 - وانتقلت من شاه أبو الشاه عبر بندر الديلم Dillum وحسارHussar وجناوة Gunaweh وصولًا إلى بندر الريق Reegh.

19 - إن منطقة جناوة Gunawah قديمة جدًا، وتنتشر فيها آثار مدن هائلة، وسهلها ذو تربة خصبة. يمر مجرى نهر قديم، يُشكّل حاليًا جدول مياه مالحة، مباشرة من تحت الأسوار الجنوبية لأطلال جيرامه Geramha، ويسمى نهر كُليل Kuleel. كان مجرى النهر ذا مياه عذبة، وكان السهل المحاذي له صالحًا بأسره للزراعة، إلا أن زلزالًا ضرب بالقرب من منبعه، فحوله باتجاه هنديان ومناطق أخرى؛ وكان ذلك أحد أسباب جفافه في الوقت الحاضر.

20 - ومن بندر الريق تابعت عبر أراضي الرحيلة Rohilla وصولًا إلى جون بوشهر.

21 - اسمحوا لي أن أرفق تقريرًا مهمًا لخط سير الرحلة؛ تكرم السيد بمنحي إياه. ويشرفني أن أرسل عينات نباتية وبعض الأشياء المهمة، التي جمعتها في الطريق، إلى السيد المحترم وليم إدوارد فريري. قدم لي الدكتور كولفيل مساعدة كبيرة في طريق رحلتي، وتبيّن لي أنه يرغب في الاهتمام بكل ما يحيط به، وكانت مساعدته للفقراء معروفًا حقيقيًا لقي تقديرًا عاليًا؛ فكان المرضى ومتوهموا المرض يتوافدون إلى الدكتور كولفيل يوميًا.

22 - وقد سافرنا بيسر في الطريق بفضل جلادة موظفينا الذين تحملوا البرد وقساوة الرحلة، دون تذمر أو اكتئاب؛ فقد كانوا مشغولين طوال المئة والاثنين والتسعين ساعة الأخيرة من المسير؛ حيث عملوا على متن المركب لمدة ست وستين ساعة، ثم تولوا القيادة لمدة ست وستين ساعة، وأمضوا أربع عشرة ساعة في أعمال التخييم، فضلًا عن أعمال متفرقة أخرى.

(ممرضان مسلمان، طباخ برتغالي، برتغالي معتنق الإسلام، هندي مسلم، ورجل بغداديّ)

23 - اكتشفت أن كل معلومة كنت قد حصلت عليها عن المنطقة، التي كنا نجتازها كانت خاطئة تمامًا؛ فقد تبين لي أن المسافة المقطوعة تزيد بمقدار الضعف على الأقل عمّا هو متوقع أن

تكون عليه. وأصبح اتخاذ التدابير الوقائية ضروريًا لتلافي التأخير؛ فقد كنت أهتم في نفس الوقت بثلاثة وعشرين حصانًا على الضفة اليُمنى، وعشرين بغلًا على الضفة اليسرى، بالإضافة إلى مركب «البغلة».

24 - وسوف تجدون في الهامش تكاليف الرحلة التي تكفلت الحكومة بدفعها، ومن ضمن هذه النفقات، نفقات السفر الخاصة بشهر فبراير، التي أُدرجت في حساب 28 فبراير. وسيتم تحديد الرصيد في 31 مارس.

رحلة في شهر فبراير من عام 1863	28714 روبية
رحلة في مارس شاملة قيمة الهدايا	7121010 روبية
الإجمالي:	999122 روبية

25 - لم تكن الرحلة رحلةً عادية طبعًا؛ فهي عبارة عن مسيرات إلزامية، ونفقات سفر كبيرة بدا أن تغطيتها من مخصصات السفر بالطريقة التقليدية أمرٌ غير منصف. ولذلك قررت أداء الرحلة على النحو الذي يحقق أكبر فائدة بالدرجة الأولى، وتحميل المبلغ على حساب نفقات الحكومة كنفقة خاصة. ومن المناسب أن أضيف لك أن هذا المبلغ يقل عن المبلغ الذي كنا سنتكبده لو كنا قد أعددنا مخصصات سفر، وسافرنا وفق الأسعار المعتادة.

26 - أود التعبير عن تقديري لكياسة شيخ الكويت بإهدائه ساعة ذهبية وسلسلة، وكذلك لشيخ قبيلة كعب بإهدائة ثلاث ياردات من قماش الجوخ.

27 - في الواقع كانت هذه الرحلة بالنسبة لي درسًا آخر تعلمته، وهو أنه لا سبيل للحصول على معلومات مفيدة عن هذه المناطق إلا بالذهاب إليها ورؤيتها من البداية إلى النهاية.

28 - أرفقنا في تقرير الدكتور كولفيل خريطة توضيحية لرأس الخليج الفارسي، يظهر عليها الطريق التي سلكناها، وقد عمل الدكتور كولفيل على إعداد هذه الخريطة بدقة وعناية من خلال حساب المسافات، استنادًا إلى وقت المسير الفعلي؛ كنا نتحقق من اتجاه مسيرنا يوميًا ومن ساعة لأخرى، فكان ذلك دليلًا كافيًا على صحة الحسابات، التي كانت متطابقة بنسبة كبيرة (مع أنه جرى تتبعها بغض النظر عن أية خريطة)، فيما عدا النقاط التي كان موقعها غير صحيح على الخريطة، كما كان الحال في حالي بندر معشور والدورق.

وبحلول نهاية شهر فبراير، تلقيت توجيهات بمرافقة المقيم في جولته إلى المنطقة الشمالية من خليج فارس. وكانت الرحلة مثيرة للاهتمام جدًا، ما دفعني إلى تدوين بعض الملاحظات على الطريق.

غادرنا على متن سفينة البريد، ورسونا، بعد قليل من التأخير، في مدخل خليج البصرة، عشية السابع والعشرين من الشهر.

28 فبراير: حزمنا عشرين حقيبة، وحصلنا على ثلاث أفراس من الزبير. وفي الساعة 4.20 مساءً، ركبنا الخيل وسافرنا لمدة ساعتين، بمعدل أربعة أميال كل ساعة، باتجاه الجنوب الغربي إلى العشيرية Ashereah؛ وبعد نصف ساعة غيرنا اتجاه سيرنا إلى الغرب والجنوب الغربي لنصل إلى الزبير، وأقمنا مخيمنا عند البوابة الشرقية.

الزبير مدينة محاطة بسور طينيّ، ويبلغ عدد سكانها حوالي 3000 نسمة كأقصى حد؛ يعمل معظم هؤلاء بشكل رئيسي في تأمين وسائل النقل إلى البصرة. وسكانها عرب من سلالة هجينة، فسدت لقربها من البصرة، ولم يبد شيخها مضيافًا. ويوجد جنوب شرق المدينة، على مسافة خمس دقائق سيرًا، عين ماء كبيرة، مياهها عذبة، تنبع من الأرض، وهي تكفي لتزويد عشرة آلاف شخص بالماء؛ يُطلق على تلك المنطقة اسم بريمة Brimeah، وتنتشر في أرضها الأطلال. يتشابه طوبها من حيث الحجم واللون والشكل العام مع طوب قطيسفون Ctesephob. ويوجد فيها بقايا منزل كبير حديث الطراز، وبعض البقع الزراعية، بالإضافة إلى برج دائري صغير بجانب كل سور لحماية المزارع.

1 مارس: برد شديد؛ باشرنا المسير على الخيول في الساعة 11.25 صباحًا، وسرنا لمدة ساعة باتجاه الجنوب والجنوب الغربي، ثم سرنا جنوبًا لثلاث ساعات، بمعدل أربعة أميال في الساعة، لنصل صلفون Salphoon. يوجد في صلفون ثلاثة حصون بداخلها ثلاث آبار، مياهها ذات طعم مرّ لكن يمكن شربها. تُزرع الأراضي التي ترويها تلك الآبار بالثوم والبرسيم، ولا ينمو فيها القمح والشعير؛ لم نجد الشعير أو التبن لإطعام الخيول، ولا خبز للرجال، وبالكاد وجدنا العيدان لإشعال النار. نفقت معظم الأغنام بسبب البرد الشديد في هذه السنة. يوجد على مسافة مسير ساعة من هذه المنطقة تلة كبيرة، تسمى إصفوان Isphuan، وهي تعتبر معلمًا رئيسيًا.

2 مارس: أدى البرد الشديد إلى تجمّد قِرَب الماء؛ باشرنا المسير في الساعة 6.10 صباحًا باتجاه الجنوب، في منطقة صحراوية مليئة بالحصى، مع وجود الأعشاب البرية في مناطق متفرقة، ولاحظنا وجود مجاري غدران غير عميقة؛ وبعد مسير ساعتين اتجهنا إلى الجنوب الغربي لتفادي مواجهة البدو، وفي الساعة الثالثة عصرًا، بدأ الحجر الرملي بالظهور؛ حيث يوجد الحصى، واستمر الأمر حتى الساعة الخامسة؛ حيث أصبحت التربة أكثر خصوبة لتظهر فيها الأعشاب حديثة النمو والأجمات القصيرة.

وفي الساعة 5.52 مساءً نصبنا الخيام في حوض المجرى المائي كي لا يرانا العرب، وكنا قد سافرنا هذا اليوم بمعدل ثلاثة أميال في الساعة.

3 مارس: باشرنا التحرك في الساعة 6.55 صباحًا باتجاه الجنوب في سهول جميلة تتموج بغطاء من الأعشاب والأزهار. وفي العاشرة صباحًا، أصبنا بقلق شديد لا داعي له؛ حيث رأينا مجموعة من الرجال تقترب من جهة الجنوب، ليتبين أنهم مجموعة من الزبير في طريق عودتهم من الكويت؛ يوجد حاليًا ثأر بين مالكي حيوانات نقل أمتعتنا، وهم من الزبير، وبين البدو الذين يتنقلون هنا في هذا الوقت؛ فمنذ ثلاثة أسابيع، سُرق عدد من الأغنام من الزبير وقُتل خمسة أشخاص من البدو. وفي الساعة الحادية عشرة صباحًا، تحركنا عبر ثغرة بين سلسلة منخفضة من الصخور الرملية؛ كنا قد رأينا هذه الثغرة يوم أمس، وهي تشكل معلمًا رئيسيًا، في مكان لا يوجد فيه طريق للتحرك، وبعد ذلك سرنا لمدة ساعة، عبر سهل منخفض وعلى يسارنا البحر، في طريقنا إلى الجهرة؛ تتبع هذه المنطقة ليوسف بن بدر؛ أحد تجّار الكويت، وهي تتألف من ثلاثة حصون كبيرة وحوالي اثني عشر بستانًا صغيرًا، ويوجد خارجها مزرعة شعير بمساحة مئتي فدان؛ يُقال إنه يوجد 100 شخص يقطنون المنطقة مع قطعان الأغنام؛ حيث توجد المياه بوفرة، كما يوجد عشرات الآبار الصغيرة ذات المياه العذبة على رقعة من الأرض البيضاء في جنوب المنطقة.

ومن يقف أعلى برج في الحصن، وينظر شمالًا سوف يرى على بعد ثلاثة أميال سلسلة الصخور الرملية المنخفضة الممتدة من الغرب إلى الشرق، ومن ثم تنحرف شمالًا حول حدود خليج الكويت. وفي الشرق يقع الخليج أو الميناء، وإذ ما نظر المرء على طول حدودها الجنوبية فإنه سيرى عن بُعد المدينة نفسها. ويُوجد في الجنوب والغرب منها منطقة تتموج بالأزهار والأعشاب، لكن لا تتوافر المياه فيها، ولذلك يُنقل الماء إلى الرعيان في تلك السهول على الجمال. وفي هذه المنطقة يجمع يوسف بن بدر خيوله، قبل أن يرسلها إلى بومباي، ليطعمها البرسيم المنتج في المزرعة. ويُقال إن المنطقة مزدهرة وهواءها جاف كهواء بغداد.

4 مارس: زارنا عشية أمس مبارك، الابن الثاني للشيخ صباح، شيخ الكويت؛ حيث أرسله والده إلينا كي يرافقنا إلى المدينة، وكان برفقته سليمان بن يوسف بن بدر.

انطلقنا اليوم في الساعة السادسة والنصف صباحًا، واتجهنا إلى الشرق والجنوب قليلًا، والبحر على يسارنا، عبر سهل رملي منبسط ومنخفض، ويوجد هنا وهناك بعض المرتفعات الرملية وأعشاب قصيرة، أشبه بمسارات اسكتلندا. وبعد ساعتين اتجهنا إلى الشرق والشمال قليلًا، وهنا التقينا الشيخ عبدالله، أكبر أبناء الشيخ صباح؛ حيث جاء يركب جملًا، وبرفقته عدد من الخيالة. باشرنا السير بعد تبادل التحيات، ووصلنا إلى مدخل الكويت في الساعة الحادية عشرة واثنتين وخمسين دقيقة صباحًا. فوجدنا أنهم جهزوا لنا منزلًا فخمًا له باحة تطل على الميناء، تتألف بشكلٍ أساسي من صالة واسعة.

وما إن دخلنا وصل الشيخ صباح شخصيًا؛ وهو شيخ كبير بصحة جيدة، وقوي البنية، يزيد عمره عن ثمانين سنة، وهو خشن المحيا والبنية، لكنه طيب القلب، ولديه ولد وحيد بعمر الخامسة تقريبًا.

جلس معنا لفترة طويلة وبدا مسرورًا وراضيًا بقسمته. كان المنزل المخصص لنا مفتوحًا وعامرًا بالعرب دومًا. لم نر أحدًا يدخن أو يشرب شيئًا لأننا كنا في شهر رمضان، لكن في المساء، وبعد غياب الشمس، كان مبارك وداوود Dowad وسليمان يأتون لاحتساء الشاي، وتدخين لفائف السيجار.

5 مارس: زرنا الشيخ صباح صبيحة اليوم؛ حيث كان يسكن في منزل عتيق ورثه عن والده، على حصيرة قصب خشنة مصنوعة في البصرة. كان لطيفًا جدًا، وأخبرنا عن أصل أسرته ونشأة الكويت. وأخبرنا كيف أن والده وجده استقرا في البداية، بعدما كانا يطوفان مثل إينياس (بطل طروادة في الأساطير الرومانية واليونانية) على قمة خور بوبيان، ليقوما هناك بالسطو على القوافل القادمة من البصرة ومهاجمة السفن القادمة إلى شط العرب. وعندما طُرد والده من هناك أبحر إلى القرين القديمة ancient Granensis، وأنشأ مدينة الكويت كميناء حر.

الكويت عبارة عن مدينة صغيرة يبلغ عدد سكانها حوالي 15000 نسمة، وهي مقامة على برزخ واسع من الصخور الرملية المغطاة بالرمل.

تنقل سفن ذات حمولة خمسين أو ستين طنًا منتجات مناطق الخليج الشمالية من بزيع Bizea، والديلم وجناوة وبندر الريق، وموانئ المدن الصغيرة إلى الكويت من أجل نقلها إلى سفن أخرى بهدف شحنها إلى بومباي. وتُنقل البضائع بنفس الطريقة من الهند على متن سفينة ضخمة، ليتم توزيعها على السفن الصغيرة من أجل نقلها إلى الموانئ الأصغر.

يُستورد خشب الساج ليُستخدم في بناء السفن، ويُرسل عدد كبير من الخيول من هنا إلى بومباي؛ حيث يُصدَّر أفضلها من الجزيرة العربية.

يجتمع البدو يوميًا في ساحة خارج المدخل، ومعهم عدد من أفراد قبيلة الصلبة Slubba. يأتي العرب عمومًا ممتطين الجمال، ويجلبون معهم السمن والكمأه (الفقع)، ويحملون العيدان والبعر على ظهور الدواب. وفي بعض الأحيان؛ يأتي العرب لبيع خيولهم عندما يكونون معسرين، إلا أنه من النادر الحصول على الخيول الجيدة بهذه الطريقة.

يُعرف رجال قبيلة الصلبة بغرابة أطوارهم؛ فهم يقتاتون على لحم الغزلان التي يصطادونها، ومن ثم يستخدمون جلودها كرداء. وهم يتجولون في الأرجاء، ولديهم علاقات ودية مع جميع قبائل العرب، لكنهم يبقون مستقلين تمامًا. ولا أستطيع تخمين عقيدتهم؛ فهم يتبعون العقيدة الإسلامية شكليًا، إلا أنهم يرفعون الصليب في مناسباتهم، وخلال عقد القران كعلامة على السرور. ويعتبرون من أفضل الأدلاء في الصحراء؛ حيث إنهم يعرفون أماكن توافر المياه، ومناطق القبائل الأخرى.

ومن رأيته منهم بدا أذكى من باقي العرب، ولديهم ملامح أقرب إلى ملامح الأوروبيين منها إلى الشرق آسيويين، ويأتون على ظهور دواب بيضاء كبيرة، حاملين نفس الأشياء التي يجلبها البدو للبيع.

وعادة ما يكون السرج مميزًا؛ إذ يوجد مسند أمام قطعة الخشب العمودية وخلفها، ويُلصق على جانبيها قطعتا خشب مقعرتان، لتكوين مقعد غائر، فيجلسون في المقعد الغائر ويشبكون أرجلهم مثل الخيّاطين، وتكون الرجل الأمامية عمودية بين الأفخاذ، وأقدامهم على جانبي رقبة الدابة، وهم لا يستخدمون الرسن.

يُسمح لسكان الصحراء دخول الكويت شرط أن يتركوا أسلحتهم عند مدخل المدينة، وقد جرت العادة منذ عهد جد الشيخ الحالي بإطعام جميع الفقراء في المكان فضلًا عمّن يدخل المدينة.

تُعتبر هذه المنطقة صحيّة؛ إذ بالكاد ينتشر رمد العيون والحمى المتقطعة. ولم يُلحظ انتشار الجُدري منذ وقت طويل. ويبدو أن أكثر الأمراض انتشارًا هي الزُهري والسيلان؛ حيث انتقلت العدوى من بومباي، ما أدى إلى انتشار الزهري الثانوي والتضيّق. أما المرض التالي من حيث الانتشار فهو داء المفاصل، لكنه ينتشر في هذا الوقت أكثر من أي وقت آخر من السنة.

الماء المستخدم للشرب مالح قليلًا، إلا أنه أفضل بكثير من الماء المستخدم في بوشهر. وتبعد أفضل الآبار قرابة نصف ميل إلى الجنوب من المدينة.

يُقال إن الليل يكون باردًا دائمًا خلال موسم الحر، أما خلال النهار، فتخف حدة لفحات الهواء الصحراوي الحار والجاف بمرورها فوق الخليج. في الواقع؛ إن حقيقة عدم وجود سراديب (أو غرف تحت الأرض) لدى أفراد الطبقات الغنية، كما هو الحال في بغداد، وعدم وجود العريش، أو غرف مفتوحة على السطح، كما هو الحال في بوشهر، يوحي بأن الطقس أكثر اعتدالًا مما هو عليه في بغداد وبوشهر.

7 مارس: كان من المقرر أن نغادر الكويت في الصباح الباكر، وكان من المفترض أن نُبحر مع ارتفاع مد منتصف الليل، ولكن لخطأ ما كانت السفينة لاتزال خارج المياه. أثار ذلك غضب الشيخ المعمر، إلى درجة أنه أمضى فترة قبل الظهر على الشاطئ يراقب ارتفاع المياه، كي يخبرنا على الفور ما إن تطفو السفينة. غادرنا الساعة الثانية عشرة، وكان حجم السفينة حوالي أربعين طنًا، والرياح شرقية وشمالية شرقية. ثم أبحرنا إلى مدخل الخور بين جزيرة بوبيان والبر الرئيسي، وبالتوجه شرقًا نرى مدينة Peleechee باتجاه الشرق والجنوب الشرقي، وفي الجهة الشمالية ضفة تسمى الصبية Subea، وأمامنا مباشرة يوجد جزيرة منخفضة تُسمى ميسكان Meschan. يقع الخور الذي نريد دخوله في الجهة الشمالية الغربية من موقعنا، فرسونا في السابعة مساءً، وأبحرنا في الثانية عشرة والنصف بعد منتصف الليل، واجتزنا قصر الصبية Kaser Subea على البر الرئيسي، عند

مدخل الخور. قصر الصبية ما هو إلا حصن مربع تعود ملكيته لشيخ الكويت، وهو مهجور. يتجه الخور هنا إلى الشمال بعرض ميل ونصف تقريبًا.

8 مارس: الرياح شمالية غربية وشديدة؛ يُصبح اتجاه الخور هنا عمومًا شمال الشمال الغربي. الرياح تهب بسرعة معتدلة، ولم يكن بوسعنا فعل شيء لولا المد القوي الذي يرتفع تدريجيًا. لكن بمساعدة موجتين من المد وصلنا إلى رأس جزيرة بوبيان، وكان جزء الخور الذي اجتزناه اليوم بعرض ميل واحد على طول الطريق، ولم ينقص العمق في الوسط عن 5.5 قامات. يوجد العديد من الصخور الكبيرة، خاصة على طول الساحل الشرقي. يغطي المد المرتفع كلتا الضفتين لمسافة باتجاه الداخل، ما يجعلها أشبه بالمستنقعات. ويوجد بعدها منطقة صحراوية مشبعة بالملح، وتنتشر في المكان بعض الأجمات الصغيرة. ولا يوجد سوى مكان واحد يمكن فيه الوصول إلى اليابسة بسهولة؛ حيث تتوافر الأجمات بكميات متفاوته- وذلك على الضفة الغربية بما يقارب ثلثي المسافة من الجهة الجنوبية.

جزيرة بوبيان ذات طبيعة صحراوية، لا تنمو عليها أشجار النخيل كما هو مرسوم على الخريطة، وهي غير مأهولة وخالية من المياه العذبة. ومن هنا يصبح اتجاه الخور بين الشرق والشمال الشرقي حول رأس بوبيان، ويلتقي بخور عبد الله، لكن يتفرع منه فرع صغير، بعرض أربعين قدمًا تقريبًا، لينحرف إلى الشمال الغربي بدرجة ربع.

9 مارس: لاتزال الرياح العاتية تهب من جهة الشمال الغربي. تتبعنا هذا الفرع الذي يبلغ طواله حوالي خمسة أميال، ورسونا فترة الظهيرة عند نقطة التقائه بخور أكبر بكثير. يبلغ عرض ذلك الخور حوالي 250 ياردة وهو يتشعب من خور عبد الله.

10 مارس: خفت الرياح قليلًا في الليل، وأصبحت مؤاتية نوعًا ما، فأبحرنا باتجاه الشمال الغربي عبر الخور الأكبر.

وفي السابعة صباحًا أصبحنا على مسافة أربعة أميال من بندر الزبير. وكانت تلة الصفوان Isphuan بين الغرب والجنوب الغربي بالنسبة لموقعنا، وعلى مسافة خمسة عشر ميلًا. لايزال عرض هذا الخور هنا حوالي 250 ياردةً، وبعمق حوالي خمس قامات ونصف، وتعيش فيه خنازير البحر. ينتهي الخور على مسافة نصف ميل من بندر الزبير لينقسم إلى أربعة أو خمسة جداول أشبه بأصابع اليد. دفعنا التيار إلى أحد تلك الجداول لنصل إلى ضفة يابسة تسمى بندر الزبير. لا يوجد منازل على هذه الضفة، ووجدنا حيوانات النقل بانتظارنا. طلبنا من أهالي الزبير أن يتوجهوا بسرعة إلى هذا المكان، فكانوا مسلحين ببنادق من نوع Flintlock، وقام كل رجل منهم بشراء رمح، وفي أحد الأيام هربوا من الكويت دون أن يخبروا أحدًا، وقاموا بالالتفاف حول الخليج لتفادي العرب، ليصلوا إلى هنا بأمان بعد سفر يوم وليلة.

وفي الساعة الواحدة بعد الظهر، ركبنا الخيول وتوجهنا بين الشمال والشمال الغربي عبر مجرى قناة قديمة تسمى نهر العشير Nar- el- Asher، ووصلنا إلى خرائب العشيرية Ashereah في الساعة الرابعة والنصف عصرًا، فقررنا التخييم هنا لقضاء الليل.

كان معدل سفرنا اليوم ثلاثة أميال ونصف في الساعة. يقول البعض إن العشيرية هي البصرة القديمة، وهي تتألف من التلال الترابية والطوب، وحطام أوانٍ فخارية، كتلك التي تستخدم هنا لحفظ الماء. والطوب هنا يشبه في شكله الطوب الموجود في بريمة Brimeah. ويوجد عمود واحد لايزال ماثلًا، وهو بارتفاع 50 قدمًا تقريبًا، ويبدو أنه كان يشكل ركن بناء ما، لأن القناطر قد دُعّمت بمحاذاته عند الزوايا اليمنى، لكنها تبدو أحدث بكثير من التلال المحيطة بها.

11 مارس: انطلقنا في الخامسة والنصف صباحًا باتجاه الشرق والشمال قليلًا عبر صحراء تكثر فيها شباك القنوات ومجموعات التلال، التي يبدو أنها خرائب بعض القرى. يتباعد العدد الأكبر من القنوات بحوالي 100 ياردة، وتتدفق باتجاه الشمال والجنوب.

جرت العادة أن يُزرع هنا الأرز والقمح والشعير، وجميع أنواع الحبوب في الواقع، وأن تُجرى مياه الري من نهر كرمة علي، الذي يبعد مسافة أربعة أميال ونصف شمال بو نورة Bunorah.

وفي الساعة الثانية عشرة والنصف وصلنا إلى منطقة زين Zein، على الضفة اليُمنى من شط العرب، والتي تقع قبالة المحمَّرة تقريبًا.

وضعنا المعدات والخدم على ما يُسمى قارب الشحن، وعبرنا نحن النهر على متن مركب البلام Bellam.

نزلنا عى جزيرة طينية، ووصلنا إلى المحمرة حوالي الثانية والنصف من بعد الظهر.

وهنا توقعنا أن نجد الخيول والبغال القادمة من بوشهر، لكننا لم نسمع شيئًا عنها ولم نرها. وأفضل ما كان يُمكننا فعله حينها هو المتابعة إلى الدورق. هناك طريقان للوصول إلى الدورق؛ الأولى برًا، وتستغرق الرحلة ثلاثة أيام، والثانية بحرًا عبر مجرى القناة، وتستغرق هذه الرحلة عشرين ساعة؛ فقررنا أن نسلك الطريق المائية. وعند الساعة الثامنة مساءً كنا قد أبحرنا عبر نهر البهمانشير على متن سفينتي بلّام ضخمتين، لكن ما إن كدنا نصل إلى الجهة الشمالية من المدينة توقف البحارة عن العمل؛ فأحدهم يريد تناول غداءه، وآخر يريد التدخين، في حين أعلن ثالث أنه لن يتابع حتى صبيحة اليوم التالي، لأنه يصوم شهر رمضان. فأرسلنا إلى الشيخ نخبره بذلك، وسرعان ما أتى عمه حاملًا رسالة مفادها أنه إذا لم يقم البحارة بإيصالنا إلى الدورق فورًا، فإن الشيخ سيقتلهم إذا رآهم مجددًا في المحمرة.

بدا أن هذا التهديد يحمل معنىً ما؛ فقد حقق الغاية المرجوّة منه؛ حيث تحرك البحارة على الفور، وعملوا لمدة خمس عشرة ساعة متواصلة دون أي اعتراض. أبحرنا بارتفاع الصواري تلك الليلة عبر نهر البهمانشير لمدة ساعتين، ومن ثم أسرعنا باتجاه الضفة.

12 مارس: بدأنا السير مجددًا في الثالثة صباحًا بسرعة ميلين في الساعة عبر الحافة Hafaah، لنصل نهر الفلاحية Nar- el- Felaheah أو قناة الدورق في الساعة السادسة.

يبلغ عرض القناة هنا حوالي 16 قدمًا، وتتدفق إلى الشرق والشمال قليلًا.

وفي العاشرة صباحًا وصلنا إلى تقاطع قناتين؛ أحدهما تتدفق شمالًا والأخرى جنوبًا إلى البهمانشير، في حين حافظ نهر الفلاحية، الذي ضاق مساره إلى حد كبير دفعة واحدة، على المسار نفسه. والسهل بأكمله مغمور بالماء، باستثناء الضفة الضيقة على جانبي القناة، والمياه تتسرب إليها في العديد من النقاط. لكنها تبدو كمنطقة غارقة بالأمطار، تصبح جافة في الموسم الحار، أكثر من كونها مستنقعًا عاديًا. يُغطي العشب السميك الخشن مناطق السهل ذات المياه الضحلة، لكن لا ينمو القصب فيها، مع ذلك ينمو القصب بوفرة في القناة نفسها، ويتراوح طوله ما بين 12 و15 قدمًا، فيبقى هناك معبر بعرض مركب البلام فقط.

تنتشر في تلك المنطقة طيور الإوز والبط والبط النهري واللقالق والغرنوق والزقزاق والطيطوي، وقد رأينا خلال النهار ما يزيد عن عشرة خنازير برية.

تنمو أشجار الأثل والتمر الهندي القزم والحاجي (شوك الجمل) على ضفاف القناة. يمكننا في الصباح الباكر رؤية السفن إلى الشمال من موقعنا وهي تبحر في نهر قارون. وفي الساعة الخامسة وخمس وأربعين دقيقة مساءً اجتزنا قرية الخنافرة khanafra، وهي قرية تتألف من خمسين كوخًا، مصنوعًا من الخيزران.

أُبقيت القناة من تلك القرية إلى الدورق بحال جيدة؛ فجرى توسيعها وزيادة عمقها وتنظيفها. وهنا نجد مجرًى مائيًا كل عشرين خطوة، وذلك لتوزيع المياه من القناة إلى الأراضي المزروعة.

كانت الأشجار والبساتين تغطي الضفتين، وفي السابعة مساء تابعنا طريقنا بينهما حتى الساعة التاسعة، إلى أن أصبحنا مقابل منزل الوكيل، فنصبنا الخيام تحت شجرة من أشجار التوت.

وما إن وصلنا جاء ملّا فارسي مخمور ليقدم كل أنواع العروض والتأكيدات من الشيخ على حد قوله، لكنه في صباح اليوم التالي كان قد عاد إلى رشده وهو صاغر.

لفتة ابن بدر Lufta ibn Badr، هو شيخ قبيلة كعب، لكنه ذهب إلى سوستر لحدوث نزاع بينه وبين الشيخ جابر، شيخ المحمرة.

ولذلك يقوم ابن أخيه فرعس ابن غريث Farass ibn Graith بتولي زمام الحكم حاليًا في الدورق.

13 مارس: كان من الصعب جدًا تكوين فكرة عن حجم الدورق، أو الفلاحية كما يسميها المواطنون عامةً؛ فالمدينة بحد ذاتها ليست منتشرة بشكل منتظم، فضلًا عن وجود الكثير من أشجار النخيل؛ فلا يمكن لذلك رؤية كامل المدينة مرة واحدة. والمنازل مصنوعة من الخيزران بشكلٍ أساسي، ويوجد عدد قليل من المنازل مبنيّ من الطوب المجفف. ويوجد سور طيني محطم ذو معاقل مهدمة، كانت قد بُنيت لتحيط بمدينة أكبر حجمًا، وقد غُمرت الأرض بين السور والمنازل بالمياه، وتشكلت المستنقعات خلفها. والمشهد برمته يبدو كصورة مصغّرة مشوّهة من مدينة بغداد.

تجولت في أرجاء المدينة ضحى اليوم التالي، وسرعان ما تبعتني مجموعة صغيرة من الرجال مسلحين ببنادق الفتيل وعدد من الأولاد. وبدؤوا يتحدثون عن السيجار الذي أستعمله بعدما حدقوا بملابسي، فأكد رجل معتد بنفسه أن ذلك السيجار هو نوع من الأرجيلة، في حين ظن الأغلبية أنه سبيل sebyle، وبدا أنه قد أعجبهم أنه يدوم لوقت طويل. ثم تحدثوا عن مشكلة مهمة بالنسبة لهم، وهي ما إذا كنت آكل لحم الخزير، فأقسم خادم معمر من خلفي بكل ما هو مقدس أنني لم أذقه يومًا.

وجدت السوق في وضع مزرٍ جدًا؛ فهو مبني من الطوب المجفف، ومغطى جزئيًا بالحصير، ولا يتجاوز عدد المتاجر فيه عشرين متجرًا، ومعظمها أكواخ من الخيزران.

ويشبه الأهالي هنا عرب الأهوار المقيمين على ضفتي نهر دجلة إلى حد كبير، لكنهم يرتدون ملابس أفضل وأكثر سقمًا. يرتدي جميع الرجال عمامات سوداء، ويحملون بنادق فتيل من صنع بغداد.

لا أعتقد أنه يوجد أكثر من مئتي منزل في المدينة نفسها، لكن الضواحي مكتظة بالسكان.

يُقال إن الطقس هنا سيئ جدًا؛ فمن الصعب تحمل الأحوال الجوية لمدة ثلاثة شهور في هذا الموسم. ويكون الطقس مريعًا في موسم الحر؛ فالبصرة، وجميعنا يعلم أن طقسها سيئ جدًا، تعتبر جنةً بالنسبة لها؛ فالرياح ساخنة ورطبة في النهار خلال الموسم الحار، والماء حارٌ جدًا وما من وسيلة لتبريده، وفي الليل يلهث الناس لالتقاط أنفاسهم. تسبب الحمى أضرارًا كبيرة بدءًا من وقت جني التمر إلى وقت هطول الأمطار؛ أي من يوليو إلى ديسمبر، ويُقال إن الأهالي يموتون بالمئات في ذلك الوقت، خاصة الفرس.

تتفشى حاليًا أمراض التقرّح وتسوس الأسنان والتهاب المفاصل بشكلٍ كبير، لكن انتشار الرمد خفيف.

كان من بين المرضى الكثيرين الذين زاروني سيدتان فارسيتان، أبدتا عدم حبهما للعرب، وقالتا إنهم مجموعة من الرعاع لا يصلحون إلا للأكل والصلاة فقط. وعندما يريدون تنظيف أنفسهم، وهو أمر نادر الحدوث، فإنهم يذهبون إلى النهر، لأنه ليس لديهم حمامات. إن منظر بشرة هاتين السيدتين يؤكد عدم وجود حمامات في الفلاحية.

تقع قرية بزيع على ضفة نهر الجراحي، ويستغرق الوصول إليها من هنا مسير ساعة باتجاه الجنوب.

يُقال إن ما بين مئة إلى مئتي سفينة بحمولة تتراوح بين 50 و 60 طنًا ترسو هنا سنويًا، لتعود محملة بالأرز والتمر والشعير والقمح والخيول، لكن من الصعب الحصول على معلومات دقيقة حتى من الموقع نفسه؛ فحينما قال تاجر يهودي خبير، وهو مواطن من بغداد يمارس التجارة هنا، أنه يتم تصدير العديد من الخيول إلى الكويت، ليتم نقلها من هناك إلى بومباي، صرح تاجر آخر، على نفس القدر من الخبرة أيضًا، أنه لم يتم تصدير الخيول مطلقًا.

وبحلول الظهيرة زارنا الشيخ خميس بن محمد Khumfeis ibn Mahomed، وهو شاب صغير ذكي في الثانية عشرة من عمره، وكان يرتدي ملابس تشبه زي السرتيب sertip أو مقدم في المشاة الفارسية، وقبعة على جانب واحد من رأسه؛ يقول جده إنه يجيد الفروسية ويصطاد طائر الحجل في أثناء طيرانه، وهو إنجاز عظيم في تلك المناطق. وفي وقت لاحق من النهار؛ جاء الشيخ فرعس شخصيًا، برفقة ابنه السرتيب محمد؛ بدا الرجل المعمر في الأربعين أو الخمسين من عمره، لكن مظهره يوحي بأنه مبذّر.

كان السرتيب قد أمضى فترة ما في بلاط الشاه، وبدا كأنه يعتبر نفسه أعلى منزلةً من أبناء بلده.

وقد أبديا مودة كبيرة، وبالغا في تقديم عروض المساعدة، وغادرا بعد فترة قصيرة، وكان أحدهما بحاجة إلى الدواء طبعًا.

وبينما كنت أسير برفقة المقيم مساءً، شعرت بشيء يلمس يدي؛ كان ذاك الشيخ خميس، وقد جاء للحصول على الكبسون للبندقية ودواء له. وعندما عدنا إلى الخيمة، أفرحناه بعلبة من الكبسون، وقليلٍ من البارود والخرطوش، وعلبة كبيرة من المليّن (دواء).

وبعد مغيب الشمس بساعة ونصف، ذهبنا لزيارة الشيخ فرعس. وعند وصولنا اجتزنا ساحة واسعة، لندخل بعدها إلى قاعة كبيرة مبنية من الطوب المجفف، ويوجد في أحد أطرافها سجاد فاخر وبسط من اللبّاد وكرسيّ قديم مخلّع، وشمعتان في كأس. ويوجد على السجادة شمعدانات مختلفة الأشكال، وفي الطرف الآخر لم أر سوى طيف حشد الحضور، لأنه لم يكن هناك سوى مصباح زيتي واحد، ولم يكن كافيًا لإنارة المكان بشكل جيد، ويبدو أننا وصلنا في وقت مبكر جدًا. كان الشيخ محمود السرتيب وعدد من الزعماء حاضرين، لكن الشيخ فرعس لم يكن قد وصل بعد، ولكنه سرعان

ما وصل مبتهجًا وثملًا مقدمًا أشد الاعتذارات، فتحدثنا وضحكنا لساعة أو ما يزيد قليلًا، وكان المقيم منزعجًا قليلًا بشأن الكرسي.

احتسينا الشاي والقهوة، ودخنّا الجبق والأرجيلة، وتناولنا الحلويات، وشربنا الشربات. في الواقع؛ كان الجو السائد مزيجًا من العادات العربية والفارسية، فوجد العقيد بيلي في السرتيب زميلًا قديمًا؛ حيث كانا قد التقيا سابقًا في منزل السيد تيلور في طهران.

وبينما كان الشيخ فرعس يتحدث كلامًا عامًا، سأل فجأة ما الذي ستفعله بريطانيا في حال قامت فارس بمهاجمة أفغانستان... وغادرنا بعد ذلك بفترة قصيرة.

سأل بعض الحضور، لدى مغادرتنا، الميرزا الحاج أحمد ما إذا كان بقي لدينا القليل من الخمر لإعطائهم إياه؛ يُوصى زوار الفلاحية بمراقبة حوائجهم دائمًا. ذهبنا إلى المنزل تلك الليلة وخلدنا إلى النوم بعد أن وضعنا أشياءنا الثمينة تحتنا.

14 مارس: وعندما كنا نريد مغادرة الدورق، تلقينا نصيحة بالانتقال إلى قرية الجنجيرة Jungereh عبر النهر، لأن كثيرًا من القنوات كانت تقطع الطريق البرية، وبالتالي ستواجه البغال المحمّلة صعوبة كبيرة في العبور، ولذلك أرسلنا الحيوانات مسبقًا ريثما نصل.

انطلقنا في الساعة السادسة وخمس دقائق صباحًا على متن مركبي بلام كبيرين، واتجهنا شرقًا بمحاذاة نهر الفلاحية بين أشجار النخيل، التي انتشرت على طول ضفتيه لمسافة ميلين تقريبًا، وبعد ذلك وصلنا إلى المنطقة المفتوحة التي تحيط بها ستة بساتين من النخيل. وكنا نسافر بمعدل أكثر من ميلين بقليل في الساعة.

وفي الساعة السابعة وخمس وأربعين دقيقة وصلنا إلى الخزينة Khuzena أو السد، ونحن حاليًا على الضفة اليُمنى لنهر كبير؛ يُسمى نهر الجراحي Juraihee؛ حيث وجدنا منبع قناة الدورق؛ فهي تتدفق من النهر عبر فتحة محاطة بالخيزران، كي تمنع المياه من إغراق الضفة.

يُقال إن نهر الجراحي ينبع من تلال رام هرمز، ويجتاز بزيع ليصب في شط العرب عند الجذبة Ghuzba قبالة الفون Faon تقريبًا، لكن يبدو أن ذلك الوصف كان وصفًا خاطئًا، لأن البهمانشير Bumosheer يجري بمحاذاة شط العرب تقريبًا من جهته الشرقية. يبلغ عرض النهر قرابة أربعين ياردة، ويبلغ عمقه عمومًا حوالي ثماني قامات، والعمق يصل حتى أطراف الضفتين، مع ذلك يمكن عبور النهر من المنطقة التي وصلنا عندها؛ فالمياه تصل إلى إبط الرجل، وتبلغ سرعة التيار حوالي ميلين في الساعة.

وجدنا مركبًا مقعرًا، وفي الساعة التاسعة أبحرنا بمحاذاة الضفة اليُسرى.

يشق النهر طريقه بشكل متعرج عبر منطقة سهلية أكثر جفافًا من المنطقة المحيطة بالدورق؛ حيث الزراعة الجيدة ووفرة الأغنام والخيول وغيرها من الدواب.

ويُقال إن المراكب التي بوزن المركب الذي كنا على متنه؛ أي 4 أو 5 أطنان، تصل إلى مسافة أربعة فراسخ من رام هرمز، وهي تستغرق خمسة أيام لقطع المسافة. يوجد الكثير من تلك المراكب على ضفة النهر؛ حيث يبلغ عددها 1000 مركب، بحسب تصريحات أحد الأهالي.

وصلنا إلى قوطاش Kotash على الضفة اليمنى في الساعة التاسعة وخمس وعشرين دقيقة؛ قوطاش قرية مؤلفة من عدة أكواخ من القصب، وعدد من أشجار النخيل.

رأينا عائلات العرب هنا تتنقل على طول ضفتي النهر مع معداتهم، وترافقهم الدواب والعجول والكلاب، كما هو الحال على ضفاف نهر دجلة.

يتعرج النهر بشدة بالقرب من قوطاش بين الشرق والشمال الشرقي عمومًا. ورأينا هنا حبالًا قطرها حوالي نصف قدم، وهي مصنوعة من الخيزران ببراعة، ومركبة على نحو يمنع أرصفة القناة من السقوط في النهر.

تنتشر أشجار النخيل على طول الضفة الغربية لمسافة نصف ميل، ومن هنا وعلى كلا الضفتين، لمسافة ربع ميل وصولًا إلى قرية البو نعيم Elboneim، وهي قرية على الضفة اليمنى للنهر ويعادل حجمها حجم قرية قوطاش تقريبًا.

وفي الساعة العاشرة صباحًا، وعلى مسافة ثلاثة أميال من النهر، يتراءى جنوب هذه القرية قرية جنجيرة Jungereh، التي تقع على ضفة قناة بنفس الاسم. تتألف القرية من سبعين كوخًا مصنوعًا من الخيزران، وتقع في منطقة تتخللها القنوات.

وهنا تنتشر أشجار النخيل على طول الضفتين في مناطق متفرقة وصولًا إلى منطقة، ينحرف النهر فيها مباشرة ويزداد عرضه كثيرًا، وقد وصلنا إلى تلك المنطقة لنجد الخيول والبغال بانتظارنا.

وبحلول الساعة الثانية عشرة كنا قد انتهينا من تحميل الحمولة على البغال، وكان من دواعي سرورنا أن نمتطي الخيول المخصصة للركوب، لنسير بمحاذاة جدول، ومن ثم سرنا بين الشرق والشمال الشرقي بمعدل ثلاثة أميال في الساعة.

وفي الساعة الثانية عشرة وخمس وأربعين دقيقة مررنا بشجرة نبق ضخمة، يطلق عليها العرب اسم «الزفيزف اللوطسي Zizyphus Lotus»، وهي بمثابة معلم بارز. أصبحنا الآن في منطقة جبور Jabar، وعلى يسارنا تقع قرية بنفس الاسم على بعد ميلين. وُيقال إن جبور تضم حوالي ستمائة رجل مسلح ببنادق الفتيل، وأفضل رجال المنطقة ينتمون إلى عشيرة البوغبيش Elbochbesh

من قبيلة كعب. يقيم جميع أفراد البوغبيش حاليًا في المنطقة الواقعة بيننا وبين البحر، غرب شط العرب وشرق بندر معشور. ويُقال إن المستنقعات تغطي معظم المنطقة.

وفي الساعة الواحدة والربع عبرنا نهر الجبور Nar- el- Jabar، من الفرع الذي يقسمها إلى ست قنوات صغيرة، وقد وصلت المياه إلى سروج الخيل.

وفي الواحدة وخمس وثلاثين دقيقة، نرى على مسافة ثلاثة أميال على يميننا قرية اسمها المريد Moreied.

وفي الساعة الثانية وأربع وخمسين دقيقة نصبنا الخيام في قرية تتألف من عشرة أكواخ تقريبًا، على مسافة نصف ميل غرب منزل إمام يُدعى عبد الحسن.

يُطلق على هذه المنطقة اسم خاطر Khater، وهي تتزود بالمياه من قناة بنفس الاسم. ويوجد بجوار كل كوخ حديقة صغيرة مزروعة بالثوم والفاصولياء.

وفي السهل الذي اجتزناه اليوم تتقاطع شبكة من القنوات؛ تأتي الكبيرة بينها من النهر والصغيرة من الجداول والتي تكثر في المنقطة. وقد زُرعت قطع من الأراضي المحيطة بتلك الجداول بالقمح والشعير. أما باقي المنطقة فتشبه إلى حد كبير صحارى بلاد ما بين النهرين، التي تبعد ثلاثمائة ياردة عن ضفتي نهر دجلة.

تتوافر هنا أشجار الأثل والتمر الهندي القزم وشوك الجمل بكثرة، خاصة على ضفاف المجاري القديمة.

وتتوافر أيضًا شجيرات الغرقد، التي يُطلق عليها الأهالي اسم العوسج Aousedge، وهي من الفصيلة الباذنجانية، التي يستخدمونها لإحاطة قراهم، وكذلك نبات الجاجيلا Gagilla كما يسمونها، وهي من فصيلة الأوريجانيوم Origanum، وهم يأكلونها بكميات كبيرة مع الخبز، ونبات الشنام Shnam وهو فصيلة من الروثا Salsola، وهم يحرقونها لاحتوائها على الفلز القلوي. ومن المؤسف أننا وصلنا إلى هنا في وقت مبكر من السنة، فلم تكن هناك نباتات مزهرة سوى الفيزالس Physalis.

15 مارس: انطلقنا في الساعة الخامسة وخمس وثلاثين دقيقة باتجاه الجنوب الشرقي، وفي الساعة السادسة وعشر دقائق توقف مجرى القنوات؛ حيث أصبحت الأرض أكثر ارتفاعًا وتناقص عدد الأجمات، لكن العشب كان متوافرًا بكثرة. بدا أن النباتات هنا لم تنمُ في منتصف شهر فبراير بحجم أكبر من حجم النباتات في بوشهر.

يُقال إننا لن نعثر على الماء بين هذه المنطقة وبندر معشور.

وفي الساعة السادسة والنصف مررنا بسهل رملي جاف يرتفع تدريجيًا باتجاه الجنوب الشرقي.

وفي الساعة السابعة والنصف وصلنا إلى سهل رائع، لم نر فيه على مدى النظر سوى العشب النضر، وقطعان الماشية والدواب، وخيام العرب الرحل سوداء اللون. قال الراعي لنا إنهم ينتمون لعشيرة البوغبيش، وأن الأعشاب ستزداد طولًا وسماكةً وستدوم لشهرين أو ثلاثة؛ وبعد ذلك سيقودون حيواناتهم لمسافة فرسخ واحد جنوبًا؛ حيث المستنقعات ذات المراعي الوفيرة طوال الموسم الحار، ويُقال إنهم يزرعون هناك القمح والشعير.

وهنا وجدنا خادمة عربية مريضة بحاجة للدواء، لكنها كانت مترددة في طلبه لعدم توافر المال لديها. وكم تفاجأت عندما حصلت على الدواء مجانًا، بالإضافة إلى صرة صغيرة من النقود، وأعربت لنا عن شديد امتنانها.

توجهنا الآن إلى الجنوب الشرقي، وسرنا حتى الساعة التاسعة، فأصبح العشب أقل وفرة. وفي الساعة التاسعة والربع دخلنا منطقة جرداء بالكاد تُرى فيها الأعشاب، وبقي هذا السهل على هذا النحو طوال فترة سيرنا حتى الساعة الحادية عشرة وخمس وأربعين دقيقة؛ حيث وصلنا إلى بندر معشور.

بندر معشور مدينة مدقعة؛ نصفها مدمر، وهي قائمة على تلة تبدو اصطناعية. لا يتجاوز عدد السكان المستقرين فيها ثلاثمائة شخص، ويوجد إضافة إليهم عدد قليل من التجار غير المستقرين ووكلاؤهم من مدن الخليج، قلة من السكان فقط يتحدثون العربية، وهم يرتدون ثيابًا تشبه الزي الفارسي، لكن يبدو أنهم من سلالة مختلطة.

يصل إلى هذه المنطقة سنويًا ما بين أربعين إلى خمسين سفينة، حمولة كل واحدة منها 60 طنًا تقريبًا، جالبةً الأقمشة والذرة والتمر من بوشهر والكويت والبصرة، لتعود محملةً بالقطن.

تهطل الأمطار بوفرة حاليًا جنوب شرق المدينة، أما في الموسم الحار فيعتمد السكان على مياه الآبار ذات المياه المالحة.

ترسو السفن قبالة الخليج على مسافة ثلاثة أميال، وتتجه إلى الجنوب الغربي.

ينتشر هنا مرض الرمد بكثرة؛ فقد عالجت خمسة وثلاثين شخصًا مصابًا به، أي ما يعادل ثمن عدد السكان تقريبًا، وتكاد حالات الحمى تنعدم تمامًا.

قابلت هنا شخصًا عربيًا أرسله الشيخ فرعس من الدورق للحصول على الدواء، فقدمت له الدواء مع تحياتي، وقلت له إن المسافة إلى بوشهر من الدورق ليست بعيدة بحرًا، وأنه كلما احتاج الشيخ الدواء ما عليه إلا أن يراسلني، لأرسل له الدواء بكل سرور.

زارني مريض آخر، وهو رجل عربي قوي البنية ظاهريًا؛ جاء من قرية كنا قد مررنا بجوارها، وقد سار

بجوار حصاني طيلة فترة الصباح ليسرد عليّ حالته؛ قال إن لديه زوجين، إحداهما خدمته لعشر سنوات، والأخرى شابة حسناء، وقد تزوجها منذ عشرة أشهر، لكن زاوجه منها كان بالاسم فقط، وإن استمر كذلك لمدة سنة فإن شيخ القرية سيأخذ الفتاة العذراء له.

وقد توقع الزوج التعيس أن الحكيم الأنجليزي رجل قادر على مساعدته.

16 مارس: انطلقنا في الساعة الخامسة وخمس وأربعين دقيقة باتجاه بين الشرق والجنوب الشرقي عبر سهل فيضيّ، تكاد الأعشاب تنعدم فيه، ولا يعيش هنا أي نوع من الحيوانات، باستثناء طائر القطا الذي يوجد بأعداد كبيرة.

تأخرنا عشرين دقيقة بسبب هروب أحد الأفراس.

الساعة الآن الثامنة صباحًا، بدأ السهل يرتفع تدريجيًا أمامنا، وبدأت تظهر بعض النباتات فيه.

امتدت سلاسل التلال على جهتنا اليسرى والأمامية اليسرى لمسافة عشرين ميلًا تقريبًا. رأينا ثلاث سلاسل؛ واحدة منخفضة في المقدمة، وخلفها سلسلة بارتفاع 300 قدم تقريبًا، وخلف هذه الأخيرة بعيدًا سلسلة كبيرة مغطاة بالثلوج.

وفي الساعة التاسعة والنصف، توجهنا إلى الجنوب الشرقي، وهنا رأينا قطعانًا من الأغنام وست خيام. قال الرعاة إنهم ينتمون لعشيرة حمدان Humdan، وهم يتبعون مباشرة للشيخ فرعس، وأنهم ينقلون مواشيهم إلى هنديان في الموسم الحار. يوجد تجمع لمياه المطر على مسافة أربع ساعات إلى الشمال من هنا، وقد أرسل هؤلاء الأشخاص من يزودهم بها. رأينا عددًا من قطعان الغزلان.

في الساعة الثانية عشرة انطلقنا بوجهتنا إلى شرق الجنوب الشرقي، ويقال إن مدينة داي ملّا Dey Molla تقع على يسارنا على مسافة أربعة فراسخ.

كانت وجهتنا عمومًا إلى شرق الشمال الشرقي، لكن كان دليلنا خلال الساعتين الماضيتين ينحرف يمينًا ثم يسارًا، وهو الآن يتلفت بسرعة متجهًا وحده إلى الشمال بحجة العثور على طريق، وركض بسرعة محاولًا الهرب، إلا أن المقيم أمسك به على الفور وأعاده إلى رشده. يتراءى لنا الآن شمالًا في البعيد شيء ما، فتتبعته برفقة خادمي لمعرفة ماهيته، وبعد الركض لمسافة ثلاثة أميال، التقينا برجل يقود ماشيته، وحاول إبعادها عن طريقنا، وعندما اقتربنا منه قام بتسديد بندقيته باتجاه يوسف، لكنه أعادها مجددًا. والآن لا يسعنا سوى فعل شيء واحد؛ تقدمنا باتجاهه، وقبل أن يستجمع قواه لإطلاق النار كنا قد أطبقنا عليه. من المؤكد أنه اعتقد أن ساعته الأخيرة قد حانت، فوقف يلهج حاملًا بندقيته بيده اليسرى، ويده اليمنى على قبضة مسدس وضعه في حزامه.

وعندما سألناه عن الطريق إلى هنديان، أشار بيده لعدم قدرته على الكلام، ومضت عدة دقائق قبل أن يستطيع الكلام. وبعد ذلك أعرب عن دهشته لكونه لايزال حيًا، ولكون أغنامه لاتزال في مكانها. ولم يستعد رباطة جأشه ليدلنا على الطرق التي سلكها للتو إلا بعدما عرّفناه بأنفسنا، وبما نفعله وإلى أين نحن ذاهبون. وكان من الواضح، حتى عندما هممنا بالمغادرة، أنه لم يصدق أننا تركناه دون أذية، وبعد أن ابتعدنا قليلًا دعانا لتناول العشاء، لكننا رفضنا دعوته.

الساعة الرابعة وخمس وأربعون دقيقة: نجتاز حاليًا سهلًا جميلًا يرتفع قليلًا باتجاه الجنوب، وتغطيه الأعشاب النضرة.

تقع مدينة هنديان أمامنا، وبدت رائعة تحت أشعة شمس المساء، وعلى يسارنا تقع سلسلة التلال المنخفضة، على مسافة عشرة أميال تقريبًا.

تشكل المنطقة كلها من إمام عبد الحسن، في مقاطعة خاطر، إلى هذه المنطقة سهلًا واحدًا. لم نر فيه قنوات أو مجاري مائية أو أنهارًا، وهو خال من المياه ما عدا بندر معشور.

تبدو الطريق إلى داي ملا مسلكًا مألوفًا؛ فهي في الواقع الطريق المستخدمة بصورة تكاد تكون دائمة للانتقال من هنا إلى بندر معشور، ومن ثم تستغرق الطريق مسير يومين. لا توجد طريق بمحاذاة السهل الذي اجتزناه، فهو يتحول إلى مستنقع بعد هطول الأمطار، لكن يكون جافًا تمامًا قبل هطولها.

الخامسة وعشرون دقيقة مساءً: نصبنا الخيام على الضفة اليمنى لنهر هنديان.

نُصبت الخيام على رقعة محروثة بين النهر والمدينة. وبالنظر إلى الضفة رأينا عشر أشجار أرز معمّرة، وبالنظر إلى ما وراء النهر رأينا خرائب قرية وأرضًا مزروعة بالفاصولياء والشعير؛ تُروى من ثلاث أو أربع آبار.

كانت مدينة هنديان مدمرة، وربما سكنها في الماضي ثلاثة أو أربعة آلاف شخص، لكن لا يزيد عدد سكانها حاليًا عن أربعمائة أو خمسمائة شخص.

تأتي السفن إليها من الكويت وبوشهر، لكن يبدو أن حجم التبادل التجاري صغير هنا.

ينتشر هنا مرض الرمد بكثرة، لكن ليس بدرجة انتشاره في بندر معشور.

هنا يبلغ عرض النهر، الذي يُقال إنه ينبع بالقرب من شيراز، ويتدفق مرورًا ببهبهان، مئة ياردة؛ بضفتين يتراوح ارتفاعهما بين خمس عشرة وثماني عشرة قدمًا. يمكن لمراكب البلام أن تقترب من بهبهان، لكن لا يمكنها الوصول إليها بسبب كثرة الصخور وضحال المياه. تستغرق الرحلة برًا يومين، وتبلغ المسافة من هنا إلى زيدون Zeidoon سبعة فراسخ، ولا تزيد عنها كثيرًا من زيدون إلى بهبهان.

كان قارب العبور راسيًا على الضفة، وفيه الكثير من الثقوب، ونصفه ممتلئ بالطين، ولكن لو لم يسعفنا الحظ بمرور مركب قادم من الكويت، انتظرنا حتى نصنع طوفًا، أو دبرنا وسيلة ما لنقل معداتنا بواسطتها.

17 مارس: بعد اجتياز النهر، تحركنا باتجاه الشمال الشرقي، وأمامنا سلاسل التلال الثلاث، وكان أقلها ارتفاعًا يبعد عنّا حوالي ستة أميال فقط.

في الساعة الثانية وأربعين دقيقة توجهنا شرقًا عبر سهل يرتفع تدريجيًا باتجاه الجنوب، وينحدر باتجاه سفح التلال.

وفي الساعة الرابعة وخمس وعشرين دقيقة رأينا ركامًا على الجهة اليمنى، يبعد حوالي أربعة أميال عن موقعنا. أطلق عليه الدليل اسم تول مرجاي Tol Morgei، وهو منزل للزرادشتيين Ghebers أو الهندوس Hidoos، أو ربما يطلق عليه أي اسم يراه مناسبًا؛ فهو فارسي الأصل.

يُشكّل ذاك الركام بقايا منزل مبني من الحجر الرملي الأحفوري على سهل رملي، تغمره مياه البحر عند ارتفاع المد، ولم يبد أنها تعود لتاريخ قديم.

وفي الساعة الخامسة والربع، عثرنا على حجر رملي مليء بحفريات رخويات بحرية ظاهرة على سطح الأرض، وهي نفس الحجارة المستخدمة في بناء تول مرجاي.

وفي الساعة الخامسة والنصف، اتجهنا شرقًا عبر مشعلة Mashelah جرداء، والبحر على يميننا. وفي الساعة التاسعة والنصف مساءً، وصلنا إلى شاه بو الشاه Shah bool shah، أو الشيخ عبد الله كما يُطلق عليها العرب.

سرنا بعد حلول الظلام عبر سهل ملحيّ يتخلله العديد من الأخوار الضحلة من البحر، وكانت أكوام الرمل والأجمات منتشرة في كل مكان، وكنا نسمع صوت الأمواج باستمرار، وفي الساعة الثامنة سرنا على طول الضفة بمحاذاة الساحل.

قرية الشيخ عبد الله بائسة، تحتوي عشرين منزلًا تقريبًا؛ نصفها مهدمة، ويوجد فيها قبر صغير عليه قبة بيضاء، مبنيّ على ساحل رملي منخفض، لا يوجد نشاط تجاري في القرية، التي لا تملك مراكب على الإطلاق.

سكانها أشخاص متجهمون متعصبون، إن لم يكونوا أسوأ من ذلك؛ فهم لم يقدموا لنا الماء أو الحليب عندما وصلنا ليلًا.

ولابد من أن نذكر أن المكان عبارة عن أرض متنازع عليها بين منطقة بني كعب وحكومة بوشهر؛ وأنه لا وجود لنشاط تجاري في القرية، وأنها مكان للزيارة بقدر محدود.

تبعد سلسلة التلال المنخفضة، التي كنا نقترب منها ليلًا، ميلين فقط من هنا، ومن هناك يتم الحصول على مياه الشرب.

18 مارس: تحركنا في السابعة صباحًا بوجهة بين الشرق والجنوب الشرقي، عبر سهل يصبح ملحيًا ورمليًا باتجاه البحر، لكنه يصبح معشبًا باتجاه التلال.

وفي الساعة السابعة وخمس وثلاثين دقيقة، مررنا بوادٍ مياهه مالحة؛ أصبحت وجهتنا الآن بين الجنوب والجنوب الشرقي.

وفي الساعة التاسعة والربع، بلغنا إلى حصنًا يحمي آبار مدينة الديلم Dillum؛ تطل المدينة على جنوب الجنوب الشرقي من هذا المكان.

وفي التاسعة وخمس وأربعين دقيقة نصبنا الخيام على ضفة بمحاذاة ساحل البحر، على بعد مئات الياردات جنوب بندر الديلم.

تشكل هذه الضفة، التي تتكون من حصى رمادية ليّنة ومزيج من الصوّان وبقايا الأصداف، خط الساحل، ويخلف الجزر سهل رملي بعرض نصف ميل.

أما بندر الديلم فهو منطقة صغيرة مزدهرة، يبلغ عدد سكانها حوالي ألفي شخص. يحتل حصن كبير مركز المدينة، وهو مكان إقامة زعيم القرية Kedkhoda. يقطن صيادو الأسماك الجزء الجنوبي من المدينة، في حين يقطن التجار الجزء الشمالي منها.

يصطاد صيادو الأسماك عددًا كبيرًا من أسماك الصير Seyr (الكنعد العربي) بواسطة الشباك، ثم ينظفونها ويجففونها ليرسلوها إلى البصرة بحرًا؛ وإلى القرى المحيطة على الدواب.

يستورد التجار الحديد والسكر والشاي والقماش من بوشهر والكويت، والتمر من البصرة، ثم يرسلونها بواسطة القوافل إلى بهبهان، ويجلبون القطن والصوف والسمن والفواكه المجففة ويرسلونها إلى مدن الخليج.

ينتشر هنا مرض الرمد، وبالكاد تنتشر الحمى والجدري. ومياه الآبار هنا عذبة ووفيرة.

أدى كل من ندرة الأمطار وطمع موظفي الحكومة، الذين يطالبون بدفع العائدات التي ستُقدم بمحض الاختيار في الموسم الميمون، إلى استياء شديد على طول الساحل من هنا إلى روحيلة، وخرج بعض المزارعين من المدينة، في حين تحول آخرون إلى لصوص، ما أثار الفوضى في كل مكان.

19 مارس: تحركنا في السادسة والربع صباحًا باتجاه الجنوب الشرقي، سالكين طريقًا مألوفة عبر سهل رملي قاحل مشبع بالملح.

وفي الساعة السابعة وأربع دقائق أصبحت الأرض مرتفعة قليلًا، وتغيرت طبيعة السهل بالكامل؛ حيث أصبح مغطى بالأعشاب. وهنا وجدنا طريقًا تمتد قبالة شرق الجنوب الشرقي باتجاه سفح التلة المميزة البازرة؛ حيث يمكننا رؤية عدد من القرى وبعض أشجار النخيل، وأصبحنا هنا نتحرك بين الجنوب والجنوب الشرقي.

وفي الساعة السابعة وخمسين دقيقة، عبرنا عددًا من الأراضي الزراعية، في نطاق ثلاثة أرباع الميل من قرية بوهيرات Boheerat. سرنا ميلًا آخر لنخوض في وادٍ واسع وعميق ضمن الأراضي المزروعة.

وفي التاسعة صباحًا، وصلنا إلى قرية ليليتو Leeletoe، التي تتألف من ستة منازل مبنية من الطوب وعدد من الأشجار. تحتاج محاصيل الحبوب هنا إلى مياه الأمطار؛ فهي قصيرة ورفيعة، وقد بدأت تتشكل السنابل مؤخرًا.

وعندما اقتربنا من كيلة حسار Kellah Hussar تخلل السهل تلال صغيرة، بعضها أحجار رملية رمادية والأخرى مغطاة بالعشب، ويوجد في المنخفضات حقول صغيرة من الشعير، وهنا رأينا قطعانًا من الغزلان وبعض طيور السمان.

وفي الساعة العاشرة والنصف صباحًا وصلنا إلى كيلة حسار، وهي عبارة عن ساحة مسورة بأربعة أسوار طينية تحيط ببعض الأكواخ، ويوجد على تلة قريبة مزار Imam بقبة صغيرة.

ويوجد 4 آبار ذات مياه عذبة، على مسافة مئة ياردة تقريبًا إلى الغرب من الساحة.

كنا قد قررنا التوقف هنا اليوم، لكن المقيم رأى أن من المستحسن المتابعة، نظرًا لحدوث صراعات واضطرابات على مقربة منا، ولأن الزعيم لم يكن موجودًا.

وفي الساعة العاشرة وخمس وأربعين دقيقة تحركنا بين الجنوب والجنوب الشرقي، وخضنا جنوب الحصن مباشرة في وادٍ عميق، مياهه مالحة، وهنا تغيرت طبيعة المنطقة بشكل كامل؛ فقد امتدت على كلا الجانبين سلسلة من الصخور الرملية بارتفاع مئة وخمسين قدمًا تقريبًا، لتحيط بحوض طويل من الرسوبيات الطمية بعرض ميلين تقريبًا، ويمر طريقنا عبر ذلك الحوض.

وفي الساعة الحادية عشرة صباحًا، اجتزنا بستانًا فيه عدد من أشجار النخيل والتين وبئر، وهنا انتهت الأراضي المزروعة. وفي الجهة اليمنى وعلى مسافة ميل تقريبًا يقع مسجد الإمام الحسن بقبة بيضاء اللون، وبجانبه شجرتا نخيل، لكن سلسلة الصخور الرملية تفصل بيننا وبينه.

يجتاز ذلك الحوض عدة وديان صغيرة، وتنتشر هنا الأجمات والأعشاب القصيرة، وفي الساعة الحادية عشرة وعشرين دقيقة اجتزنا سلسلة من الصخور الرملية التي تمتد بين الشرق والغرب، وكانت صخورها أكثر احمرارًا من السلاسل المحيطة.

وفي الساعة الحادية عشرة والنصف اجتزنا صخرة غريبة؛ وهي عبارة عن شكل مخروطي ملتصق بصخرة على شكل مكعب، وكانت كلها مرتكزة على كتلة صخرية منفصلة بارتفاع ستين قدمًا تقريبًا.

وهنا اتجهنا نحو البحر بين المنحدرات الصخرية الرملية غير المنتظمة، وهي حمراء اللون عند السفح لكنها تصبح رمادية باتجاه القمة، عبر طريق كانت شاقة على حيوانات النقل. وهنا التقينا بأسر كاملة، رجالًا ونساءً وأطفالًا، معهم دواب محملة بالأدوات المنزلية، في طريقها إلى حسار Hassar شمالًا.

قالوا إنهم ينتمون إلى كيلة حسار، إلا أنهم تعرضوا منذ عشرة أيام لهجوم من خيّالة الإليوت Eeliaut؛ حيث قاموا بمهاجمتهم من نواحي بهبهان، فهربوا إلى بوخ Baugh، وهم الآن في طريق عودتهم.

يقع طريقنا هنا بين أكوام الصخور، وقد بدت وكأن سيلًا جارفًا قد اكتسح المكان، فتصدعت بعض الصخور بشكلٍ كاملٍ، لتنهار وتتحطم إلى قطع على شكل مكعبات، في حين تجوّفت صخور أخرى من جانب واحد فقط، وانحدرت بشكل مائل لتبدو كأسقف منازل ضخمة.

وفي الساعة الثانية عشرة وسبع دقائق عثرنا على طبقة أفقية من الجص، بسماكة قدم تقريبًا، وهي تظهر من تحت الصخر الرملي على نفس مستوى الطريق؛ وبعد مسافة خمسين ياردة وعلى صفائح من نفس المعدن، وبسماكة ربع إنش، انحرفت مجانبةً واجتازت الطريق. تراوحت المسافة بين الصفائح من ميل واحد إلى ستة أميال. سرنا بجانب تلك الصفائح لمسافة ثلاث أو أربع ياردات، لنصل إلى منطقة جصيّة ذات مظهر مختلف؛ فالصفائح بيضاء اللون وبلورية الشكل وغير شفافة، وسماكتها حوالي إنش واحد. وقد أخذت هذه الصفائح نفس اتجاه الصفائح السميكة، والتقت بها طيلة مسيرنا حتى الساعة الثانية عشرة وسبع وعشرين دقيقة؛ حيث تغيرت طبيعة المنطقة وتلونت الصخور الرملية باللون البنّي الفاتح. وهنا بدت جميعها كمخلفات مقلع ضخم، جرفتها مياه الأمطار، وتتخللها قطع جص لامعة. تابعنا طريقنا، وفي الساعة الثانية عشرة وخمس وأربعين دقيقة أصبحت المنطقة مكشوفة أكثر، ورأينا البحر مجددًا. وهنا دخلنا حوضًا آخر بعرض ميلين تقريبًا، وتتخلله الأعشاب والأجمات وبعض الأراضي المزروعة في النصف الأول منه، أما النصف الآخر فكان أجرد وتربته مالحة، ويوجد فيه شرم صغير من البحر وواد منحدر من التلال.

وفي الساعة الواحدة وعشرين دقيقة وصلنا إلى بئر بوخ؛ وهي بئر وحيدة ذات مياه عذبة على جانب الطريق، على خط بين ضريح Imaum صغير في الجنوب الغربي وأعلى نقطة من رأس بوف في الشمال الشرقي. بدت البئر قديمة جدًا، وبلغ عمق الماء فيها أكثر من ثلاثين قدمًا عن السطح.

رأس بوف عبارة عن جرف بارز شديد الانحدار، صخوره تتخذ اللون الرمادي والأحمر، وهي مفرّضة إلى الأعلى والأسفل مع وجود شقوق أفقية على امتدادها.

انتهى الحوض الثاني على مسافة نصف ميل بعد البئر، وأصبحت الأرض ذات طبيعة صخرية مجددًا.

ومن هذا المكان وطوال فترة مسيرنا حتى الساعة الثالثة، كانت سلسلة الصخور لاتزال على يميننا، وهي هنا تتحرك للأمام فتجعل الأرض مشققة، ومن ثم تتراجع لتترك مساحات مفتوحة تنمو فيها الأعشاب والأجمات، وتنتشر هنا وهناك حقول صغيرة، مزروعة شعيرًا غير مكتمل النمو.

الثالثة مساءً، والآن أخذت سلسلة الصخور الرملية على يميننا تميل باتجاه الشرق، فمررنا عبرها. وفي الثالثة والنصف وصلنا إلى منطقة مفتوحة تتخللها وديان، والبحر على يميننا، وأمامنا قرية خيلة حيد حيدر Khilah Khaid Hyder.

وفي الرابعة وخمس وثلاثين دقيقة وصلنا إلى قرية خيلة حيد حيدر.

تتألف هذه القرية من اثني عشر كوخًا، وتقع على خليج ذو ساحل رملي، وهي القرية الأبعد شمالًا في أراضي جناوة.

20 مارس: تحركنا في الخامسة والربع صباحًا إلى الجنوب الشرقي في الربع الرابع شرقًا.

وفي الخامسة وخمس وعشرين دقيقة، التففنا حول رأس خورٍ، وتتبعنا ضفته لمسافة ربع ميل، بالقرب من المكان حيث تصب في البحر. كانت الأرض مكشوفة لكن تتخللها الصخور، والأعشاب وبعض الأراضي المزروعة.

وفي الخامسة وخمسين دقيقة، سرنا عبر سهل مغطى بحقول القمح والشعير، وعلى يميننا بعض بساتين النخيل.

وفي السادسة وعشر دقائق رأينا على يميننا قرية صغيرة تسمى بوكولا Ba- koola؛ وهي تقع على تلة رملية معشبة.

وبالقرب منها وجدنا ضريحين مهدمين، ويوجد على مقربة منهما شرقًا وغربًا بعض القبور، وشجرتا أثاب. كان ضريح منهما مدمرًا بالكامل، وتبقى من الثاني نصف قبة كمثرية الشكل وثلاث قناطر صغيرة. وبلغ محيط جذع شجرة بانيان العظيمة (تين الهند) ثلاث أقدام، وكانت الشجرتان في طور النمو والتمدد، إلا أن جذورهما قُطعت قبل أن تصل إلى الأرض.

وعلى مسافة بضع مئات من الياردات إلى الجنوب من هذا الموقع توجد قرية، وأخرى أبعد منها بقليل، ويبدو أن كليهما دون اسم، ويُقال إنهما تتبعان منطقة جناوة. وعلى مسافة ميلين تقريبًا من المسجدين المهدمين، وباتجاه جنوب الجنوب الشرقي، وجدنا ضريحًا آخر، يُدعى ضريح الإمام زين العابدين Imam Zein- el- Abedeen، ويبدو أنه بني حديثًا، ويوجد بجانبه شجرة أخرى من أشجار بانيان العظيمة (تين الهند) .

وهنا يوجد بساتين وأشجار متفرقة من التين والنبق Nebbuck (السدر) والخروع.

وإلى الغرب من هنا، الأرض مغطاة ببقايا أطلال مدينة جيرموث Ghiramth أو جيرموبتا Ghirampta. وهنا يمكننا تحديد أساسات سوق وحمام وخان، لكن يُشك في أن تكون تلك أطلال مدينة أحدث، لأنها كانت قريبة من بعضها، وواضحة أكثر من أي شيء آخر في محيطها.

وبالقرب منها توجد بئر دائرية، مبلطة من الداخل، ومياهها وفيرة. وكان المكان حولها يبدو أثريًا. وإلى جنوب الفتحة يوجد ركام على مساحة أربعين ياردة، يُقال إنها بقايا قاعدة حصن ما.

وهنا تمتد التلال حوالي ميلين من الشمال إلى الجنوب، وحوالي نصف ميل بالعرض. ويجري بمحاذاة الجهة الشرقية وادٍ عميق، ومن ثم يجري بمحاذاة الجهة الجنوبية ليصب في البحر؛ ولابد أن المدينة كانت تقع وسط أخدود.

وعند التدقيق في ضفتي الوادي، اكتشفنا أن أساسات معظم الأبنية كانت بعمق ثماني أقدام لتبلغ الصخور الرملية، وبسماكة قدمين تقريبًا.

وجلّ ما عثرنا عليه من القطع الأثرية، باستثناء المعدات المصنوعة من حجارة السجيل، والتي قيل إنها رميت من قبل رماة المقلاع، وبعض القطع من الزهريات، وعدد من قطع الطوب، التي يبدو أنها استخدمت هنا بكميات قليلة؛ عثر على هذه الحجارة أو أجزاء منها بوفرة في كل أرجاء الأطلال، كانت أحجام وألوان الطوب مشابة لأحجامها وألوانها في قطيسفون Ctesephon وعشيرية Ashereah.

تتكون حجارة البناء من الحجارة الرملية المتحجرة، وهي لا توجد في المناطق المجاورة، ويُقال إنها جُلبت من جزيرة خارج.

وعلى ضفة الوادي المقابلة، وجدنا ما قد يكون حطام خنادق لحماية الحصن. وتقول روايات السكان المحليين أن نهرًا ذا مياه عذبة كان يتدفق في هذا المجرى، وإنه كان يروي كامل السهل، أما الآن فلا تصلها إلا مياه المد بعد ارتفاعه.

يمتد طريقنا الآن عبر سهل يحتوي الكثير من الحقول المزروعة؛ فقد وجدنا على بعد ميلين شمال بندر ريق سلسلة من الصخور الرملية الرمادية البارزة فوق سطح الأرض، ووجدنا على مسافة نصف ميل من المدينة ضريحًا مهدمًا وأربع أشجار بانيان العظيمة (تين الهند)، وهي بنفس عمر أشجار بانيان العظيمة (تين الهند) الأخرى تقريبًا.

وفي العاشرة والنصف صباحًا اجتزنا بندر ريق، وقد بدا حجمه نصف حجم بندر الديلم.

تحركنا الآن إلى الجنوب الشرقي في الربع الرابع جنوبًا، وكان السهل أمامنا يرتفع تدريجيًا. لم نر

أية أراض مزروعة حتى الساعة الواحدة وعشرين دقيقة، عندما وصلنا إلى منطقة أبوغريب Abu-Ghreb والرِّياح الشمالية الغربية، وهنا وجدنا عددًا من الآبار ذات المياه العذبة، وبعض الأراضي المزروعة.

تحركنا الآن باتجاه شرق الجنوب الشرقي؛ كان السهل مستويًا وبائرًا، ورأينا فيه العديد من قطعان الغزلان، ويتدفق عبره نهر كبير متعرج متلوٍّ كالأفعى، اجتزنا هذا النهر في الساعة الثانية، وخمسين دقيقة، وفي الرابعة وعشرين دقيقة نصبنا الخيام في الرحيلة Rohillah، على الضفة اليُمنى للنهر.

تتألف مقاطعة الرحيلة من عشر قرى؛ تبعد الواحدة عن الأخرى حوالي ميلين، وتبدو جميعها كمجموعة من القرى الصغيرة، يتخللها حقول ذرة مثمرة؛ حيث يهطل المطر بغزارة هنا.

يتدفق نهر كبير ذو مياه عذبة بشكلٍ متعرجٍ بين تلك القرى، وبالرغم من أنه يمكن الاستفادة منه بسهولة لري الحقول؛ إذ تروي مياه الأمطار تلك الحقول بشكل كاف.

ربما لا داعي للري هنا، أو من المرجح أن الحكومة ستفرض الضرائب على الفور، وبالتالي سيجد المزارع أن ذلك لن يعوض نفقاته والعناء الذي تكبده.

يربي السكان عددًا من الخيول، وهي سلالة هجينة بين العربية والفارسية، وتُنقل معظمها إلى أسواق بومباي.

والسكان هنا من العرب، وهم حتمًا الأسعد من بين كل سكان المناطق التي مررنا بها منذ مغادرتنا منطقة بني كعب.

21 مارس: تحركنا في الساعة السادسة وأربعين دقيقة صباحًا في مسار بين الشرق والشمال الشرقي لمدة نصف ساعة، ثم توجهنا شرقًا عبر أراض زراعية واسعة، مزروعة بالقمح والشعير، ومررنا بعدد من قرى البوهيلة Bohillah.

وفي السابعة وأربعين دقيقة اجتزنا نهر الرحيلة؛ حيث يبلغ عرضه هنا حوالي مئة ياردة، ووصلت المياه إلى سروج الخيول، ويتدفق النهر بغزارة ميلين في الساعة تقريبًا. أصبحت وجهتنا الآن بين الشرق والجنوب الشرقي.

وفي الساعة الثامنة وأربعين دقيقة اجتزنا خُرابند Khurabund، آخر قرى الرحيلة.

وفي الساعة التاسعة والربع، انتهت الأراضي الزراعية فجأةً.

سهل قاحل.

في الساعة الحادية عشرة والنصف وصلنا إلى نوكار جيز Naukar Ghize وهي قرية صغيرة فيها بعض المساحات المزروعة.

وفي الساعة الواحدة والنصف وصلنا إلى أحمدي Ahmedie على طريق شيراز.

وفي الثالثة والنصف وصلنا إلى شاه جوداك Chahghudduck.

22 مارس: شروق الشمس، عدنا مع المقيم إلى بوشهر.

Ref.: (Foreign Dept. Political, A., Progs., 68- 72, August, 1863), pp. 5- 67.
13 April. 1863

الإدارة السياسية
رقم (69)
رقم (67) لعام 1863 م
13 أبريل 1863م - بوشهر

من: المقدم لويس بيلي
المقيم السياسي القائم بالأعمال والقنصل العام
في الخليج الفارسي

إلى: السكرتير العام لحكومة بومباي
الإدارة السياسية
بومباي

سيدي؛

أود تقديم بعض الملاحظات استنادًا إلى متابعة شخصية وإشاعات تتعلق بالقبائل والموارد حول ساحل الخليج الفارسي.

2 - حالما تدخل الخليج، تجد مدينة بندر عباس وجزيرتها التاريخية المجاورة هرمز على اليمين، وخليج مسندم على اليسار.

3 - وحالما تغادر الخليج، بعد اجتيازها طولًا شمال غرب، والمرور بشط العرب أو نهر البصرة، تجد مدينة البصرة على يسارك، وحصن المحمرة على يمينك.

4 - تتبع كامل المنطقة من المحمرة إلى بندر عباس للحكومة الفارسية بشكل مباشر أو غير مباشر. وكل المنطقة من خليج مسندم إلى البصرة تتبع تركيا (الدولة العثمانية) بشكل مباشر أو غير مباشر، وما عدا ذلك يخضع لسيطرة الشيوخ العرب المستقلين.

5 - تم إرفاق خريطة تبين المناطق العديدة وموانئها الرئيسة في جميع أنحاء الخليج بدءًا من المحمرة وانتهاءً بالبصرة.

6 - يمكن تصنيف هذه المناطق وموانئها المذكورة على النحو التالي:

أولًا: منطقة خاضعة لسيادة شاه فارس، ولكن شيوخها من العرب المحليين، ومع ذلك تخضع للتفتيش من الإدارة المالية في مقاطعة حاكم شوستر Shuster الفارسي (عرب الكعب Chaab من قارون Karoon إلى هنديان Hindeean بما فيها المحمرة والدورق وبندر معشور، هنديان وزيتون. مستوطنات عربية صغيرة جنوب هنديان، لكن في هذا التقرير أدرجت تحت الفئة الثانية لأسباب معينة).

ثانيًا: منطقة تتبع مباشرة لمأموري الشاه المحليين؛ وفيها يقوم حكام صاحب الجلالة (شاه فارس) بالتعاقد على رسومها الجمركية وإيراداتها، أو يتم تسليمها بأجل كاملة للخزانة الفارسية. (بوشهر، كنجون، أسيلو، عسلوه، نابند، نخيلوه، شيروه، خيلات، خارج، مغوه ولنجة)، وهناك العديد من القرى الصغيرة الأخرى الكثيرة على طول الساحل، لكنها لا تستحق الذكر.

ثالثًا: منطقة يتعهدها الشاه لصالح سلطان مسقط، لعدة سنوات، بموجب معاهدة أبرمت عام 1856م بين إمام مسقط الراحل وصاحب السمو. (أولًا: بندر عباس مع المنطقة المتاخمة لها شمالًا إلى منطقة بالقرب من لنجة، وجنوبًا إلى منطقة لم يتم تحديد سيادتها السياسية بموجب المعاهدة المبرمة، ويعترف بها كل طرف معني.

ثانيًا: جزيرة قشم وتوابعها.

رابعًا: منطقة تتبع سلطان مسقط بشكل مباشر. (رأس مسندم بما فيه كمذار Khoomzar وخصب Khussub). يقع الحد الفاصل بين مسقط ورأس الخيمة بالقرب من المنطقة التي تلتقي فيها السهول والجبال في شعم Shaarn.

خامسًا: مناطق يُسيطر عليها الشيوخ العرب المستقلون على الساحل؛ قراصنة الخليج سابقًا، وهي مناطق تجارية الآن، وملتزمة بشروط هدنة دائمة للحفاظ على الأمن في الخليج، والمقيم البريطاني في الخليج هو الوسيط وشبه كفيل للتقيد بهذه الهدنة، من قبل جميع الشيوخ الموقعين، وخاصة في موسم الغوص على ضفاف الغوص على اللؤلؤ. (شعم Shaam وكوليلا والرمس، ورأس الخيمة وجزيرة الحمره، وArnulgavine (أم القيوين) وعجمان وحيره Heira (ديرة)، والشارقة وفشت وخان Khan ودبي وأبوظبي.

سادسًا: مناطق تعترف بسيادة الحكومة العثمانية، لكنها عمليًا مستقلة تحت حكم شيوخها. (القطيف، أو منطقة نجد، الكويت أو القرين).

سابعًا: مناطق تتبع مباشرة لباشوات الحكومة العثمانية (البصرة، الزبير، الفاو) مع موانئ صغيرة وسطها على طول الضفة اليمنى لنهر البصرة.

7 - المنطقة الأكبر التي تندرج تحت التصنيف الأول في منطقة عرب كعب. يمكن وصفها بشكلٍ عامٍ على أنها سهل واسع خصب ومروي يمتد بين مجاري نهر قارون شمالًا ونهر هنديان جنوبًا، ويتدفق تدريجيًا من حواف جبال خوجيلو Khogiloo السفلية، وحواف الجزء الأعلى من خوزستان (Khuszistan) التي تمتد على طول رام هرمز Ram- Hormuz (المسمى باللغة العامة هرمز) وطريق شوستر Shuster باتجاه الجنوب الغربي إلى طريق الهفوف ونهر البهمانشير، الذي تتوسع أكثر غرب أقنيته منطقة الشعاب (تابعة لعشيرة مستقلة، في المحمرة)، إلى الضفة الغربية من شط العرب.

8 - يقطع سهل كعب (قام الدكتور كولفيل Colvill مؤخرًا بإعداد مخطط دقيق لسهل كعب وخط الساحل عمومًا حول رأس الخليج في رحلاتنا الأخيرة حول ذلك الخط. أقترح الرجوع إلى ذلك المخطط الذي رافق تقريري رقم (65) بتاريخ اليوم، والذي أرسلته بهذه المناسبة) طوليًا من الشرق (شمالًا) إلى رأس الخليج الفارسي مجرى مائي صاف، وهو، يستقبل روافد من الجبال، يقع في مناطق عدة بين رام هرمز وبهبهان، ويجري في منطقة كعب باسم الجراحي Jerahee منحرفًا عن العديد من أقنية المياه الطبيعية أو المحسنة أو الاصطناعية كليًا؛ وخاصة من ضفته اليمنى أو الشمالية. يمكن للمراكب التي يبلغ وزنها أربعة أو خمسة أطنان أن تُبحر في الجراحي طوليًا لمسافة حوالي 12 ميلًا من رام هرمز. عندما يصل تقريبًا من نطاق الدورق Dorack (أو الفلاحية Fellahaih)، المدينة الرئيسة في هذه المنطقة، تزود قناة عريضة بعد أن تجري حوالي 6 أميال، تجتاز الدورق، وتجري في عدة مسارب مائية زراعية من كلا الجانبين، أو تتبدد في السيول إلى أن تتضاءل حتى تصبح قناة زوارق صغيرة، ثم تتجه نحو حفار Huffar أو قارون الأدنى، وتندمج بالمحمرة والنهر الرئيس عبر قناة الدورق من جهة اليمين، وتجري جنوبًا باتجاه البحر. يُطلق عليها بالتوالي اسمي مراد والسليمانية.

9 - بعد اجتياز المنطقة (المسماة الخزينة Kazenah أو السدود ذات البوابات، المكان الذي يزود الدروق بالمياه، ينحرف الجراحي جنوبًا، ويجتاز الزوبية Zoobeea على بُعد فرسخ Fursac واحد فقط من الدورق؛ حيث تتفرع هناك عدة فروع واسعة، ثم يتابع تدفقه باتجاه البحر حيث تدخله من عند البوزيه Boozeah. الزوبية هي المنطقة التي تأتي إليها السفن المبحرة من أجل التزود من الدورق بالمؤن، ويتم نقل البضائع من وإلى الزوبية والدورق برًا.

10 - بالمتابعة من حفار عبر قناة المراكب باتجاه الدورق، يمكنك أن ترى بسهولة أشرعة المراكب المبحرة في نهر قارون. لكن بعد الوصول إلى الدورق، يبعد قارون حوالي تسعة فراسخ. يوجد

الجراحي، عند السدود ذات البوابات، ولمسافة بضعة أميال اجتزتها، قناة متوسطة بعمق ثمانية أقدام، تنعطف قليلًا، ولها ضفاف واضحة المعالم، تنمو عليها بشكل غير منتظم أشجار النخيل، وتعرض في كلا الجهتين مساحة واسعة من الأراضي المزروعة، وفيها القطعان والخيول، في الجهة السفلى على الضفنة اليمنى باتجاه ساحل قارون ومزروعة بالأرز.

11 - بندر معشور ميناء في منطقة كعب، ويبعد عن الدورق من ثلاثين إلى أربعين ميلًا نحو الشرق والجنوب الشرقي. ويتبع المسلك المنحي بشكل غير منتظم؛ يجري نهر معشور قليلًا عبر منطقة جنوب قناة المراكب منخفضة قليلًا عن الدورق، وبالتالي يلتف إلى الضفة الغربية من قارون، في فصل الشتاء أو موسم الفيضانات حيث تندمج السهول المعشبة مع السبخات أو الأراضي المغمورة. في الواقع، عندما تجتاز المراكب قناة الدورق، يصبح الأفق محاطًا بالأراضي المغمورة نظرت باتجاه قارون أم باتجاه معشور وشريط الخليج. في الواقع؛ يبدو أنه تم بناء المدن على حواف الأراضي المغمورة، ولا داعي لأن أضيف أن المياه عندما تنحسر، تُصبح هذه المدن والمراعي المتاحة على هذا النحو للقبائل المتجولة، موبوءة بالملاريا.

12 - وإن كنت في اتجاه الشرق والجنوب الشرقي من بندر معشور إلى هنديان (كونها المدينة البحرية على النهر الذي يحمل ذلك الاسم) فأنت على نفس السهل الأخضر الواسع، الجاف هنا ذي الأجمات القصيرة، والمليء بخيام وقطعان حيوانات العرب. كون الأمطار هذا العام كانت شحيحة على غير العادة، كانت الأعشاب قصيرة مناسبة فعلًا للأغنام ولكن ليس للبهائم. مع ذلك قيل لي إنه في المواسم العادية، يزيد طول العشب عن منتصف أقدام الخيول. وكان عليهم شراء الشعير، لأنه قد تم استهلاك تبن العام الماضي ولم يتم حصاد الموسم الحالي، اضطررت للبحث عنه في منطقة كعب، وأعتبر نفسي محظوظًا لجمع كمية قليلة في الدورق، ولم أقم بنقلها إلى هنديان فقط بل إلى بندر الديلم Bunder Dillum.

13 - تعتبر هنديان أحد مستودعي (الثاني هو الديلم) خط تجارة بهبهان. لا يمكن عبور النهر في مدينة هنديان؛ فلم أجد أي زورق للعبور، وكنت محظوظًا بنقل أمتعتي على متن بغلة كانت راسية في النهر. يُمكن للمراكب الخفيفة ومراكب القناة أن تُبحر في نهر هنديان ضمن مسافة قصيرة في بهبهان. وزيتون، المعروفة سابقًا باسم زيدون، وهي منطقة وسطى على مستوى أعلى عند المجرى، وتبعد عشرة فراسخ عن هنديان؛ حيث تنقل إليها التجارة من هنديان والديلم. وتُنقل البضائع برًا مرورًا بده مولاه Deh Moollah، ثم شط العرب ثم زيتون. هذه الرحلات الثلاث في الأراضي السهلية، لكن الرحلة الرابعة والأخيرة لمسافة خمسة أو ستة فراسخ، من زيتون إلى بهبهان، تكون في الأراضي الوعرة، وعبر السفوح السفلى لسلسلة الجبال.

14 - المنظر رائع إذا ما نظرنا من بهبهان إلى الداخل؛ نهر بطول مئة ياردة، واسع، وعميق، بين

الضفاف الترابية الوعرة والمرتفعة، سهل بارز في كلا الجانبين. تقسم الأرض الوسطى شجرة أو شجرتان قديمتان من السدر ومقبرة قديمة، وخلفها سلسة تلال منخفظة راسخة شبه كبريتية محمرة، وخلفها سلسلة أعلى ذات لون نيلي داكن، وعلى مسافة بعيدة تشرف القمم الثلجية لجبال قبائل خوجيلو Khogiloo عليها كلها.

15 - باجتياز هنديان، والانتقال إلى الجنوب الشرقي، يُصبح السهل العُشبي أجرد ومُغطى بطفوح ملحية، ثم تخترقه جداول المياه المالحة التي تتناثر حولها أطلال جبير Guebre، أو كما يُسميها المحليون منازل الهنود. ينكمش السهل بعدها؛ حيث تنحدر سفوح التلال الوعرة حتى تصل في النهاية إلى مسافة تبعد ثلاثة أو أربعة أميال عن البحر، إلى أن يصل المرء إلى أضيق جزء عند قرية شيخ أبو الشيخ الحدودية التابعة لكعب، أو شاه أبو الشاه التابعة للفرس. (ملاحظة: جدير بالذكر أن هذه الأضرحة التي تعود لفترة سابقة لعهد الرسول ﷺ، والتي كانت سابقًا مقدسة كمعابد للنار؛ المعروفة باسم Lingam Rubers، أو مناطق بوجا، قد اعتبرت منذ ذلك الحين كأضرحة أو أماكن للحج من قبل السنة والشيعة على حدٍ سواء، في حين أن تلك الأضرحة التي تتردد إليها واحدة من الطائفتين الأساسيتين في الإسلام تعود لفترة تسبق ولادة الرسول ﷺ. من ناحية أخرى، بعد أن يقوم المشركون بزيارة الضريح، يتم أسرهم من قبل المسلمين، ولاتزال المنطقة التي يوجد فيها الضريح هي الحد الفاصل بين الطائفتين، وقد استمر المشركون بالتردد على هذا الضريح، وكذلك المسلمون). كانت هذه القرية موقع جبير أو معبدًا أو مكانًا مقدسًا. وهي الآن، مثل الكثير من مثيلاتها. أما قرية «إمام زاده Imamzadeh». فإنها تمتلك كل مقومات الرذالة والفحش والسفالة الهمجية؛ أي إنها مجمع جماعة شبه بربرية سيئة السلوك في منطقة ذميمة، من أجل حراسة الضريح، ومستثناة، لأجل هذا العمل، من كل الضرائب والرقابة والقانون.

16 - أرفق بيانًا بقبائل كعب الأساسية، لكن أعتقد أنه لا يخلوا من المبالغة في عدد مقاتليهم:

البوغبيش	الشيخ مريد	6000 رجل بالغ	بوزيه مدينتهم الرئيسة.
السركيرة	الشيخ زير كرادي	4000 رجل بالغ	أوشار بالقرب من بوزيه.
المكاسبة	الشيخ سعدون	2500 رجل بالغ	عنايتي.
البو علي	الشيخ سعدون	2500 رجل بالغ	عند جدول مجهول الاسم.
السويحات	الشيخ شواش	2500 رجل بالغ	عند جدول مجهول الاسم.
المخدم	الشيخ شريب	4500 رجل بالغ	خوت Khook بالقرب من الدورق.
الخنافرة	الشيخ الحاج حمدان	5000 رجل بالغ	على الطريق إلى الدورق من الجراحي.

البهاوي	الشيخ عقيل	8000 رجل مقاتل	على خليج أو عند مدخل الجراحي.
زورغان	الشيخ جابر	8000 رجل مقاتل	في المراعي.
الشريفات	الشيخ مير مهنا	10000 رجل بالغ	هنديان وده مولا وفي السهول.
العمور	الشيخ شوهيتي	10000 رجل بالغ	مرتحلين وفي المراعي.
بني خالد	الشيخ شادي	5000 رجل بالغ	مرتحلين وفي المراعي.

تنتشر القبائل في المراعي في فصلي الشتاء والربيع، ويتمركزون في أو بالقرب من الفلاحية بحلول الصيف للتزود بالمؤن والتبادل التجاري.

17 - من المهم والضروري عند التفكير في العرب أن نميز بين مجموعة من التدرجات نحو الحضارة، التي يمكن أن يكونوا عليها في الوقت الحاضر؛ هناك البدوي المترحل الراعي محب الخيام كاره للتجارة، لكنه حريص، ويرغب في بيع سمنه وصوفه أو حصانه، وهو موجود دائمًا في البراري الشاسعة، ولا يواجه ضغوطات من قبل قوى خارجية. مع ذلك، حتى البدوي ينحني للظروف، فهو يرضى بالمنطقة المخصصة لمراعيه. وللنهب عندهم قوانينه، وللإيثار سماحته، فإذا كان سيُمارس التجارة فلديه احتياجاته، ويُعاني من وجود يهودي أو صلبي (صلبة) (ملاحظة: رأيت بعض الرجال من هذه القبيلة في الكويت وأماكن أخرى، وهم يعبدون الصليب، ويؤدون العديد من الطقوس، وهي أقرب إلى مناصرة مفاسد المسيحية الآسيوية منها إلى الإسلام. يرقص الرجال والنساء حول ما يُسمى عمود مايو. يرتدون ثوب كارتر Carter يصل إلى القدمين، وهو؛ مثل مريول الطفل، مربوط إلى الخلف. يمتلكون سلالة جميلة من الحمير يركبونها دون وضع الأحزمة على سروج تشبه مقعد كرسي كوخ خشبي؛ يجلسون على هذا المقعد يثنون أرجلهم على جانب الحافة ويلفونها حول عنق الحمار. يبدو أنهم يحترمون سروجهم، كما يحترم العربي فرسه، ولا يقومون ببيعها. إلا أنهم سريعو البديهة ومرحون، سيئو السمعة كثيرًا، ذو أنوف فطساء وملامح أيرلندية، وقفوا هناك عيونهم تتلألأ، أرجلهم وأيديهم دائمًا متململة وسريعة كما هو الحال عندما يُعبرون عن مرحهم) مثلما يُعاني الأفغاني من وجود الهندي.

18 - في درجة أعلى بقليل في المستوى نجد، كما هو الحال مع كعب، العربي الأصيل الراعي المرتحل، في منطقة حيث يتعرض لضغوط من الخارج، وحيث تقوم قوة خارجية بكبح عمليات النهب غير المحدودة والتجوال. ولذلك تحول العرب جزئيًا إلى الزراعة، ولأجل ذلك لا بد لهم من الاستقرار إلى حد ما؛ ينسجم المجتمع مع هذا المستوى. التجارة واردة؛ يتم بيع الحنطة، يتم نسج العباءات وتصديرها، وتُزرع أشجار النخيل، تزداد الرغبة في ممارسة التجارة من خلال ما يتوافر لديهم، تحل أكواخ القصب محل الخيام، ويرى المرء جهودهم الضعيفة في تزيين القصب، وفي جدلهم العنيف

لحبال القصب السميك لجدرانهم. الأصول المحتملة لبعض الجهود المعمارية لأسلافنا البدائيين. في البداية، يتقبل المرء من الطبيعة ما تقدمه تلقائيًا، ويُفكر بضعف على مدى آلاف السنين بالوسائل غير الطبيعية.

19 - لكن في درجة أعلى في المستوى، نجد العربي يزدهر كتاجر خبير وثري في إحدى المدن، أو تجده يدير منطقة ريفية منظمة ومريحة.

20 - ما يتبادر إلى ذهن المرء عندما يمر بهؤلاء الأشخاص هو أنه هنا أمام مجتمع قيد التطور أو في مرحلته الانتقالية إلى الحضارة. من المحتمل أن القانون الذي ينمو المجتمع البشري بواسطته الآن هو نفسه الذي كان يتطور بواسطته دائمًا. وبذلك تكون الظروف المحيطة بمنزلة معلومات لتفسير نظرية صحيحة، فهي على الأقل معلومات جديدة من الطبيعة.

21 - بالنسبة للوضع السياسي لمنطقة الدورق؛ فهي في الواقع تابعة لفارس، وتدفع، حسب ما أعتقد، مبلغًا كبيرًا لخزينة شوستر Shuster الإقليمية. يكمن عامل قوتها الاقتصادي وضعفها العسكري في مصدرها المائي الوافر، فمن الصعب أن تجد منطقة ذات اتساع مماثل حيث ينسكب الماء العذب، لاحتوائه على كمية كافية من الطمي، في أرجاء السهل في كل الاتجاهات عبر قنوات كثيرة، ويُمكن التحكم فيها بسهولة. لكن الفرس أغرقوا المنطقة من خلال بناء سدود على مخارج المياه إلى البحر وأضعفوا بني كعب.

22 - تُشكّل منطقة المحمرة بالأصل جزءًا من رئاسة الدورق. لكن شيخ المحمرة الحالي قام بفصل عشيرته وعزز الموقع الطبيعي الممتاز لحصنه من أجل التجارة، وأصبح منذ ذلك الحين على عداوة مع زعيمه السابق. عندما كنت في الدورق، مثل الشيخين أمام الأمير الحاكم من أجل تسوية خلافاتهما المشتركة.

23 - بالنسبة لتجارة بني كعب، فهي محدودة وتجري في قنوات مختلفة حسب الموسم السنوي، فيصل بعضها إلى المحمرة عبر حفار، وتدخل في تجارة ذلك المرفأ، الذي بالمقابل يندرج بدوره تحت تجارة شط العرب العامة، أو خط البصرة. وتتكون ثروة المحمرة مثل ثروة شط العرب عمومًا من التمر.

24 - تصدر الدورق بعض الصوف و(العباءات العربية). وتصدر الأرز أيضًا بما يقدر بحوالي 600 كاره Karehs (كل كاره تساوي 100 موند هاشمي Hashem mounds، كل واحد يتألف من 124 رطلًا). تمتلك مساحات جيدة من بساتين النخيل على طول أنهارها. لكنها تستهلك جميعها محليًا.

25 - المرافئ الرئيسة لمنطقة قبائل كعب هي بندر عباس وهنديان. وقد يبلغ إجمالي الرسوم المحصلة من التصدير والاستيراد في كل واحدة من هذه المدن المفتوحة حوالي 40.000 قيران، أو أقل من 20000 روبية تدفع في النهاية لخزينة شوستر.

26 - يمكن تحليل الصادرات من بندر عباس بشكل تقريبي على النحو التالي:

صوف بقيمة مئة ألف روبية تُشحن إلى الكويت، أو بوشهر من أجل نقلها أخيرًا إلى الهند.

الحنطة، قمح بشكلٍ أساسي، والشعير بقيمة 22000 روبية.

أرز من حقول الجراحي ورام هرمز بقيمة 10000 روبية.

روجون Rogun بقيمة 5000 روبية إلى الكويت والبصرة.

حوالي 5000 رأس من الأغنام شهريًا تُشحن بصورة سنوية إلى البصرة والكويت أيضًا.

يُدفع رسم تصدير على الحنطة 32 قيرانًا لكل كاره.

يُدفع على الصوف 32 قيرانًا لكل 1000 رطل.

يُدفع على كل روجون قيران لكل ديبة Dubbeh.

وربع قيران عن كل رأس من الأغنام.

27 - الواردات إلى بندر معشور هي:

أقمشة بالقطعة بقيمة 50000 قيران، ويُدفع عليها رسوم 2 قيران لكل قطعة مقاسها المتوسط 20 × 10 ياردات. و10000 كاره من التمر يُدفع على كل كاره 5 قيران.

28 - واردات هنديان:

حوالي 1000 كاره من التمر من البصرة، يُدفع على كل كاره رسوم بقيمة 5 قيران. وأقمشة بالقطعة بقيمة 20000 قيران.

29 - صادرات هنديان:

حبوب، عبارة عن قمح وشعير بشكل أساسي، بقيمة 200000 قيران تأتي من خطوط بهبهان وهرمز، ويُدفع عليها رسوم بقيمة نصف قيران لكل موند هاشمي. وصوف من المنطقة أعلاه بقيمة 100000 قيران.

وروجون بقيمة 10000 قيران، وحوالي 10000 رأس من الأغنام، ويُدفع نصف قيران رسومًا على كل رأس.

30 - بالنسبة للتطور المحتمل للتجارة في منطقة قبائل كعب، أعتقد أن ذلك سيكون دائمًا مقتصرًا على كعب نفسها، وعلى مقاطعات شوستر، وبهبهان. قد تمتلك المعابر المؤدية إلى هضبة

فارس من هذه المناطق فوائد استراتيجية، لكنها ليست خطوطًا يمكن للتجارة أن تحقق فائدة منها بالتنافس مع بوشهر وبندر عباس وبغداد. الأرز والذرة والسمن ومنتجات القبائل الرعوية وشبه الرعوية التي تتمتع بتربة غنية وسيطرة جيدة على المياه هو ما يُتوقع من المنطقة الواقعة بين نهر قارون وبختياري Bahktyari، وجبال خوجيلو Khogiloo وهنديان والبهمانشير Bamsheer. بالطبع، قد يُشكِّل النخيل مادة تجارية ويمكن زراعته، وكذلك القطن، في مساحات واسعة.

31 - أعتبر قبيلة كعب؛ (ملاحظة: أصبحت قبائل كعب مثل بعض القبائل العربية الأخرى، التي تستقر على طول ساحل الخليج الفارسي، شيعية Sheeahs. وهم يتبعون العادات والتقاليد الفارسية. قال لي رجل سني معمر بأسف: إن رجال كعب يرتدون عمامة السيد الخضراء الداكنة، ويلفون زاويتها بغلاية الشاي وبالزي الرسمي. وإن العربي الأصيل المقيم على ضفة النهر الأخرى لن يتزوج من بني كعب أبدًا. لكن رجل بني كعب لن يتزوج من هناك فحسب؛ بل يقبل معاشرة امرأة فارسية. من الممتع جدًا أن تسمع، بينما تعبر رأس الخليج، العرب يعتذرون عن حادثة ما قائلين إن المجرم هو مغولي شيعي، بينما يبرر الفارسي كل الرعونات بعبارات حادة قائلًا: إنهم عرب، خرفان، وقد فسر لي شيخ شاب كان يصطاد بالصقر معي فسر لي معنى أن يخفق الطير في تحليقه قائلًا إنه طائره مغولي، ولو أنه كان مهجنًا من سلالة سني Soonee ما كان ليُخفق أبدًا، على الرغم من ذلك؛ لاحظت أن الصقر أكل بسرعة فريسته Ooboura الأولى. كما أخبرني هذا الشاب أن أفضل طريقة للصقر كي يهاجم هي أن يمتطي شخصان الجمل ظهرًا لظهر، وكأنهما بذلك يؤكدان للطائر أن رجلًا ينظر للأمام والخلف في آن) منطقة ليس من السهل على الإطلاق عبورها؛ فقد تأخرت الحيوانات التي تحمل أمتعتي حوالي أسبوعين في معشور، ولم تكن قادرة على بلوغ الدورق. لم يكن بالإمكان اجتياز الطريق المباشر من الحفار إلى الدورق عندما أبحرت على متن زورق من المحمرة إلى الدورق. كان هناك طريق غير مباشر دائري بالقرب من نهر قارون، وهو يوصل من الدورق إلى الحفار، لكن حتى ذلك الطريق لا يُمكن اجتيازه في الفصل الرطب؛ قد تكون هذه المنطقة خلال الهبوط مميتة بالنسبة للخيول والبشر بسبب الأبخرة أو حشرات المستنقعات. العشب وافر في السهول الشاسعة في ربيع السنوات الممطرة، لكن قد يجوع حصانك في سنوات الجفاف. ومع أن القش القديم المفروم من العام الماضي قد نفد، إلا أن العشب قصيرٌ جدًا لا يُمكن للخيل قضمه، والذرة لا تتوفر إلا في مساحات بالقرب من المدن.

32 - تكون المياه قليلة الملوحة على طول كامل الخط إلا إذا تم نشله من النهر؛ فمياه نهري هنديان والحفار مياه صافية. أما المياه في قناة الدورق، في جزئها المستنقعي، فهي هائجة وكريهة، وتشتهر بأنها ضارة خاصة في أشهر الصيف.

33 - في الأوقات السابقة، كانت مجموعات من قرى العرب المستقرة على طول الساحل جنوب

هنديان تندرج تحت فئة المناطق التي، مع أنها أصغر وأقل قوة من قرى بني كعب، كانت تابعة لفارس؛ لكن يحكمها زعماؤها أو شيوخها المحليون.

34 - على الرغم من ذلك؛ كل هذه المستوطنات في الوقت الحاضر، قد أصبحت تابعة لولاية شيراز أو بوشهر، ويتم التدخل كثيرًا في شؤونها إلى درجة أنه يبدو من الأفضل ذكر هذه المستوطنات تحت عنوان المناطق التابعة مباشرة لمأموري الشاه المحليين.

35 - وعليه أنتقل إلى الفئة الثانية التي هي أقرب ميناء لمنطقة قبيلة بني كعب، وهي ميناء الديلم الواقع على بعد بضعة أميال جنوب «شاه أبو الشاه» المشار إليها أعلاه. يتبع بندر ديلم حكومة بوشهر، ويُعتبر تشكيل هذه الحكومة الإقليمية الساحلية معقدًا نوعًا ما، حتى لفترة حديثة، كانت بوشهر، مثل الموانئ الأخرى على الساحل، تحت حكم شيوخها. وفي النهاية، تخاصم أهالي بوشهر مع قبيلتي الداشتي Dashties والتنجستين Tungistoonees. وقد استغلت فارس الخلاف لتضغط على بوشهر من أجل تأسيس حكومة هناك، وإضعاف الداشتي والتنجستين مع بعض القبائل الثانوية؛ مثل الروحيلات Rohillas الموجودة في محيط خليج بوشهر مباشرة، كي تصبح تابعة لبوشهر.

36 - في الوقت الراهن، تمتد الحكومة من الديلم في الشمال إلى القرب من كنجون في الجنوب، محتضنة مجموعة من القبائل الصغيرة العربية والفارسية التي تعيش في قراها الخاصة بها، وتتدخل الحكومة المركزية بشؤونها كثيرًا بما يتناسب مع وسائل مقاومتهم المتعددة.

37 - جنوبًا من كنجون حتى لنجة، كليهما معًا، توجد مجموعة من القرى الساحلية أو الموانئ الصغيرة التي تتبع شؤونها وعائداتها إلى حكومة فارس الإقليمية في شيراز، مع أن حاكم بوشهر بصفته القائد الأعلى للبحر والموانئ (لا تمتلك فارس سفنًا حربية) يتولى مسؤولية المصالح البحرية.

38 - وهكذا، بعد مغادرة هنديان، نجد خطًا ساحليًا من الديلم إلى لنجة تابعًا لبوشهر إلى حد ما، ويمكن تقدير المستوطنات والقبائل من الديلم إلى كنجون تقريبًا بنسبة ثلاثة أرباع من الفرس وربع من العرب، وذلك من كنجون إلى لنجة بنسبة ربع من الفرس وثلاثة أرباع من العرب.

39 - وكقاعدة عامة؛ تتم رعاية وإدارة القرى العربية من قبل شيوخها الذين يقومون بتسوية القضايا المدنية، ويدفعون مبلغًا مقطوعًا من الإيرادات سنويًا. يتم التعويض على جريمة القتل بدفع الدية، لكن الشيخ لا يُرسل الجاني إلى بوشهر للعقاب. يقوم الشيخ بدوره بفرض إيجار على المزارعين عن كل فدان؛ فمن المفروض أن تحرث البقرة أرضًا كافية لأربعة موندات من بذور الشعير، وأربعة موندات من بذور القمح؛ يسأل المزارع جاره، على سبيل المثال؛ كم فدانًا يزرع؟

يُدفع على المحصول الذي ينتجه فدان من الأرض 15 قيرانًا أو نحوها نقدًا سنويًا، وموند واحد من القمح، وموند من الشعير، على ما يبدو حتى Kurneh، أو تدفع عند الجني.

40 - لكن في حال إدارة القرى الفارسية، أو الميناء الفارسي (ليست قوية بما يكفي مثل الداشتي للدفاع عن نفسها)، سيتم فصل الحاكم أو الشيخ أو الملا من حكومته عندما يرغب حاكم بوشهر. يتم إرسال المجرمين إلى بوشهر، وإذا لم يتم دفع الإيرادات في موعدها، يقوم المحصل بتحصيلها، أو يتم تحصيلها بالقوة إذا ما فشل في ذلك.

41 - وإذا أردنا استعراض تجارة خط الساحل هذا عندما تجتازه من الشمال إلى الجنوب؛ فالميناء الأول الذي يمكن مشاهدته هو ميناء بندر الديلم. إنها مدينة صغيرة مكتظة ومكشوفة تتكتل حول حصن مربع، وهي واحدة من مركزين؛ الثاني هو هنديان الذي يتبع خط بهبهان، وزيتون مركز تجمع التجارة العامة على نهر هنديان، ويبعد عن الديلم بحوالي خمسة فراسخ. يتم عبور النهر على متن طوف (كلك)، أو من المخاضة عندما تكون المياه ضحلة، على مسافة ميل أو اثنين قبل وصولك إلى زيتون. كان زيتون في السابق يحقق دخلًا يصل إلى 9000 تومان سنويًا من الرسوم الجمركية، لكنه الآن يحقق دخلًا يصل إلى 3000 تومان فقط. يُعزى هذا الانخفاض إلى انخفاض عدد السكان، والإيرادات على طول الساحل من معشور إلى كنجون، وإلى عدم التوافق بين الحكومة والسكان وما يترتب عليه من هجرة، أو كسل. يعتبر الديلم، مثل الموانئ الأخرى كلها، على طول هذا الساحل مجرد مستودع بضائع، وأن عدد مواطنيه لا يمثلون حجم تجارته كما ينبغي. ويعتبر زيتون منطقة زراعية جيدة. يمكن وصف تجارة الديلم بشكل تقريبي كما يلي:

الصادرات:

قمح وشعير إلى البصرة والكويت ولنجة بقيمة 30000 قيران.

صوف إلى بوشهر والكويت ومن ثم الهند بقيمة 100000 قيران.

روجون إلى بوشهر والكويت ومن ثم الهند بقيمة 1000 قيران.

عنب وزبيب إلى الكويت والبصرة بقيمة 20000 قيران.

روجون إلى الكويت والبصرة بقيمة 30000 قيران.

الواردات:

أقمشة بالقطعة من بوشهر والكويت بقيمة 150000 قيران.

سكر من بوشهر والكويت بقيمة 50000 قيران.

شاي من بوشهر والكويت بقيمة 10000 قيران.

تمر من البصرة بقيمة 50000 قيران، وما يعادل 10000 كاره من بوشهر.

تذهب هذه الواردات إلى بهبهان ورام هرمز أيضًا.

قد تبلغ الرسوم الجمركية ما بين 15000 إلى 20000 قيران سنويًا على الصادرات والواردات معًا.

42 - ينتشر بين بندر الديلم وميناء بندر ريج التالي بقايا أطلال حصن قديم ومدن قديمة تمتد على مساحات واسعة. تُعرف هذه المنطقة باسم جناوه Genaweh منذ قديم الزمان، يتكون جزؤها الشمالي من صخور رملية وتلال ترابية ذات أشكال هابطة غريبة وفوضوية، وتتقاطع في بعض أجزائها مع طبقات عامودية من الجص، ترتفع عاليًا مثل الحواف المسننة لصحن زجاجي مكسور، أو تتناثر على المنحدرات مثل قطع الجليد. بمغادرة هذه المنطقة الفوضوية الوعرة، يطل المرء على سهل Geramha القديم الساحر، المدينة الرئيسة لجناوه، التي لاتزال أطلالها الواسعة ظاهرة من الرمال على مسافة أميال. لاتزال بعض المعابد الهندية موجودة في الضواحي، باتجاه الشاطئ، بقبابها البلوطية الشكل المصنوعة من الطوب الحلزوني أو من الحجارة المنحوتة، وبملحقاتها الثابتة المكونة من شجرتين أو ثلاث من التين، وهي الوحيدة التي توجد في المنطقة. يبدو أن هندسة هذه المعابد وآبارها المجاورة لاتزال تتحدث عن تلك الفترة، عندما ازدهر الكفار سواء من الهندوس (كما يؤكد السنة) أو من غيرهم في هذه السهول. ربما تم من ميناء جراي Grai هذا تبادل ثروات الطبقة الأدنى من أنقاض الهضاب البعيدة، الـGeramha الأقدم، مع تلك القادمة من قيدوم Edom أو الكلدان Chaldea عبر أقدم Geranhensis بالقرب من القرين أو الكويت الحالية. لقد حدث وتجولت في أرجاء مناطق مدن قديمة. لكن تكرار المشهد لن يقلل أبدًا من عظمة صورتها أو كآبة هواجسها. ومهما كان تاريخ نهوضها وأفولها، يشعر المرء، عندما يتعمق في هذه الطبقات من المنازل الصامتة، أنها لم تُشكّل مدينة فقط؛ بل مدنًا متتالية، وكل مدينة لها تراكم مما استخدمته، يشكل تاريخها الوحيد، وتبين كل مدينة أن الإنسان كان قد بلغ رشده قبل التاريخ، وجميعها تكشف، كما في القبر، الهلاك المطلق للقوة البشرية على الأرض.

43 - إلى الجنوب من أطلال Geramha، يوجد حوض نهر كان غزير المياه في الماضي؛ إنه نهر الكوليل Kuleel. كان يجري بالقرب من سور المدينة، وعلى جانبه الشمالي يوجد حصن تيسكو Teesko، وهو فيما يبدو حصن قديم. وتوجد بوابة ضخمة على ضفته الجنوبية. قناة الكوليل هذه عبارة عن خليج ذي مياه مالحة؛ فقد حدثت هزة أرضية غيّرت مسار مجرى المياه العذبة ومنبعها.
ومع ذلك يفسر حوضها الجاف والمالح سبب ازدهاره السابق، ويُظهر الدمار النسبي لسهل جناوه.
لقد اخترت بعض الأسطوانات اللولبية المثلمة (تسمى جوبال Gopals، وتوجد في أماكن أخرى على طول الساحل) من السجيل. تقول الرواية إنها ما تركه الكفار من المقاليع الجلدية عندما تمت

مهاجمة Geramha. ومن المحتمل أن الحرب، كالعادة، قد خدمت الزمن والطبيعة في تدمير العمل الإبداعي؛ فالإنسان هو أكبر مدمر للإنسان.

44 - بندر ريج Bunder Reegh صغير جدًا في الحجم، وقليل في الأهمية، بالنسبة للديلم؛ فهو يستورد فقط لتلبية احتياجاته واحتياجات المناطق المحيطة به. وهو ليس ميناءً لأي طريق إلى المنطقة الداخلية. وتتكون تجارته كالتالي:

الصادرات:

قمح وشعير بقيمة 20000 قيران.

صوف بقيمة 10000 قيران.

الواردات:

100 كارة من التمر، وأقمشة بالقطعة بقيمة 10000 قيران.

وكذلك بعض السلع المتنوعة للاستهلاك المحلي.

يمكن أن يصل إجمالي الرسوم الجمركية (في بندر ريج) إلى 10000 قيران.

45 - إلى الجنوب من بندر ريج وشمال خليج بوشهر مباشرة، تقع مجموعة راكدة من حوالي عشر قرى عربية تزرع الذرة، تعرف باسم روحيله Rohilla. في الواقع، من الجدير بالملاحظة، أن السهل جنوب منطقة قبائل الذي كان فيما مضى رعويًا بالكامل، أصبح يُزرع تدريجيًا بالذرة حتى روحيله؛ حيث يمكن مشاهدة مساحات واسعة محروثة. يجري نهر ذو مياه عذبة، قابل للعبور في مكان أو اثنين فقط، في هذه المنطقة التي، على الرغم من ذلك، تعتمد على الأمطار فقط. يُحكى أن طريق الهوله، أو نهر الهوله، تلقى جزءًا من المياه، التي حولها الزلزال، من نهر جناوه، وقد تدفق ما تبقى من النهر شمالًا باتجاه بهبهان، ووجدت روافد إلى هنديان Hindeean (أب شيرين) بوفرة؛ حيث تلتقي مع ذلك النهر بالقرب من زيتون Zeitoon، وفي أقصى جنوب رافد الجراحي.

46 - شيف Sheaf، ميناء صغير على الشاطئ الشمالي لخليج بوشهر، وهو منفذ بحري لمنتجات روحيله، ويبعد حوالي ثلاثة أميال فقط عن أقرب قرية في المجموعة. (تربي هذه المقاطعات خيولًا هجينة ذات مواصفات جيدة، نصفها فارسي ونصفها عربي، وهي تُعرف حاليًا باسم عام هو خيول بني كعب العربية. تكمن العيوب الرئيسة لهذا الهجين في صغر الساق وانخفاض الجزء الخلفي من الجسد. وهي خيول طريق أفضل من الخيول الأصيلة. لكنها تفتقد هدوءها وذكاءها وتحملها. وبإعادة تهجين خيول كعب الروحيله مع الخيول العربية الأصيلة، يلاحظ المرء أنه يمكن الحصول على خيول كبيرة الحجم حسنة المظهر ومفيدة. لكن بشكل عام لا ينتج التهجين حيوانًا مقبولًا.

ولن تكون أبدًا نبيلة سواء في طباعها أو شكلها مثل حمدانية Saglair أو خلتان أو العنزة) الذرة في هذه المناطق تعتمد على سقوط الأمطار القليلة وغير المؤكدة، وتزرع بكميات قليلة، وتبذر الأرض عشوائيًا في الخدش القديمة. لكن لا شك أنه، بحكم الإدارة الجيدة للمياه، وعدم وجود القيود والضرائب غير العادلة، قد تتمكن المنطقة المحيطة بخليج بوشهر من تصدير الذرة والقطن بكميات كبيرة.

47 - أنتقل الآن للحديث عن بوشهر نفسها، وبما أنها المرفأ الرئيس في الخليج، فإنني أرفق التقارير الخالية من الأخطاء والأكثر تفصيلًا، التي تمكنت من جمعها عن صادراتها ووارداتها، التي أعدها السيد جيمس إدوارد James edwards، رئيس الحسابات في هذه الهيئة بدقة وعناية. قد تشكل هذه التقارير (تمّ إعدادها بمعرفة آراء وتقديرات العديد من التجار المحليين حول تفاصيل التجارة في الموانئ، وبخصوص السلع التي كانوا مهتمين بها جدًا. قام عضو رشيد وخبير من شركة أوروبية عريقة بمراجعة هذه التقديرات، ثم قام رئيس الحسابات بدراستها. وعلى الرغم من أنها ليست دقيقة، أعتقد أنها قريبة ما يكفي من التقديرات الصحيحة لتكون بمثابة أدلة مفيدة) مؤشرًا تقريبيًا للسمات العامة للتجارة في الموانئ الأخرى في هذه المياه. لكن الأمر لا يقف فقط عند عدم توافر تقارير مماثلة عن الموانئ الأخرى، لكن من المحتمل أيضًا؛ إذا تم الحصول عليها، أن يؤدي تقديمها إلى التضليل؛ إذ إن السلع التي يتمّ استيرادها على متن سفن كبيرة، في ميناء ما، قد تظهر مجددًا كصادرات من نفس الميناء، وكواردات مرة أخرى في ميناء آخر. ولا تتوفر المعطيات لتحليل هذه التعقيدات، وبالتالي يتم تقديم تقرير كامل عن التجارة في الخليج الفارسي بشكل عام.

48 - أدوّن أدناه قائمة بالصادرات والواردات الأساسية في بوشهر، حصلت عليها من مصادر تجارية مستقلة:

الصادرات من بوشهر:

قطن	60000	موند تبريزي
جذور الفوة (نبات صبغي)	100000	موند تبريزي
حرير خام	10000	موند تبريزي
جوز العفص	7000	موند تبريزي
لوز	50000	موند تبريزي
زبيب	50000	موند تبريزي
دهن	30000	موند تبريزي

تبغ	120000	موند تبريزي
ماء الورد	من 6 إلى 20000	قارورة كبيرة
ماء الورد	15000	قارورة
حلتيت Assfoetida	3000	موند تبريزي
سحلب	1200	موند تبريزي
لبان فارسي	25000	موند تبريزي
صوف	100000	موند تبريزي
قمح	1500000	موند تبريزي
أفيون	4700	موند تبريزي
سمن	10000	موند تبريزي
كمون	40000	موند تبريزي
شمع النحل	4000	موند تبريزي
تمر	20000	سلة
حمص	26000	موند تبريزي
نبيذ	500 إلى 1000	قارورة كبيرة

الواردات إلى بوشهر:

شالات كشميرية	بقيمة 2500000 روبية
زيت جوز الهند	بقيمة 2000 روبية
زنجبيل	بقيمة 5000 روبية
شمع أحمر	بقيمة 1000 روبية
حجر الشب	بقيمة 5000 روبية
أقمشة بالقطعة، أوروبية	بقيمة 600000 روبية

خيوط قطنية، أوروبية	بقيمة 35000 روبية
أحجار القدح للأسلحة	بقيمة 6000 روبية
رصاص	بقيمة 7000 روبية
كتل قصدير	بقيمة 70000 روبية
صفائح قصدير	بقيمة 5000 روبية
قرطاسية	بقيمة 2000 روبية
جلد	بقيمة 4000 روبية
توابل	بقيمة 50000 روبية
فلفل	بقيمة 50000 روبية
سكر	بقيمة 950000 روبية
سكر نبات	بقيمة 40000 روبية
شاي	بقيمة 80000 روبية
كافور	بقيمة 2000 روبية
بن	بقيمة 40000 روبية
خشب أسود	بقيمة 30000 روبية
خشب برازيلي	بقيمة 4000 روبية
حديد	بقيمة 10000 روبية
ملح النشادر	بقيمة 6000 روبية
عقاقير	بقيمة 7000 روبية
فولاذ	بقيمة 3000 روبية
زجاجيات	بقيمة 7000 روبية
شموع	بقيمة 2000 روبية

أقمشة ذهبية	بقيمة 75000 روبية
زنك	بقيمة 4000 روبية
زئبق	بقيمة 4000 روبية
متفرقات	بقيمة 100000 روبية
إجمالي الواردات	4706000 روبية

49 - كذلك أرفق ملخصًا عن تجارة بوشهر؛ تم إعداده العام الماضي:

بيان مختصر عن الصادرات والواردات المقدرة في بوشهر:

صادرات إلى	القيمة بالروبيات	الواردات من	القيمة بالروبيات
بومباي	1000000	بومباي	3700000
يافا	350000	يافا	100000
جيدو	180000	- -	- -
إجمالي الصادرات	1530000	إجمالي الواردات	4700000

50 - يمكن أخذ فكرة عن تجارة بوشهر من خلال الشروط التي بموجبها يقوم الحاكم بإدارتها؛ إذ إن نظام الإيرادات في أرجاء المنطقة هو نظام زراعي، وتبقى شروط العقود السنوية ثابتة، في حين تتفاوت المنح فقط.

51 - تتم إدارة إيرادات حكومة بوشهر (ملاحظة: أحد عواقب النظام الزراعي هذا هو أنه يُطلب من الفلاحين إيجار أكبر مما تتلقاه الحكومة منه؛ فمثلا يتعهد (A) الولاية من الشاه مقابل مبلغ يضيف إليه المنح. ويقوم (A) بتوزيع المناطق التابعة له؛ فيأخذ (D) منطقة واحدة منها، فيقوم (D) بتوزيع القرى التابعة له من الباطن إلى (E) الذي يفوض (F) بجمع الأجور. وبالتأكيد، يتوقع كل شخص الحصول على فائدة من عقده. وبالتالي؛ بدلا من أن يكون على الفلاحين دفع المبلغ الذي فرضته الدولة، يطلب من (B) أن يدفع حصة (B) و(C) بالإضافة إلى (D) و(E) و(F). وإذا لم يقم بالدفع، يقدم (F) شكوى إلى (E) والذي يقوم بدوره بتقديمها إلى (A)، الذي تمارس عليه الدولة ضغوطًا ليدفع مبلغ التزامه، عندئذ يسمح (A) للمتعهدين الفرعيين بجمع الإيرادات بالقوة، وعندما يتم ذلك يهرب بعض الفلاحين، وتبقى بعض الأراضي بورًا. باختصار؛ يتم استثمار المنطقة وكأن الحكومة ستسقط بانتهاء عقود إيجار الوالي) بمبلغ إجمالي يُقدر بحوالي 30000 تومان فقط؛ قد تشكل الرسوم الجمركية منها 15000 تومان، وقيمة رسوم الإدخال والأراضي والعمولة poletax المحصلة من القبائل والقرى.

52 - لنفترض أن الحاكم سيُسدد مبلغ 10000 تومان سنويًا و5000 تومان أخرى للتمسك بعمل تابعيه. لنأخذ معدل خمسة بالمئة (وهو معدل الدول الأجنبية الأكثر رعاية) كمعدل الرسوم الجمركية المستحقة على الصادرات والواردات معًا، وبالتالي يصل المبلغ الإجمالي، حسب هذه التقديرات، لتجارة بوشهر كلها إلى حوالي 900000 تومان أو ما يعادل 450000 جنيه استرليني.

53 - تصل التجارة إلى بوشهر من باتافيا Batavia وموريشيوس Mauritius، ومن الهند جزئيًا على متن سفن شراعية. لكن قد يبلغ التبادل التجاري الهندي الضخم على متن سفن محلية من مئة إلى مئتين أو ثلاثمائة طن.

54 - بعد ذلك، تتم إعادة تصدير جزء صغير من الواردات إلى موانئ خليجية أخرى في نوع أصغر من السفن المحلية المبحرة. لكن الكمية الأكبر منها تجد طريقها إلى المناطق الداخلية في فارس بواسطة قوافل البغال. بعد الوصول إلى شيراز يتم تقسيمها؛ فيذهب جزء إلى يزد Yezd، والمتبقي إلى أصفهان Ispahan، وكميات قليلة إلى المناطق المحيطة بهذه المدن.

55 - تبدو القافلة ضخمة، لكن قد يكون هناك الكثير من رنين الأجراس المعلقة أسفل الذيول، دون الكثير من الصوف أو القطن على ظهور البغال. قد يتطلب الأمر حوالي 3000 بغل لنقل حمولة سفينة صغيرة تحمل 500 طن. ومن المحتمل أن تجارة عام على طول طريق فارسي مألوف قد تخزن في مخزن بضائع متوسط في لندن. يعزو الفكر الفارسي المبدع في تجارة فارس التي لا تضاهى إلى مينائها البحري الوحيد، لكن الفكر البريطاني العادي تركز على معطيات شروط الضرائب من حكومة لا تشتهر بسخائها، الناجم عن ندرة السفن الشراعية في الممرات، لا يوجد في الوقت الحاضر أي مركب بغلة في بومباي تطوف من وقت إلى آخر بعد أن تقوم بإنزال حمولتها في بندر عباس أو لنجة، والناجم عن إلغاء تجارة السفن المحلية مع الهند خلال موسم الرياح الجنوبية الغربية، ولأن بوشهر مدينة يسكنها حوالي 10000 نسمة فقط، وبسبب ندرة العلف والمؤن على طول طريق شيراز، وبسبب صغر القوافل التي يبلغ عددها من خمسين إلى ستين بغلًا، وأخيرًا بسبب حقيقة أنه تمت محاصرة بندر عباس منذ بضعة أعوام، وقد تم إلغاء تجارتها مؤقتًا على طول طريق بوشهر، فقد ارتفع سعر النقل من بوشهر إلى شيراز؛ مسافة 180 ميلًا تقريبًا، من 15 إلى 17 قيرانًا لكل بغل إلى 80 قيرانًا. (ملاحظة: بالطبع؛ تم تحديد سعر النقل في بوشهر وفقًا لمعدل تجارتها، وبالتالي فإن أي تدفق مفاجئ لبضائع خارجية سيؤدي إلى ارتفاع أسعار النقل مؤقتًا إلى أقصى حد بشكلٍ عشوائي. مع ذلك، نظرًا لأن المسافة إلى شيراز قصيرة جدًا، وارتفاع الأسعار بشكل كبير يتبين أن تجارة بوشهر لا يمكنها تحمل تلك الطلبات، التي يمكن للتجارة الضخمة فعلًا أن تتحملها دون آثار مدمرة).

56 - الأضرار المادية لبوشهر كميناء كبيرة جدًا؛ فهي مرسى طبيعي، محمي جزئيًا من الرياح التي

تهب من الشمال الغربي. يبعد المرسى أربعة أميال عن مكان التفريغ، والتواصل مع السفن بواسطة المراكب بطيء دائمًا، سواء إلى أو من البندر، وفي بعض الأحيان يتوقف لأيام كاملة، في أثناء هبوب الرياح الشمالية الغربية القوية.

57 - يتمتع الميناء بتنظيم يختلف عن تنظيمنا؛ فلا يمكن للمراكب أن تُبحر بعد الغروب، ولا أن تتحرك لتفريغ البضائع إلا بعد أن يكون الحاكم قد اطلع على البيان. (ملاحظة: إفراغ وتحميل البضائع في بوشهر محصور بيد رجل يُدعى حمال باشي Hamal Pashee. وهو يدير عمله، ولا يسمح لشخص سواه بإفراغ أو تحميل البضائع. صحيح أنه مسموح للتجار البريطانيين أن يعرضوا مراكب شحنهم الخاصة، لكن من الناحية الأخرى، لا بد أن يكون لهم تجارهم الخاصون، ولا ينبغي أن يكون هؤلاء من رعايا فارس، وإلا سيتم اعتراضهم. حسب رأيي؛ ينبغي على أي خط سفن في تجارة الخليج أن يكون مستقلًا عن الشاطئ كليًا من أجل تفريغ وتحميل البضائع). تقدر التجارة البريطانية في الداخل والخارج بمعدل خمسة بالمئة دون أية مطالبة أخرى داخليًا. لكن التجارة المحلية تخسر في الاستيراد مقارنةً مع تجارتنا، وقد تكسب في بعض الأحيان من تجارة التصدير، كتصدير الذرة على سبيل المثال.

ومنذ أن وصلت إلى الخليج، منذ حوالي أربعة أشهر، تم منع تصدير الذرة مرتين، وقد أُجبر قارب بريطاني، تمت إعادة الذرة إليه، عندما لم يكن هناك حظر، والذي تنازل عن حمولة من التمر في البصرة من أجل تفريغ الذرة، منذ بضعة أسابيع على شراء صابورة[1] حجرية في بوشهر، وأن يذهب إلى بريطانيا في صابورة صخرية بسبب حظر محلي مفاجئ على الذرة. في إحدى الحالات؛ ألغى الحاكم الحظر بدافع شعور ودي تجاهي، وأنا ممتن لجميله، لكن لا يمكن لتجارة أن تنمو في ظل اعتبارات شخصية أو تدخل عشوائي، وقد أكد لي تاجر بريطاني أن نمو التجارة البريطانية في «بوشهر» يتوقف كثيرًا على الاتفاقات القائمة بين المقيم والسلطات الفارسية. مرة أخرى، قد يكون سرب من الجراد، أو عدم هطول الأمطار، سببًا كافيًا لإصدار قانون خاص بحظر تصدير الذرة فجأة. يُقال إن «دوسير Douceurs» وشركاه، وهي شركة أساسية تقريبًا لإدرة التجارة بشكل كلي. ربما تكون حكومات الدول جيدة بقدر استحقاق المحكوم. لكن صحيح أنه يجب ذكر، من بين الصعوبات الأساسية التي تواجه نمو تجارة الخليج الفارسي، تلك التي تنجم عن أفعال السلطات الحكومية. مع ذلك؛ من العدل أن أضيف أن الشاه، بعد كتابة ما سبق، قد استنكر الحظر الذي فرضه الحاكم.

58 - منذ بضعة أعوام؛ كانت تأتي ست أو سبع سفن شراعية من موريشيوس سنويًا محملة بالمواد اللازمة، وذلك لحفظ التوازن ثم تعود محملة بالذرة. توقفت هذه التجارة أو انتقلت إلى كراتشي بسبب ما، وحسب ما تبين لي، أنه من المضايقات التي واجهتها في الخليج.

1 الصابورة: ثقل توازن في قاع السفينة (المحرر).

59 - تلقت تجارة القطن في «بوشهر»، كما في كل مكان، حافزًا قويًا بسبب الحرب الأهلية الأمريكية؛ فقد تمّ شحن 60000 موند تبريزي (7.75 رطلًا)، ويُقال إنه، خلال الموسم التالي، قد تُطرح في السوق كمية تعادل عشرة أضعاف تلك الكمية فارتفعت الأسعار جدًا إلى درجه أنها أدت إلى نقل القطن على ظهور البغال إلى بوشهر من «تبريز»، التي تقع على بعد حوالي 1200 أو 1300 ميل من بوشهر. يمكن لفارس زراعة القطن من «تبريز» غربًا إلى «مشهد» شرقًا، وإلى حقول القطن في ريشير Reshire جنوبًا، التي تبعد أربعة أميال عن «بوشهر». تقدم المذكورة أخيرًا إنتاجًا جيدًا إلى أن أدت التغيرات في الضرائب إلى إيقاف زراعتها، وتناقص عدد المزارعين.

60 - ازدادت تجارة السكر مع جافا Java خلال العشرين سنة الماضية من 5000 بيكل Peculs (كل بيكل يعادل 17 موند تبريزيًّا) إلى 50000 بيكل. تسبب هذا السكر في إخراج سكر «ميسور» والبنغال و«موريشيوس» من السوق. اكتشف المكررون أن سكر جافا ينتج كمية من قالب السكر لكل موند أكبرمن أنواع السكر الأخرى.

61 - نمت تجارة الأفيون بشكل ملحوظ في السنوات الأخيرة مع «يزد»، وكذلك مع «جيان Ghayn» حسب ما أعتقد. عندما تكون أوراق عيدان الأفيون الصفراء الفاتحة صافية فإنها تكون ذات نوعية ممتازة. تختلف الإشاعات عن المكان الذي تحتله في السوق حاليًا؛ فقد أكدت واحدة من المجلات الصينية أن الغش المفرط قد أنهى فرصها في ذلك البلد. في حين تم التأكيد هنا أن كميات كبيرة لاتزال تصل إلى الصين عبر «باتافيا» و«سنغافورة».

62 - أعتقد أن تصدير الصوف بكمية 100000 موند تبريزي ليست كبيرة مقارنة مع ما قد يحدث؛ فبعض كميات الصوف تورد إلى بوشهر، في المقام الأول، من موانئ أخرى ثانوية. لكن أعتقد أنه إذا تم الإعلان عن طلب نظامي في أرجاء الخليج، وتم ضمان الدفع كما ينبغي فقد تنمو هذه التجارة بشكل كبير.

63 - الملح الصخري المستورد بكميات صغيرة من «لار» لا يُحقق ربحًا. وقد تكون هناك فرصة أفضل إذا تم تصنيعه في قشم أو هرمز أو مكان ما آخر على الساحل.

64 - بالنسبة للطريق من «بوشهر» إلى الداخل، فهي طريق جبلية وعرة وصخرية إلى شيراز (عبر ممر دوليكي Dulikee، وكزروم Kasroom ومنها إلى نقطة تفرع التجارة، ومن ثم إلى شيراز) لكنه أقل من ذلك على طول هضبة نجد وطهران؛ فقد تكلف حمولة بغل تبلغ 340 رطلًا حوالي خمسة تومانات، أو أقل بقليل، لنقلها من بوشهر إلى طهران.

65 - بالانتقال من «بوشهر» نمر بمجموعة من القرى الساحلية الصغيرة أو الموانئ غير المهمة (كنجون، عسلوه، نابند، نخيلو، شيرو، خلات، خارج، ومغوه) الواقعة وسط طوق من أشجار النخيل، ومباشرة أسفل سلسلة شديدة الانحدار من الجبال الجرداء، والتي تبدو لدى رؤيتها من على متن

السفينة وكأنها ترتفع من البحر، ولم تطأها قدم بشرية. من بين هذه القرى، كانت قرية كنجون في السابق مكانًا صغيرًا ناشطًا، لكن قبيلة الداشتي Dashtee، التي تطل واجهتها البحرية عليها، أتلفتها ودمرتها.

66 - أخيرًا، نصل إلى «لنجة»، الميناء الثاني في الأهمية بعد بوشهر، من الفئة الثانية، كما تعتبر حاليًا (وهي مؤلفة من موانئ عربية إثنولوجيًا، لكنها تعتبر من الفئة الثانية). المزيّات العامة لتجارة هذين المينائين متشابهة، ولكن تجارة لنجة بالطبع أقل حجمًا بكثير وأقل تنوعًا. وكانت مزدهرة مؤخرًا بشكل غير معتاد. لكن تاريخ نشوئها مثيرًا للاهتمام، فبالمقارنة مع وضعها منذ بضعة أعوام، كانت غير معروفة تقريبًا، وكانت تستثمر مقابل 100 تومان سنويًا تحت إشراف حكومة لار المحلية. ارتفع الإستثمار لاحقًا إلى 200 تومان. حدث وتخاصم شيخ لنجة مع شيخ بندر عباس؛ فقام الأخير بفضح قلة الطلب الذي تطلبه الحكومة المحلية من «لنجة» بالمقارنة مع الطلبات المقدمة في أماكن أخرى، فتم التحري عن تجارة «لنجة»، ورُفع العقد السنوي إلى 2000 تومان. بعد ذلك تضاءل نمو التجارة، وقد يكون لديها حاليًا تجارة تعادل ربع (أعتقد أن تجارتها أكثر من ربع) تجارة «بوشهر». والمزايا الأساسية للمكان هي أنه يمكن تفريغ البضائع هناك بسرعة أكبر منها في «بوشهر»، وبعوائق وتكاليف أقل. ويمكنهم حينها إيجاد طريقهم عبر أسوار «شيراز» المتداعية من دون طلب آخر، بينما يتم إبلاغ السلطات عمومًا في «شيراز» عن القوافل القادمة من «بوشهر».

67 - لكن لنجة، من ناحية الموقع والطرق المؤدية إلى الداخل أقل تفضيلًا، ربما من أي ميناء آخر، فالطريق إلى شيراز شاق وسيء الخدمات وغير آمن. من المحتمل أن تجارتها، بالمقارنة مع تجارة موانئ أخرى، سوف تتراجع في ظل التطور الشامل لتجارة الخليج.

68 - على الرغم من ذلك، وبغض النظر عن تجارتها فى اليابسة، تستورد الخشب من الهند، وقد تمتلك حوالي 12 مركبًا بغله كل واحدة منها بحمولة مئتي أو ثلاثمائة طن، وحوالي خمسين مركب أصغر بحمولة من خمسين إلى ستين طنًا، ومن 500 إلى 600 مركب شراعي ساحلي صغير. لكن عدد المراكب التابعة لميناء ما في الخليج ليس مقياسًا كافيًا لتجارة ذلك الميناء؛ «فبندر عباس» بالكاد يمتلك عددًا محدودًا من القوارب، والسفن تتوقف هناك في طريقها إلى الشمال أو إلى الهند لتفرغ أو تحمل البضائع، وتمضي في طريقها. وخط السفن المنشأ حديثًا يتبع نفس الممارسة.

69 - أنتقل شمالًا إلى الفئة الثالثة من تصنيف المناطق، وميناء بندر عباس هو المرفأ الأساسي من بينها (ملحوظة: بندر عباس مع المناطق المجاورة لها شمالًا إلى منطقة بالقرب من لنجة وجنوبًا إلى منطقة لم يتم تحديد سيادتها السياسية بموجب المعاهدة المبرمة، ويُعترف بها من كل المعنيين. جزيرة قشم والمناطق التابعة لها). يتم تقييم تجارة هذا الميناء من زاوية مختلفة؛ فالجميع يعترف بأنها تزدهر، وأنا مقتنع أنها أربعة أضعاف تجارة بوشهر، وربما أكثر.

70 - لا تتوافر لدي الوسائل لجمع أية معلومات مفصلة عن تجارة بندر عباس، لأن مسقط تتعهد هذا الميناء مؤقتًا، وبالتالي أبعدت المنطقة عن التواصل مع المقيمية. على الرغم من ذلك؛ يعتبر الميناء الرئيس من أجل إدخال بضائع التجزئة إلى فارس. كما أنها تستورد البن والشاي والسكر والتوابل وبضائع متفرقة، ومن بين صادراتها الصوف والفواكه؛ حيث تُجنى الأخيرة من منطقة خصبة باتجاه الداخل قليلًا.

71 - لاحظت أنه تم التقليل من شأن بندر عباس نوعًا ما كمرفأ، لكنني أعتقد أنها المنطقة التي تمر التجارة بها جيئة وذهابًا من مناطق واسعة في جنوب ووسط أسيا، تلتقي بالبحر مباشرة. يُقال إن تجارتها في الوقت الحاضر في وضع لافت للنظر نسبيًا بسبب اتباعها طريقًا، لو أن بوشهر أقل تدخلًا فيه، لن يصل إلى «بندر عباس»؛ فعلى سبيل المثال، يقوم «بندر عباس»؛ إلى حد ما، بتزويد سوق «شيراز»، وذلك على الرغم من أن الطريق إلى هناك أطول بمرتين من الطريق من تلك المدينة إلى بوشهر، بالإضافة إلى كونه أقل أمانًا. وفي وضعها الطبيعي؛ قد يكون النطاق المناسب لتجارة بندر عباس هو على طول طريقي «يزد» و«كرمان» إلى مناطق موجودة على طول خط يمتد من «فرح Furrah»، عبر «هيرات» و«جيان» و«تونج» و«توبس Tubbus» ومشهد نيسابور Meshed Nishepoor وهكذا إلى «طهران». وباختصار، لا بد أن تكون تجارة «بندر عباس» تجارة مركزية تلتقي بتجارة «كراتشي» عبر «قندهار» من جهتها الشرقية، وتجارة روسيا من «أوكسوس Oxus» وقزوين من جهتها الشمالية، وتجارة بوشهر وتبريز من جهتها الغربية.

لا شك أن مساحة كبيرة بهذا الوصف في منطقة صحراوية نسبيًا في الوقت الحاضر، بينما أجزؤها السياسية المعروفة؛ مثل ولايات هيرات وكيون Khion وبخارى، على سبيل المثال، هي مناطق استهلاكية فقيرة. مع ذلك؛ المساحة الإجمالية، التي يجب تزويدها واسعة جدًا إلى درجة أن مجرد تجارة متناهية الصغر في كل عشرة أميال مربعة ستمنح بندر عباس تجارة وافرة. فضلًا عن ذلك؛ بعض الولايات سالفة الذكر كانت في السابق ثرية نسبيًا، ولاتزال تحتوي على التربة والأماكن والرجال لتُصبح ثرية مجددًا، فالظروف السياسية، والتغلغل الفكري في تلك المناطق قد يمنحها في أي وقت دفعة للترحيب بالأفكار التجارية، كما قد تثبت أنها مذهلة في العالم السياسي.
حظيت بفرصة، منذ فترة قصيرة، بقراءة تاريخ جنكيز خان مع «هيرات» كان في السابق يحكم ولايات «إليات Illyat» في تلك الإمارة، سألته كيف لا يحدث الآن، ويظهر «جنكيز» ليسترجع بلاده، فأجاب لدينا الكثير منهم؛ في القديم كان الرجال كالدواب، والشيخ الذي يملك شخصية يستطيع فعل ما يشاء وهم سيتبعونه. لكن الناس يسافرون الآن، ويفكرون وينظرون إلى آثار المال. تأتي القوافل من الهند وروسيا ويخبرونهم بحقيقة الأمور. فرجال «هيرات» الآن لن يتبعوا «جنكيز» أو «نادر»، (أتذكر أنني مررت بحوالي ألفي عائلة من قبيلة «جمشيدي Jumsheedee» من «بالا» في «مرقاب Moorghab»، وكانوا قد رفضوا القتال لصالح سردار «هيرات»، فقام بشن هجوم

عليهم، وتغلب عليهم وأسرهم، وعندما التقيت بهم كانوا قد وصلوا للتو إلى ضفة نهر «هيرات»، وكان البعض منهم يحث القطعان، والبعض يساعدون أطفالهم، بينما الكثيرون، وخاصة من النساء، يجلسون على ضفة النهر بحال من اليأس. الترنيمة 137 كانت أمامك، على ضفة النهر، جلسنا، أجل وبكينا عندما تذكرنا... يا ابنة بابل من هم الذين يجب إبادتهم..) لكن إذا ذهب الصاحب Sahib، ويقودهم للتقدم إلى ما هم عليه الآن، كما فعل جنكيز لدفعهم إلى ما كانوا عليه في عهده، وإذا دفع لهم ما يكفي (لأن الرجال لن يعملوا باستمرار من دون أجر) فإنه قد يجعل البلاد في غضون ثلاثة أو أربعة أعوام مزدهرة أكثر مما كانت عليه في عهد تيمور لنك Timour Lang.

72 - بالعودة إلى توضيح الطريقة التي تلتقي وتتنافس فيها التجارة، وتجد ترتيبها في منطقة على طول الطريق، الذي باتجاهه تتدفق تجارة بندر عباس بشكل طبيعي؛ يُمكنني أن أذكر أنه عندما كنت في هيرات عام 1860-1861، وجدت بضاعة تجزئة من طهران وقندهار تحمل علاماتها الإنجليزية والروسية الخاصة بها تتنافس في نفس المحل في سوق هيرات، وقد قام التجار بانتقاد جودتها بشدة؛ فقد بدا، على العموم، أنهم يفضلون بضائع طهران، لكن البضائع الهندية كانت أرخص. وفي الواقع يُعتقد أن بضائع طهران يأتي، معظمها في الأصل من إنجلترا. وكذلك رأيت شاي الطوب bricketa، يواجه أصناف الشاي من كل المناطق الأخرى، ويحقق أعلى سعر في السوق كونه الأفضل. أخبرني تجار التجزئة أن شاي «كراتشي» كان يواجه صفعة قوية مع أنواع أخرى للحفاظ على تقدمه، لكنهم أضافوا أن صنفًا من الشاي وصل من كراتشي خلال العام الماضي، ليس في الصناديق مثل شاي «بومباي»، بل في علب صغيرة، وأن هذا الصنف الأخير كان رديئًا جدًا إلى درجة أنه أضر بشكل عام بسمعة أصناف شاي كراتشي المعروضة. لقد دهشت حينها لتمكني من تمييز الشاي المذكور، لكنهم أوضحوا لي بشكل خاص لدى وصولي لاحقًا إلى «كراتشي» أن هذا الشاي يتم جمعه، بعد أن يكون الجنود قد شربوه، ثم يجفف وتُعاد تعبئته في العلب القديمة على يد عاملي الثكنة، ومن ثم يُباع في سوق كراتشي مقابل أغنية فقط، كي يتم تصديره عبر خط قندهار. كذلك؛ وجدت بعض عيدان الأفيون من النوعية الممتازة من جيان، وعندما عرضته في بومباي، تم لفت الانتباه إلى الحادثة في الخليج، ومنذ ذلك الحين بدأت تجارة كبيرة من جهة جيان. لقد كنت مندهشًا طوال طريق شمال فارس بالوجود الثابت لغلايات الشاي الروسية الخشبية (Samawar) التي جُلبت من المعرض الكبير خلف قزوين؛ هل سيكون من الممكن أن تتنافس معها سلعة مفيدة أخف؟

73 - نظرًا لأن بندر عباس يقع في مكان مناسب للتجارة، وهو أمر يُمكن استنتاجه إلى حد ما من تاريخ جزيرة هرمز المجاورة، فلا يُمكن لجزيرة أخرى أن تبدو أكثر سلبية. وباختصار؛ هي عبارة عن تكتل غير منتظم من هضاب ذات أرض وفيرة الينابيع، والتكوينات الملحية. مع ذلك؛ وصفت في ظل الإدارة الأوروبية، في الماضي، بما يلي:

يقول «جستاموند» في تأريخه لجزر الهند الشرقية: «عند مدخل مضيق «مكندون Moccandon» (هرمز)، الذي يؤدي إلى الخليج الفارسي، تقع جزيرة جمبرون Gombroon (بندر عباس)؛ في القرن الحادي عشر، بنى أحد الفاتحين العرب على هذه الصخرة الجرداء مدينة هرمز؛ التي أصبحت فيما بعد عاصمة لإمبراطورية شاملة، جُزءًا كبيرًا من الجزيرة العربية من جهة، وجزءًا من فارس من جهة أخرى. كان لهرمز ميناءاين جيدان، وكانت كبيرة ومحصنة جيدًا، يُعزى ثراؤها وقوتها بشكل كامل إلى موقعها. وكانت مركزًا للتجارة بين فارس وجزر الهند التي كانت كبيرة جدًا؛ إذ كان علينا أن نتذكر أن الفرس حينها عملوا على نقل الجزء الأكبر من تجارة آسيا إلى أوروبا من موانئ سورية و«يافا Caffa». عندما وصل التجار الأجانب، وجدوا في هرمز موقعًا رائعًا ومحبذًا أكثر من أي موقع آخر في الشرق. قام أشخاص من جميع أنحاء العالم بمبادلة بضائعهم، ومارسوا تجارتهم بجو من الكياسة والاهتمام الذين قلما يوجدان في أماكن تجارية أخرى».

«دخلت هذه العادات الحميدة من خلال تجار ينتمون للموانئ، التي دفعت الأجانب إلى تقليد تآلفهم، فمكان إقامتهم، وانتظام الشرطة، وتنوع وسائل الترفيه، التي وفرتها مدينتهم، بالإضافة إلى المصالح التجارية، دفعت التجار إلى جعلها مكانهم المرتاد. كانت أرضية الشوارع مغطاة بالحصير، وفي بعض الأماكن كانت مغطاة بالسجاد، ومنعت الخيام الكتانية التي كانت تتدلى من أعالي المنازل أي إزعاج من حرارة الشمس. المقصورات الهندية المزينة بمزهريات مطلية بالذهب، أو الصينية المليئة بالشجيرات أو نباتات الزينة تزين منازلهم، وكانت الجمال المحملة بالماء متمركزة في الساحات العامة، والخمور الفارسية، ذات الرائحة الطيبة، الأطباق الشهية قُدمت بوفرة كبيرة على الطاولة، وكانوا يستخدمون الموسيقى الشرقية بإتقان شديد. باختصار؛ الرخاء العالمي والتجارة الواسعة، والفخامة المحكمة، والكياسة في الرجال، والنخوة في النساء، وحد كل مفاتنهم لجعل هذه المدينة مكانًا للمتعة.

الرحال البريطاني، «رالف فتش Ralph Fitch»، الذي زار هذه الجزيرة وصفها بما يلي: هرمز جزيرة مساحتها حوالي خمسة وعشرين أو ثلاثين ميلًا، وهي الأكثر جفافًا في العالم؛ إذ لا يوجد فيها أي شيء، ما عدا الملح؛ حيث يُجلب الماء والخشب والأطعمة وجميع المستلزمات الضرورية من فارس، التي تبعد عنها حوالي إثني عشر ميلًا فكل مناطقها خصبة جدًا، ومنها يتم إرسال جميع أنواع المؤن إلى هرمز. يملك البرتغاليون حصنًا هنا يطل على البحر، ويوجد فيه قائد Captain تابع لملك البرتغال وتحت إمرته عدد كاف من الجنود؛ حيث يبقى بعضهم في الحصن، وبعضهم في المدينة.

يوجد في هذه المدينة تجار من كل الدول، والكثير من البربر والوثنيين. يوجد تبادل تجاري كبير لكل أنواع التوابل والعقاقير والحرير والأقمشة الحريرية، والنجود الفارسية، ومتجر كبير لبيع اللؤلؤ، الذي

يأتي من جزيرة البحرين، وهو أفضل من أي أنواع أخرى، والعديد من الخيول الفارسية التي ترسل للخدمة في الهند».

74 - وقد يعود سبب جعل الجزيرة بدلًا من الحصن الحالي، حينئذ، مركز إعادة التصدير نظرًا لظرف معين، وهو أن تسوية أجنبية للتجار أعطت أولوية لتحمل تكاليف الشحن والتفريغ والمضاعفة، بدلًا من تعرّض الأشخاص والممتلكات للحوادث على اليابسة.

75 - على الرغم من ذلك؛ عندما وجه الشاه عباس، العاهل الذي تعتبر من خاناته، التسهيلات التجارية من بين أعرق وأكثر الأبنية المعمارية استقرارًا في فارس، اهتمامه التجاري تجاه الخليج، قام باختيار مدخلها، وفضل اليابسة على الجزيرة، فأنشأ ميناءً، وسماه باسمه، ومن الممكن أن نحدد موقعنا أيضًا.

76 - بالنسبة للرسوم الجمركية في ميناء بندر عباس؛ فإنها تبلغ إجمالًا مع الإيرادات الداخلية مبلغ 16000 تومان سنويًا، وقد تشكل منها الرسوم الجمركية 10000 تومان. ولايزال هناك ثلاثة عشرة عامًا لإنهاء العقد، كما أن شروط المعاهدة، التي تشمله ترفض تدخل الأجانب، وتمنح فارس نطاقًا واسعًا من التدخل. يمنح سلطان مسقط بدوره تحصيل الرسوم الجمركية في مسقط وبندر عباس لرجل من البانيان مقابل 95000 تومان، وقد تشكل 20000 تومان منها رسوم بندر عباس، لكن بشكل عام تجارة ولاية مسقط في حال تحول جزئي؛ بسبب تقسيم الإمامة إلى سلطنتين: زنجبار ومسقط، المنفصلتين بقرار من إيرل كاننج Earl Canning. وأخيرًا بكل تأكيد؛ نسيج وشبكة التجارة الداخلية في الوقت الراهن ممزقة، وتستغرق التجارة وقتًا لإعادة ضبط نفسها في المزارع الجديدة في ظل الظروف المتغيرة.

77 - مدينة «قشم» الصغيرة على الطرف الشمالي للجزيرة، التي تحمل ذات الاسم، هي ميناء آخر، تستأجرها مسقط من فارس. تصدّر الملح بشكل أساسي؛ حيث يتم إرساله شرقًا. وتشكل وارداتها المواد الأساسية للاستهلاك على الجزيرة، ومن الممكن أن تنجح تجارة الكبريت والملح الصخري في قشم.

78 - جزيرة «هنجام Angaum»، الواقعة قبالة جزيرة «قشم»، قد تكون مكانًا مناسبًا كمخزن للفحم؛ فالصوت هادئ دائمًا على جانب واحد، مع قناة بعمق ست أو سبع قامات، لكن يجب أن لا يغيب عن الذهن أن هذه الجزيرة مثل قشم قد تعود لفارس بعد عدة أعوام، وأن فارس لا ترغب أن يحصل أوروبي على أية قاعدة في منطقة تابعة لها.

79 - أقترح، لتطوير تجارة الخليج الفارسي، أن نستمر في إبقائها حرة بقدر ما هو مناسب في الإعتماد على الدول الأجنبية. كما أعتقد أنه يمكننا أن نفعل ذلك سواء فيما يتعلق بتجارتنا، ومحطات البرق والفحم المملوكة لنا.

80 - قبل الانتقال إلى الجانب الآخر من الخليج، قد يكون من الجيد إلقاء نظرة عامة على التجارة الفارسية، بالنظر إليها بشكل عام، وحيث إنه من المتوقع أن تزدهر.

81 - يوجد أكثر المستهلكين في فارس، ويتباينون من منطقة لأخرى، في نطاق مثلث منفرج الزاوية، ويُشكِّل الخط الممتد من «تبريز» غربًا على طول الساحل الجنوبي لقزوين إلى مشهد شرقًا القاعدة، ويُشكِّل الخطان من «مشهد» و«تبريز» على التوالي إلى أصفهان الجانبين الآخرين. يجب أن تصل السلع التجارية إلى هؤلاء المستهلكين عبر إحدى الطرق التالية:

عبر أرمينيا التركية من «طربيزون» إلى «تبريز».

عبر المقاطعات القوقازية الروسية من «بوتي» إلى «تبريز».

من خط الفولجا عبر قزوين إلى «رشت» أو «أستر أباد».

من كراتشي عبر خط قندهار إلى فوره Furrah، ومنها عبر هيرات إلى مشهد، أو عبر جيان إلى منطقة نيسابور على طريق طهران.

من بندر عباس عبر «يزد» أو كرمان.

من بوشهر عبر شيراز، ومنها عبر أصفهان أو يزد.

من ميناء آخر في الخليج الفارسي غير بوشهر وبندر عباس.

عبر خط ما بين رأس الخليج وبغداد، ومنها يتابع إما إلى هضبة فارس عبر كرمنشاه Kermanshah أو شوستر، أو يتابع شمالًا عبر مناطق الأكراد Kurds.

82 - لكن السلع التجارية القادمة عبر الطريق الأول عليها أن تمر بمكاتب الجمارك التركية، كي تجتاز مسافة 500 ميل من المناطق الجبلية، التي لا يمكن اجتيازها أحيانًا بسبب تراكم الثلوج، وغالبًا ما تكون غير آمنة بسبب اللصوص حتى تصل إلى تبريز. ثم عليها أن تمر بالجمارك الفارسية؛ إذا تم إرسالها إلى طهران لتقوم برحلة برية أخرى لمسافة 700 ميل، أو إلى أصفهان لمسافة 800 ميل. وإذا كان عليها أخيرًا أن تذهب إلى مشهد، فهناك مسافة إضافية أخرى تبلغ 800 ميل على طول الحدود؛ وهي منطقة قليلة المياه والمؤن، وتتعرض لهجوم من قبل التركمان في Attruk ومن الجورجيين.

83 - إذا مرت التجارة عبر جورجيا، عليها أن تدفع الرسوم الجمركية الروسية، وهناك العديد من صعوبات النقل من بوتي Poti إلى خوي Khoi، ثم تمر بالجمارك الفارسية في تبريز، وهلم جرًا كما هو مذكور أعلاه. وإذا كان عليها المضي عبر قزوين في لنكران، فلا بد من إعادة الشحن والتفريغ،

واجتياز مقاطعتي «جيلان» أو مازندران قبل اجتياز جبال الجات Ghats إلى قزوين Casween، أو تجتاز طريق مشهد إلى بوستان Bostan.

84 - ومع أن خط الفولجا Volga يتمتع بطريق مائي طويل، إلا أنه لابد من اجتياز طريق بري للمرور بمكاتب الجمارك، فتواجه تكاليف إعادة الشحن المتكرر أحيانًا بالإضافة لتكاليف النقل البخاري، وفي النهاية تُفرغ في رشت أو أستر آباد، وتتابع كما هو مذكور أعلاه.

85 - إذا أتت السلع التجارية من كراتشي لا بد أن تمر إما بالسند وإما ببلوشستان إلى حدود أفغانستان، بالقرب من شاول Shawl، وتقطع مسافة 500 ميل، أما إذا أتت عبر بلوشستان فالطريق صخري وجبلي بشكل ملحوظ، ويتضمن معبر بولان Bolan عبر السند. وتبعد الرحلة عن شاول مسافة 200 ميل تقريبًا إلى قندهار، و300 ميل إلى فوره Furrah، وتمر في طريقها بالجمارك الأفغانية. من فوره يجب أن تقطع إما مسافة 200 ميل إلى هيرات أو 400 أو 500 ميل إلى طريق طهران، وفي كلتا الحالتين عليها اجتياز منطقة برية؛ حيث تلتقي فيها الحدود المشتركة لفارس وسيستان وأفغانستان وهيرات. ومن هيرات إلى مشهد عليها اجتياز مسافة 200 ميل على طول حدود يتسكع فيها التركمان من السولار Saloor والساروخ Sarookh والتيكي Tekkee من مرقاب وميرفو Mervo. وقد قام هؤلاء اللصوص سابقًا باستعباد رجال ونساء وأطفال مئات القرى على طول هذا الطريق، ولاتزال تلك القرى مكمنًا للنفايات وبدون سكان. والطريق من مشهد ومنطقة نيسابور كما أشرت سابقًا. (الطريق المباشر إلى ميناء هيرات ينطلق من ميناء فورة في اتجاه اليسار منها مرورًا بالجيرانة Geraneh).

86 - كي تمضي الصفقات من أية منطقة أخرى في الخليج غير بوشهر وبندر عباس سيتضمن فتح خط جديد على طول طريق أكثر وعورة وأقل أمانًا، وليس أقصر، ونفس الملاحظات تنطبق على خط شوستر.

87 - بالنسبة لبغداد؛ يبدو للوهلة الأولى أنها تمتلك بعض المزايا، وهي أن تلك التجارة يُمكن أن تصل إلى المثلث المقصود من خلال اختصار نقلها البري، وإطالة نقلها البحري. لكن التجار يعترضون كون هذا الطريق يتضمن تشغيل السفن المبحرة إلى البصرة، ومواجهة دفع الجمارك التركية، والتبديل إلى السفن النهرية، وتقسيم الكميات، وأخيرًا عليهم اجتياز طريق غير آمن بين بغداد وكرمنشاه؛ حيث يواجهون الجمارك الفارسية. لذلك؛ لا يُستفاد من هذا الطريق إلا في تجارة شط العرب ودجلة وكرمنشاه، وخطوط همدان Hamadan الاستهلاكية. لكنني لست على معرفة جيدة بهذه الطريق، على الرغم من أنني لاحظت من خلال زيارة عابرة أن أسوار بغداد بدت وكأنها معدة لمدينة أكبر، وأنه كانت هناك سفن قليلة في دجلة.

88 - تنطبق نفس الملاحظات على أي طريق يتجه شمالًا من بغداد نحو مناطق الأكراد.

89 - ويُمكنني أن أضيف فيما يتعلق باللمحة السابقة على طول هذه الطرق حقيقة أو اثنتين استنتجتهما من مراقبتي الشخصية؛ أود أن أذكر أنني لاحظت تجارة صغيرة نسبيًا بين طرابزون وتبريز، على الرغم من أن تبريز نفسها بدأت مدينة تجارية ضخمة ذات ضواحي مزروعة بشكل جيد. بدا الطريق من تبريز إلى طهران وكأنه غير مرتاد إلى أن يصل المرء إلى قزوين، أقرب مدينة ذات أهمية إلى العاصمة. لم أقابل بين طهران ومشهد قوافل كثيرة، وكانت بشكل أساسي منهمكة في نقل الجثث أو الحجاج من بخارى ومشهد إلى كربلاء ونجد ومكة، أو في نقل الحجاج شرقًا إلى الضريح في مشهد. من مشهد إلى هيرات عبر فورة إلى جيريش Ghirish في هلمند Helmund، لم ألتق بأية قافلة، على الرغم من أنني وجدت آثار قافلة تم القضاء عليها بالكامل في الصباح التالي بالقرب من لوش جوين Loush Jowain، وعلى الرغم من أنني التقيت في كوهي دوزدان Khoi Doozdan، على طريق كاش Kash، السيستانيين Scistanees الذين هاجموا قبل ليلة أو ليلتين القافلة الوحيدة، التي تمكنوا من إلحاق الأذى بها.

90 - بين قندهار، كوتي Quetta، وخيلات Khelat ورأس بولين، التقيت من حين لآخر بمجموعة من الجمال (اجتزت نصف مسافة معبر مولا Molla، لكنني لم أقابل أي تجارة هناك. كان ذلك في ديسمبر)، لكنني وجدت بين خوزدار Khozdar وكراتشي كمية من البضائع محملة على الجمال أكبر من أية كمية واجهتها على طول الطريق من مشهد إلى خوزدار. يمكنني أن أضيف أنه حتى من طهران إلى خوزدار، أطرح هذه المعلومات، دون الرغبة في إثقالها بالناحية النظرية، من أجل تحديد حجم التجارة على طول طريق محدد. ومن الممكن، لو أنني عدت إلى طهران، أن تكون هذه المعلومات مختلفة.

91 - على الرغم من ذلك، بالنظر إلى جميع ظروف تلك التجارة؛ إذا بقيت حرة، أو حتى إذا تم التدخل فيها جزئيًا، ستتمكن عندما تصل إلى بندر عباس أن تتحكم بأسواق كرمان ويزد، والمدينة الأخيرة من أكثر مدن فارس ثراءً ومغامرة؛ (كبار التجار في يزد هم جبريون Guebres، وبعضهم هنود، وقلة من أصفهان؛ الهنود من مولتان Mooltan. ومن الجدير بالذكر أن التجار الهنود على خط هيرات وبخارى يأتون من مقاطعة شجبور Shikapoor، ثم يذهبون إلى شمال فارس ومولتان. أما في زنجبار فهم بشكل أساسي من كوتش Kutch ومحيطها. ولا يوجد بانيان في بوشهر. وفي الحقيقة يتحمل البانيان أي استبداد وشقاء وكل ما تريد باستثناء خسارة الأرباح المستمر، عندما تستمر الخسائر تحل الكارثة؛ فيغادرون، كما فعلوا وغادروا من بوشهر) وستتمكن أيضًا من التنافس مع التجارة القادمة من أي من الخطوط المذكورة أعلاه إلى أصفهان وطهران ومشهد، ثم تنتقل على طول خط تبريز إلى أن يتم إخضاعها من خلال التيارات المعاكسة للخطوط الروسية والتركية والأرمنية. ويمكن لبندر عباس أن يستوعب أية تجارة صغيرة قد تكون لازمة لمكران الغربية أيضًا.

92 - أعتقد، ثانيًا، أن التجارة دون تهريب في لنجة، سوف تسيطر على منطقة لار المجاورة، وخط الساحل المجاور.

93 - ثالثًا، إن التجارة التي تصل إلى بوشهر سوف تتحكم بتجارات المناطق الموجودة جنوب المعابر، وكذلك سوق شيراز، ومقاطعة فارس عامةً. وقد تتنافس مع طرق أخرى تصل إلى أصفهان شمالًا، لكن لا أعتقد حدوث ذلك في طهران. أخيرًا، قد تتمكن من ضخ كمية صغيرة من البضائع تجاه يزد.

94 - يمكن مقارنة مزايا بندر عباس كميناء لتزويد الأسواق المذكورة كما يلي:

95 - السلطة أقل تدخلًا في بندر عباس، والرسوم أكثر اعتدالًا، وتتم جبايتها من دون أي تأخير غير مبرر، أو ضرر للبضائع بسبب ضرائب الإدخال، ولا توجد مطالب حكومية لاحقة ما عدا في يزد؛ حيث إنها قليلة، وتتم جبايتها بسرعة، ومنها تنقل التجارة مباشرة إلى العاصمة (أما التجارة في بوشهر فلا تخضع للضرائب على الطريق فقط، بل أيضًا تخضع لمطالب كبيرة وتأخير في شيراز، ومطلب ثالث في أصفهان) وهو طريق أسهل وممهد أكثر، ويعتبر إمدادًا وافرًا للجمال بدلًا من الإمداد المحدود للبغال؛ إذ إن كل جمل يحمل 450 رطلًا، في حين يحمل البغل 340 رطلًا، والتكاليف أقل بنسبة الثلث، ويمكن تلافي التأخير، والتعرض لمخاطر حوادث النقل البحري إلى الخليج قبالة المياه الشمالية السائدة.

96 - مساوئ بندر عباس:

أولًا: إن مدينتها وطريقها أقل أمنًا، لكن هذه المآخذ تضعف بفضل ضخامة القوافل؛ فقد تبلغ قافلة بندر عباس من 1000 إلى 2000 جمل. في بوشهر، من النادر أن نرى 100 بغل في نفس القافلة.

ثانيًا: إن المسافة من بندر عباس إلى طهران عبر يزد أطول من مسافة بوشهر من طهران عبر أصفهان وشيراز، لكن بعد ذلك يُصبح طريق يزد، كما ذكرنا سابقًا، أسهل، ويقل التدخل فيه، وبالتالي تقل فترات التأخير.

97 - بالنظر إلى إمكانية تطور تجارة فارس وأسيا الوسطى من خط الخليج، يجب أن أذكر أنه، مقارنة مع مساحة فارس الكبيرة، ستظل التجارة دائمًا صغيرة، لكن منطقة التزويد التي يُعتبر الخليج الفارسي الخط البحري الدائم الوحيد فيها واسعة جدًا إلى درجة أن التجارة، التي تمثل المياه الطريق المناسب لها؛ إذا لم تعقها السلطات، سوف تنمو بسرعة، وستكون كبيرة جدًا، بالنظر إليها ككل. الفلاح الفارسي هو رجل مقتصد وبخيل ويسعى للتجارة. الجو في المنطقة بأكملها، التي ينبغي العمل فيها، تستلزم الإكساء. لم أقابل رجلًا إلا وكان يرتدي قبعة أو عمامة من نوع ما. والخولا Khula سلعة فارسية دارجة، وقد تُكلف ما بين 10 شلنات و10 جنيهات. كما يرتدي الإيليات Illyat

وهي قبعة صوفية، ويرتدي العربي الفارسي عمامة مقدسة. كل شخص يرتدي زوجًا من الأحذية أو الصندل في قدميه أو يحملها بيديه. السراويل توجد في المدن، لكنها تُنبذ ببراعة في الريف كونها تعيق المشي. بالنسبة للمعاطف فهي بطول الجسم كله، وبكل الألوان والمواصفات. الرجل الفارسي عادةً يحمل كل ما يملك على ظهره، ويبدو هادئًا في أثناء زيارته، ويرتدي سبعة أو ثمانية أو دزينة من الملابس الخارجية عندما يعود للمنزل. وهو رجل خبير في الأواني الخزفية، ومن الصعب خداعه. جميع أنواع الأسلحة مرغوبة لديه، لكن مسدسًا بفوهتين فوق بعضهما مفضل جدًا على الطبنجة. ومن اللافت للنظر الشعور بالحرج في المبارزة الطويلة لنفاد البارود أو استمرار اشتعال الفتيل أو الزند المصوّب. ولا يمكنني إلا أن أعتقد أن ذلك يُعزى إلى حد ما إلى نقص التجربة التامة لبنادقنا الحديثة؛ إنهم يفضلون بنادق صيد الطيور الخاصة بنا.

98 - لكن الحقيقة أنك إذا أرادت أن تُمارس التجارة في آسيا الوسطى، كما في كل مكان، خاصة في مجال التجزئة أو الثياب فعليك أن تتابع الموضة. فإذا طرحت جوخًا أحمر اللون في مدينة فارسية، أو بلون الحجر، أو أسود، أو أزرقًا سماويًا، بين البدو، فإنه قد يبقى متوافرًا. وعند مبادلة البالات فقد تتم تصفيتها. عندما كنت في زنجبار في العام الماضي، اكتشف تاجر هانزي hanseatic مغامر فكرة تقليد عمامة مسقط المشهورة. اكتشف أنه بإمكانه الاستيراد من هامبرو Hambro سلعة تبدو بنفس الجودة (بالنسبة لي أفضل) بسعر أقل، لكن العرب والساحليين في المدينة أصروا على أن اللون كان أفتح قليلًا، وبالتالي أصبحت السلعة مثل قماش رقيق للقندس (حيوان من فصيلة القوارض). قام سيد آخر بأخذ عينة من قلادة وردية كبيرة، وكان المأخذ الوحيد الممكن عليها أنها لم تُبع في يوناميس Uniamesi بين جبال القمر. وقعت حادثة مشابهة لبضائع القطعة، فشريط عريض جدًا أو خيط صغير جدًا كان كافيًا لجعل سيدات زنجيات يستمتعن بالحديث مشككين بجودته، ويتمسكن بالأساور Surrart الأصلية، أو البروش Broach أو البنغالية.

99 - بالنسبة لسلع السمن والقطن ونبات الصبغ والأفيون والصوف؛ فهناك متسع لتوسع غير محدود. قد يكون من الممكن إيجاد تجارة القرون Horns والغراء والجلود والملح الصخري والكبريت؛ تمتلك فارس ثروة ضخمة من المعادن والفحم، ولابد أن تصل إلى السوق إما عاجلًا أو آجلًا. كما تم جلب الصوف، الذي استعملناه في مفوضية طهران، من منطقة تبعد حوالي 10 أو 12 ميلًا عن دايموند Damawend. كان ذلك الصوف ذا جودة عالية، وأعتقد أنه يمكن العثور على فحم مماثل في التلال الواقعة بالقرب من بوشهر في جاسكون Gesakoon وتلة حليلة Halia.

100 - لكن من الحماقة التنبؤ بمستقبل التجارة، أو تفضيل طريق معين على آخر طالما أن تدخل السلطات العشوائي قد يُدمر طريقًا أو يعزز آخر بجرة قلم.

101 - عبرت الخليج إلى مسندم، وهذا الخليج شديد التعرج، عميق، ومحدد بهذه الرأس (رأس مسندم)، وهو الوحيد الذي يقع في المنطقة الخاضعة مباشرة لسلطان مسقط. يقطن في المنطقة الداخلية عرق فريد من الرجال، ويبدو أنه عرق قديم، دُفع بواسطة التطور الأقوى للبشرية إلى هذه الزاوية البعيدة. ومع ذلك يبدون وكأنهم توقفوا هنا؛ فقط لأنهم جرفوا في البحر.

102 - بالنسبة لموانئ هذه المنطقة، ليست لها أهمية تجارية في الوقت الحاضر. لكن، كما ذكرت بتفصيل أكثر في رسائلي المشار إليها (رقم 1A بتاريخ 13 يناير 1863م، رقم 2A بتاريخ 2 فبراير 1863م، رقم 6A بتاريخ 16 فبراير 1863م) أعتقد أن منطقة «خصب»، عند المدخل الخارجي لخليج «ألفينستون»، هي موقع مناسب لتأسيس ميناء بريطاني حر على الفور بموجب سند ملكية خطي وصريح، ولا نزاع فيه، نحصل عليه من حليفنا القديم في مسقط، فنركز هناك محطاتنا الأساسية للفحم والبرق إلى الخليج، بالإضافة إلى مقيميتنا السياسية. من الناحية السياسية والاستراتيجية، قد يُصبح هذا الموقع حجر الأساس في الخليج الفارسي. ويمكن أن تؤمن، كمستودع للفحم، مرسًى هادئًا وجيدًا، وسوف توفر على عمال المناجم المخاطر والوقت ومصاريف التنقل إلى الخليج. أما كمحطة للبرق، فهي تقع على خليج ألفينستون، الذي يتصل رأسه بعنق النتوء في أضيق جزء منه، وبعد اجتياز مسافة 400 ياردة تقريبًا يلتقي برأس خليج عميق مفتوح على الجهة الشرقية من الخليج. يمكن لسفينة بحرية تحمل الفحم من «خصب» أن تُبحر إلى البصرة أو الكويت وتعود دون التزود بالفحم. مدخل الخليج هو المحطة الطبيعية للسفن الشراعية، ويجب إيصال التجارة إلى أرجاء الخليج وصولًا إلى نهر البصرة أو خلجان الكويت على متن سفن خليجية محلية مناسبة. يمكن لمركب بغلة أن يبحر بتكلفة أقل من سفينة بخارية، بطن واحد، في ظروف معينة؛ فعلى سبيل المثال، يبحر بين بومباي وشرق أفريقيا باتجاه الشمال مع الرياح الشمالية الشرقية، ويعود مع بداية الرياح الموسمية الجنوبية الغربية. لكن هذا الكلام لا ينطبق عندما يكون طول الرحلة وتغير الرياح الذي يتخلله طقس قاس يؤخر أو يُعرض للخطر أو يوقف إبحار سفن الباتمار Pattimar.

103 - ثمتل حال هرمز حادثة سابقة لمحطة مماثلة؛ تؤدي التدخلات والريبة ونقص المعرفة بالسوق في أرجاء الخليج إلى تخفيف هذه الأضرار، من خلال إنشاء مستودع عام في موقع مناسب؛ إذ إن السفن التي تعبر بالقرب من الخليج، مغادرة، ستجد الحمولة جاهزة إذا رغبت بالتوقف؛ حيث يُمكن لجميع المراكب التي تجد فرصة مناسبة للتصدير من مناطقها المتعددة إليها لإرسال الحمولة في غضون أيام، فيمكن بذلك أن تتحول كل التجارة إليه، حسبما تسمح به الظروف، من الموانئ الخاضعة للتدخل الخاطف، وليس للتدخل العشوائي الدائم.

104- اقتراحي المتواضع للحكومة هو أن إنشاء ميناء، يجمع كل مصالحنا، سيُفيد أكثر في خلق وتطوير تجارة خط الخليج والبصرة، وسيُفيد أكثر في جعل الحكومة على معرفة أدق بعلاقاتها،

ووضع التجارة في الخليج، وسيساعد على إبقاء عرب الساحل أكثر أمانًا، كما سيحقق نتيجة لأية قدرات تجارية تملكها الجزيرة العربية أكثر مما تقدمه كل الدراسات، وكل التقارير المعدة، وكل اللقاءات الودية، التي عمل عليها جميع المقيميين والسلطات المحلية الموجودين في محيط هذه المياه.

105- لكن لابد أن يكون الميناء حرًا بالفعل، ولابد أن تعرف وتشعر جميع القبائل والأهالي أنه حر، وأن بضائعهم ستكون آمنة، وليست عرضة للمخاطر بمجرد وصولها إليه. وليقتصر عمل السلطات في الميناء على حفظ الأمن، وإزالة العقبات، وتنفيذ العقود الشرعية، ومعاقبة المخالفات التجارية. وبالنسبة لما تبقى، اتركوا كل المشاريع الخاصة، ودعوا التجارة حرة مثل المد والجزر تتدفق إلى الداخل والخارج. أعتقد أن هذه الطريقة فقط هي التي ستمكننا عمليًا من اختبار القدرات التجارية للخليج، وربما لا يمكن للتجارة، بأية طريقة أخرى، أن تحقق نموها الكامل وغير المشوه في أرجاء العالم.

106- الفئة التالية من المنطقة التي ينبغي الإشارة إليها، هي منطقة القبائل العربية الساحلية المستقلة؛ تدفع هذه القبائل العشر لحاكم نجد، الذي تقع عاصمته في وسط الرياض بالقرب من الدرعية، وفيها حصن بيمير Beymer المعزز على جانبي الجزء الشمالي الشرقي من وسط الجزيرة العربية بين رأس الخيمة ومسقط. ونظرًا لأن أمير نجد تابع لتركيا (الدولة العثمانية)، فإن هذا يعني أن جميع شيوخ المناطق الساحلية العرب ظاهريًا تابعون للسلطان العثماني على الرغم من أنهم لا يعترفون بسيادته، كما كان حال البحرين في حادثة أو حادثتين، لم تكن تناسب مصالحهم؛ رفعت البحرين في السابق على التوالي الأعلام التركية والفارسية والبريطانية، ويُقال أيضًا إنها كانت ترفع الأعلام الثلاثة معًا.

107- تقع هذه القبائل الساحلية على طول الساحل الغربي للخليج من رأس الخيمة إلى البحرين والشارقة وأم القيوين وعجمان ودبي وأبوظبي، ويمكن تصنيفها إلى مشيخات تمتد على طول ما يسمى بساحل القراصنة، ويفصلها نطاق من الشاطئ والصحراء الجرداء عن مشيخة جزيرة البحرين في أقصى الشمال مع مقاطعة قطر الموالية لها على البر الرئيسي.

108- ليس من الضروري تتبع أنساب هذه القبائل لأنها معقدة ومطولة، ويكفي أن أذكرها، كما هي عليه في الوقت الحاضر، أسماؤها مذكورة في الهامش (القواسم، بني ياس، العتوب).

109- تعتمد مستوطناتهم من أجل المعيشة على مردود الغوص على اللؤلؤ بشكل أساسي؛ يملكون منطقة صغيرة، وربما يملكون سلطة فعلية أقل خارج ضواحيها المباشرة، وبساتين النخيل، وهذه الأخيرة شحيحة جدًا أيضًا. بالنسبة لمغاصات اللؤلؤ؛ فهي ملكية عامة بين القبائل، وتجتمع هناك آلاف المراكب خلال موسم الصيد من أبريل حتى سبتمبر. إيرادات هذه المواقع تعود إلى

حد ما، كما هو موضح في الهامش (شيخ البحرين، شيخ رأس الخيمة، شيخ دبي، شيخ أم القيوين، شيخ أبوظبي شيخ عجمان. أما عائدات البساتين فمذكورة في هامش الفقرة رقم (117). وقد تبلغ إيرادات البحرين 350000 دولار، والموانئ الأخرى 400000 دولار). من المعتاد أن تُبحر سفينة حربية بريطانية عند الضفاف خلال موسم الصيد للحفاظ على الأمن، لكنني ذكرت المزيد من التفاصيل في رسالة سابقة (رقم 29 بتاريخ 2 فبراير 1863م، الإدارة السياسية) حول هذه الضفاف وظروفها الراهنة.

110- تقوم القبائل العربية الساحلية بالمتاجرة مع زنجبار وساحل الملبار، ومنجالور هي ميناؤهم المفضل، وقد علمت، بالنسبة للأخيرة، أنهم يصدرون السمك المجفف، ويستوردون من الملبار الأرز وبعض خشب الساج، ومن أفريقيا الصواري لمراكبهم (حيث يتوافر نوع أساسي من خشب ذي قوة ومرونة كبيرتين على ضفاف نهر البنغال Pangany وعلى تلال «تانغاتي Tangaty»، وأعتقد في الشمال أيضًا في أزنبره Usumbarah) وزيت القرنفل، الذي تنتج زنجبار منه كميات تكفي للاستهلاك العالمي، والأُرز الذي استُبعد من جزيرة زنجبار (من أجل تحسين وضعها الصحي) وإفساح المجال لزراعة القرنفل، لكن لاتزال نوعيات جيدة منه تُزرع على البر الأفريقي المقابل. مع ذلك؛ من الجدير بالذكر أنه يُمكن زراعة الأرز بكميات غير محدودة عمليًا في بعض أجزاء مقاطعات الخليج، إلا أنه يتم استيراد الأرز الهندي، وهو مفضل على الأنواع الأخرى، يبدو أن سبب ذلك هو أن الأرز الهندي أخف وينفش أكثر عند الغلي، ولذلك هو أكثر إشباعًا مقابل السعر، ويستغرق فترة أطول لهضمه، ويمنح المادة الغذائية بدرجة كافية؛ فهو يعتبر من مقومات غذاء الفقراء؛ أكبر كمية ممكنة بأقل تكلفة. كذلك يتم استيراد جوز الهند إلى حد ما من زنجبار وبيمبه Pembeh، لكن سوق هذه المواد، ينمو بسرعة، ويتوجه إلى مارسيليا Marseilles وهامبرو.

في الواقع؛ من المحتمل أن تحل مزارع جوز الهند محل مزارع القرنفل قريبًا. في الوقت الحاضر؛ تُصدر الفواكه المجففة، باللب، من زنجبار. مع ذلك؛ من الواضح أنه إذا كانت الظروف مؤاتية لعصر الزيت في الموقع، فإنه قد يتم طرح كميات كبيرة من الزيت في الأسواق الأوروبية من عدد أقل من الأطنان. يُعتقد أن السلطة الخضراء وزيت الزيتون ذا السمعة الجيدة يصفى من جوز الهند الزنجباري. عندما اشتبهت في أفريقيا أن تجارة السمك المجفف مع الجزيرة العربية هي خدعة لانطلاق حمولة من العبيد، ومن المحتمل أن بعض ضباط بحرية صاحبة الجلالة مازالوا يتوقعون حدوث ذلك. على الرغم من ذلك؛ تعد تجارة السمك المجفف تجارة غير مزيفة، ليس هذا فحسب، بل يُعتقد أن اللؤلؤ وحده هو المادة المصدرة الوحيدة لهذه القبائل العربية الساحلية. لابد أن يصدر الناس منتجاتهم الفائضة، وإلا فإنهم سيحرمون من الاستيراد. إذا لم يقم رجالنا بالسماح لهؤلاء العرب بتصدير السمك المجفف واللؤلؤ فإنهم سيصبحون قراصنة أو عبيدًا.

111- تحدث الكابتن ماكلويد Mcleod، في عام 1823م،عن قبيلة القواسم (وكانت حينها في رأس الخيمة والشارقة، ووصفها بأنها لا تملك مواد للتصدير لأن التجار في المنطقة يشترون اللؤلؤ عامةً، كما أن إنتاج بلدها ليس كافيًا حتى لإعالتها. فعملهم الوحيد هو صيد السمك والغوص على اللؤلؤ واستيراد التمر والحبوب، وغيرها من مسلتزمات الحياة الضرورية التي يشترونها بثمن ذلك اللؤلؤ؛ يجلبون التمر بشكل أساسي من البحرين والبصرة، والحبوب والقماش من مسقط والموانئ الفارسية. إنهم فقراء جدًا، وربما لن يستطيعوا أبدًا العمل إلا في التجارة أو في تنفيذ أعمال الآخرين، على الرغم من أنه يُقال إنهم امتلكوا في الماضي تجارة واسعة. تشتري قبيلة القواسم كل مواد البناء، وكذلك الذخائر الحربية من مسقط والبحرين، وموانئ الخليج الفارسي في الجزء الجنوبي من الخليج.

112- ذكر العقيد كيمبل Kemball في عام 1845م ما يلي:

«لابد أن يعتمد نجاح تجارة اللؤلؤ، وتحقيق فوائد العمل التجاري، التي تقوم بممارستها، على وسائل الحصول على ضروريات الحياة الحتمية، وتلك الكماليات البسيطة التي يرغبها الرجل العربي. لا داعي للقول كم قد يتأثر وضعهم المادي، من خلال النتيجة المستخرجة بسهولة، بسبب إخفاقها في موسم واحد، ولذلك عملت حكومتنا بتعب وحرص مكلفين جدًا للحفاظ على الهدوء التام والأمن على ضفاف الغوص على اللؤلؤ».

113- نبين في ما يلي المصادر البحرية للموانئ العربية (أو القرصنة):

الموانئ	السفن العاملة في التجارة الهندية والأفريقية	الحمولة بالطن في morahs	سفن أصغر لتجارة الخليج من 500 إلى 1000 morahs	مراكب الغوص على اللؤلؤ	ملاحظات
رأس الخيمة	11	24000	15	15	
الرمس Ramse	1	1000	5		تدفع 800 دولار سنويًا لرأس الخيمة.
جزيرة الحمره			6	35	تدفع من 900 إلى 1000 دولار سنويًا لرأس الخيمة.
الحمرية Himreeah				30	تدفع 200 دولار سنويًا لرأس الخيمة.
الشارقة	6	14750	25	400	تدفع 1500 دولار سنويًا لرأس الخيمة.
الحيرة Heyrah				25	تدفع من 50 إلى 75 دولارًا إلى الشارقة.
فشت				25	تدفع سنويًا 100 دولار إلى الشارقة.
الخان	1	2000	5	50	تدفع سنويًا 100 دولار إلى الشارقة.
الإجمالي	19	41750	56	580	

أم القيوين	3	9500	10	60	بالإضافة إلى الأماكن المذكورة هنا بصفتها تابعة لمنطقة القواسم؛ يمتلك الشيخ سلطان بن صقر العديد من الأماكن الصغيرة في هذه المنطقة وكذلك في جميره Coomza ودبا وخور فكان، وغيرها على الجانب الآخر من رأس مسندم، والتي تحقق له إيرادات صغيرة. أما سيادته على خصب Cassaabs فهي اسمية فقط.
عجمان	4	6000	10	50	
دبي			4	90	
أبوظبي	2	4000	10	600	

تختلف الضرائب المفروضة على كل صياد ومرافقه في المشيخات العربية المختلفة، وتتراوح ما بين 1,5 إلى 7 دولارات. والقيمة أيضًا تتغير كل موسم حسب رغبة الشيخ.

114- يتفاوت تعداد السكان في هذه المدن، وقد منعت الاضطرابات المتكررة أي ازدياد دائم. قد تحتوي موانئ أبوظبي والشارقة ورأس الخيمة على 3000 منزل. وتحتوي موانئ أم القيوين وعجمان ودبي على 1200 منزل أو نحو ذلك، والمنازل الأقل في الخان والحيرة Heyrah وفشت حوالي 600 منزل. أرفق، لمزيد من المعلومات الدقيقة حول الموارد، بيانًا بتعداد السكان والسفن والمنازل وأشجار النخيل العائدة للقواسم.

115- لكن الولاية العربية الأكثر ثراءً هي البحرين التي تعتبر جزيرتها، نوعًا ما، خصبة ومروية، كما أنها نابضة بالحياة بشكل ملحوظ في هذا الجزء البدائي من العالم. يحقق شيوخ البحرين إيرادات تبلغ حوالي مئتي ألف روبية تفرض على الأراضي أو المراكب العاملة في الغوص على اللؤلؤ؛ إذ يُمكن لهذه الولاية أن ترسل حوالي 1200 مركب للغوص على اللؤلؤ. لا تُجبى أي رسوم جمركية، لكن المجتمع عانى العديد من الاضطرابات، التي أدت إلى تأخره وإلى انخفاض عدد السكان. الصادرات الأساسية هي اللؤلؤ والفواكه المجففة والتمور. يتم تحصيل ما قيمته حوالي 350000 قيران سنويًا من اللؤلؤ من قبل السفن البحرينية، وأحيانًا يتم جمع كمية أكبر من جزء آخر من الخليج لبيعها. الواردات من الهند بالدرجة الأولى، وهي الأرز والقطن وقطع الأقمشة والتوابل. يتم استهلاك ربع هذه المواد في البحرين؛ حيث يتم إعادة تصدير المتبقي إلى موانئ أخرى في الخليج. (الصادرات: اللؤلؤ، التمر المجفف، السبائك؛ حيث يمكن أن يصل لؤلؤ بقيمة 8 لاك روبية إلى البحرين من الموانئ الأخرى. الواردات: من الهند بالدرجة الأولى، الأرز والقطن والأقمشة والأقمشة القطنية والتوابل؛ حيث يُستهلك ربعها في البحرين وتتم إعادة تصدير الأرباع الثلاثة الأخرى).

116- يملك شيخ البحرين سفنًا أكثر من أي شيخ عربي في الخليج. ونورد في الهامش تفاصيل عن قوام بحريته (12 مركبًا بغلةً لا تعمل في التجارة، 25 بغلة ذات حجم كبير تعمل في التجارة مع الهند، 12 بتيل ذا حجم كبير يعمل في التجارة مع الهند، 1000 أو 1200 مركب صيد لؤلؤ. هذا الكلام ينطبق على شيخ البحرين فقط، وليس كامل البحرين). من المؤكد أن تجارة هذه الجزيرة منذ ثلاثين عامًا كانت أكبر مما هي عليه الآن.

117- على بعد أربعين ميلًا شمال البحرين تبدأ موانئ الفئة الخامسة، وهي الفئة التي تقر بالسيادة التركية (العثمانية)، لكنها مستقلة عمليًا. والقطيف هي أول ميناء من هذه الفئة، وهو ميناء الحاكم الوهابي، أو بدقة أكبر، ميناء عرب نجد، الذين تقع مدينتهم الرئيسة، الرياض، بالقرب من الدرعية على بعد سفر 11 يومًا في اتجاه الغرب، في المنطقة الداخلية من الجزيرة العربية. الحاكم الحالي لنجد هو الأمير فيصل، وهو مشهور جدًا بحكمه الصارم والفعال والعادل. على الرغم من ذلك، تُعتبرالقطيف مضطربة، ولا يرتادها العرب القادمون للتبادل على الساحل. يتوقف هؤلاء في الأحساء، التي تبعد عشرة فراسخ عن القطيف، في المنطقة الداخلية طبعًا. الأحساء مدينة مناسبة صحيًا، وتنتج كمية كبيرة من التمر؛ إذ يقال إنها تعادل كميات البصرة، على الرغم من ذلك، ترسل كميات قليلة من التمر إلى البحر، ما عدا جزءًا صغيرًا يتم إرساله إلى البحرين، التي تبعد عن العقير القديمة، لكن الآن ميناء الأحساء المهجور يبعد 14 ميلًا فقط.

118- إن قوة نجد هذه، التي تحتل كامل مركز جزيرة العرب العدنانية Adnan Arabia التي تتألف من البدو أو جزئيًا من القبائل العربية المستقرة فقط؛ البعض منهم متمردون، والبعض الآخر يُستخدم للقضاء على هذا التمرد، هي التي تهدد أو تسيطر على كامل خط الساحل من نهاية نهر الفرات وشط العرب جنوبًا على طول ساحل القراصنة المذكور أعلاه، ومن هناك تدور حول رأس مسندم على طول البحرين وعمان ورأس الحد على طريق عدن.

119- إن قاضي أو «ملّا» البصرة، الملقب «وهاب Wahab»، هو (أو ابنه) من كان يتغلغل في هذه القبائل بطريقة ملتوية من خلال فكرة دينية، ويدمجهم في تكتل عنيف، برز على طول خطوط ساحل مسقط والساحل الغربي للخليج الفارسي؛ إذ يُجبر جميع هذه القبائل المهزومة على القيام بعمليات النهب والقرصنة. ولذلك كانت القبائل العربية الساحلية يومًا ما شهيرة بأنها قراصنة، ولهذا السبب قمنا بشن حملتنا على الساحل الغربي من الخليج، ولذلك السبب، تستخدم رأس الخيمة وقبيلة بني بو علي رايتنا. حاول شيخ عربي أن يوضح لي طبيعة هذه السلطة الوهابية الزائلة من خلال تشبيهها بوكالة اللورد كلايف في فتح الهند بجيش من الجنود الهنود. يبدو أن المعتقد الوهابي الأساسي هو ذلك الذي كان شائعًا بين الأنبياء، وذلك أنه يعلن عن نفسه، وعن وحدانية الخالق، ويقتل أو ينهب مخلوقاته المعمرة.

120- أقر بأنني، خلال رحلتي الأخيرة إلى الكويت، تأثرت كثيرًا بالشخصية العربية؛ فقد وجدت فيها رباطة الجأش ورجاحة العقل والاستبصار والقوة العتيدة التي تتباين إيجابيًا مع شعب شرقي واحد على الأقل. من الجدير بالذكر أن كل ما يملكه العرب يبدو الأفضل من نوعه؛ خيولهم وكلابهم ودواجنهم وبغالهم ودوابهم، وتمرهم وبنهم ولؤلؤهم وبهاراتهم وبخورهم.

121- لقد أطلق عليهم (العرب)، لعدة قرون، لقب انتقاميين وقساة. مع ذلك، من الجدير بالذكر أنه

لا يوجد في بلد في العالم حيوان صديق للإنسان لهذه الدرجة، ولا يوجد في أي بلد ثقة متبادلة بين الإنسان والحيوان، لم يبد في أي مكان آخر مررت به أن الحصان، والسلوقي، يفهمان جيدًا اللغة التي يخاطبهما الإنسان بها.

122- اجتزت الصحراء؛ حيث كان موسم الإزهار في فصل الربيع. وكانت معسكرات البدو قد انتشرت أخيرًا في السهل. مع ذلك بدا أن حتى الطيور ترحب بوجودي. أجفلت القبرة، التي وقفت بثقة على لجام فرسي، صمت الصحراء الكئيب بتغريدها المفرح، وعندما نزلت الأرض أصبح كل شيء ساكنًا من جديد. حالًا، بدأت سيدة صغيرة من قبيلة العصفور Finch تسير بجانبي، ومن الواضح أنها كانت سعيدة جدًا بفرصة نقل الأنباء بظرافة. مع الأسف، لم أفهم ما قالته.

123- بلقاء هؤلاء العرب تدرك على الفور كيف أنهم غزوا العالم في السابق، وتتركهم وأنت مقتنع بأنهم لايزالون يملكون صفات قد تجعلهم مشهورين مجددًا إذا سمحت الظروف الخارجية بذلك. يمكنني أن أفهم جيدًا كيف خطّ الرجل العربي العمل الرعوي المأساوي؛ فلاتزال أصول الآباء، وحياتهم وعاداتهم ونتائجها ماثلة أمامك. فكرت في نفسي أن هؤلاء الأناس الثائرين يطبقون مبدأ البساطة بأمانته، مع ذلك شعرت أيضًا أنه ينبغي لحضاراتنا الحالية أن تعود قليلًا إلى المصادر الطبيعية قبل أن تتمكن البشرية من التقدم نحو الكمال.

124- غادرت جزيرة العرب ولدي انطباع بأن ذنوبهم وحسناتهم، وعاداتهم وأخلاقهم وحكومتهم قد تشكلت إلى حد كبير نتيجة الظروف الطبيعية والعرضية؛ فالإنسان الذي يدرك أنه مكتوب له أن يعيش في صحراء البدو لا يمكنه أن يجعل حياته مماثلة لحياة شخص من نفس السلالة، ويجد نفسه على طول الحدود الطبيعية للعربية السعيدة. ربما يكون اسمًا عدنان أو قحطان Khaitan من أبكر التواريخ المسجلة مجرد تمثيل للقبائل التي تجولت بحثًا عن المراعي في الخلاء، وللقبائل التي استقرت لمزاولة الزراعة في منطقة ما. وكلاهما بطبيعة الحال سوف يتبع أصله إلى زعيم ما، وهذا الزعيم سيحصل على اسم؛ مثل آدم. على العموم؛ يبدو أن العرب، مثل باقي الشعوب التي التقيت بها، يمدون أرجلهم على قدر فراشهم؛ أينما يوجد بشر يوجد عادات بشرية وشريعة Ubi homines sunt, Modi sunt، وعقل الإنسان يشبه طبيعة الأرض التي يعيش فيها.

125- اعذرني على هذا التحول الواضح، لكنني أعتقد أن من المهم، من الناحية الاقتصادية، أن نأخذ بعين الاعتبار مَزِيّة ومنطقة هؤلاء العرب؛ فلا شك أن المنطقة التي يستطيع سكانها الظهور بكثرة فجأة بقوتهم في ممرات البحر الأحمر والخليج الفارسي ونهر الفرات، لا بد أنهم يمتلكون مهارات للتأثير على السوق على طول تلك الممرات، إيجابًا وسلبًا. يمكن للبلد الذي يمتلك العديد من السلع التجارية، الفريدة من نوعها، أن تخلق عرضًا وطلبًا أكبر في الأسواق العامة في ظل الإدارة الأوروبية. قد يكون بإمكان الجزء العربي، وغيره من أجزاء، ساحل الخليج، إمداد السوق

بصورة مربحة بالجلود والقرون والسمن والملح الصخري والصوف؛ (لاحظت على ساحل أفريقيا الشرقي، في كل من مقديشيو Magadosha وبرافا Brava، وفي كراتشي إلى حد ما، أنه عندما يريد تجار إنجليز أو أوروبيون بدء العمل التجاري، تصبح هذه السلع، وخاصة الجلود والقرون والصوف، تصبح ذات قيمة، ويزداد الطلب عليها بسرعة. وذلك ينطبق أيضًا على بذور السمسم في لامو Lamoo).

126- الفكرة الصحيحة التي يمكنني نقلها عن تجارة القطيف الخارجية، وساحل نجد عمومًا، هي كما يرد في الهامش؛ (انظر التقارير المرفقة عن الصادرات والواردات من وإلى القطيف والأحساء وبوشهر؛ قد يبلغ إجمالي تجارة القطيف 50000 دولارًا سنويًا).

127- الميناء الثاني تحت فئة الموانئ التي تعترف بالسيادة التركية، لكنها مستقلة فعليًا، هو الكويت. وأعتقد أن تاريخ هذه المستوطنة يوضح جيدًا ما يمكن فعله في الخليج من خلال تطبيق الفطنة في خلق التجارة، ولذلك سوف أجرؤ على أخذ القليل من وقت الحكومة لأقدم موجزًا مقتضبًا عن تاريخها، كما هو مدون في مذكرتي، خلال رحلتي الأخيرة، عن لسان شيخ الكويت الحالي وشيوخ آخرين.

128- حكمت أسرة الشيخ الحالي في الكويت لخمسة أجيال تقريبًا، أو حوالي 250 عامًا، وبما أن هؤلاء الرجال يعيشون لما يقارب 120 عامًا، فإن أجيالهم طبعًا تعادل أجيالنا مرتين تقريبًا، أو ما يعادل خمسين عامًا لكل جيل. في البداية؛ سكن أسلاف الشيخ في حصن صغير يدعى حصن أم قصر ويقع عند مقدمة خور عبد الله بالقرب من بندر الزبير. كانوا قراصنة شمال الخليج الفارسي والأقنية الجنوبية لشط العرب. لكن منذ حوالي 250 عامًا، قامت سلطات البصرة بمهاجمتهم وطردهم، فذهب الشيخ الأول إلى خور بوبيان مع أتباعه، خرج من الخليج المعروف حاليًا بخليج الكويت أو خليج القرين. وباجتياز الخليج؛ استقر على ساحله الجنوبي، وأقام حصنًا أو كوتًا khote، ومن هنا جاء اسم الكوت أو الكويت. إنما ينطبق اسم القرين على خط ساحل الخليج بأكمله، وذلك نتيجة التشابه بينه وبين منحنى يشكله قرني كيور keor، والتي تعني القرن. لاحقًا؛ تم توسيع المستوطنة على يد ابن المؤسس، الذي شيد الجزء الأطول من الأسوار الحالية، والتي تم توسيعها منذ ذلك الحين على طول خط الساحل، وفقًا لمتطلبات تزايد عدد السكان من فترة لأخرى.

129- ربما لم يبد ظرف من الظروف ملائم لإيجاد مستوطنة تجارية مزدهرة أكثر من وصول جماعة من القراصنة العرب إلى ساحل أجرد، ذي مياه مالحة، تحيط به مجموعة من البدو. لكن ما هي الحقيقة؟ توجد هنا مدينة نشطة نظيفة ذات سوق أساسي واسع مفتوح، والعديد من المنازل السكنية الحجرية الممتدة على طول هذا الساحل، ويسكن بها حوالي 20000 مواطن يجذبون التجار العرب والفرس من كل الجهات لإنصاف حاكمها وحرية تجارتها. تستورد من الملبار وبومباي بحوالي

مئتي ألف روبية؛ إذ تتألف الواردات بشكل أساسي من الأقمشة الطويلة، والأرز، والبن، وألواح الخشب، والبهارات. وتصدر حوالي 800 حصان بسعر متوسط حوالي 300 روبية لكل حصان، وما قيمته 40000 روبية من الصوف، و60000 روبية من التمر، وربما 40000 من المتفرقات، أو لنقل ما يقرب من أربعمائة ألف روبية من الصادرات مقابل مائتين وخمسين ألف روبية من الواردات. يتم شحن 600 حصان مباشرةً من الكويت، والبقية (200 حصان) من البصرة. يوجد لدى تجار الخيول في الكويت سماسرتهم لدى شمر Shamma وعنزه وغيرها من قبائل نجد؛ حيث يقومون بجمع المعلومات الدقيقة عن سلالات الخيول وجميع الأمهار القادمة. يجلب هؤلاء الوسطاء، عند بدء موسم بومباي، في يوليو وأغسطس، خيولهم التي اشتروها إلى الكويت برًا، ويفضلون هذا الطريق الشاق مع تكاليف الحماية في الطرق على المرور بمشاكل المراكز الجمركية، والطقس السيئ في البصرة، وغيرها من المتاعب.

130- إن بحارة الكويت مشهورون جدًا، وقد يوجد حوالي 4000 منهم في عرض البحر، لكن الكويت ترسل إلى مسقط لجلب نجاري القوارب، لأنهم عمال محترفون.

131- ترسل الكويت؛ (لاحظت أن العرب يفضلون السروج الأجنبية في الكويت، وقد خطر لي أنه لو أن سلعًا مفيدة مثل السروج تندرج ضمن الهدايا التي تقدمها الحكومة في ذلك الجزء من العالم للشيوخ المحليين، فلن يستفيد المتلقي منها فقط، بل قد يتم خلق حاجات تقتضي إقامة تجارة في وقت لاحق)، حوالي ثلاثين سفينة إلى بومباي سنويًا، وتبلغ حمولة كل واحدة منها حوالي مئة طن، تشمل 2000 سلة من التمر بقيمة 1000 ريال فرنسي French rials، وبالتالي تبلغ قيمة صادرات التمر 30000 ريال أو 60000 روبية. يتم تسلم وشحن التمر من شط العرب. يأتي جزء من علف الخيول من خليج بوبيان، ومن بندر الزبير يأتي اللحم، ذو نوعية جيدة، والحليب والزبدة، يتسلمونها من البدو الذين يحتشدون في المدينة وينصبون الخيام أو الأكواخ على طول أسوارها الخارجية. لا يُسمح لهؤلاء البدو بدخول المدينة بأسلحتهم، لكنهم يبيعون عند المدخل؛ حيث يوجد الشيخ يوميًا ويراقب (البيع والشراء).

تتفاخر الكويت بامتلاكها حوالي 6000 مقاتل داخل أسوارها، لكن سياستها كانت الحفاظ على السلم دائمًا مع جميع جيرانها، وهي لا تدفع أي ضرائب للأمير فيصل، لكنها تحافظ على علاقات ودية معه. لا تتلقى أية ضريبة أو جمارك أو إيرادات من أحد سوى بعض العروض عند البوابة أو من التجار، تبلغ حوالي 20000 ريال سنويًا، وهدية ثانوية من التمر من البصرة رمزًا للسيادة ومقابل الحماية المفترضة لمداخل نهر البصرة. الحكم ملكي، والشيخ يدير الإدارة السياسية، والقاضي الدائرة القضائية. والشيخ نفسه قد يلتزم بقرار القاضي. ونادرًا مايتم إنزال العقوبات.

في الواقع يبدو أنه قلما يوجد تدخل للحكومة في أي مكان، ولا حاجة لأي تدخل. قال لي الشيخ

عندما كان والدي بعمر 120 سنة تقريبًا، ناداني وقال «سأموت قريبًا. لا أملك أية ثروة، ولا يُمكنني أن أترك لك مالًا، لكنني كونت العديد من الأصدقاء المخلصين، فتنافس معهم. وفي حين أن الولايات الأخرى المحيطة بالخليج قد تدهورت بسبب الظلم وسوء الحكم، فقد استمرت ولايتي في النمو. اتبع سياستي، وعلى الرغم من أن الصحراء تحيط بك، وتتعرض لضغوط من مجموعة من القبائل المعادية وغير المستقرة، فإنك سوف تنجح». وبالتالي؛ يبرز أفراد مجموعة عربية من القراصنة، من خلال تعزيز الرعاية من قبل سلالة من الحكام الفطنين، ومن خلال سياسة حكيمة تم اتباعها بشكل منتظم، كأسياد للميناء المزدهر، وملجأ المظلوم والوطن الحر المسالم للجميع. أعترف بأنني نظرت بنوع من الدهشة عندما وجدت نسيجًا سياسيًا واقتصاديًا كهذا في مثل هذه المنطقة، وأعمال أيادي كهذه.

132- إذا كان بإمكان العرب فعل كل هذا في أبعد منطقة من الخليج الفارسي، فما الذي يمكننا فعله إذا قمنا بتوضيح الأمر، وكسب ثقة جيراننا بالعدل، ودعم مصالحهم المادية بممارسة تلك الخصال الأخلاقية والتفوق الفكري، الذي تمنحه حضارة بلدنا لكل سيد بريطاني ذي أهلية، مع شخصًا أسيوي.

133- لا شك أن الجزء الأكبر من ازدهار الكويت يرجع لموقعها الجغرافي، ومناخها الصحي نسبيًا. ففي الماضي انتقلت تجارتها من التجارة البرية أو القوافل إلى النقل البحري. ولاتزال تحتفظ بمزاياها الطبيعية على الرغم من أنني لا أفضل التنفيذ المفتعل للتجارة من مسارها الحالي، ومازلت أراقب الكويت، في ظل النمو الفعّال لتجارة الخليج، وأعتقد أنها قد تُصبح محطة لسفننا التي تجوب البحار، ومحطةً للتزود بالفحم، ومركزًا للبرق. ولكني قمت بتحليل سؤال كلما واجهتك حقيقة أن تجارة الشرق والغرب تميل بشكل ملحوظ لاستعادة خطوطها القديمة في ظل توافر وسائل النقل المتطورة. يبدو أن ميناء الكويت مفضل على ميناء البصرة لنفس الأسباب التي تجعل ميناء كراتشي مفضلًا على ميناء «تاتا Tatta». فمناخ البصرة مهلك، بينما مناخ الكويت جيد نسبيًا. صحيح أن مياه الكويت مالحة، لكن الحمى لا تنتشر فيها. الزحار والرمد نادران فيها، وفيها يُنجب الرجال أطفالا أجداء في الثمانين من العمر، ويموتون في عمر 120 عامًا، فلا يمكن اعتبار مناخها مهلكًا في وقت مبكر.

134- العلاج الوحيد المستخدم هو الكيّ مع جرعات من نبات السنا Senna[1]. فإذا كان رجل ما يعاني من سوء الهضم، يتم كيه في مناطق حول السرة. وإذا كان لديه ألم في الصدر، يتم كيه في الظهر بجانب لوح الكتف. تُترك التقرحات مفتوحة لشهور كمخارج. يُثنى كثيرًا على فعالية المعالجة، لكن بنيتهم قوية.

1 نوع من النباتات العشبية المزهرة، يوجد منه عدة أنواع، له فوائد طبية عديدة، منها علاج الإمساك المزمن، وهو أيضًا مدر للبول، وطارد للديدان من الأمعاء (المحرر).

135- تصبح الرياح الشمالية الغربية السائدة، التي تهب على مسافة عشرة أميال من الخليج خفيفة في الصحراء؛ لكنها لا تكتسب في تلك المنطقة، ميزتها الرطبة الحارة، والمشجعة على الاسترخاء، التي تصل فيها إلى الساحل المقابل في بوشهر. يمكن الوصول للكويت دائمًا بواسطة السفن، وهي توفر ملجأ سفن جيدًا وواسعًا. تبعد البصرة سبعين ميلًا عن مصب النهر.

تمتلك الكويت قناة واسعة صافية من مياه رافد تجري من خليجها حتى مسافة 12 ميلًا من موقع نهر البصرة. وقفت بالقرب من بندر الزبير على عمق 4 قامات، وكانت أقل عمق أجده في منتصف القناة متوسط عرضها ميل واحد، من حدود الخليج في الكويت إلى منبعها، على مرأى من أشجار النخيل في شط العرب بالقرب من البصرة. سيكون شق قناة في الأميال الاثني عشرة هذه عملًا قليل التكاليف والجهد.

136- على العموم، ودون محاولة لتغيير التجارة من أية قناة حالية، سوف أتذكر الكويت على أنها موقع مناسب لمركز البرق، ومستودع للفحم، وتجمع السفن البحرية والنهرية وغيرها، وقد تكون ميناءً مهمًا في المستقبل.

137- لقد دُهشت قليلًا عندما علمت أن الشيوخ في الكويت على علم بالسياسة البعيدة؛ فقد تلقوا صحيفة فرنسية شرقية، وقد أعجبوا بأريحية سياستنا تجاه تركيا (الدولة العثمانية)، لكنهم تعجبوا لعدم تعاملنا بنفس القدر مع اليونان المسيحية. اعتقدوا أن تسعين مليون جنيه استرليني هو مبلغ كبير من أجل إحياء صداقة مؤقتة ملغية. قال رجل مسن إن العلاقة مع الدول مثل العلاقة مع الأفراد؛ عندما تحين ساعتهم من غير المجدي أن يضيع المرء الوقت. كان ضم حكومة منقسمة أشبه برتق معطف بدوي؛ فهو ممزق جدًا لا يمكن رتقه، وبال جدًا إلى درجة أنه لا يمكن غسله، وسوف يتمزق رغمًا عنك. لقد اعتبروا جهودنا للحد من تجارة العبيد عملًا إنسانيًا أكثر من كونه عملًا ناجحًا، ورأوا أنه كان بإمكاننا إنفاق النقود لغاية أسمى على فقرائنا؛ إذ أخذوا انطباعًا سيئًا عنهم بسبب ما يذكر في صحيفة باريس. (سألني شيخ شاب غر لماذا نحمل أنفسنا عناء حماية السفن من عمليات القرصنة، في حين أننا نستولي على سفن أكثر من أي قبيلة أخرى؟ في هذا الشأن؛ سأل شيخ آخر: إذا كان صحيحًا أنني كنت أحقق في عمليات الاستيلاء التي قمنا بها مؤخرًا؛ جلس الشيخ المعمر صامتًا متعاليًا علينا بملامحه المجعدة مثل الحلقات المحيطة بعقدة جذع الزيتون. بالطبع؛ انتظر الجميع أن أوضح الأمر، لكنني لم أقدم أي توضيح).

138- كان الشيخ الحاكم رجلًا مميزًا من جميع النواحي؛ فبينما كان جالسًا عند المدخل، لم يكن نظره قد ضعف رغم بلوغه الثمانين من العمر، وكان يرتدي في يديه ساعة مطلية من النوع المعروف «pan -warming» (سأرسل له ساعة ذهبية مع سلسلة). هو لا ينتعل حذاءً أبدًا، وتبدو قدماه وكأنهما قدما هرقل الأصلية في فلورنسا. لديه نبرة صوت أشبه بصوت البوق، ينحبس بين

الحين والآخر مع همهمة عالية، تتراوح بين همهمة زعيم جماعة. والانطلاق والتوقف المفاجئ في رقصة البولكا Polka المفضلة؛ يذكرني كلامه بكلام الآلهة القدماء البليغ. أخبرني أنه كان يوجد بين أملاك عائلته الموروثة وصية، يتم التقيد بها يوميًا دينيًا في الوقت الحاضر، وهي أنه يجب العمل على راحة الغريب؛ فيتم إعداد وليمة عشاء ضخمة في قاعة مخصصة كل مساء لجميع التائهين والغرباء ممن يرغب في المشاركة. القيد الوحيد هو أنه عليهم ترك أسلحتهم عند المدخل. إن إجراءات مثل هذه ربما تبرر الأمن التام وحسن النية، وحسن الجوار، والازدهار التجاري في المدينة؛ فالتصدق، واستهواء الأسى، وتلبية الحاجات الفعلية هي مشاعر قلما يتم التفكير فيها، ولكنها، ربما تكون، أكثر من كل شيء آخر، باستثناء العدالة، هي الدليل على السلطة الشخصية في أرجاء الشرق.

139- قال الشيخ إن أسرته كانت دائمًا تابعة لتركيا (الدولة العثمانية). لكنني علمت من مصدر آخر أنه، خلال بضعة أعوام، قامت برفع علمها الخاص. على الرغم من ذلك، اكتشفوا أن الرسوم الجمركية المفروضة على صادراتهم إلى بومباي كانت متعبة عندما فرضت على راية غير معترف بها أكثر مما هو مفروض على السفن التركية. عندما تقلصت الكويت بفعل الضغوط الخارجية تحولت إلى سلطانها، وفجأة غيرت رايتها. في الواقع، إن التجارة حساسة مثل عفة المرأة.

140- مع ذلك، سواء أكانت سيادة الباب العالي (العثماني) السامي قديمة أم كانت حديثة، فهي سيادة اسمية فقط، فالعرب يقرون بالأتراك مثلما نقر نحن بالمواد التسع والثلاثين، التي يتقبلها الجميع، ولا يتذكرها أحد.

141- المنطقة التابعة مباشرة لتركيا (الدولة العثمانية) هي البصرة. وهي لا تقع في نطاق المناطق المسؤول عنها، ولا على ساحل الخليج، إلا في موقع واحد لا يستحق التحليل وهو الفاو Faon؛ (في رأيي إن الفاو لن تناسب غاياتنا؛ فمناخها وموقعها وسط دلتا الأهوار يجعلها خطرة على البريطانيين). يندهش المرء من حجم الأطلال الآشورية Ashureeah، الموجودة في الصحراء بالقرب من الزبير، لكن اكتشفنا بعد فحص المنطقة أن هذا الموقع كان خيارًا جيدًا كونه الموقع الصحي الأخير؛ إذ إن المياه لم تغمره، فضلًا عن أنه أقرب منطقة عمليًا في آن واحد إلى بندر الزبير، وإلى منطقة لاتزال مغطاة بشبكة من مئات الجدران الواقية بين خليج الزبير ونهر البصرة، وإلى مجرى شط العرب.

142- بالنسبة للبصرة؛ قد تكون إيراداتها كما هو موضح في الهامش (بضائع بقيمة ما بين 15 إلى 20 لاكًا من بومباي، تتألف من بضائع بالقطعة، والورق والسكر وبضائع متفرقة. بضائع بقيمة ما بين 5 إلى 10 لاكًا من بغداد. صادرات ما يقارب 40 لاكًا كقيمة للتمر من ثلاثة نوعيات مصنفة كدرجة أولى وثانية وثالثة. تجبى الرسوم الجمركية بنسبة تتراوح ما بين 5 إلى 10 بالمائة، وقد يكون المعدل المتوسط 8 بالمائة). تبدو لي عند النظر إليها من سطح منزل أشبه بمزيج من «روري roree» والنوجور تاتا Nuggur Tatta في السند؛ نفس الحافة الخارجية المكسوة بأشجار النخيل،

وأقنية شبه مهملة، ونفس التهدب في النهر، ونفس الأكوام المهدمة غير المنتظمة من منازل الطوب، مع وميض هنا وهناك من منارة فسيفسائية مهدمة، أو مسجد في حال سيئة، ونفس أولاد الحي المتسخين، ونفس الأسقف المستوية المسورة من أجل السرية، ومع ذلك تطل على كل النواحي، ونفس التساؤل عن كيف أصبح في المكان أبنية نصف مكتملة ؟ وعمّا إذا كان هناك أي شيء جديد، أو مكتمل أو مرمم؟

143- لكن الجدول الصغير الممتد من مدرجات المدينة إلى النهر الرئيسي كان جذابًا وممتعًا بالرغم من تلوثه؛ فأشجار المشمش واللوز المزهرة بأغصانها المتدلية على الأسيجة بمنظر رائع تدعوك لتقليم أشجار التفاح، وأشجار الكرز تزيّن البساتين على أطراف الطرقات، في بلد تعني هذه الأشياء لنا أكثر مما تعنيه لموظف أجنبي مؤقت.

144- ربما يُتوقع مني أن أقدم ملاحظة أو اثنتين حول احتمالات وجود أي توسع في النقل البحري الحالي في الخليج. أستنتج أن الخط الحالي يُحقق أرباحًا جيدة، وأن السفن المُبحرة من البصرة إلى بغداد أيضًا تحقق أرباحًا. وبما أنني حظيت مع بعض أفراد مؤسستي بفرصة لزيارة البصرة على متن سفينة البريد، فقد وجدت أن مقاعد الدرجة الأولى فيها كانت كلها محجوزة، وكنت مسرورًا للسماح لي بالجلوس وتناول العشاء على سطح السفينة الأسفل في المقدمة. قدرت عائدات رحلة الذهاب تلك التي تستغرق إبحار 12 يومًا من بومباي إلى البصرة بمبلغ 45000 روبية، وعلمت لاحقًا أن رحلة العودة تحقق عائدات بقيمة 30000 روبية.

145- أعتقد أن بعض أنواع البضائع ستستفيد بسرعة من النقل البحري على طول هذا الخط، ومن هذه البضائع على سبيل المثال: رزم الشالات وغيرها من الصفقات الثمينة، والنحاس والذخائر أيضًا. وأعتقد أيضًا أن حركة نقل ركاب كبيرة مرتقبة، وقد تزداد بشكل غير محدود من خلال توفير الوسائل. سوف يدفع التجار بسرور أموالًا أكثر للعبور مقابل توفير الوقت، والوصول قبل وصول بضائعهم القادمة. هناك فئة ثرية كبيرة من المسلمين يقصدون بغداد وكربلاء ونجد لغايات دينية وإيجاد مساكن مريحة. إن عدد أفراد هذه الفئة سوف يزداد من دون شك في حال أصبحت حال وسرعة الرحلة معروفة ومقدّرة.

146- لكنني أقترح على التجار الذين قد يباشرون في هذا المشروع أن يقوموا بترتيباتهم مع العامة، وبشكل واضح أولًا، وحسب ما يناسب جميع الأطراف المعنية.

147- فليقوموا بنشر تواريخ وصولهم ومغادرتهم بأسرع وقت ممكن من الناحية العملية، ومن ثم يلتزمون بها. فإذا سادت فكرة عامة بأن السفينة سوف تنتظر، فمن المؤكد أن التجار الشرقيين سوف يهدرون الوقت، وحينها إما أن تخسر الشركة حمولتها، وإما أن تهدر وقتها.

148- كن حذرًا في اختيار الوكلاء، وتأكد أنهم يقومون بأعمالهم على أكمل وجه.

149- إذا لوحظ أنه لا يمكن الاعتماد على مراكب نقل البضائع من الشاطئ حرصًا على المواعيد، أو بسبب الرياح، فيجب تخصيص مراكب شحن مستقلة، وأضف هذه النفقات إلى فاتورة الشحنة.

150- وليتم تسليم الشحنة المنقولة بحال جيدة (تلقيت في أثناء كتابة هذا شكوىً رسميةً من حاكم بوشهر عن عدم تسليم البضائع، وعن مغادرة السفينة إلى البصرة حاملة على متنها بضائع بوشهر. وتلقيت شكوى أخرى عن تعرض البضائع للأضرار وهي على متن السفينة. وشكوى ثالثة بأن السفينة لا تعلن عن مغادرتها، وقد تركت في المرة الأخيرة مسافرًا كان قد دفع ثمن الرحلة. وحسب رأيي هناك أخطاء من كلا الطرفين).

151- إذا تم تقديم وعد بإنزال ولو مسافر من أدنى فئة في مكان معين، فليتم الالتزام بالوعد وتنفيذه. فمن الأفضل هدر بعض الوقت في المرسى، واستهلاك بعض الأرطال من الفحم بدلًا من السماح بانتشار أقاويل في المنطقة الداخلية عن خرق الاتفاق.

152- إذا تم التعهد بالشحن المنتظم إلى المرفأ، فلا ينبغي خرق حقوق مالكها أبدًا لصالح الحصول على عرض أكثر فائدة، بل يجب الالتزام بالاتفاق.

153- اجعلوا ضيافة السفن متناسبة مع المواصفات التي يطلبها المسافرون الذين يرتادون هذا الطريق. فالمواطن حديث الغنى قد يقتحم أي مكان، لكن هناك العديد من السادة المسلمين الذين كانت أسرهم عريقة قبل ولادة بريطانيا، ومع ذلك لا يمكن لهذه الأسر، بدافع الاحتشام من جهة، والتحيز الديني من جهة أخرى، والتحفظ المبرر من جهة ثالثة، أن تقوم بالدخول إلى حانة أوروبية. فليتم اتخاذ أفضل الترتيبات العملية لإسكان الشرقيين حسب فئتهم في جزء آخر من السفينة.

154- أود أن أقترح على الحكومة أن تطلب من السفن، التي تحمل رسائلهم توخي تلك الدقة في معدلات السرعة، التي تُطلب عادة في مثل هذا الوقت من سفن مماثلة على خطوط أخرى. في الوقت الحاضر؛ يتم تحديد المواعيد للسفن المتجهة إلى كراتشي وبومباي. والنتيجة هي أنه إذا وجدت سفينة بريد أنها ستتأخر في البصرة، فإنها تتخلى عن فكرة الوصول إلى كراتشي في الوقت المحدد، فتتوانى في الشحن، وبالتالي تؤخر رسائل الخليج وبغداد وطهران، وتعتمد على سفينة أخرى تحل محلها في كراتشي في اليوم المحدد.

155- ليس من واجبي أن أفكر في الفتح العام لهذا الطريق كطريق رئيس للتواصل بين إنجلترا والهند، لكن بمجرد تحليل الخريطة يتذكر المرء فورًا الدرس الأول في الهندسة، وذلك أن الطريق الأقصر بين موقعين هو الخط المباشر. خط ممتد من لندن إلى موقع ما على الساحل الغربي لشبه جزيرة الهند يجتاز الخليج الفارسي. يبدو أن كراتشي تعتبر من خلال طبيعتها المكان الذي يجب

أن يدخل منه كابل البرق البريطاني الخاص بنا إلى إمبراطوريتنا الهندية؛ بالطبع، سيكون من المفيد أن يكون خط البرق متطابقًا مع خط التجارة والبريد والمسافرين.

156- في الختام؛ لقد طلب مني سعادته أن أقدم تقريرًا عن تجارة الخليج الفارسي، وقد قمت الآن بترتيب الأفكار من خلال هذه الأوراق، لكني أعترف في الوقت نفسه أنني أكتب عن التجارة بكثير من الخجل وبعض التردد. لا بد أن تكون ملاحظات شخص غير خبير في التجارة سطحية ونظرية. ففي التجارة، كما في المهن الأخرى، لا يمكن أن يكون هناك مدرسة حقيقة سوى التجربة، بناءً على المقدرة الإبداعية. وما يُمكن للغريب أن يكون مفيدًا فيه هو فقط تقديم القليل مما هو مفيد ومطلوب؛ فمبادئ الاقتصاد السياسي صحيحة رياضيًا من ناحية نظرية، وقد تجعلها الظروف مُهلكة من الناحية العملية المفصلة. يعلم التاجر أنه لا يوجد قانون عملي للتجارة سوى مراقبة السوق، وعدم الوثوق بالمبادئ العامة. ولا بد من أنه أضاف حرصًا وتمعنًا دائمين لتجربة ذلك من كثب؛ فالعمليات المشتركة التي يقوم بها لا تقل دراسة وتعقيدًا عن عمليات قائد في الجيش. ومثله أيضًا؛ عليه أولًا أن يأخذ على عاتقه مواجهة الحملة، وعندما يحين الوقت للتخلي عن الإستراتيجية واستخدام التكتيكات، فيقوم بالمواجهة محددًا في ميدان المنافسة الحاسم؛ فالدمار أو الثراء يتوقف على يوم واحد. وعندما يتم إنجاز كل ذلك فمن الممكن تحقيق ذلك، وقد يكون ذلك اليوم لا يزال سلبيًا. فلمسة في الجانب الآخر من الكرة الأرضية قد يُستجاب لها من خلال كل الحشود التي يتعامل معها، وبالتالي يحرج شركاءه في الساعة الأخيرة، وأعتقد أن هذا هو السبب الذي غالبًا ما يجعل خطط التجار المعدة جيدًا، مثل خطط الفئران؛ تنحرف عن مسارها.

يشرفني أن أكون خادمكم المطيع.

التوقيع / المقدم لويس بيلي

المقيم السياسي القائم بالأعمال والقنصل

العام في الخليج الفارسي

ملاحظة: أعتذر للحكومة عن عدم إرسال هذا التقرير بنسخة الوكالة؛ إذ إن كاتبي لا يملك الوقت الكافي لإعداد نسخة جيدة منه قبل أن تُبحر السفينة المغادرة.

التوقيع/ المقدم لويس بيلي

المقيم السياسي القائم بالأعمال والقنصل

العام في الخليج الفارسي

خاتمة: أرفقت مع رسالتي رقم (67) بتاريخ 13 أبريل 1863م رسم للخليج الفارسي يبين فئات السلطة السبع.

أسماء المناطق	1826				1831				الزيادة	الانخفاض	1826					عدد مراكب الغوص على اللؤلؤ
	عدد الرجال	عدد النساء	عدد الشباب والأطفال من الجنسين	الإجمالي	عدد الرجال	عدد النساء	عدد الشباب والأطفال من الجنسين	الإجمالي			عدد مراكب الغوص على اللؤلؤ	عدد مراكب الصيد	عدد سفن البغلة التجارية	عدد المراكب أو البتيل التجارية	الإجمالي	
شعم وكليلا	250	300	700	1250	250	300	700	1250	..	..	..	15	..	..	15	..
الرمس	250	300	700	1250	300	350	1000	1650	400	..	..	15	..	..	15	..
رأس الخيمة	800	950	2000	3750	1150	1250	3000	5400	1650	..	10	15	5	15	45	14
جزيرة الحمرة	400	600	1600	2600	650	850	2600	4100	1500	..	15	10	..	8	33	20
أم القيوين	400	500	1450	2350	750	900	2900	4550	2200	..	15	15	..	8	38	32
عجمان	500	650	1800	2950	650	850	2600	4100	150	..	30	20	..	15	65	45
الحيرة	100	150	500	750	250	300	900	1450	700	..	10	5	..	4	19	25
الشارقة وفشت	1700	1800	4000	7500	2500	2600	8800	13900	6400	..	160	77	..	67	304	210
الخان	..	..	..	..	150	200	400	750	750	..	..	..	..	..	..	17
العدد الكلي	4400	5250	12750	22400	6650	7600	22900	37150	14750		240	172	5	117	534	363

1831						1826			1831					1826		1831				
عدد مراكب الصيد	عدد سفن البغلة التجارية	عدد المراكب أو البتيل التجارية	الإجمالي	الزيادة	الانخفاض	عدد المنازل الحجرية	عدد الأكواخ	الإجمالي	عدد المنازل الحجرية	عدد الأكواخ	الإجمالي	الزيادة	الانخفاض	عدد أشجار النخيل	الإجمالي	عدد أشجار النخيل	الإجمالي	الزيادة	الانخفاض	ملاحظات
15	...	...	15	...	...	..	250	250	..	250	250	..	...	9000	9000	11000	11000	2000	...	معظم مراكب الصيد والمراكب التجارية تستخدم في الغوص على اللؤلؤ أيضًا
18	...	...	18	3	...	..	250	250	..	300	300	50	...	4500	4500	6720	6720	2220	...	
35	10	30	89	44	...	200	1000	1200	300	1300	1600	400	...	28000	28000	38000	38000	10000	...	
22	...	12	54	21	...	100	300	400	300	600	900	500	...	...	...	...	...	...	...	
25	...	14	71	33	...	15	400	415	27	600	627	212	...	...	...	...	...	...	...	
20	...	19	84	19	...	10	650	660	10	800	810	150	...	...	...	...	...	...	...	
10	...	7	42	23	...	...	150	150	...	250	250	100	...	8000	8000	11000	11000	3000	...	
80	5	75	370	66	...	175	2000	2175	450	3050	2600	875	...	...	...	...	...	...	...	
...	...	...	17	17	...	...	...	...	...	150	150	150	...	...	...	...	...	...	...	
225	15	157	760	226	...	500	5000	5500	1087	6850	7937	2437	...	49500	49500	66720	66720	17220	...	

قائمة عدد السكان والسفن والمنازل وأشجار النخيل في موانئ القواسم في سنة 1826 مقارنة مع سنة 1831

ملاحظة: يُعزى تجاوز عدد المنازل لعدد السكان الذكور إلى أنه تم ذكر أعداد المقيمين الدائمين فقط في هذه القائمة؛ حيث يأتي عدد معين من البدو من المنطقة الداخلية في أوقات محددة من السنة، ويبقون لأربعة أو خمسة أشهر في المدن. يملك الكثير من هؤلاء مساكن دائمة، لكنهم لا يهدمونها عندما يغادرون.

قائمة بيانات مفصلة بالواردات والصادرات في بوشهر
مرفقة في رقم (- P. D67) لعام 1863م
المقيمية البريطانية - بوشهر
13 أبريل 1863م

واردات إلى بوشهر من بغداد.

صادرات من بوشهر إلى بغداد.

واردات إلى بوشهر من موريشيوس.

صادرات من بوشهر إلى موريشيوس.

واردات إلى بوشهر من الهند عبر بومباي.

صادرات من بوشهر إلى الهند عبر بومباي.

واردات إلى بوشهر من جافا Java.

صادرات من بوشهر إلى جافا.

واردات إلى بوشهر من عدن وجدة.

صادرات من بوشهر إلى عدن وجدة.

واردات إلى بوشهر من كراتشي.

صادرات من بوشهر إلى كراتشي.

واردات إلى بوشهر من مسقط.

صادرات من بوشهر إلى مسقط.

واردات إلى بوشهر من بندر عباس.

صادرات من بوشهر إلى بندر عباس.

واردات إلى بوشهر من موانئ على الساحل الفارسي.

صادرات من بوشهر إلى موانئ على الساحل الفارسي.

واردات إلى بوشهر من موانئ على ساحل عمان.

صادرات من بوشهر إلى موانئ على ساحل عمان.

واردات إلى بوشهر من البحرين.

صادرات من بوشهر إلى البحرين.

واردات من بوشهر من القطيف والأحساء.

صادرات من بوشهر إلى القطيف والأحساء.

واردات إلى بوشهر من الكويت.

صادرات من بوشهر إلى الكويت.

واردات إلى بوشهر من البصرة.

صادرات من بوشهر إلى البصرة.

التوقيع/ المقدم لويس بيلي
القائم بأعمال المقيم السياسي
والقنصل العام في الخليج الفارسي

التقديرات الحالية والمتوقعة في المستقبل للواردات السنوية من بريطانيا إلى بوشهر بحرًا

تقديرات الواردات السنوية الحالية			تقديرات الواردات السنوية المتوقعة في المستقبل				ملاحظات حول سبب الارتفاع أو الانخفاض
السلعة	الكمية بالمن التبريزي	القيمة بروبية بومباي	السلعة	الكمية	القيمة	الرسوم بالروبية	
سكر معصور	50000	87500	تُستورد الساعات بدون رسوم، لكن تفرض ثلاثة أرباع الروبية على كل صندوق من الأسلحة أو الطبنجات، سواء احتوى الصندوق واحدًا أو أكثر منها.			1000	تعتمد الواردات المستقبلة بشكل كبير على حاجة السوق الفارسي للسكريات.
قوالب السكر	16000	40000				640	
أحجار الصوان	400 كيس	10000				معفي	تُستورد هذه المادة لاستخدام الحكومة الفارسية.
المواد القطنية بكل أنواعها		200000				10000	إذا استمرت المواد القطنية بنفس الأسعار العالية الحالية في بريطانيا، فلن تكون الواردات في المستقبل كبيرة.
الأسلحة، الطبنجات، الساعات والسلاسل الذهبية والفضية		10000					يتوقف حجم الواردات في المستقبل على الطلب آنذاك.
الحديد الإنجليزي	14000 من تبريزي	5000				300	أُعيد تصدير هذه المادة إلى البصرة، لأن استهلاكها في هذه المنطقة قليل جدًا. ويُستهلك الحديد السويدي بدرجة أكبر في فارس.
القمح	64000	11000					كانت هذه الكمية جاهزة وعلى وشك أن تُشحن إلى بريطانيا، على حساب شركة تجارية بريطانية، في شهر فبراير لعام 1863 على متن السفينة البريطانية «لافينيا Lavinia»، عندما منعت السلطات المحلية تصديرها.

التقديرات الحالية والمتوقعة في المستقبل للواردات السنوية من موريشيوس إلى بوشهر بحرًا

تقديرات الواردات السنوية الحالية			تقديرات الواردات المتوقعة في المستقبل			ملاحظات حول سبب الارتفاع أو الانخفاض
السلعة	الكمية	القيمة	السلعة	الكمية	القيمة	
						أسعار سكر موريشيوس ليست رخصية بدرجة كافية لهذا السوق. تأتي السفن من موريشيوس من دون حمولة.

التقديرات الحالية والمتوقعة في المستقبل للصادرات السنوية من بوشهر إلى موريشيوس بحرًا

تقديرات الصادرات السنوية الحالية			تقديرات الصادرات المتوقعة في المستقبل			ملاحظات حول سبب الارتفاع أو الانخفاض
السلعة	الكمية بالمن التبريزي	القيمة بروبية بومباي	السلعة	الكمية	القيمة	
قمح	480000	72000				
تمر	96000	12000				
الوَدك Tallow	1000	10000				
السمن	10000	20000				
حبوب	40000	10000				
زبيب	10000	2500				
بذور الكمون	5000	3000				
لوز	3000	1500				
بغال	300	35000				
أُتن Acscs	100	2500				
خيول (عادية)	100	10000				
أغنام	300	750				

لم تجر عملية التبادل التجاري بشكلٍ منتظم مع موريشيوس، مع ذلك من الممكن توسيعها جدًا إذا لم يتعرض التجار لمضايقات حكام بوشهر، الذين فرضوا حظرًا مفاجئًا على تصدير القمح. وإن تمكن التجار من ممارسة التبادل التجاري مع موريشيوس من دون أي معوقات من قبل السلطات المحلية، فإن السلع المذكورة أعلاه ستشكل الصادرات السنوية من هذا المكان للسنوات الأولى، مع احتمال تزايدها تدريجيًا. ينخرط التجار البريطانيون وغيرهم أحيانًا في هذه التجارة، لكن لم تعرف هذه السنة أية صادرات.

التقديرات الحالية والمتوقعة في المستقبل للواردات السنوية من الهند إلى بوشهر عبر بومباي بحرًا

تقديرات الواردات السنوية الحالية			تقديرات الواردات المتوقعة في المستقبل				ملاحظات حول سبب الارتفاع أو الانخفاض
السلعة	الكمية	القيمة بروبية بومباي	السلعة	الكمية	القيمة بروبية بومباي	قيمة الرسوم المفروضة بروبية بومباي	
شالات كشميرية	10000 قطعة	1500000	شالات كشميرية	10000 قطعة	1500000	13600	
نحاس	60000 من	300000	نحاس	60000 من	300000	غير معروف	
أقمشة أوروبية	...	600000	أقمشة أوروبية	...	600000	30000	
سكر	200000 من	200000	سكر	200000 من	200000	2000	
شاي	2500 صندوق	100000	شاي	2500 صندوق	100000	2000	
أقمشة مذهبة	..	75000	أقمشة مذهبة	..	75000	..	
قوالب قصدير	14000 من	70000	قوالب قصدير	14000 من	70000	500	
توابل	...	50000	توابل	...	50000	..	
فلفل	50000 من	50000	فلفل	50000 من	50000	1250	
قند Sugar candy	25000 من	50000	قند	25000 من	50000	1000	
بن	20000 من	40000	بن	20000 من	40000	350	
خيوط	..	40000	خيوط	..	40000	1200	
خشب أسود	120000 من	30000	خشب أسود	120000 من	30000	معفي	
حديد	13500 من	10000	حديد	13500 من	10000	250	
زيت جوز الهند	1140 من	2000	زيت جوز الهند	1140 من	2000	معفي	
معلبات خاصة الزنجبيل	300 صندوق	5000	معلبات خاصة الزنجبيل	300 صندوق	5000	75	
أختام شمع	..	1000	أختام شمع	..	1000	..	
شموع إضاءة	350 من	2000	شموع إضاءة	350 من	2000	20	
قداحات الأسلحة	...	6000	قداحات الأسلحة	...	6000	معفي	
رصاص	7000 من	7000	رصاص	7000 من	7000	140	
صفائح القصدير	...	5000	صفائح القصدير	...	5000	..	
ورق وقرطاسية	....	2000	ورق وقرطاسية	....	2000	100	
جلد	....	4000	جلد	....	4000	150	
كافور	...	2000	كافور	...	2000	20	

تقديرات الواردات السنوية الحالية			تقديرات الواردات المتوقعة في المستقبل				ملاحظات حول سبب الارتفاع أو الانخفاض
السلعة	الكمية	القيمة بروبية بومباي	السلعة	الكمية	القيمة بروبية بومباي	قيمة الرسوم المفروضة بروبية بومباي	
خشب البرازيل	....	4000	خشب البرازيل	....	4000	..	
عقاقير	....	7000	عقاقير	....	7000	..	
فولاذ	....	3000	فولاذ	....	3000	80	
أوان زجاجية	....	7000	أوان زجاجية	....	7000	..	
زنك	....	4000	زنك	....	4000	..	
زئبق	.....	4000	زئبق	.....	4000	..	
ملح النشادر	2400 من	6000	ملح النشادر	2400 من	6000	125	
التيلة Lndigo	100 صندوق	100000	التيلة	100 صندوق	100000	...	

ملاحظة: تبين أنه من الصعب الحصول على تقديرات دقيقة لتجارة الاستيراد مع الهند، بسبب تعدد التجار الصغار، وكثرة السلع، التي يتعاملون بها؛ بكميات صغيرة جدًا. ويمكن الحصول على تقديرات دقيقة أكثر من تلك المقدرة في بوشهر، وذلك بالعودة إلى دائرة جمارك بومباي.

التقديرات الحالية والمتوقعة في المستقبل للصادرات السنوية من بوشهر إلى الهند عبر بومباي بحرًا

تقديرات الصادرات السنوية الحالية			تقديرات الصادرات المتوقعة في المستقبل				ملاحظات حول سبب الارتفاع أو الانخفاض
السلعة	الكمية بالمن التبريزي	القيمة بروبية بومباي	السلعة	الكمية بالمن التبريزي	القيمة بروبية بومباي	قيمة الرسوم بروبية بومباي	
قطن	250000	700000	قطن	500000	1400000	2500	الزيادة متوقعة نتيجة استمرار الحرب الأهلية في أميركا.
جذور نبات الفوة	100000	55000	جذور نبات الفوة	100000	55000	1000	
حرير خام	10000	500000	حرير خام	10000	500000	500	
جوز العفص	7000	28000	جوز العفص	7000	28000	70	
لوز	50000	25000	لوز	50000	25000	500	
زبيب	40000	20000	زبيب	40000	20000	400	
زجاجات ماء الورد	10000	12500	زجاجات ماء الورد	10000	12500	500	
قوارير ماء الورد	10000	2500	قوارير ماء الورد	10000	2500	50	
حلتيت	6000	20000	حلتيت	6000	20000	240	
سحلب	1200	6000	سحلب	1200	6000	60	
لبان فارسي	25000	10000	لبان فارسي	25000	10000	250	
صوف	100000	150000	صوف	100000	150000	1000	
قمح	300000	45000	قمح	...	....	7600	عادة لا يتم تصدير القمح إلى بومباي، ولكن عملية التصدير الحالية ترجع إلى ارتفاع سعره في أسواق بومباي.
سلال تمر جاسب Ghasp	20000	40000	سلال تمر جاسب Ghasp	20000	40000	200	قلما تصدر هذه السلعة إلى بومباي، وعملية التصدير الحالية ترجع إلى زيادة الطلب عليه في سوق بومباي.
بذور الكمون	4000	2500	بذور الكمون	..	..	40	
سجاد بمواصفات مختلفة	....	2500	سجاد بمواصفات مختلفة	....	2500	50	
زجاجات نبيذ	200	1000	زجاجات نبيذ	200	1000	100	

التقديرات الحالية والمتوقعة في المستقبل للواردات السنوية من جافا إلى بوشهر بحرًا

تقديرات الصادرات السنوية الحالية			تقديرات الصادرات المتوقعة في المستقبل				ملاحظات حول سبب الارتفاع أو الانخفاض
السلعة	الكمية بالمن التبريزي	القيمة بروبية بومباي	السلعة	الكمية بالمن التبريزي	القيمة بروبية بومباي	قيمة الرسوم المفروضة بروبية بومباي	
سكر	1360000	1700000	سكر	900000		21600	الانخفاض المتوقع يرجع إلى زيادة المخزون في السوق الفارسي مع توفر كمية كبيرة من قوالب السكر؛ حيث يُجلب حوالي 18000 كيس أو حوالي 36000 من تبريزي إلى فارس عبر طربزون.
قرفة صينية	8500	8500	قرفة صينية	8500		150	من المحتمل أن تزداد واردات هذه السلعة في السنة القادمة لأنها مفضلة في فارس على القرفة الهندية أو غيرها.
بن	3400	8500	....	....		68	ستعتمد واردات السنة القادمة بشكل كامل على وضع السوق الفارسي والأسعار السائدة في الهند، التي تستورد منها عادة كميات كبيرة.
صناديق مشروب الرم Rum	300	2250	مشروب الرم	لا يوجد		....	لا يوجد طلب بسبب عدم توافر أسطول في الخليج الفارسي، فقد كانت الواردات أكبر بكثير منذ سنوات قليلة مضت.
قصدير	لا يوجد	....	....	....		....	كانت هذه السلعة تُستورد سابقًا بكميات كبيرة، لكن ارتفاع الأسعار في جافا أدى إلى توقف استيرادها.

التقديرات الحالية والمتوقعة في المستقبل للصادرات السنوية من بوشهر إلى جافا بحرًا

تقديرات الصادرات السنوية الحالية			تقديرات الصادرات المتوقعة في المستقبل				ملاحظات حول سبب الارتفاع أو الانخفاض
السلعة	الكمية بالمن التبريزي	القيمة بروبية بومباي	السلعة	الكمية بالمن التبريزي	القيمة بروبية بومباي	قيمة الرسوم بروبية بومباي	
قمح	850000	127500	قمح	510000	76500	12000	يرجع الانخفاض المتوقع بدرجة كبيرة إلى انعدام الثقة بحكومة بوشهر، التي قد تمنع التجار من تخزين الحبوب خوفًا من الحظر.
بذور الكمون	35000	21875	بذور الكمون	10000	6250	350	يُخشى الانخفاض بسبب وضع الزراعة غير المشجع وقلة الطلب في أسواق جافا.
شمع العسل	4000	30000	شمع العسل	4000	30000	60	
حبوب	5000	1250	حبوب	5000	1250	50	
زبيب	16000	8000	زبيب	16000	8000	160	
قوارير ماء الورد	10000	2000	قوارير ماء الورد	10000	2500	50	
لوز	8000	5000	لوز	8000	5000	80	
الحبة السوداء	8000	5000	الحبة السوداء	16000	10000	80	من المتوقع زيادة الصادرات نتيجة اتساع رقعة الزراعة هذه السنة في شيراز وكزرون cazroon.
أفيون	8000	400000	أفيون	8000	400000	2800	
جوزة العفص	3000	12000	جوزة العفص	3000	12000	30	
سمن	....	....	سمن	....	....	....	الصادرات السنوية الحالية ضئيلة جدًا بسبب ندرة هذه السلعة هنا، لكنها تصل في سنوات الخير إلى 2000 من تبريزي، وتقدير قيمتها بمبلغ 30000 روبية.
فواكه مجففة	....	....	....	....	....	....	تتفاوت الصادرات السنوية من 4000 إلى 12000 صندوق، تقدر قيمتها بين 2000 و 6000 روبية.
تمر							يُعاد تصدير حوالي 30000 سلة من تمور البصرة و3000 سلة من تمور الأحساء سنويًا إلى جافا، بقيمة تبلغ 100000 روبية، ورسوم بقيمة 330 روبية.

التقديرات الحالية والمتوقعة في المستقبل للواردات السنوية من عدن وجدة إلى بوشهر بحرًا

تقديرات الواردات السنوية الحالية			تقديرات الواردات المتوقعة في المستقبل				ملاحظات حول سبب الارتفاع أو الانخفاض
السلعة	الكمية بالمن التبريزي	القيمة بروبية بومباي	السلعة	الكمية بالمن التبريزي	القيمة بروبية بومباي	المبلغ المفروض في بوشهر كرسوم بالروبية	
لا تستورد أي سلعة من عدن	....	....	....	....	....	....	....
خزام (Osta Ghoddos) عقار	2000	3000	خزام (أوسطوخدوس) عقار	2000	3000	20	من جدة
أوراق السّنا Senna	4000	1000	أوراق السّنا	4000	1000	120	من جدة والحديدة
قرفة صينية	4000	4000	قرفة صينية	4000	4000	40	من الحديدة
زجاجات عصير الليمون	200	400	زجاجات عصير الليمون	200	400	20	من الحديدة
قوالب سكر مصرية	2400	6000	قوالب سكر مصرية	2400	6000	80	من الحديدة

التقديرات الحالية والمتوقعة في المستقبل للصادرات السنوية من بوشهر إلى عدن وجدة بحرًا

تقديرات الصادرات السنوية الحالية			تقديرات الصادرات المتوقعة في المستقبل				ملاحظات حول سبب الارتفاع أو الانخفاض
السلعة	الكمية بالمن التبريزي	القيمة بروبية بومباي	السلعة	الكمية بالمن التبريزي	القيمة بروبية بومباي	المبلغ المفروض في بوشهر كرسوم بالروبية	
تبغ	28000	17500	تبغ	28000	17500	550	إلى عدن
زجاجات ماء الورد	500	625	زجاجات ماء الورد	500	625	50	إلى عدن
قمح	32000	4800	قمح	32000	4800	800	إلى عدن
سجاد	2500 قطعة	25000	سجاد	2500 قطعة	25000	500	إلى جدة
قمح	8000 من تبريزي	1200	قمح	8000 من تبريزي	1200	200	إلى جدة
تبغ	7000	4375	تبغ	7000	4375	137.5	إلى المخا

التقديرات الحالية والمتوقعة في المستقبل للواردات السنوية من كراتشي إلى بوشهر بحرًا

تقديرات الواردات السنوية الحالية			تقديرات الواردات المتوقعة في المستقبل			ملاحظات حول سبب الارتفاع أو الانخفاض
السلعة	الكمية بالمن التبريزي	القيمة بروبية بومباي	السلعة	الكمية	القيمة	
زيت المصابيح	2400	3600	زيت المصابيح	2400	3600	معفي من الرسوم

التقديرات الحالية والمتوقعة في المستقبل للصادرات السنوية من بوشهر إلى كراتشي بحرًا

تقديرات الصادرات السنوية الحالية			تقديرات الصادرات المتوقعة في المستقبل			ملاحظات حول سبب الارتفاع أو الانخفاض
السلعة	الكمية	القيمة	السلعة	الكمية	القيمة	
لا يوجد						

التقديرات الحالية والمتوقعة في المستقبل للواردات السنوية من مسقط إلى بوشهر بحرًا

تقديرات الواردات السنوية الحالية			تقديرات الصادرات المتوقعة في المستقبل				ملاحظات حول سبب الارتفاع أو الانخفاض
السلعة	الكمية بالمن التبريزي	القيمة بروبية بومباي	السلعة	الكمية بالمن التبريزي	القيمة بروبية بومباي	المبلغ المفروض في بوشهر كرسوم بالروبية	
حقائب قش (قفف)	200000	40000	حقائب قش (قفف)	200000	40000	1600	
أكياس قش فارغة للأرز	200000	35000	أكياس قش فارغة للأرز	200000	35000	700	
بن	4000	10000	بن	6000	15000	60	من المتوقع أن يصبح أرخص في العام القادم.
فلفل	4000	5500	فلفل	4000	5500	100	
سكر بنغالي	28000	31500	سكر بنغالي	28000	31500	250	
كركم	4000	3000	كركم	4000	3000	80	
سكر نبات	800	1600	سكر نبات	800	1600	32	
حديد سويدي	4800	3600	حديد سويدي	4800	3600	72	
فولاذ	500	500	فولاذ	500	500	10	كانت هذه السلعة تستورد بكميات كبيرة، منذ بضع سنوات، لكن استيرادها انخفض تدريجيًا؛ فلم تُستورد هذه السنة لعدم الحاجة إليها في فارس.
جلود بمختلف أنواعها	6000	3000	جلود بمختلف أنواعها	6000	3000	150	
قصدير	1000	5000	قصدير	1000	5000	140	
حب الهال	150	3000	حب الهال	150	3000	20	
ليمون مجفف	20000	25000	ليمون مجفف	20000	25000	200	
فاثاني (جلد كوتشي) Fathanee cutch leather	8000	12000	فاثاني (جلد كوتشي) Fathanee cutch leather	8000	12000	120	
تشاندلز (دعائم) chundles	4000	400	تشاندلز (دعائم) chundles	4000	400	معفي	
قرنفل	....	...	قرنفل	..	..	...	كان المن التبريزي من القرنفل منذ أربعين سنة بقيمة 40 قيرانًا أما في الوقت الحالي فقيمته 2.5 قيران فقط.
زيت مصابيح (صناعة كوتش)	5000	6500	زيت مصابيح (صناعة كوتش)	5000	6500	معفي	
نيل جانبور (صناعة السند)	4000	40000	نيل جانبور (صناعة السند)	4000	40000	800	

التقديرات الحالية والمتوقعة في المستقبل للصادرات السنوية من بوشهر إلى مسقط بحرًا

تقديرات الصادرات السنوية الحالية			تقديرات الصادرات المتوقعة في المستقبل				ملاحظات حول سبب الارتفاع أو الانخفاض
السلعة	الكمية بالمن التبريزي	القيمة بروبية بومباي	السلعة	الكمية بالمن التبريزي	القيمة بروبية بومباي	المبلغ المفروض في بوشهر كرسوم بالروبية	
أفيون	1000	30000	أفيون	1000	30000	300	
قمح	80000	12000	قمح	80000	12000	2000	
حرير خام	1000	50000	حرير خام	1000	50000	50	
سمن	3000	6000	سمن	3000	6000	45	
زجاجات ماء الورد	4000	5000	زجاجات ماء الورد	4000	5000	400	
بذور الكمون	8000	4000	بذور الكمون	8000	4000	120	

التقديرات الحالية والمتوقعة في المستقبل للواردات السنوية من بندر عباس إلى بوشهر بحرًا

تقديرات الصادرات السنوية الحالية			تقديرات الصادرات المتوقعة في المستقبل				ملاحظات حول سبب الارتفاع أو الانخفاض
السلعة	الكمية بالمن التبريزي	القيمة بروبية بومباي	السلعة	الكمية بالمن التبريزي	القيمة بروبية بومباي	المبلغ المفروض في بوشهر كرسوم بالروبية	
أحجار الجلخ	150 بارس Paris	200	أحجار الجلخ	150 بارس Paris	200	معفي	
أوراق الحناء	1000 من تبريزي	500	أوراق الحناء	1000 من تبريزي	500	16	
نيل ميناو	1600 من تبريزي	11200	نيل ميناو	1600 من تبريزي	11200	غير محدد	

تُنقل كمية كبيرة من نيل ميناو إلى يزد عبر بندر عباس، على حساب النيل الهندي، لأنه أرخص، ما يجعله مُفضلًا لدى الصبّاغين.

التقديرات الحالية والمتوقعة في المستقبل للصادرات السنوية من بوشهر إلى بندر عباس بحرًا

تقديرات الصادرات السنوية الحالية			تقديرات الصادرات المتوقعة في المستقبل				ملاحظات حول سبب الارتفاع أو الانخفاض
السلعة	الكمية بالمن التبريزي	القيمة بروبية بومباي	السلعة	الكمية بالمن التبريزي	القيمة بروبية بومباي	المبلغ المفروض في بوشهر كرسوم بالروبية	
لا يوجد							

التقديرات الحالية والمتوقعة في المستقبل للواردات السنوية من موانئ على الساحل الفارسي (غير بندر عباس) إلى بوشهر بحرًا

تقديرات الواردات السنوية الحالية			تقديرات الواردات المتوقعة في المستقبل				ملاحظات حول سبب الارتفاع أو الانخفاض
السلعة	الكمية بالمن التبريزي	القيمة بروبية بومباي	السلعة	الكمية بالمن التبريزي	القيمة بروبية بومباي	المبلغ المفروض في بوشهر كرسوم بالروبية	
فلفل	5000	6250	فلفل	5000	6250	120	من لنجة
بن	3600	7200	بن	3600	7200	60	من لنجة
أقمشة قطنية إنجليزية	....	8000	أقمشة قطنية إنجليزية	....	8000	400	من لنجة
تبغ	2800	1750	تبغ	2800	1750	55	من لنجة
تبغ	2800	1750	تبغ	2800	1750	55	من عسلوه Assaloo
تبغ	7000	4375	تبغ	7000	4375	137.5	من نهري
فحم	1280000	36000	فحم	1280000	36000	2000	من نهري وجارك وجوران
ملح	8000	150	ملح	8000	150	معفي	من كلات Khelat

التقديرات الحالية والمتوقعة في المستقبل للصادرات السنوية من بوشهر إلى موانئ على الساحل الفارسي (غير بندر عباس) بحرًا

تقديرات الواردات السنوية الحالية			تقديرات الواردات المتوقعة في المستقبل				ملاحظات حول سبب الارتفاع أو الانخفاض
السلعة	الكمية بالمن التبريزي	القيمة بروبية بومباي	السلعة	الكمية بالمن التبريزي	القيمة بروبية بومباي	المبلغ المفروض في بوشهر كرسوم بالروبية	
قمح	80000	12000	قمح	80000	12000	2000	إلى لنجة
شعير	48000	4500	شعير	48000	4500	1200	إلى لنجة
دهن	1600	2000	دهن	1600	2000	27.5	إلى لنجة
أوراق الآس	4800	750	أوراق الآس	4800	750	120	إلى لنجة

بالكاد تصدر أية سلعة من بوشهر إلى موانئ أخرى على الساحل الفارسي.

التقديرات الحالية والمتوقعة في المستقبل للواردات السنوية من موانئ ساحل عمان إلى بوشهر بحرًا

تقديرات الواردات السنوية الحالية			تقديرات الواردات المتوقعة في المستقبل				ملاحظات حول سبب الارتفاع أو الانخفاض
السلعة	الكمية بالمن التبريزي	القيمة بروبية بومباي	السلعة	الكمية بالمن التبريزي	القيمة بروبية بومباي	المبلغ المفروض في بوشهر كرسوم بالروبية	
ليمون مجفف	9000	11250	ليمون مجفف	9000	11250	80	من صحار

التقديرات الحالية والمتوقعة في المستقبل للصادرات السنوية من بوشهر إلى موانئ ساحل عمان بحرًا

تقديرات الصادرات السنوية الحالية			تقديرات الصادرات المتوقعة في المستقبل				ملاحظات حول سبب الارتفاع أو الانخفاض
السلعة	الكمية بالمن التبريزي	القيمة بروبية بومباي	السلعة	الكمية بالمن التبريزي	القيمة بروبية بومباي	المبلغ المفروض في بوشهر كرسوم بالروبية	
لا يوجد	9000	11250	ليمون مجفف	9000	11250	80	من صحار

التقديرات الحالية والمتوقعة في المستقبل للواردات السنوية من البحرين إلى بوشهر بحرًا

تقديرات الواردات السنوية الحالية			تقديرات الواردات المتوقعة في المستقبل				ملاحظات حول سبب الارتفاع أو الانخفاض
السلعة	الكمية بالمن التبريزي	القيمة بروبية بومباي	السلعة	الكمية بالمن التبريزي	القيمة بروبية بومباي	المبلغ المفروض في بوشهر كرسوم بالروبية	
أكياس قش فارغة للأرز	20000 قطعة	3500	أكياس قش فارغة للأرز	20000 قطعة	3500	35	
حصير المدة	10000 قطعة	7500	حصير المدة	10000 قطعة	7500	37.5	
جدو Juddoo	5000 قطعة	1250	جدو Juddoo	5000 قطعة	1250	62.5	
بلح (كرزي Corz)	200 رزمة	80	بلح (كرزي Corz)	200 رزمة	80	4	
تمور خلاص Khullas	2000 سلة	4000	تمور خلاص Khullas	2000 سلة	4000	20	
دبس التمر	3200 من تبريزي	1200	دبس التمر	3200 من تبريزي	1200	40	
قماش القنب (بحريني الصنع)	400 من تبريزي	2000	قماش القنب (بحريني الصنع)	400 من تبريزي	2000	معفي	
لؤلؤ	..	100000	لؤلؤ	..	100000	معفي	

التقديرات الحالية والمتوقعة في المستقبل للصادرات السنوية من بوشهر إلى البحرين بحرًا

تقديرات الصادرات السنوية الحالية			تقديرات الصادرات المتوقعة في المستقبل				ملاحظات حول سبب الارتفاع أو الانخفاض
السلعة	الكمية بالمن التبريزي	القيمة بروبية بومباي	السلعة	الكمية بالمن التبريزي	القيمة بروبية بومباي	المبلغ المفروض في بوشهر كرسوم بالروبية	
تبغ	28000	17500	تبغ	28000	17500	550	
جذور نبات الفوة Madder	8000	5000	جذور نبات الفوة	8000	5000	110	
قطن	12000	36000	قطن	12000	36000	165	
لوز أهلوك Ahlook	800	200	لوز أهلوك Ahlook	800	200	40	
بازلاء Nokhod (جرام)	800	200	بازلاء Nokhod (جرام)	800	200	40	
دباغ الجفت Jafth	3200	800	دباغ الجفت Jafth	3200	800	20	
سكر	500	625	سكر	500	625	2.5	

التقديرات الحالية والمتوقعة في المستقبل للواردات السنوية من القطيف والأحساء إلى بوشهر بحرًا

تقديرات الواردات السنوية الحالية			تقديرات الواردات المتوقعة في المستقبل				ملاحظات حول سبب الارتفاع أو الانخفاض
السلعة	الكمية بالمن التبريزي	القيمة بروبية بومباي	السلعة	الكمية بالمن التبريزي	القيمة بروبية بومباي	المبلغ المفروض في بوشهر كرسوم بالروبية	
تمر (خنيزي) Khunazee	1000 سلة	1000	تمر (خنيزي) Khunazee	1000 سلة	1000	5	من القطيف
جدو	3000 قطعة	750	جدو	3000 قطعة	750	37.5	مثله
بلح (كرزي)	2000 حزمة	500	بلح (كرزي)	2000 حزمة	500	20	مثله
جِل (واشمود) Ghel (washmud)	50000 من تبريزي	1000	جِل (واشمود) Ghel (washmud)	50000 من تبريزي	1000	40	مثله
حصير المدة	3000 قطعة	2500	حصير المدة	3000 قطعة	2500	100	مثله
تمور (خلاص)	50000 من تبريزي	12500	تمور (خلاص)	50000 من تبريزي	12500	50	من الأحساء
عباءات جيلان السوداء Ghelan	200	2000	عباءات جيلان السوداء	200	2000	50	مثله

التقديرات الحالية والمتوقعة في المستقبل للصادرات السنوية من بوشهر إلى القطيف والأحساء بحرًا

تقديرات الصادرات السنوية الحالية			تقديرات الصادرات المتوقعة في المستقبل				ملاحظات حول سبب الارتفاع أو الانخفاض
السلعة	الكمية بالمن التبريزي	القيمة بروبية بومباي	السلعة	الكمية بالمن التبريزي	القيمة بروبية بومباي	مبلغ الضريبة المفروضة في بوشهر	
خيوط حريرية غير مجدولة	100	7500	خيوط حريرية غير مجدولة	100	7500	5	إلى الأحساء
سجاد بأنواع مختلفة	250	2500	سجاد بأنواع مختلفة	250	2500	75	إلى الأحساء
قمح	32000	4800	قمح	32000	4800	800	إلى القطيف
تبغ	7000	4375	تبغ	7000	4375	137.5	إلى القطيف

التقديرات الحالية والمتوقعة في المستقبل للواردات السنوية إلى بوشهر من القطيف بحرًا

تقديرات الواردات السنوية الحالية			تقديرات الواردات المتوقعة في المستقبل				ملاحظات حول سبب الارتفاع أو الانخفاض
السلعة	الكمية بالمن التبريزي	القيمة بروبية بومباي	السلعة	الكمية بالمن التبريزي	القيمة بروبية بومباي	مبلغ الضريبة المفروضة في بوشهر	
بن (ملبار)	4000	8000	بن (ملبار)	4000	8000	60	
فلفل (ملبار)	5000	6250	فلفل (ملبار)	5000	6250	120	
أقمشة قطنية (إنجليزية)	1500 قطعة	18000	أقمشة قطنية (إنجليزية)	1500 قطعة	18000	750	

التقديرات الحالية والمتوقعة في المستقبل للصادرات السنوية إلى بوشهر من القطيف بحرًا

تقديرات الصادرات السنوية الحالية			تقديرات الصادرات المتوقعة في المستقبل				ملاحظات حول سبب الارتفاع أو الانخفاض
السلعة	الكمية بالمن التبريزي	القيمة بروبية بومباي	السلعة	الكمية بالمن التبريزي	القيمة بروبية بومباي	مبلغ الضريبة المفروضة في بوشهر	
تبغ	1400	8750	تبغ	4000	8750	275	
جذور نبات الفوة	2000	1250	جذور نبات الفوة	5000	1250	27.5	
لوز أهلوك	3000	750	لوز أهلوك	1500 قطعة	750	20	
بازلاء (جرام)	3000	750	بازلاء (جرام)		750	20	
سجاد بأنواع مختلفة	500 قطعة	5000	سجاد بأنواع مختلفة		5000	150	

التقديرات الحالية والمتوقعة في المستقبل للصادرات السنوية من بوشهر إلى البصرة بحرًا

تقديرات الصادرات السنوية الحالية			تقديرات الصادرات المتوقعة في المستقبل				ملاحظات حول سبب الارتفاع أو الانخفاض
السلعة	الكمية بالمن التبريزي	القيمة بروبية بومباي	السلعة	الكمية بالمن التبريزي	القيمة بروبية بومباي	مبلغ الضريبة المفروضة في بوشهر	
أرز	8000	3000	أرز	8000	3000	200	
جذور نبات الفوة	40000	25000	جذور نبات الفوة	40000	25000	550	
تبغ	35000	22000	تبغ	35000	22000	560	
سكر (بنغالي)	14000	10500	سكر (بنغالي)	14000	10500	125	
سكر (جافا)	14000	10500	سكر (جافا)	14000	10500	108	
حديد إنجليزي	6000	3000	حديد إنجليزي	6000	3000	60	

التقديرات الحالية والمتوقعة في المستقبل للواردات السنوية إلى بوشهر من البصرة بحرًا

تقديرات الواردات السنوية الحالية			تقديرات الواردات المتوقعة في المستقبل				ملاحظات حول سبب الارتفاع أو الانخفاض
السلعة	الكمية بالمن التبريزي	القيمة بروبية بومباي	السلعة	الكمية بالمن التبريزي	القيمة بروبية بومباي	مبلغ الضريبة المفروضة في بوشهر	
تمر (سلال)	20000	50000	تمر (سلال)	20000	50000	200	
فاصولياء	3000	750	فاصولياء	3000	750	60	
دبس التمر	3200	1200	دبس التمر	3200	1200	80	
حصير الخيزران	50000	12500	حصير الخيزران	50000	12500	معفي	

نسخة طبق الأصل

التوقيع/ إتش. إل. أندرسون

السكرتير العام

Ref.: (Foreign Dept. Political, A., Progs., 58- 62, August, 1863), p. 20.

5 may 1863.

رقم (70)

مصور للخليج الفارسي يبين قطاعات السيادة السبع المذكورة في رسالتي رقم (67) بتاريخ 13 أبريل 1863م

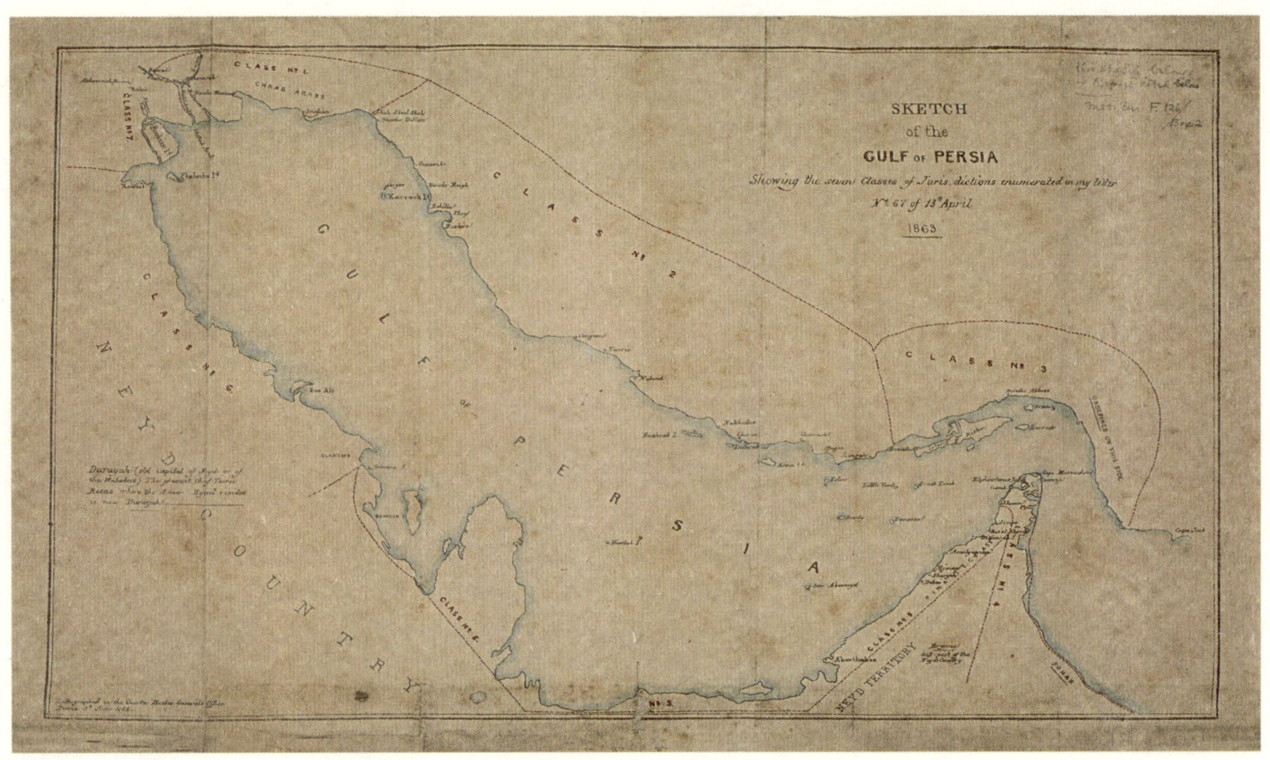

رقم (60)

خليج فارس،

يظهر طريقنا من البصرة إلى الكويت، ومنها إلى بوشهر عبر الزبير والمحمرة ومنطقة عرب بني كعب.

Ref.: (Foreign Dept. Political, A., Progs., 58- 62, August, 1863), P. 21.

5 may 1863.

رقم (61)

قرار المجلس الموقر

5 مايو 1863

يمكن الموافقة على إجراءات المقيم السياسي؛ يجب الموافقة على دفع مبلغ قيمته 999.12.2 روبية وعلى الهدايا المقدمة من حساب الخزانة.

يمكن إرسال تقارير الدكتور كولفيل، ونسخة من تقرير العقيد بيلي إلى الجمعية الآسيوية الملكية، فرع بومباي، وإلى الجمعيات الجغرافية هنا وفي بريطانيا؛ وينبغي طباعتها كملحق لتقرير العقيد بيلي الأشمل.

نقل تحيات الحكومة إلى الدكتور كولفيل على التقرير الذي قدمه، وعلى الجهود التي بذلها في تقديم المساعدة الطبية لجميع المرضى خلال طريق رحلته.

نسخة طبق الأصل،

التوقيع/ إتش. إل. أندرسون

السكرتير الأول

Ref.: (Foreign Dept. Political, A., Progs., 68- 72, August, 1863), p. 68.

5 May. 1863

رقم (71)
قرار صادر عن المجلس الموقر
5 مايو 1863م

تم البت بالأمر؛ إن هذا التقرير قد أثرى معلوماتنا حول الخليج الفارسي، ويجب طباعته على الفور، وإرسال نسخ إلى حكومة الهند، وإلى وزير الدولة لشؤون الهند، وإلى فرع بومباي في الرابطة الآسيوية الملكية، وإلى الجمعيات الجغرافية هنا، وفي إنجلترا، وإلى المقيم في عدن ومسقط، وإلى المفوض في السند Sinde.

وينبغي أن نعرب للمقدم بيلي عن شكر الحكومة له على تقريره المفصل والمفيد.

ويجب إرسال مقتطف يشمل الفقرات (146- 155) إلى شركة الهند للملاحة البخارية من أجل النظر فيه.

نسخة طبق الأصل،

التوقيع/ إتش. إل. أندرسون

السكرتير العام

Ref.: (Foreign Dept. Political, A., Progs., 58- 62, August, 1863), p. 2.

11 July 1863.

رقم (58)
سياسي- الحاكم العام
أغسطس 1863م
رقم (70) بتاريخ 11 يوليو 1863م

من: السيد إتش. إل. أندرسون
السكرتير العام لدى حكومة بومباي

إلى: وزير شؤون الهند، والحاكم العام

تلقيت تعليمات من الحاكم العام في المجلس بإحال نسخة من تقرير الملازم بيلي Pelly، القائم بأعمال المقيم السياسي في بوشهر، رقم (65) بتاريخ الثالث عشر من أبريل الماضي، من أجل إرساله إلى اليمين المبجل الحاكم العام في الهند، حول جولته الأخيرة في المنطقة الشمالية من الخليج الفارسي؛ ونسخة من تقرير خط سيره مع خريطة توضيحية من إعداد السيد كولفيل Colvill، جراح المقيمية في بوشهر، بالإضافة إلى نسخة من تقرير هذه الحكومة بشأنها.

Ref.: (Foreign Dept. Political, A., Progs., 58- 62, August, 1863), p. 22.

31 July 1863.

رقم (61)

رقم (466)

31 يوليو -1863 سيملا Simla

من: وكيل وزير الدولة لشؤون الهند
وزارة الخارجية، والحاكم العام

إلى: سكرتير الجميعة الآسيوية الملكية في بومباي

تلقيت تعليمات من سعادة النائب والحاكم العام بأن أحيل لك، لعلم الجمعية الآسيوية، الوثائق المذكورة أدناه:

تقرير المقدم بيلي عن جولته في أرجاء المنطقة الشمالية من الخليج الفارسي.

تقرير خط سير الرحلة مع خريطة توضيحية.

نسخة طبق الأصل،

التوقيع/ سي. يو. إتشيستون
وكيل وزير الدولة لشؤون الهند والحاكم العام

Ref.: (Foreign Dept. Political, A., Progs., 68- 72, August, 1863), p. 70.

5 Aug. 1863

رقم (72)

رقم (480)

5 أغسطس -1863 سيملا

من: وكيل حكومة الهند في إدارة الشؤون الخارجية

إلى: سكرتير حكومة بومباي

تلقيت تعليمات بأن أقر بتسلم رسالتك رقم (74) بتاريخ 16 يوليو، محيلًا تقرير المقدم بيلي حول القبائل والتجارة والمواد في محيط ساحل الخليج الفارسي، وبأن أطلب تزويدنا بست نسخ أخرى من هذا التقرير القيم والمثير للاهتمام كي تستفيد منه الحكومة.

نسخة طبق الأصل،

التوقيع/ سي. يو. إيتشيسون

وكيل حكومة الهند لدى الحاكم العام

Ref.: (Foreign Dept. Political, A., Progs., 329- 332, Part A., Feb., 1868), pp. 7- 8.

8 Jan. 1868.

رقم (1)

8 يناير 1868م

من: مساعد المقيم السياسي الأول في الخليج الفارسي

إلى: المقيم السياسي لصاحبة الجلالة البريطانية في الخليج الفارسي

تشرفت بتسلم رسالتك رقم (428) مساء التاسع والعشرين من الشهر الماضي.

صعدت في صباح الثلاثين منه متن السفينة «هيو روز». ثم أبحرت، وفقًا لتعليماتك، إلى بخا Bokha؛ حيث وصلت إلى هناك ظهيرة اليوم الأول من الشهر.

3- لم تكن هناك قوراب راسية قبالة الميناء، ولدى التحدث مع الشيخ علمت أنه لا يخشى أي اعتداء من جانب شيخ الشارقة.

4- بقيت في بركاء، بسبب هبوب عاصفة جنوبية غربية، حتى المساء؛ حيث تغير اتجاه الرياح إلى الشمال الغربي فاضطررنا إلى الإبحار والإسراع إلى خصب Kassub.

5- غادرت خصب مع وجود رياح معتدلة في الرابع من الشهر ووصلت إلى الشارقة صباح الخامس منه.

6- لدى وصولي انضم الوكيل إليّ وأبلغني بما يلي:

أولًا: أن الشيخ خالد حاكم الشارقة قد اعتزم، بعد تلقي وعد بالمساعدة من شيخ أبوظبي، شن هجوم على بخا، لكن بعد أن وصل نبأ زيارتك إلى باسيدور، تمّ التخلي عن وعد تقديم المساعدة، وفي النهاية تمّ التخلي عن نية الهجوم بعد تسلم العديد من التحذيرات المرسلة.

ثانيًا: نظرًا لأن شيخ أبوظبي رفض السماح بنقل بعض العبيد والممتلكات الأخرى إلى الشارقة، قام شيخ الشارقة بحظر جميع عمليات التصدير إلى دبي وأم القيوين وعجمان، لأن شيخي المنطقتين الأخيرتين يُعتبران من حلفاء شيخ دبي، ولأنه تم نهب مركب بقارة من خليج عجمان من

قبل شخص مقيم في الشارقة، قام شيخا عجمان وأم القيوين بالانتقام، واحتجزا جميع مراكب الشارقة، التي كانت في خليجيهما، وأنهما وصلا بحثًا عن مأوى خلال الطقس العاصف الأخير.

ثالثًا: لم يكن هناك المزيد من المعلومات لتقديمها بخصوص تحركات شيخ أبوظبي تجاه قطر.

7- زارني شيخ الشارقة بعد ذلك بفترة قصيرة، وقدمت له نسخة من الرسالة رقم (1) وأخبرته تعليماتي. بطبيعة الحال؛ أنكر أن يكون له أية نية بمهاجمة بخا بحرًا، وتعهد لي أنه لن يقوم بذلك دون موافقتك. يبدو، من خلال تعليقاته، أنه يعتقد، نظرًا لأن ملكية بخا في السابق كانت تعود لعائلته، فإنه سيتم السماح له باستردادها، وكمبرر آخر على سبب منحه هذه الموافقة، أبرز شكوى قديمة، وذلك أن الشيخ كان قد خطف منذ أربعة أو خمسة أعوام عبدين تعرضا لخطر الغرق.

8- بعد ذلك، انتهزت الفرصة لأظهر للشيخ الشكاوى والادعاءات الموجودة في ملفي وهي الشكاوى التالية:

1- المعاملة السيئة التي تلقاها أحد الرعايا البريطانيين على يد والي Zahah.

رد الشيخ: أتعهد بدفع كامل التعويضات، وبتحذير الوالي بخصوص معاملته للرعايا البريطانيين في المستقبل؛ تمّ الإرسال بطلب الوالي قبل مغادرتي.

2- حجز معدات وأموال تعود ملكيتها لمالك سفينة «باتنا غونشه Batna ghouncha»، التي تحطمت في خليج الشارقة.

رد الشيخ: تم التخلي عن المعدات، وستتم إعادة الأموال على الفور.

3- ادعاءات «هرمز بن مكان Hurmuz bin Mukkan» و«دروسيس لوتيا Drusses Lotia».

رد الشيخ: تم التعهد بإجراء التحقيقات والإنصاف.

في النهاية تحدثت معه بخصوص احتفاظه بالمراكب المنهوبة من خليج عجمان، وتلقيت تأييده بأن تتم إعادتها؛ عندما يثبت أن الشخص، الذي أخذها ليس كما يدعي أنه مالكها.

9- ذهبت من الشارقة إلى عجمان وأم القيوين للتحقيق في مسألة احتجاز المراكب في هذين المرفأين.

10- إن السبب الذي دفع شيخ عجمان للاستيلاء على المراكب هو أن شيخ الشارقة لم يتخل عن المراكب، التي تمّ الاستيلاء عليها في خليجه. وقد قام بتحرير المراكب بعد ذلك.

11- قال شيخ أم القيوين إن اثنين من مراكب الغوص على اللؤلؤ الخاصة به قد أبحرا إلى قبالة

رأس الخيمة، وقد تم احتجازهما هناك، ولذلك قام باحتجاز سبعة من مراكب الشارقة، ثم سمح للمراكب بالمغادرة، لكنه رفض التخلي عن حمولتها، مدّعيًا أن سبب قيامه بذلك هو أن أهالي رأس الخيمة يدينون بالمال لرعاياه لأجل دين من أجل اللؤلؤ، وأن شيخ الشارقة قد فرض حظرًا على بعض مراكب وممتلكات الرعايا.

12- حذرت جميع الأطراف من مغبة خرق معاهدة السلام في البحر.

13- بعد أن غادرت الشارقة تلقيت رسالة من الشيخ خالد؛ مفادها أن شيوخ دبي وعجمان وأم القيوين قد وافقوا على مساعدة الشيخ إبراهيم، ويعتزمون شن هجوم بحري مشترك على رأس الخيمة، وأنه في حال قيامهم بذلك لن يعتبر الشيخ خالد نفسه مسؤولًا عن أي خرق قد يحدث لمعاهدة السلام في البحر. وحيث أنه لا يبدو أن الشيوخ يحضّرون لأي هجوم، كما لا يبدو أن هناك أي احتمال لشن هجوم في الوقت الحاضر، وحيث إنني كنت قد حذرت الشيوخ بخصوص تحركاتهم في البحر، لم أر أنه من الضروري إرسال أي تحذير إضافي آخر.

14- سوف أغادر إلى مسندم مباشرة وسوف أرسل لك تقريري بالبرق.

Ref.: (Foreign Dept. Political, A., Progs., 329- 332, Part A., Feb., 1868), p. 2.

21 Jan. 1868.

رقم (5)

21 يناير 1868م

من: المقيم السياسي لصاحبة الجلالة البريطانية في الخليج الفارسي

إلى: سكرتير حكومة بومباي

يشرفني أن أقر بتسلم برقية الحكومة بتاريخ الرابع عشر من الشهر الحالي، بخصوص تحركات شيخ أبوظبي. «رسالة بتاريخ الحادي والعشرين من الشهر الماضي، تمّ تسلمها. يمكنك توجيه رسالة إلى شيخ أبوظبي لكن من غير المستحسن في ظل الظروف الحالية تهديده بمحاصرة ساحله في وقت محدد».

2- أستسمح الآن أن أرفق مسودة رسالة أرسلتها إلى شيخ أبوظبي حول هذا الموضوع؛ كتب لي الكابتن «واي»، مساعد المقيم الأول، بشكل غير رسمي مايلي:

«الجميع بانتظار الإجراءات التي ستتخذها الحكومة بخصوص حادثة قطر الأخيرة؛ فإذا نجا شيخ أبوظبي من العقوبة، فإن جميع الشيوخ الآخرين، سيطالبون بإعفائهم من التزاماتهم. أدرك أن شيخ أبوظبي بدأ يخشى أنه قد ارتكب خطأً».

Ref.: (Foreign Dept. Political, A., Progs., 329- 332, Part A., Feb., 1868), p. 2.

21 Jan. 1868.

25 رمضان 1284هـ (21 يناير 1868م)

من: المقيم السياسي لصاحبة الجلالة البريطانية في الخليج الفارسي

إلى: شيخ أبوظبي

إن تحركاتك الأخيرة على ساحل قطر، وبالأخص فيما يتعلق بمدينتي البدع والوكرة، هي خرق فاضح للهدنة البحرية؛ فقد طلبت الحكومة مني أن أخبرك أنها ستهتم بخرق اتفاقية الهدنة هذا. ونصيحتي لك هي أن تعمل على إعادة الممتلكات المنهوبة بأسرع وقت ممكن، وأن ترسل شخصًا موثوقًا به إلى المقيمية بخصوص هذا الأمر.

Ref.: (Foreign Dept. Political, A., Progs., 329- 332, Part A., Feb., 1868), pp. 6- 7.
21 Jan. 1868.

رقم (9)
21 يناير 1868م

من: المقيم السياسي لصاحبة الجلالة البريطانية في الخليج الفارسي

إلى: سكرتير حكومة بومباي

يشرفني أن أتابع موضوع رسالتي رقم (142) بتاريخ الحادي والعشرين من الشهر الماضي بخصوص الهجوم الذي يعتزم شيخ القواسم في الشارقة القيام به بحرًا على ميناء بخا.

2- تشرفت في العاشر من الشهر الحالي بإرسال البرقية الملحقة إليك:

«قدم شيخ الشارقة ضمانات مرضية للكابتن «واي» بأنه لن يخرق الهدنة البحرية».

3- أستسمح الآن أن أرفق نسخة من تقرير (رقم 1 بتاريخ 8 يناير 1868م، الفقرات 2، 3، 6 و7) تسلمته من مساعد المقيم الأول مقدمًا بعض التفاصيل بخصوص التخلي عن هذا الخرق المعتزم للهدنة البحرية.

4- لقد تحدثت سابقًا في رسالتي المشار إليها الآن عن الخلاف الذي وقع بين شيخي القواسم: خالد وإبراهيم، والمشار إليهما في الفقرة الثالثة عشرة من تقرير المساعد الأول. انظر رسالتيّ المرقمتين بـ(88) و(96) بتاريخ السادس والعشرين من يوليو، والثالث عشر من أغسطس 1867م.

5- لا شك في أن الشيخ إبراهيم قد تخلى عن حقه عنوة بسبب شقيقه خالد، ويعتقد إبراهيم وحلفاؤه أن استرداد الحق من رأس الخيمة، ليس عملًا عدائيًا أو خرقًا قرصانيًا للهدنة البحرية. لكن يبدو أن هناك خطرًا مباشرًا من شن الهجوم بحرًا.

6- تبدو تسوية بعض الخلافات البسيطة، الملخصة في الفقرات الثامنة والعاشرة والحادية عشرة من تقرير الكابتن واي Way، تسويات مُرضية.

7- بالنظر إلى جميع الظروف الراهنة بما في ذلك قضية البرق (انظر رسالتيّ المرقمتين بـ 140 و143 بتاريخ السابع والحادي والعشرين من ديسمبر 1867م)، وبما أنني رأيت أنه قد لا يكون

مناسبًا بالنسبة للحكومة أن تخصص سفينة حربية للخليج في الجزء الأول من الحملة الحبشية، فقد اعتقدت أن المبجل الحاكم في المجلس يريد مني إبقاء السفينة الحربية «كلايدي Clyde» في الخليج؛ (بدلًا من إرسالها إلى بومباي من أجل تزويدها بمراجل جديدة، انظر قرار الحكومة رقم 3171 بتاريخ 10 أكتوبر 1867م)، السفينة غير قادرة على الإبحار بالبخار، لكنها ستكون مفيدة في مراكزنا في الجزء الشمالي من الخليج، وإذا تمّ تزويدها بطقم أشرعة جديد، الذي يرى قائدها أنها بحاجة شديدة إليه، فإنها ستكون مفيدة في الجولات القصيرة.

Ref.: (Foreign Dept. Political, A., Progs., 329- 332, Part A., Feb., 1868), p. 2.

13 feb. 1868

رقم (37)

13 فبراير 1868م

من: السيد سي. جوني

سكرتير حكومة بومباي

إلى: وزير شؤون الهند

إكمالًا لرسالتي رقم (13) بتاريخ السابع عشر من الشهر الماضي؛ طُلب مني أن أحيل، من أجل تقديمها إلى حكومة الهند، النسخة المرفقة من الرسالة رقم (5) بتاريخ 21 منه مع مرفقاتها، من المقيم السياسي في الخليج الفارسي، بخصوص تحركات شيخ أبوظبي.

Ref.: (Foreign Dept. Political, A., Progs., 329- 332, Part A., Feb., 1868), p. 6.
13 feb. 1868.

رقم (39)
13 فبراير 1868م

من: السيد سي. جوني
سكرتير حكومة بومباي

إلى: وزير شؤون الهند

إكمالًا للرسائل التي أحلتها مع رسالتي رقم (13) بتاريخ السابع عشر من الشهر الماضي؛ طُلب مني أن أرسل إليك، من أجل تقديمها إلى حكومة الهند، النسخة المرفقة من الرسالة رقم (9) بتاريخ الحادي والعشرين منه مع مرفقاتها، من المقيم السياسي في الخليج الفارسي، متحدثًا عن قيام شيخ القواسم حاكم الشارقة بصرف النظر عن هجومه المعتزم بحرًا على ميناء بُخا.

Ref.: (Foreign Dept. Political, A., Progs., 329- 332, Part A., Feb., 1868), p. 4.
28 Feb. 1868.

رقم (33)
28 فبراير 1868م

من: حكومة الهند

إلى: سكرتير حكومة الهند

إكمالًا لرسالتنا رقم (25) بتاريخ السابع من الشهر الحالي؛ يُشرفنا أن نرسل، إلى معلومات حكومة صاحبة الجلالة، نسخة من رسائل أخرى، كما هو مذكور في ملخص المحتويات، بخصوص أحداث أفغانستان.

2- ستلاحظ أن الخان «بهادر عطا محمد Bahadoor Attah Mahomed»، الوكيل البريطاني، قد وصل إلى كابول.

- - - - - - - - - - -

الرسائل المرفقة

الإجراءات السياسية، فبراير 1868م (A) الأرقام (324- 328).

Ref.: (Foreign Dept. Political, A., Part A, Progs., 1- 21, August, 1868), p. 11.
5 April 1868.

12 ذي الحجة 1284 هـ - الموافق 5 أبريل 1868م

من: الشيخ زايد بن خليفة

إلى: المقدم لويس بيلي
المقيم السياسي لصاحبة الجلالة البريطانية في الخليج الفارسي

تسلمت رسالتك بتاريخ 25 رمضان بيد وكيلك، الحاجي عبد الرحمن، في الحادي عشر من ذي الحجة عندما كنت راسيًا قبالة الشارقة، وقد فهمت محتوياتها خاصة ما يتعلق بما تسميه خرقي للهدنة البحرية؛ لم أقم بخرقها ولا أرغب في ذلك، كما أنني أتطلع دائمًا للقيام بما تطلبه الحكومة البريطانية مني وألتزم بالشروط؛ أعلم أن القيام بعمليات في البحر أمر تحظره الحكومة البريطانية على الجميع. قيل لك إنني ذهبت إلى قطر، وهذا صحيح؛ فقد ذهبت لأجل الشيخ أحمد بن محمد، شيخ الوكرة، وكيل الشيخ محمد بن خليفة، لأنه كان قد شتت أتباعي وبضائعهم من خلال دفعهم للذهاب إلى الوكرة، وتُركت بمفردي في أبوظبي ولم يبق شيءٌ؛ فقد أبقى كل أتباعي وممتكاتهم في الوكرة. كنت غاضبًا جدًا لكل هذا، وأرسلت رسائل إلى الشيخ محمد بن خليفة أطلب منه أن يوقف تحركات الشيخ أحمد في هذا الشأن، لكنني لم أتلق أي رد؛ عندما أدركت أن الشيخ محمد بن خليفة قد قرر الذهاب إلى قطر وإعادة أتباعه، سُررت جدًا لفكرة إعادة أتباعي وممتلكاتي، وبذلك ذهبت إلى المكان، ودعمت أتباعي الذين كانوا في المنطقة، لذلك كانوا يخافون من القيام بعمل خاطئ في البحر. عدت بعد ذلك، لكنني لم أقم بنهب أحدٍ، سواء على البر أم في البحر، ولم أتسبب بالأذى لأحد، وما حدث في قطر قام به شيوخ البحرين.

لقد أخطأت في التصرف دون أوامر من الحكومة، وأرجو أن تغفر لي ذلك. أدرك أنك تريد مني أن أرسل لك شخصًا لمناقشة الأمور، وأنا أوافق على القيام بذلك، ويسرني الامتثال لطلباتك.

سوف أفعل ما تريده لدى عودتي إلى أبوظبي إن شاء الله؛ فالبلد بلدك وكذلك أتباعي. لا أملك أملًا إلا بالله ثم بعطفك.

من فضلك لا تكف عن مراسلتي، فأنا في خدمتك.

Ref.: (Foreign Dept. Political, A., Progs., 92- 96, June, 1868), pp. 8- 10.
23 April 1868.

رقم (73)
23 أبريل 1868م

من: مساعد المقيم السياسي الأول في الخليج الفارسي

إلى: المقيم السياسي لصاحبة الجلالة البريطانية في الخليج الفارسي

يشرفني أن أقدم تقارير الوكيل البريطاني بخصوص الهجوم الأخير، الذي شنه شيخا البحرين وأبوظبي على قطر.

2- يعود تاريخ هذه التقارير إلى الوقت الذي علم فيه الوكيل البريطاني بطلب شيخ البحرين المساعدة من شيخ أبوظبي، لذلك فإن الكثير من المعلومات الواردة فيها قد تم تقديمها إليك سابقًا.

3- يتضح من خلال كل التقارير والأدلة أن ملابسات الحادثة كمايلي:

4- تم إلقاء القبض على رجل يُدعى «علي بن ثامر النعيمي al Naimee -Ali bin Thamir»، من بدو قطر، وإرساله إلى البحرين من قبل الشيخ أحمد بن محمد بن سلمان، ممثل شيخ البحرين على ساحل قطر، بسبب ذهابه إلى قبيلته. تجمع أفراد النعيم في الوكرة، والنعيم و(Beddur)[1]، والدوحة، و(Dongha[2])، وطالبوا بإطلاق سراحه، لكن طلبهم قوبل بالرفض، لذلك قرروا طرد الشيخ أحمد من الوكرة؛ (انظر المرفقات A, B, C).

5- عندما علم الشيخ أحمد بقرارهم، غادر مع عائلته وبضائعه برفقة ثلاثين رجلًا على متن قاربين إلى «خور حسان Hossan -i -Khor»؛ (انظر المرفقات A, B, C).

6- لدى وصوله إلى خور حسان، عمل الشيخ أحمد على مصادرة القارب الذي أتى على متنه واعتقال المرافقين، ثم أبلغ شيخ البحرين بما حدث؛ (انظر المرفقات A, B, C).

1 ربما المقصود البدع (المراجع).
2 ربما المقصود الدويحة (المراجع).

7- لدى تسلمه التقرير، قام شيخ البحرين بإطلاق سراح علي بن ثامر وأرسل رسالة ودية إلى وجهاء قطر؛ طلب منهم فيها استمرار علاقة الصداقة، ودعا بعضهم لزيارته في البحرين؛ (انظر المرفقات A, B, C).

8- ردًا على دعوته؛ قام أهالي قطر بإرسال «راشد بن جبر Rashid bin Jabhur» إلى البحرين لتوضيح الأمور والاعتذار عن طردهم للشيخ أحمد من الوكرة؛ (انظر المرفقات A, B, C).

9- تم تسلم الاعتذارات والتوضيحات، فقام الشيخ، مؤكدًا على المحافظة على السلام مع أهالي قطر، بدعوة جاسم بن محمد إلى البحرين للمشاركة في تسوية جديدة بخصوص استئناف الأعمال على الساحل؛ (انظر المرفقات A, B, C).

10- بناءً على ذلك انطلق جاسم إلى البحرين، ولدى وصوله تم حبسه؛ (انظر المرفقات A, B, C).

11- بعد ذلك، تم إرسال قوة مؤلفة من 1500 رجل على متن 24 مركبًا بقيادة شقيق الشيخ، الشيخ علي بن خليفة، إلى رأس لفان، وطلب الشيخ المساعدة من شيخي أبوظبي ودبي. كذلك تقدمت قوة برية بقيادة الشيخ أحمد بن محمد بن سلمان. (انظر المرفقات A, B, C, F, I).

12- بموجب تصريحات السلام التي أدلى بها الشيخ، كانت المراكب الراسية على الشاطئ قد أبحرت مجددًا، لكن يُقدّر أنه تمّ التصدي والاستيلاء على ثلاثين منها من قبل أسطول البحرين على الطريق إلى وقبالة رأس لفان؛ (انظر المرفقات A, B, C).

13- لدى تلقي طلب المساعدة من قبل شيخ البحرين؛ قام شيخ دبي بإرسال رسالة إلى مساعد المقيم السياسي الأول للحصول على إذنه، فقيل له إنه لا يمكن السماح بأي خرق للهدنة البحرية أو اتفاقية السلام في البحر، وبالتالي رفض تقديم المساعدة المطلوبة؛ (انظر التقرير السابق رقم (149) بتاريخ 15 أكتوبر 1867م).

14- في تلك الأثناء، كان الوكيل البريطاني قد تلقى بلاغًا بأنه تم طلب المساعدة من شيخ أبوظبي، وعليه قام بتوجيه رسالة إلى الشيخ ينصحه بعدم اتخاذ أي إجراء إلى أن يكون قد تمّ الرجوع إلى مساعد المقيم السياسي الأول. مع ذلك؛ كان الشيخ قد صمم على تلبية الطلب من دون الرجوع إليه، وكان قد غادر أبوظبي على رأس أسطول مؤلف من سبعين سفينة، تحتوي قوة مؤلفة من 2000 رجل، ومعهم المدافع والعتاد الحربية، قبل وصول رسالة الوكيل؛ (انظر المرفقات G, H, L, K).

15- في طريقه إلى هناك؛ قام أسطول أبوظبي بالاستيلاء على شوعي shogee (مركب صغير) من مراكب قطر، فأعادها الشيخ إلى أبوظبي كغنيمة؛ (انظر المرفقات K, L).

16- كذلك قامت واحدة من سفن الأسطول بمهاجمة ونهب المؤن والماء وغيرها من مركب تعود ملكيته «لشامو Shamo»، أحد الرعايا البريطانيين من البانيان، الذي يقيم في دبي؛ (انظر المرفقات M, N).

17- كان أهالي قطر قلقين جدًا لدى وصول أسطول أبوظبي، فقاموا بنقل كل ما يستطيعون من بضائعهم من على متن السفينة بندر Bunders إلى القوارب، وذهب محمد بن ثاني Mahomed bin Thain الى الشيخ علي بن خليفة للتفاهم والتفاوض، وقد تعهد بدوره تعهد بمنحهم ذلك. كما أنه، من أجل التخفيف من مخاوفهم، وقد وعدهم بأن الشيخ أحمد وأبناء شيخ البحرين سوف يذهبون إلى الوكرة و(Beddur)[1] مع قوتهم المؤلفة من مئتي رجل؛ (انظر المرفقات A, B, I, J).

18- وفقًا لما اتفق عليه، وبعد وصول الشيخ أحمد وقوته البرية بوقت قصير تمّ إيواء أبناء شيخ البحرين في منازل الوجهاء، وتمّ استقبالهم بطريقة ودية؛ (انظر المرفقات A, C, I, J).

19- بعد يومين من ظهور الأساطيل المتحدة بشكل مفاجئ أمام (Beddur) والوكرة ومحاصرتها للساحل، قامت قوة تابعة للشيخ أحمد بنزع السلاح من المواطنين فجأة، وتمّ الاستيلاء على السفن في المراسي ونهبها، وتمّ تسليم مدن الوكرة و(Beddur) والدوحة و(Dongha)[2] لتقوم القوات المتحدة، التي تم إنزالها من السفن، بنهبها؛ (انظر المرفقات A, B, C, D, I, J, O, P, Q, S, T, D- 2, E- 2, F- 2, G- 2).

20- في البداية قامت القوتان بعمليات نهب معًا، لكن بسبب إصابة اثنين من قبيلة بني ياس Banyas بالجروح اضطر شيخ أبوظبي إلى إبعاد قواته؛ (انظر المرفقات A, C, I, J).

21- بعد أن استولت قوات البحرين على كل ما تريده، عادت قوات شيخ أبوظبي وأزالت أسقف المنازل ونهبت العوارض والأبواب مع أعمدة النخل، وكل ما تبقى من القوارب والخزانات والأواني المنزلية؛ (انظر المرفقات A, C, J, U).

22- قام أهالي قطر بوضع بعض الممتلكات وقطعان الأغنام في عهدة بعض بدو الداخل؛ حيث أمرهم الشيخ علي بالقيام بذلك، وتم إرسال قوة لتنفيذ هذا الطلب؛ لكن القوة هزمت وقُتل قائدها الشيخ أحمد بن محمد بن سلمان؛ (انظر المرفق V).

23- تم تفريق السكان، الذين كانوا من القبائل الخمس: السودان والبوكوارة والمسلم والنعيم في الوكرة، وقبيلة البوعينين في الوكرة، بالكامل؛ تم ترحيل قبيلة السودان إلى البحرين؛ ولجأ البعض من قبيلة البوكوارة إلى البحرين، والبعض الآخر إلى لنجة على الساحل الفارسي؛ يوجد البعض من قبيلة المسلم في أبوظبي، والبعض الآخر في البحرين. لجأ العدد الأكبر من قبيلة النعيم إلى

1 ربما المقصود البدع (المراجع).

2 ربما المقصود الدويحة (المراجع).

عجمان، وبعضهم موجود في نجد، وآخرون في البحرين، أما قبيلة البوعينين فهم في رأس ركان Ras Rakkan. وبالتالي تم إخلاء البلاد وتدميرها بالكامل؛ (انظر المرفقين B3,P - والمرفق B).

24- تقدر خسائر قبيلتي المسلم والنعيم بمبلغ 603.765 قيرانًا؛ (انظر المرفقات B- 2, C- 2, E- 2, J- 2, R2).

أما قبيلة السودان؛ نتيجة الحماية التي قدمها لها شيخ أبوظبي، فقد خسرت 3780 قيرانًا فقط؛ (انظر المرفقات P, W, K2).

لم تتعرض قبيلة البوعينين للنهب؛ لأن الشيخ عليًّا أصدر أوامر بعدم نهبها؛ (انظر المرفق B).

أما قبيلة البوكوارة، القبيلة الأكثر ثراءً، فقد تكبدت أكبر الخسائر، لأنه لم يكن أي من زعماء القبيلة على الساحل. ولا يمكن تحديد المبلغ الصحيح للخسائر، لكن المبلغ المقدر يبلغ 500.000 قيران؛ (انظر المرفق W).

وبهذا يُصبح إجمالي ما تكبدته هذه القبائل القطرية خسائر هو 1.107.545 قيرانًا؛ (انظر المرفق D).

بالإضافة إلى تلك المبالغ؛ ذكر الحاجي «راماهالا Ramahala» من لنجة، أحد الرعايا البريطانيين، أنه تم نهب ممتلكات وأموال له بقيمة 4/7.381,1 كانت بعهدة وكيله؛ حيث تم نقلها إلى السفينة للمزيد من الأمان؛ (انظر التقرير السابق رقم (172) بتاريخ 27 نوفمبر 1867م).

25- كانت الممتلكات، التي تم نهبها من جميع الأنواع، من السفن واللؤلؤ والذهب والمجوهرات إلى العوارض وأبواب المنازل حتى أعمدة النخل؛ (انظر المرفقات F- 2, C- 2, A- 3).

26- كان عدد السفن التي فقدتها قبيلتا النعيم والمسلم، بسبب هجوم الأساطيل المتحدة على البندر (الميناء) على النحو التالي؛ (انظر المرفقات A, Y, S- 2):

قبيلة النعيم	17	
المسلم (ذُكرت أسماء المالكين)	11	
يُعتقد أن عدد السفن (هناك دليل على اثنتين فقط) المستولى عليها، عندما كانت في البحر أو تتقدم، تجاه أسطول شيخ البحرين من كل القبائل	30	(انظر المرفقات F, R- 2, S- 2).
ما استولى عليه أسطول شيخ أبوظبي في البحر	1	(انظر المرفقات A, S, P- 2, J- 2, C, A).
ما تم نهبه في البحر من قبل أسطول أبوظبي	1	(انظر المرفقين K, L).
المجمـــوع	60	

لم يكن بالإمكان تحديد عدد السفن التي خسرتها القبائل في المراسي.

27- يتضح أن قيمة الغنائم المكتسبة من قبل شيخ أبوظبي، والهدايا المقدمة من شيخ البحرين، قد بلغت 97.200 قيران، موزعة على النحو التالي:

نقدًا	35000
بن، 50 كيس	5000
أرز، 300 كيس	5600
خيول، 3	10000
عبيد، 3	1000
أعمدة النخل، والعوارض، وغيره	2600

(انظر المرفقات B ,Z ,J- 2, L- 2, M- 2, N- 2,U).

ما قدمه شيخ البحرين لاحقًا:

مركب محمل بعدد 300 كيس أرز

القيمة	10000
100 كيس أرز	2500
Sayah 10	500
فرس (مهرة)	5000

غنائم استولى عليها أحمد بن محمد بن سلمان؛ حيث نقلت إلى أبوظبي لدى وفاته وتم بيعها، واستولى عليها شيخ أبوظبي بموافقة شيخ البحرين 20.000 ؛ (انظر المرفقات O .2-Q, 2-P, 2-Q, 2-R).

28- يبدو أن رجلًا يُدعى راشد بن عزيز، الذي أرسله شيخ الشارقة مع عشرين من رجاله إلى شيخ أبوظبي، قد غادر إلى قطر، قد لحقوا به إلى هناك، وبما أنه شارك في الهجوم فقد عاد إلى الشارقة مع كمية من الغنائم؛ من بينها حصان قدمه له الشيخ؛ (انظر المرفقات T- 2, U- 2,V- 2, W- 2,X- 2).

29- يُقال إن راشدًا قد حاول في طريقه إلى قطر أن يستولي على مركب بقاره Buggalow ؛ تعود ملكيتها لمحمد بن ثاني Mahomed bin Tani شيخ قطر؛ (انظر المرفقات Y- 2, Z- 2).

30- بعد فترة من الهجوم؛ قامت بعض قبائل قطر بإرسال وفد إلى الأمير الوهابي، الذي تعهد بتبني قضيتهم، والترتيب لعودتهم المبكرة إلى منازلهم، وعليه أرسل رسالة إلى شيخ البحرين مُعلنًا الحرب إن لم تتم إعادة الغنائم وإعادة القبائل. ويُقال إن الأمير، بتقديم هذا الوعد، قد صرح

«بما أن نياته ونيات الحكومة البريطانية متطابقة لن يتعرض الأهالي لمزيد من الأذى من جهة البحر». (انظر المرفقات U- 2).

31- لدى تسلم رسالة الأمير، عمل شيخ البحرين على احتجاز محمد بن ثاني، ومصادرة ما تبقى من ممتلكاته، كذلك استدعى حوالي أربعين عائلة من قبيلة السودان؛ ممن كان قد سمح لهم بالعودة إلى Dongha؛ (انظر المرفقين Z- 2, A- 2).

32- بالتالي تم إصدار أوامر للوكيل الوهابي؛ كي يُجهز قوة لمهاجمة البحرين، ويُشاع أن قبيلة بني عزيز Beni Azez (من مُطير)، التي تتبع الأمير، كانت قد شنت هجومًا على بعض أهالي البحرين غرب قطر، ونهبت عددًا من قطعان الأغنام والإبل والعبيد؛ (انظر المرفقات Y- 2, Z- 2, A- 3).

33- الرأي العام السائد هو أن شيخ البحرين لم يكن ليتمكن من السلب دون مساعدة شيخ أبوظبي؛ (انظر المرفقات W- 2, B- 3, C- 3).

34- مقابل المساعدة المقدمة؛ قام شيخ البحرين بعرض المساعدة برًا أو بحرًا على شيخ أبوظبي، في حملته الحالية؛ هذا العرض بمنزلة توضيح آخر حول كيفية النظر إلى التزامات المعاهدة، التي نتعهد بالحفاظ عليها على الساحل؛ (انظر المرفق E- 3).

35- إن الأدلة غير كاملة من نواح عدة؛ حسب ما هو مرغوب، لكن الوكيل يقول إنه تم الحصول عليها، كما هي عليه، بصعوبة كبيرة وبسرية، وإنه لا يمكن الحصول على المزيد منها على الساحل. لم يذهب إلى قطر؛ لأنه لم يغادر إليها أحد ليقوم بطرح الأسئلة عليه. إنه من الصعب الحصول دائمًا على أدلة كافية عمّا حدث في الهجوم المباغت؛ ففي الحادثة الحالية، لأن القبائل التي تعرضت للهجوم تشتت كثيرًا، ولكونها مشتتة على هذا النحو فهي تخشى إغضاب شيخها، وذلك أن الطبقة الغنية بالرغم من أنها فقدت معظم ممتلكاتها المادية، لها ديون بمبالغ كبيرة في المنطقة، وتتوق للعودة؛ كي تستعيدها وتسترد مكانتها، والطبقة الفقيرة تأمل بعد ذلك أن تستعيد منازلها، وذلك أمر مستحيل. لقد كتبت إلى الوكيل البريطاني في لنجة كي أحاول الحصول على أدلة عن «محمد سيد علي كولا Kuala -Mahomed Syed Ali»، الذي احتمى هناك، كما أنني أعتزم الذهاب إلى هناك بنفسي،عندما تكون السفينة «كلايدي Clyde» مستعدة للإبحار، لأرى ما إذا كان بالإمكان الحصول على مزيد من المعلومات؛ (انظر المرفقات F- 3, C- 3,2).

Ref.: (Foreign Dept. Political, A., Progs., 92- 96, June, 1868), pp. 5- 7.
9 May 1868.

رقم (93)
رقم (55)
9 مايو 1868 م

من: المقيم السياسي لصاحبة الجلالة البريطانية في الخليج الفارسي

إلى: سكرتير حكومة بومباي في وزارة الخارجية

يُشرفني أن أعلن قرار الحكومة كما هو في الهامش (رقم 383 بتاريخ 13 فبراير 1868م، الإدارة السياسية) بخصوص هجوم قرصاني على ساحل قطر؛ شنه شيخا البحرين وأبوظبي.

2- لقد رأى الوكيل المحلي على ساحل العرب شيخ أبوظبي منذ ذلك الحين، وذكر أنه بدا قلقًا مما قد يكون عواقب خرقه الفاضح للهدنة البحرية على ساحل قطر. لكنني لم أتسلم حتى هذا التاريخ أي رد من الشيخ على رسالتي المؤرخة في الحادي والعشرين من يناير الماضي.

3- لكن في الوقت نفسه؛ قام الوكيل المحلي وآخرون بجمع الكثير من التفاصيل والأدلة بخصوص الهجوم على قطر، ويشرفني الآن أن أرفق تقريرًا واضحًا ودقيقًا جدًا (رقم 73 بتاريخ 23 أبريل 1868م) أعده مساعدي الأول، الكابتن «واي»، ومستندًا إلى تقارير الوكيل المحلي، ولكن هذه التقارير وفيرة جدًا لنقوم بإرسالها إلى سعادته في المجلس.

4- ستلاحظ الحكومة من خلال تقرير الكابتن «واي» أن إجمالي الخسائر المتكبدة بسبب عملية القرصنة هذه، التي تقدر قيمتها، حسب ما أكده الوكيل المحلي، 11,14,926 قيرانًا وربع قيران، وهي تشمل «ممتلكات من جميع الأنواع؛ من السفن واللؤلؤ والذهب والمجوهرات، إلى العوارض وأبواب المنازل، حتى جذوع النخيل».

5- لكن لديَّ الدليل بأن هناك متضررين آخرين يخافون من تقديم المعلومات خشية أن يقوم الشيخ بالانتقام منهم لاحقًا. وقد أورد الكابتن «واي»، بخصوص أحد هؤلاء المتضررين، وهو تاجر ثري يقيم في لنجة، مايلي:

«إن محمد بن سعيد البوكوارة يخشى أن يُدلي بالمعلومات مدعيًا، كمبرر له، أنه في السابق عندما كان الكابتن «جونز» مقيمًا تم تحصيل المطالب والتعويضات من شيخ البحرين؛ بسبب أعمال مشابهة للأعمال المرتكبة مؤخرًا، لكن لم يتم تسلم شيء منها في الحادثة الأخيرة، كما أن مقدمي المعلومات تحملوا عداوة الشيخ، وأنه يخشى من عاقبة مماثلة في الحادثة الحالية».

6- متضرر آخر هو أحد الرعايا الهنود البريطانيين، الذي تقدم بشكوى لي حول خسارته مبلغ 500 قيران.

7- ستلاحظ الحكومة أيضًا، أن شيخ البحرين (الذي كان مصدر إزعاج لعدة أعوام) هو من خطط لذلك، وهو مصدر عملية القرصنة الحالية.

8- قد يرى سعادته في المجلس أن من المناسب التفكير في ما إذا كان ينبغي توكيلي أو عدم توكيلي من أجل توجيه رسالة إلى شيخ البحرين مماثلة للرسالة التي وجهتها إلى شيخ أبوظبي، التي وافقت الحكومة عليها.

(انظر الفقرة (2) من مرفق قرار الحكومة رقم (521) بتاريخ 28 فبراير 1868م، الإدارة السياسية).

Ref.: (Foreign Dept. Political, A., Part A, Progs., 1- 21, August, 1868), pp. 10- 11.
12 May 1868.

رقم (83)
12 مايو 1868 م

من: الكابتن إيه. كوتون واي
المساعد الأول للمقيم السياسي في الخليج الفارسي

إلى: المقدم لويس بيلي
المقيم السياسي لصاحبة الجلالة البريطانية في الخليج الفارسي.

يشرفني أن أرسل رد شيخ أبوظبي على رسالتك؛ لست بحاجة لأن أذكر، من خلال الدليل المرسل سابقًا، أن الشيخ أحمد، الذي يدعي شيخ أبوظبي أنه مستاء من أفعاله حيال رعايا أبوظبي، وكان قد احتج عليها، وكان مسرورًا لإيجاد الفرصة للذهاب من أجل استعادة رعاياه وممتلكاتهم، كان (أي الشيخ أحمد) قائد جزء من القوات الحليفة في الهجوم، وأن تحركات شيخ البحرين كانت دعمًا له ولصالح تدابيره.

Ref.: (Foreign Dept. Political, A., Part A, Progs., 1- 21, August, 1868), pp. 11- 12.
12 May 1868.

رقم (89)
12 مايو 1868 م

من: الكابتن إيه. كوتون واي
المساعد الأول للمقيم السياسي في الخليج الفارسي

إلى: المقدم لويس بيلي
المقيم السياسي لصاحبة الجلالة في الخليج الفارسي

بالإشارة إلى رسالتي رقم (76) بتاريخ التاسع والعشرين من الشهر الماضي، يُشرفني أن أصرح أن محمد سعيد لم يُقدم أية معلومات حتى الآن بخصوص الهجوم على قطر أو عن الخسائر التي تكبدتها قبيلة البوكوارة.

حصل الوكيل البريطاني في لنجة على تقرير عما جرى من بعض البحرينيين الذين كانوا في لنجة. يتطابق تقريرهم بصورة عامة مع التقرير الذي قدمه الوكيل البريطاني في الشارقة، لكن هناك بعض الاختلافات فيما يتعلق بتحركات القوات، ويظهر كم كانت عمليات النهب كبيرة. يقولون إنه تم إجبار أصحاب الأملاك على حمل بضائعهم على ظهورهم إلى السفن، وأنه تم وضع الحبال حول أعناقهم، وتم عرضهم للبيع كعبيد، وبعد أن تم نهب المدن تلقى السكان أوامر بالصعود على متن السفن والإبحار، ولم يلبثوا أن قاموا بذلك بالفعل، حاملين معهم ما تبقى من ممتلكات صغيرة؛ حيث أمروا بالسير جنبًا إلى جنب مع القارب وصولًا إلى الأساطيل، وتم تجريدهم من كل شيء بحوزتهم حتى ملابسهم، حتى إنه تم تفتيش النساء أملًا في العثور على بعض الأشياء الثمينة، التي قمن بإخفائها في أجسادهن، وقال: «لم يكن فرعون نفسه قاسيًا إلى هذه الدرجة».

يُذكر أن القوات البحرية هاجمت مركب غونشة Gooncha، مملوكة لمحمد بن خميس من لنجة، عندما كانت تبحر من لنجة متجهة إلى البحرين، وكانت قد رست قبالة البدع، وقاموا بنهب حمولتها.

لم يتم تقديم معلومات كافية لي بخصوص الخسائر المتكبدة كي أتمكن من تقدير قيمتها.

Ref.: (Foreign Dept. Political, A., Part A, Progs., 1- 21, August, 1868), p. 10.
23 May 1868.

رقم (7)
رقم (60)
23 مايو 1868م

من: المقدم لويس بيلي
المقيم السياسي لصاحبة الجلالة البريطانية في الخليج الفارسي

إلى: السيد سي. جوني
سكرتير حكومة بومباي في وزارة الخارجية

بالإشارة إلى قرار الحكومة رقم (383) بتاريخ 13 فبراير 1868م، وإلى رسالتي (رقم 55 بتاريخ 9 مايو 1868م، الإدارة السياسية) يشرفني أن أرسل نسخة مترجمة من الرد الذي تلقيته من شيخ أبوظبي بخصوص هجومه على ساحل قطر.

2- أستسمح أيضًا أن أرفق نسخة من الرسالة (رقم 83 بتاريخ 12 مايو 1868م والمرفق رقم 2) التي تسلمتها من الكابتن واي Way مقدمًا المزيد من التفاصيل بخصوص الانتهاك الخطير للهدنة البحرية.

3- سيلاحظ سعادته في المجلس أن رسالة الشيخ هي مجرد حجة واهية؛ يبدو أنها بالكاد تستحق عناء إخفاء حقيقة أن ما قام به ليس إلا عملًا قرصانيًا واضحًا.

4- قال لي الوكيل في مسقط بسرية، وهو الآن برفقتي، إنه تم إبرام اتفاقية مسبقًا بين شيخي أبوظبي والبحرين لشن هجوم على قطر، ومفادها أنه في حال طلبت الحكومة البريطانية الحصول على تعويض فإنه يتوجب على شيخ البحرين أن يلتزم بدفع المبلغ الذي قد يُطلب من شيخ أبوظبي كتعويض له.

5- تشرفت، في الثامن عشر من الشهر الحالي، بإرسال البرقية التالية:

«أعلنت السفينة «السند» وصولها إلى الخليج، يمكنني الآن بها وبالمراكب الحربية الأخرى فرض حصار على شيخ أبوظبي إذا وافق سعادته (في المجلس) على ذلك؛ سينتهي موسم الغوص على اللؤلؤ في أغسطس، وبعد ذلك لن يؤتي الحصار أثره المرجو».

Ref.: (Foreign Dept. Political, A., Progs., 92- 96, June, 1868), p. 11.

24 May 1868.

رقم (95)

برقية

24 مايو 1868م

من: المقيم السياسي في الخليج الفارسي، بوشهر

إلى: سكرتير الحكومة في بومباي

«أرسل ثلاث روبيات واثنتي عشرة أنات annas إلى «ماهاباليشوار Muhableshwar». أعلنت السفينة «السند» وصولها إلى الخليج؛ يمكنني الآن بواسطة السفينة «السند» والزوارق الحربية محاصرة شيخ أبوظبي؛ إذا كان سعادته (في المجلس) يوافق على ذلك؛ سينتهي موسم الغوص على اللؤلؤ في أغسطس، ولن يكون للحصار بعد ذلك أثره المرجو».

Ref.: (Foreign Dept. Political, A., Progs., 92- 96, June, 1868), p. 11.

6 June 1868.

برقية

6 يونيو 1868م

من: الحكومة في بومباي

إلى: العقيد بيلي في بوشهر

«إذا كنت متأكدًا أن القوة التي تحت تصرفك كافية؛ حيث إن السفينة «السند» قد عادت، فمن المؤكد أنه سيتم الموافقة على حصار أبوظبي. لكن القوات العاملة تحت إمرة هؤلاء الشيوخ كبيرة، ومن غير المُستحسن اتباع أي إجراءات قسرية من غير المؤكد نجاحها؛ يجب التركيز أولًا على إرسال المزيد من القوات الأكثر كفاءة».

Ref.: (Foreign Dept. Political, A., Progs., 92- 96, June, 1868), p. 5.
6 June 1868.

رقم (92)
رقم (128)
6 يونيو 1868م

من: السيد سي. جوني، سكرتير حكومة بومباي

إلى: سكرتير حكومة الهند في وزارة الخارجية

والحاكم العام

إكمالًا للرسائل التي تمت إحالتها مع رسالتي رقم (37) المؤرخة في 13 فبراير الماضي؛ طُلب مني أن أرسل، كي يتم تقديمها لحكومة الهند، النسخة المرفقة من رسالة أخرى رقم (55) بتاريخ التاسع من الشهر الماضي مع المرفقات، من المقيم السياسي في الخليج الفارسي، التي تتعلق بخرق شيخي البحرين وأبوظبي للهدنة البحرية بقيامهم بالهجوم على ساحل قطر.

2- تم إبلاغ المقدم بيلي أنه عليه توجيه رسالة إلى شيخ البحرين وفقًا لما اقترحه.

Ref.: (Foreign Dept. Political, A., Part A, Progs., 1- 21, August, 1868), pp. 14-15.
7 June 1868.

رقم (9)
رقم (68)
7 يونيو 1868م

من: المقدم لويس بيلي
المقيم السياسي لصاحبة الجلالة البريطانية في الخليج الفارسي

إلى: السيد سي. جوني
سكرتير حكومة بومباي

يشرفني أن أقر بتسلم برقية الحكومة بتاريخ اليوم؛ حيث تسمح لي بفرض حصار على أبوظبي، لكنها تقترح الإنتظار لوصول المزيد من القوات الأكثر كفاءة، التي قد تصل في وقت قريب.

2- تشرفنا اليوم بإرسال البرقية التالية كرد عليها:

«أخبرني قائد السفينة «السند» أنه لم يتسلم القذائف لأسلحته؛ في ظل هذه الظروف وغيرها مما ذكر في الرسالة المرسلة اليوم، فإنني أعتزم انتظار المزيد من القوات».

3- عندما فكرت في السفينة «السَند» من أجل الحصار، كنت مدركًا أنها تحمل الأسلحة، وخمنت أنها قد تكون مزودة بالذخائر.

4- حتى كما هي الأمور عليه؛ لا ينبغي لي أن أرفض الحضور إلى قبالة أبوظبي برفقتها والمراكب الحربية؛ إذا كان هذا الإجراء ضروريًا. لكن بما أن سعادته في المجلس تكرم بالاهتمام المبكر في إرسال المزيد من القوات الأكثر كفاءة لي، فإنني أفضل انتظار وصولها، والأمر الآخر هو أن عدم وجود سفينة حربية لوقت طويل في هذه المياه يجعل من المُستحسن؛ إذا كان علينا إحكام الخناق، أن نفعل ذلك بطريقة تُقنع القبائل الساحلية أن قوتنا في البحر ليست ضعيفة.

5- بما أن الوكيل في مسقط لديه عمل في البحرين؛ فقد انتهزت الفرصة بإرسال مترجمي إلى

هناك على متن السفنية «هيو روز» كي يرافقه إلى هناك؛ وبالتالي تمكنت، دون تدخل، أن أجمع أدلة داعمة على عملية القرصنة الفاضحة، التي ارتكبها شيخ أبوظبي بالاتفاق مع شيخ البحرين.

6- علمت من وكيل مسقط أن العرب أنفسهم يُقدِّرون الخسائر المتكبدة بما يقارب أربعة إلى خسمائة ألف روبية، وأنه كان هناك اتفاق سري بين الشيخين، وذلك أنه في حال أجبرت الحكومة البريطانية شيخ أبوظبي على دفع تعويض عن الخسائر فإن شيخ البحرين سيقوم بالدفع بدلًا من شيخ أبوظبي.

7- يُشرفني أن أرفق نسخًا من رسائل وجهتها إلى وكيلنا المحلي في الشارقة وإلى شيخ أبوظبي، أملًا أن يكون الأخير، عند اقتراب سفننا، مستعدًا لتنفيذ مطالب منطقية، وينقذ نفسه من العقوبة، وينقذنا من التأخير وعناء الحصار على ساحل شديد الحر.

Ref.: (Foreign Dept. Political, A., Part A, Progs., 1- 21, August, 1868), p. 15.
8 June 1868.

16 صفر 1285هـ / 8 يونيو 1868م

من: المقدم لويس بيلي
المقيم السياسي لصاحبة الجلالة البريطانية في الخليج الفارسي

إلى: الحاجي عبد الرحمن
الوكيل البريطاني في الشارقة

في ما يلي رسالة مرفقة موجهة إلى شيخ أبوظبي؛ من فضلك أرسلها له.

أرجو أن تتكرم بالبقاء في الشارقة إلى وصول أوامر أخرى.

إذا رأيت سفن الحكومة في عرض البحر؛ من فضلك اذهب على متنها، وراقب رايتي؛ فإذا ما رأيتها مرفوعة، فأبحر على متن السفينة إلى حيث هي.

يمكنك أن تخبر الشيوخ؛ إذا ما سئلت، أن شيخ أبوظبي قد ارتكب خرقًا للهدنة البحرية، وأنه رفض إعادة الممتلكات المنهوبة أو دفع التعويض، وأن لديّ أوامر من الحكومة البريطانية لإجباره على ذلك، وأنني على وشك الإبحار برفقة بعض السفن الحربية إلى أبوظبي. وفي الوقت نفسه قل إن كل الشيوخ الآخرين سيتلقون مني التحيات الودية المعتادة، شرط أن يستمروا في الحفاظ على الهدوء في البحر.

Ref.: (Foreign Dept. Political, A., Part A, Progs., 1- 21, August, 1868), p. 15.
8 June 1868.

16 صفر 1285هـ / 8 يونيو 1868م

من: المقدم لويس بيلي
المقيم السياسي لصاحبة الجلالة البريطانية في الخليج الفارسي

إلى: الشيخ زايد بن خليفة، شيخ أبوظبي

في شهر جمادى الأولى 1284هـ (سبتمبر 1867م)، ودون إبلاغي مسبقًا بصفتي وسيط الهدنة البحرية، أبحرت وساعدت شيخ البحرين على مهاجمة منطقة قطر. كانت النتيجة تدمير كمية كبيرة من الممتلكات، ونهب وانتهاك غير مدروس. أكدت لي مصادر معلومات جيدة أن الخسائر المتكبدة نتيجة هجومك قد بلغت ما يقارب مئة ألف دولار. قُتل العديد من الأشخاص، وقمت أنت بخطف آخرين.

في الخامس والعشرين من رمضان 1284هـ (21 يناير 1868م) أرسلت لك حول هذا الموضوع محتجًا، واقترحت عليك إرسال مندوب لديه صلاحية لضمان التعويضات عن الخسائر والأضرار.

لم ترسل لي الرد حتى الثاني عشر من ذي الحجة (15 أبريل 1868م)، وعندها كنت مراوغًا في ردك، ولم تقدم تأكيدات بخصوص التعويضات.

أخيرًا؛ وجدت الحكومة البريطانية نفسها، بعد طول انتظار وصبر؛ كي ترى ما هي الإجراءات التي ستتبعها، مضطرة لتطلب مني الذهاب برفقة قوة بحرية إلى أبوظبي، وأجبرك على إعادة الممتلكات المنهوبة، وتقديم ضمانات موثوقة من أجل الالتزام بالهدنة البحرية في المستقبل.

بناءً على ذلك، سأذهب قريبًا إلى أبوظبي، أكتب هذه الرسالة الأخيرة بلهجة ودية لكنها حاسمة كي أنصحك بتجهيز مايلي لدى وصولي:

أولًا- 25000 دولار، أو مئة وخمسة وعشرين ألف قيران.

ثانيًا- إعادة الأشخاص الذين أخذتهم معك إلى قطر بكامل أمتعتهم.

ثالثًا- ضمانة خطية موثقة تتضمن ندمك على الماضي والتصميم على الهدوء في البحر مستقبلًا.

إذا كنت ترى أن قبول هذه الشروط لا يناسبك، فإن جميع مظاهر حسن النية السلمية الأخرى التي قدمتها ستكون في المستقبل خارجة عن سلطتي وصلاحياتي، سيكون عليّ فقط أن أنفذ تعليمات الحكومة البريطانية، وهي مصممة على عدم زعزعة الهدوء في البحر أو ارتكاب أية عمليات قرصنة في الخليج الفارسي.

Ref.: (Foreign Dept. Political, A., Part A, Progs., 1- 21, August, 1868), p. 12.
9 June 1868.

رقم (1527)
9 يونيو 1868م

من: السيد سي. جوني
سكرتير حكومة بومباي

إلى: المقدم لويس بيلي
المقيم السياسي لصاحبة الجلالة البريطانية في الخليج الفارسي

بالإشارة إلى برقيتك المدونة في الهامش؛ «أعلنت السفينة «سند» وصولها إلى الخليج. يمكنني الآن بها وبالمراكب الحربية الأخرى فرض حصار على شيخ أبوظبي، إذا وافق سعادته (في المجلس) على ذلك، سينتهي موسم الغوص على اللؤلؤ في أغسطس، وبعد ذلك لن يؤتي الحصار أثره المرجو»، التي تقترح فيها فرض حصار على شيخ أبوظبي، طُلب مني أن أخبرك أنه إذا كنت واثقًا أن القوات المتاحة لك الآن كافية، نظرًا لأن السفينة «السند» قد عادت، فإنه بالتأكيد يجب تنفيذ الحصار. لكن القوات العاملة بإمرة هولاء الشيوخ ضخمة، ويرى سعادة الحاكم العام في المجلس أنه لن يكون من المُستحسن اتخاذ أي إجراءات قسرية في حال كان اتخاذ مثل هذا الإجراء الخطير غير مؤكد النجاح.

تركز الحكومة اهتمامها على إرسال المزيد من القوات الفعّالة عاجلًا.

قمت اليوم بإرسال رد في برقية إليك بهذا الصدد.

Ref.: (Foreign Dept. Political, A., Progs., 92- 96, June, 1868), p. 11.

9 June 1868.

رقم (94)

رقم (131)

9 يونيو 1868م

من: السيد سي. جوني

سكرتير الحكومة في بومباي

إلى: سكرتير حكومة الهند في وزارة الخارجية

والحاكم العام

إكمالًا لرسالتي رقم (128) بتاريخ السادس من الشهر الحالي، طُلب مني أن أقدم، لمعلومات المبجل الحاكم العام في المجلس، نسخة من الوثائق المشار إليها في الهامش، بخصوص اقتراح قدمه المقيم السياسي في الخليج الفارسي من أجل محاصرة شيخ أبوظبي.

Ref.: (Foreign Dept. Political, A., Progs., 92- 96, June, 1868), p. 13.

14 June 1868.

رقم (96)

برقية

14 يونيو 1868م

من: سكرتير حكومة بومباي

إلى: معاون السكرتير في وزارة الخارجية

«طُلب من العقيد بيلي عدم محاصرة أبوظبي ما لم تكن القوات العاملة تحت تصرفه كافية ؛ حتى يضمن النجاح الكامل، وقد أرسل في الرد أن السفينة «السند» ليست مزودة بالعتاد الحربي، لذلك قام بتأجيل الحصار».

Ref.: (Foreign Dept. Political, A., Part A, Progs., 1- 21, August, 1868), p. 17.

14 June 1868.

برقية

رقم (11)

14 يونيو 1868م

من: المقدم لويس بيلي

المقيم السياسي لصاحبة الجلالة البريطانية في الخليج الفارسي، بوشهر

إلى: السيد سي. جوني

السكرتير السياسي لحكومة بومباي

«علمت أن قبائل قطر قد نظمت هجومًا انتقاميًا، عندما أدركت أنه لا يُمكن الحصول على تعويض جراء هجوم البحرين عليها في أكتوبر الماضي، وقد قمعت البحرين تقريبًا؛ فقد نشبت معركة حربية دُمر فيها حوالي ستين مركبًا، وقُتل أكثر من ألف شخص. وكان شيخ البحرين قد أبحر مجددًا إلى قطر مع سفنه الحربية؛ فقد كان شيخ البحرين، ولايزال، مصدر إزعاج، ولا يكترث بالاتفاقيات».

Ref.: (Foreign Dept. Political, A., Progs., 406- 410, August, 1868), p. 3.

27 June 1868.

مضمون مترجم من رسالة

6 ربيع الأول 1285هـ / 27 يونيو 1868م

من: الشيخ علي بن خليفة، شقيق شيخ البحرين

إلى: المقدم لويس بيلي

المقيم السياسي لصاحبة الجلالة البريطانية في الخليج الفارسي

لقد كنت أتوقع وصولك إلى البحرين لبعض الوقت، لكنك لم تأت.

بما أنه قد وقعت بعض الأحداث فقد رأيت أن من الضروري أن أكتب لك.

إن شقيقي، محمد بن خليفة، عسى الله أن يهديه إلى الطريق الصحيح، يسبب الأذى للقوي والضعيف، وأخشى أن سلوكه هذا سيجلب لنا ولبلدنا المشاكل.

لديّ بعض الأمور التي أريد أن أخبرك عنها، التي لا يمكنني أن أكتبها؛ آمل أن تأتي إلى البحرين، وبعد أن أتشرف بمقابلتك سوف أطلعك على الموضوع. أرجو أن تأتي إلى البحرين وأن أراك قريبًا.

Ref.: (Foreign Dept. Political, A., Part A, Progs., 1- 21, August, 1868), p. 10.
3 July 1868.

رقم (6)
رقم (155)
3 يوليو 1868م

من: السيد سي. جوني
سكرتير حكومة بومباي

إلى: السيد سي. يو. أتشيسون
سكرتير حكومة الهند القائم بالأعمال في وزارة الخارجية
والحاكم العام

فيما يتعلق بالرسائل المرفقة مع رسالتي رقم (128) بتاريخ السادس من الشهر الماضي، طُلب مني أن أرفق نسخة من الرسالة رقم (60) بتاريخ 23 مايو الماضي مع مرفقاتها، من المقيم السياسي في الخليج الفارسي بخصوص تحركات شيخ أبوظبي.

2- طُلب مني أيضًا، بخصوص البرقية المذكورة في الفقرة الأخيرة من رسالة العقيد بيلي، أن أحيل نسخة من تعليمات هذه الحكومة، التي وصلت إليه بتاريخ التاسع من الشهر الماضي (رقم 1527) حول اقتراحه فرض حصار على شيخ أبوظبي.

Ref.: (Foreign Dept. Political, A., Part A, Progs., 1- 21, August, 1868), p. 2.
3 July 1868.

رقم (2)
3 يوليو 1868م

محتوى رسالة من حاكم «ريوه» إلى وكيل الحاكم العام لمنطقة وسط الهند

يشير إلى توصية الوكيل بتحسين إدارة ولايته، وإلى الأوامر المتكررة التي وجهها إلى ديوانه ومسؤوليه لتحقيق تلك الغاية، وإلى إهمالهم المتواصل الذي أدى إلى معاناة رعاياه، وإلى تشويه سمعة حكومته وإلى مراسلاته الخاصة السابقة التي وجهها إلى الوكيل، حول المساعدة التي طلبها من الموقر السير دينكور راو، ويستسمح الآن أن يقدم طلبًا رسميًا حول هذا الموضوع، مشيرًا إلى الشروط التي بموجبها طلب مساعدة رجل الدولة ذلك، ويطلب من الوكيل مراسلته موضحًا تلك الشروط، وأن يكون على ثقة بأنه سيلتزم بها.

Ref.: (Foreign Dept. Political, A., Progs., 406- 410, August, 1868), p. 3.
3 July 1868.

12 ربيع الأول 1285هـ / 3 يوليو 1868م

من: المقدم لويس بيلي
المقيم السياسي لصاحبة الجلالة في الخليج الفارسي

إلى: الشيخ محمد بن خليفة، شيخ البحرين

إن تحركاتك الأخيرة على ساحل قطر، وبالخصوص فيما يتعلق بمدينتي البدع والوكرة، قد كانت مخالفة بشكل واضح للهدنة البحرية، وقد طلبت الحكومة مني أن أخبرك أنها سوف تكتشفها. نصيحتي لك هي أن تعمل على إعادة الممتلكات المنهوبة بسرعة.

Ref.: (Foreign Dept. Political, A., Part A, Progs., 1- 21, August, 1868), p. 2.

4 July 1868.

4 يوليو 1868م

ترجمة نسخة رسالة الراجا السير دينكور راو

بعد أن طلبت مشورتك ومساعدتك، بسبب سوء إدارة الديوان ومسؤوليه؛ إنني أتعهد بموجب هذه المشورة أن تُنفذ كامل أعمال الإدارة بمساعدتك ومشورتك؛ وإنني مستعد لقبول ما يبدر عن مساعدتك ومشورتك من خير وشر؛ وإنك لن تُعتبر مسؤولًا بتاتًا عن النتائج في الحاضر أو المستقبل. أرجو منك أن تتكرم بتقديم مشورتك ومساعدتك بكل اطمئنان، وسأكون ممتنًا لصنيعك هذا.

Ref.: (Foreign Dept. Political, A., Part A, Progs., 406- 410, August, 1868), p. 2.
6 July 1868.

رقم (407)
رقم (85)
6 يوليو 1868م

من: المقدم لويس بيلي
المقيم السياسي لصاحبة الجلالة البريطانية في الخليج الفارسي

إلى: السيد سي جوني
سكرتير حكومة بومباي

إكمالًا للرسالة المشار إليها في الهامش (رقم 77 بتاريخ 22 يونيو 1868م، الإدارة السياسية) بخصوص خرق معاهدة السلام من قبل شيخ البحرين؛ يُشرفني الآن أن أرفق نسخة وترجمة رسالة تسلمتها من شقيق الشيخ ومعاون الحاكم.

2- ستلاحظ الحكومة أن هذا الشيخ ومعاون الحاكم يعترفان بأفعال شقيقه المؤذية، لكن الشيخ سيبرئ نفسه؛ مع ذلك كان هو من قاد حملة القرصنة الأخيرة، وقد كانت سياسته التي يتبعها منذ زمن طويل أن يتقاسم عائدات أعمال شقيقه السيئة، وأن يُعلن عدم موافقته عليها عندما يتعرض لموقف محرج.

3- في الحال الحالية، عندما علم شيخ البحرين برسالة الحكومة الموجهة إلى شيخ أبوظبي، أرسل مبعوثًا لي ومعه الرسالة المذكورة في تقريره، حسب ما هو مشار إليه في الهامش؛ (انظر مرفق رسالتي رقم 5، سياسي، بتاريخ 21 يناير 1868م)؛ (انظر حاشية رسالتي رقم 77 بتاريخ 22 يونيو 1868م، الإدارة السياسية).

4- عندما شعر أنني لن أجري محادثة معه حتى تصل تعليمات من الحكومة، أدرك أنه تم اكتشاف عملية القرصنة التي قام بها، وأنه سيتم الإبلاغ عنها، والآن يظهر شقيقه ليعترف بالحقيقة ويحمي نفسه.

5- لقد أعربت للحكومة سابقًا عن استحسان معاقبة شيخ البحرين. وأستسمح الآن أن أُعرب مجددًا عن رأيي المتواضع. (انظر الفقرة 19 من رسالتي رقم 77 بتاريخ 22 يونيو 1868م).

6- لقد وصلت إليّ رسالة الحكومة التي طلبت مني فيها أن أوجه رسالة إلى شيخ البحرين بنفس لهجة الرسالة التي أرسلتها إلى شيخ أبوظبي، وتم الآن إرفاق نسخة من الرسالة التي سأقوم بإرسالها إلى شيخ البحرين. (قرار الحكومة رقم 1496 بتاريخ 6 يونيو 1868م، الإدارة السياسية).

7- يتضح من خلال بعض الرسائل التي تم تسلمها مؤخرًا من مساعد المقيم الأول أن هناك بعض القبائل في الساحل الفارسي من الخليج قد شاركت بحرًا في الحادثة الخطيرة الأخيرة، وهناك نبأ يُفيد بأن الاعتداءات ستُستأنف بعد انتهاء موسم صيد اللؤلؤ.

8- أعتقد أنه، ما لم تقم الحكومة بمراقبة شديدة لهذه الخروقات الفاضحة لمعاهدة السلام الواردة في رسالتي كما هو مشار إليها في الهامش؛ (رقم 140 بتاريخ 7 ديسمبر 1867م، والمراسلات التالية المنتهية برسالتي رقم 68 بتاريخ 7 يونيو 1868م ورسالتي رقم 77 بتاريخ 22 يونيو 1868م، الإدارة السياسية)، فإن العرب سيعتقدون أن نفوذنا قد انتهى، وسيكون عليّ في المرة القادمة أن أبلغ عن انتهاكات مزعجة؛ إن شيخ البحرين، محمد بن خليفة، هو مصدر المشاكل.

Ref.: (Foreign Dept. Political, A., Part A, Progs., 1- 21, August, 1868), p. 17.
7 July 1868.

رقم (10)
رقم (139)
7 يوليو 1868م

من: السيد سي. جوني
سكرتير حكومة بومباي

إلى: السيد سي. يو أتشيسون
سكرتير حكومة الهند القائم بالأعمال في وزارة الخارجية
والحاكم العام

طُلب مني أن أرسل، من أجل تقديمها إلى المبجل الحاكم العام في المجلس، النسخة المرفقة من برقية تم تسلمها من المقيم في الخليج الفارسي مبلغًا عن هجوم انتقامي قامت به قبائل قطر بحرًا على البحرين.

Ref.: (Foreign Dept. Political, A., Part A, Progs., 1- 21, August, 1868), p. 14.
7 July 1868.

رقم (8)
رقم (138)
7 يوليو 1868م

من: السيد سي. جوني
سكرتير حكومة بومباي

إلى: السيد سي. يو. أتشيسون
سكرتير حكومة الهند القائم بالأعمال في وزارة الخارجية
والحاكم العام

طُلب مني أن أرسل، من أجل تقديمها إلى النائب والحاكم العام في المجلس، النسخة المرفقة من الرسالة رقم (68) بتاريخ السابع من الشهر الماضي مع مرفقاتها من المقيم في الخليج الفارسي بخصوص عملية القرصنة التي ارتكبها شيخ أبوظبي بالاتفاق مع شيخ البحرين.

Ref.: (Foreign Dept. Political, A., Part A, Progs., 1- 21, August, 1868), p. 2.

10 July 1868.

رقم (1)

رقم (27-133)

10 يوليو 1868م

من: المقدم آر. ميدي

رفيق وسام نجمة الهند

وكيل الحاكم العام لمنطقة وسط الهند

إلى: السيد سي. يو. إيتشيسون

القائم بأعمال سكرتير حكومة الهند

في إدارة الشؤون الخارجية لدى الحاكم العام

بإحال ترجمة رسالة بتاريخ الثالث من الشهر الحالي، لعلم فخامة النائب والحاكم العام في المجلس؛ تلقيتها من ملك «ريوه» Rewah، حول موضوع تعيين الراجا Rajah السير دينكور ليتولى إدارة ولايته بشكل مباشر، وبإرفاق نسخة من رسالته إلى الحاكم، محددًا الشروط التي يمكنه بموجبها تأمين الخدمات في وظيفته المهمة تلك، يُشرفني أن أذكر أن المهراجا والسير دينكور راو قد تبادلا مراسلات سرية معي منذ فترة حول هذا الموضوع...وبالنظر إلى الإجراء المقترح، رأيت أن من واجبي دعم الحاكم في آرائه ونيته في هذا الشأن قدر الإمكان، دون التدخل بأية طريقة من شأنها أن تؤدي إلى أية مشاكل لاحقًا.

2 - سافر سموه مؤخرًا إلى «آباد الله»؛ بهدف مقابلة الراجا، والاتفاق معه على شروط تعيينه، وقد علمت أنه تم إرسال الرسالة وملحق الترجمات إليّ بغية تقديمها إلى فخامته في المجلس، للحصول على موافقته على الاتفاق، الذي تم التوصل إليه بالصيغة التي سيراعيها الطرفان بعد تصديقه، ولوضع ذلك الاتفاق تحت رعاية الحكومة.

3 - لقد سعيت جاهدًا لإتمام ذلك الاتفاق بحذافيره كي يأخذ طابع التفاهم بين الحاكم والراجا، لكن سيُلاحظ أن الأخير، ولكي يحمي نفسه من احتمال حدوث المشاكل أو تغيّر مواقف المهراجا... الأخبار والمشاعر، وبما أن سموه يرغب في إتمام الإجراء تحت...(النص غير موجود)... للقضية، فإنه يمكن الانصياع لإرادتهما في هذا الشأن.

Ref.: (Foreign Dept. Political, A., Part A, Progs., 1- 21, August, 1868), p. 19.

17 July 1868

رقم (12)

برقية

17 يوليو 1868م

من: السيد سي. يو. أتشيسون

سكرتير حكومة الهند القائم بالأعمال في وزارة الخارجية

والحاكم العام

إلى: السيد سي. جوني

سكرتير حكومة بومباي

«تم تسلم رسالتيك المؤرختين في الثالث والسابع من يوليو بخصوص أبو ظبي والهجوم الانتقامي لقبائل قطر على البحرين؛ يطلب النائب أن تقوم حكومة بومباي على الفور بالتواصل مع السلطات البحرية من أجل إرسال قوة مناسبة إلى الخليج، وقد ذكر الإجراءات التي تم اتخاذها لتلك الغاية. أبلغ العقيد بيلي ببرقية، حالما تكون السفن جاهزة، واطلب منه أن يُحذر شيخ أبوظبي والبحرين مرة أخرى أنه ستتم معاقبتهم مع جميع من ساندهم ما لم يتم دفع التعويض فورًا».

Ref.: (Foreign Dept. Political, A., Part A, Progs., 1- 21, August, 1868), p. 21.

17 July 1868

17 يوليو 1868م

يُحيل برقية مهمة جدًا من العقيد بيلي؛ مفادها أن قبائل قطر شنت هجومًا على البحرين، لأنها لم تلحظ معاقبة عمليات القرصنة التي قامت بها البحرين وأبوظبي؛ حيث وقع اشتباك بحري عنيف، أدى إلى تدمير 60 مركبًا، ومقتل 1000 شخص. وأبحر شيخ البحرين مجددًا إلى قطر (بومباي رقم 139، 7 يوليو 1868).

وهذا يعقد الأمور كثيرًا؛ فمن غير الممكن اتخاذ قرار نهائي بشأن النهج، الذي ينبغي اتباعه قبل وصول تفاصيل أوفى، لكن بتلك الأحوال، وأيًا كان قرار الحكومة النهائي، يبدو أن من الضروري جدًا تعزيز القوة البحرية الصغيرة، التي يقودها العقيد بيلي فورًا؛ فتحت تصرفه الآن (أعتقد؛ إلا أنه تم إرسال جميع الوثائق على متنها)، السفن الحربية: «هيو روز»، و«كلايدي»، و«السند»، إلا أن الأخيرة لن تفيد بشيء؛ لأنها لا تملك قذائف للمدفعية؛ (انظر الرسالة أدناه).

يمكن أن نطلب من حكومة بومباي التواصل مع العميد البحري هيث (أو قائد القوات البحرية في بومباي في حال غيابه)، موضحةً له ضرورة إرسال سفينة حربية أو أكثر ذات قوة مناسبة ما إن يمكنه الاستغناء عنها، كي يتمكن العقيد بيلي من إجبار شيخي البحرين وأبوظبي على تنفيذ مطالبه

التوقيع/ إتش. إل. بي. دبليو.

تُرسل نسخة إلى إدارة الجيش؛ حيث طلبت منها.

Ref.: (Foreign Dept. Political, A., Part A, Progs., 1- 21, August, 1868), p. 25.
19 July 1868

رقم (13)
برقية
19 يوليو 1868م

من: السيد سي. جوني
سكرتير الحكومة في بونا

إلى: السيد سي. يو. أتشيسون
سكرتير حكومة الهند القائم بالأعمال في وزارة الخارجية
والحاكم العام

تم تسلم برقيتك المؤرخة في السابع عشر بخصوص أبوظبي والبحرين؛ سيقوم سعادة الحاكم بمراسلة العميد البحري مرة أخرى، لكن سيمر وقت طويل قبل تسلم رده لأن وجهته الأخيرة كانت سيشل والساحل الأفريقي. كان مفاد الرد على رسالة سعادته الأخيرة أن سفينة ستكون جاهزة في نوفمبر، حتى ذلك الحين سيُبحر الأسطول للبحث عن العبيد. يعتقد سعادته أن تحذير شيخ البحرين مجددًا ومطالبته بالتعويض لن يكون مستحسنًا بعد أن يكون قد مر وقت طويل قبل تنفيذه. قد يكون من الممكن تسليح سفينة على الفور لهذه الغاية بالتحديد، إذا وافق الحاكم العام على ذلك.

Ref.: (Foreign Dept. Political, A., Part A, Progs., 1- 21, August, 1868), p. 27.
20 July 1868

رقم (14)
برقية
20 يوليو 1868م

من: سعادة السيد «سيمور فيتزجيرالد Seymour Fitzgerald»
حاكم بومباي - بونا

إلى: سعادة السيد جون لورانس
النائب والحاكم العام للهند - سيملا

«لقد وصلت سفينتا صاحبة الجلالة «فيجيلانت» و«أرجوس Argus» إلى بومباي؛ الأولى من أجل الفحص والإصلاح، والثانية في طريقها إلى الصين. ولأن السفينة «فيجيلانت» لا يمكنها الذهاب؛ فقد طلبت من قائدها، بما أن القائد الأعلى للقوات البحرية موجود، أن يغير وجهة السفينة «أرجوس»، وأن يأمر قائدها بالذهاب إلى الخليج، وأن يتخذ الإجراءات المناسبة بالتنسيق مع العقيد بيلي، من أجل تطبيق الهدنة، وتحصيل التعويضات. سيتم إرسال المزيد من التعليمات المفصلة إذا وافق القائد الأعلى للقوات البحرية على إصدار الأوامر المطلوبة».

Ref.: (Foreign Dept. Political, A., Part A, Progs., 1- 21, August, 1868), p. 29.
21 July 1868

رقم (15)
برقية
21 يوليو 1868م

من: سعادة السيد جون لورانس
النائب والحاكم العام للهند سيملا

إلى: سعادة السيد سيمور فيتزجيرالد
حاكم بومباي - بونا

«إنني أوافق تمامًا على آرائك، وآمل من قائد السفينة «فيجيلانت» أن يُلبي مطلبك. استخدم اسم الحاكم العام إذا كان الأمر ضروريًا.

قد تعود السفينة «السند» أيضًا إلى بومباي من أجل التزود بالقذائف لأسلحتها، ومن ثم ستعود إلى الخليج لتقديم المساعدة».

Ref.: (Foreign Dept. Political, A., Part A, Progs., 1- 21, August, 1868), p. 31.

22 July 1868

رقم (16)

برقية

22 يوليو 1868م

من: سعادة السيد سيمور فيتزجيرالد

حاكم بومباي - Guneshkund

إلى: سعادة السيد جون لورانس

النائب والحاكم العام للهند - سيملا

«ستكون السفينة «فيجيلانت» جاهزة يوم غد، وسوف تبحر إلى الخليج يوم الجمعة. طُلب من الكابتن «براون» أن يطالب بالتعويض من خلال فرض غرامة كبيرة، وأن يعمل على تنفيذها بكل الوسائل المتاحة له. لكن بما أن طاقمه صغير، لن يُطلب منه على الإطلاق أن ينزل إلى اليابسة أو يتولى العمليات على الساحل؛ فهو سيقابل العقيد بيلي ويتشاور معه في بوشهر».

Ref.: (Foreign Dept. Political, A., Progs., 406- 410, August, 1868), pp. 7- 8.

22 July. 1868.

22 يوليو 1868م

من: الدكتور كليمينت وليمز

إلى: سكرتير كبير مفوضي بورما البريطانية

يشرفني أن أذكر أن أخي في ماندالي Mandaluy طلب مني أن أقدم إلى كبير المفوضين جزيل الشكر على الرسالة الفعّالة التي وُجهت مؤخرًا إلى باخون وونجي Pakhun Woongyee حول المنزل الذي اُنتزع من ملكتيه.

2 - وطلب أخي مني أن أذكر أن الهولت Holt طلب حضوره في اليوم التالي لتلقي «ونغي» رسالة كبير المفوضين، وتم إصدار أمر رسمي برد الملكية؛ فأرسلت المحكمة موظفًا من طرفها لتمليكه لأخي على الفور. وقد أحال لعلم كبير المفوضين نسخة من الأمر ومن محضر الجلسة؛ (مرفقة طيه).

3 - يسرني جدًا أن أضيف جزيل شكري على مساعي كبير المفوضين لتحقيق العدالة.

Ref.: (Foreign Dept. Political, A., Part A, Progs., 1- 21, August, 1868), p. 33.

23 July 1868

رقم (17)

برقية

23 يوليو 1868م

من: سعادة السيد جون لورانس

النائب والحاكم العام للهند - سيملا

إلى: سعادة السيد سيمور فيتزجيرالد

حاكم بومباي - Guneshkund

«إنني أوافق على آرائك في برقيتك بتاريخ الثاني والعشرين؛ فمن المُستحسن جدًا أن يقوم العقيد بيلي بمرافقة قائد السفينة فيجيلانت».

Ref.: (Foreign Dept. Political, A., Part A, Progs., 1- 21, August, 1868), pp. 35- 36.
23 July 1868

رقم (18)
رقم (797)
23 يوليو 1868م

من: سي. يو. أتشيسون
سكرتير حكومة الهند القائم بالأعمال في وزارة الخارجية
والحاكم العام

إلى: السيد سي. جوني
سكريتر حكومة بومباي

طلب مني سعادة النائب والحاكم العام في المجلس أن أرد على رسائلك رقم (155) بتاريخ 3 يوليو ورقمي (138 و139) بتاريخ 7 يوليو بخصوص تحركات شيخي أبوظبي والبحرين، والاضطرابات على ساحل قطر.

2- بعد تسلم الرسائل والبرقيات التي تم تبادلها بين حكومة الهند وحكومة بومباي، والمشار إليها في الهامش (من سكرتير حكومة الهند إلى سكرتير حكومة بومباي بتاريخ 17 يوليو. إلى سكرتير حكومة الهند، ومن سكرتير حكومة بومباي بتاريخ 19يوليو، ومن الحاكم في بومباي إلى نائب الملك بتاريخ 20 يوليو 1868م، ومن نائب الملك إلى حاكم بومباي بتاريخ 21 يوليو 1868م)؛ يأمل سعادته في المجلس، كنتيجة لتلك المراسلات، أن تستعد قوة كبيرة من أجل إرسالها عاجلًا إلى الخليج الفارسي بغية تحصيل التعويض من شيخي البحرين وأبوظبي وتعزيز الهدنة البحرية.

3- لقد بقيت حكومة الهند، إلى أن تسلمت برقيتي التاسع عشر والعشرين من يوليو، دون أية معلومات عن الإجراءات التي تم اتخاذها لتنفيذ الأوامر المعلن عنها في الفقرة الثالثة من رسالة سكرتير الحكومة القائم بالمهام رقم (143) بتاريخ 7 فبراير، التي تمّ لفت الإنتباه إليها في رسالتي رقم (489) بتاريخ 14 مايو؛ لم يتضح حتى الآن ما إذا كان قد تم إرسال السفينة «السند» لمساعدة العقيد بيلي بموجب هذه التعليمات، لكن من المفترض أن ذلك قد حدث. إن سعادته في المجلس

مندهش جدًا لأن السفينة التي كان ينبغي إرسالها إلى الخليج الفارسي دون قذائف ودون وسائل تطبيق التحذيرات التي كان العقيد بيلي قد وجهها معتمدًا كما يبدو على التعزيزات المتوقعة من بومباي، إلى الشيخين المذنبين. يرى سعادته في المجلس أن هذه الحادثة تستدعي التوضيح.

4- يوافق سعادته في المجلس كليةً على الفكرة التي أعربت عنها في برقيتك بتاريخ التاسع عشر من يوليو، وذلك أن توجيه تهديد جديد لشيخ البحرين ومطالبته بالتعويض لن يكون مستحسنًا بعد أن يكون قد مر وقت طويل قبل تنفيذه. لكن ألفت انتباهك إلى أن التعليمات الواردة في برقيتي بتاريخ السابع عشر من يوليو كانت لتجديد التهديد والمطالبة؛ «حالما تكون السفن جاهزة». وفقًا للوضع الحالي، يأسف سعادته في المجلس لأنه كان على العقيد بيلي توجيه التهديد الذي لم يتمكن على ما يبدو من تنفيذه بسبب رفض تحميل الذخائر الحربية على متن السفينة «السند».

5- طلب سعادته في المجلس مني أن أشير إلى طبيعة الأزمة الحالية الخطيرة في الخليج الفارسي. فقد كتب العقيد بيلي في يناير الماضي، «الجميع يترقب الإجراءات التي ستتخذها الحكومة بخصوص حادثة قطر الأخيرة؛ فإذا نجا شيخ أبوظبي من العقوبة سيقوم الشيوخ الآخرون جميعهم بالمطالبة بالتخلي عن التزاماتهم»، وأن شيخ القواسم كان يعتزم خرق الهدنة وكان فقط ينتظر ليتأكد مما إذا كان الخرق الذي ارتكبه شيخ أبوظبي قد مر دون عقوبة.

6- ليس من المدهش، كما ورد في رسالتك رقم (139) بتاريخ 7 يوليو، أن قبائل قطر قد ثارت وشنت هجومًا انتقاميًا على البحرين. فتدخلنا لمنع مثل تلك الاعتداءات التي قامت بها البحرين وأبوظبي، وهذه الاعتداءات ليست مسألة سياسية فقط، بل هي التزام واضح. فالحكومة البريطانية ملزمة، لدى حصولها على معلومات عن هجوم في البحر، باتخاذ الإجراءات الضرورية على الفور من أجل الحصول على التعويض عن الأضرار شرط أن يكون وجودها مثبتًا بشكلٍ مرضٍ، وأن تراقب أيضًا الهدوء في البحر وأن «تتخذ الإجراءات لتضمن دائمًا الالتزام» المطلوب ببنود الهدنة البحرية.

7- يعتمد سعادته في المجلس على حكومة بومباي؛ كي تبذل قصارى جهدها من خلال التواصل مع المقيم في الخليج الفارسي، كي ننفذ التزاماتنا تجاه القبائل المجاورة للبحر على الساحل الفارسي، وأن نحصل التعويض من شيخي البحرين وأبوظبي بسبب قيامهما بزعزعة الأمن، وإلحاق الضرر بالقبائل القطرية.

8- ستتم إحالة هذه الرسالة إلى وزير الخارجية كدليل إضافي على سوء قرار انسحاب القوة البحرية من الخليج الفارسي.

Ref.: (Foreign Dept. Political, A., Part A, Progs., 1- 21, August, 1868), p. 4.

23 July 1868

رقم (3)

رقم (798)

23 يوليو 1868م

من: السيد سي. يو. أتشيسون

سكرتير حكومة الهند القائم بالأعمال

في إدارة الشوؤن الخارجية والحاكم العام

ردًا على رسالتك رقم (27- 133) بتاريخ 10 يوليو؛ تلقيت تعليمات بأن أخبرك أن فخامة النائب والحاكم العام في المجلس ليس لديه أي اعتراض على اقتراح تعيين الراجا السير دينكور راو، قائد فرسان وسام نجمة الهند، ليكون رئيس وزراء «ريوه»، لكنه يرى أنه من غير المستحسن أن تقوم الحكومة البريطانية بضمان منصب رئيس الوزراء، أو الشروط المتفق عليها بينه وبين المهراجا.

2 - فقد تبين أن مثل هذه الضمانات لن تجلب سوى القلق وسوء التفاهم. وينبغي للمهراجا أن يُدرك ميزة ضمان خدمات وزير أمين وجدير، ويكفي أن تخبر المهراجا أنه يُتوقع منه معاملة دينكور راو بتقدير واحترام يليقان به.

3 - أود أيضًا أن أذكر أنه ليس من المستحسن تشجيع المهراجا على التخلي عن الإشراف الشخصي على حكومته، وترك الإدارة كلية بيد رئيس الوزراء؛ فقد فهم فخامته في المجلس من مرفقات رسالتك أن المهراجا ينوي فعل ذلك. وينبغي أن تقتصر مهمة رئيس الوزراء على دعم المهراجا، وتزويده بالمشورة المفيدة، وليس أن يعمل بنفسه مباشرة؛ إذ يجب تنفيذ أي عمل من خلال المهراجا وباسمه قدر الإمكان، ويجب جعله يشعر أنه معنيّ شخصيًا بمسؤوليات الحكومة، وأنه لا يمكن نقلها إلى وزيره مهما كان نزيهًا وجديرًا بذلك.

Ref.: (Foreign Dept. Political, A., Part A, Progs., 1- 21, August, 1868), p. 5.

23 July 1868

رقم (3)

رقم (798)

23 يوليو 1868م

وسط الهند، رقم (130/270) بتاريخ 21 يونيو 1870م

سياسي رقم (123) لعام 1868م

تقارير أغسطس

رقم (3)

ردًا على الرسالة رقم (27- 133) بتاريخ العاشر من الشهر الحالي؛ أخبره أن الحاكم العام في المجلس ليس لديه اعتراضات على تعيين الراجا السير دينكور روو، قائد فرسان وسام نجمة الهند، ليكون رئيس وزراء «ريوه»، لكنه يرى أن من غير المستحسن أن تقوم الحكومة البريطانية بضمان منصب رئيس الوزراء. ويشير إلى أنه لا ينبغي تشجيع المهراجا على التخلي عن الإشراف شخصيًا على حكومته، وترك الإدارة كلية بيد رئيس الوزراء.

Ref.: (Foreign Dept. Political, A., Part A, Progs., 1- 21, August, 1868), pp. 39- 43.
31 July 1868.

رقم (19)
31 يوليو 1868م

تقرير خرق الهدنة البحرية من قبل شيخي البحرين وأبوظبي

1 - سلوك شيخي البحرين وأبوظبي

في أكتوبر من عام 1867م؛ قام الشيخ محمد بن خليفة، شيخ البحرين، بالاتفاق مع الشيخ سعيد بن خليفة بمهاجمة ونهب قبائل قطر الموجودة على البر المجاور لجزيرة العرب؛ تفاصيل الحادثة كانت على النحو التالي:

2- قام الشيخ أحمد بن محمد بن سلمان، ممثل شيخ البحرين، على ساحل قطر، باعتقال أحد البدو على ذلك الساحل (علي بن ثامر النعيمي)، ثم قام بإرساله إلى البحرين؛ (من سكرتير حكومة بومباي رقم 128 بتاريخ 6 يونيو 1868م. تقارير رقم 92 و93 بتاريخ يونيو 1868م)؛ كان السبب الظاهري لذلك العمل هو أن البدوي قد زار عائلته. طالب زعماء الوكرة والبدع والدوحة والدويحة بإطلاق سراح الأسير، لكنهم قرروا طرد الشيخ أحمد من الوكرة؛ لأنه لم يمتثل لطلبهم. غادر الشيخ أحمد مع أسرته وبضائعه إلى خور حسان عندما علم بقرارهم، ولدى وصوله أبلغ شيخ البحرين بالأمر. فقام الشيخ بإطلاق سراح البدوي الأسير، وأرسل رسالة معه إلى قبائل قطر مؤكدًا لهم عن رغبته في استمرار الصداقة، ودعا بعضهم إلى زيارة البحرين. ردًا على دعوته، أرسل أهالي قطر توضيحًا واعتذارًا عن طردهم للشيخ أحمد من الوكرة؛ قبل شيخ البحرين اعتذارهم، وقام بدعوة جاسم بن محمد (بن ثاني)؛ لإبرام اتفاقية جديدة من أجل إدارة الشؤون على الساحل، متعهدًا بالحفاظ على السلام معهم. بناءً عليه، ذهب جاسم إلى البحرين، وما لبث أن وصل حتى قام بحبسه، بعد ذلك، أرسل شيخ البحرين بقيادة شقيقه الشيخ علي بن خليفة قوة مؤلفة من 500 رجل على متن 24 مركبًا، بالإضافة إلى قوة برية مؤلفة من 200 رجل بقيادة الشيخ أحمد. وبينما هم في طريقهم إلى الساحل التقى أسطوله بثلاثين مركبًا من مراكب قطر واستولى عليها. في نفس الوقت كان قد طلب المساعدة من شيخي دبي وأبوظبي؛ رفض الأول تلبية طلبه، أما الأخر، وبالرغم

من تحذيرات الوكيل البريطاني، استجاب لمطلبه وأرسل قوة مؤلفة مما يقارب 2000 رجل مسلح على متن 70 مركبًا. شعر أهالي قطر بذعر شديد عند رؤيتهم أسطول أبوظبي وأرسلوا رسولًا للتفاهم والتفاوض من أجل حمايتهم . تمت طمأنتهم وإبعاد الشك عنهم إلى أن وصل أسطول البحرين؛ فقام الأسطولان بمحاصرة الخليج، ونهبوا مدن الوكرة والبدع والدوحة والدويحة Dowgha (Dowgha على خريطة بالجريف). قُدرت قيمة الممتلكات المنهوبة والمدمرة بأكثر من 11 لاك قيرانًا (11 لاك أعني 50000 جنيه إسترليني). بدأت عمليات النهب من قبل البحرين وأبوظبي معًا، واستمرت الأولى فيها بمفردها وأنهتها الأخرى، التي قامت قواتها بسلب الأهالي حتى إنهم سرقوا العوارض وأبواب المنازل. بعد أن تم الانتهاء من نهب المدن، طُلب من السكان الصعود على متن المراكب والمغادرة؛ (من سكرتير حكومة بومباي رقم 155 بتاريخ 3 يوليو 1868م، ورسالة الكابتن واي رقم 89 بتاريخ 12 مايو). وعندما هم الآخرون بالمغادرة قاموا بإيقافهم وتجريدهم من كل الممتلكات الصغيرة التي بقيت من عملية النهب الشاملة، وبالتالي تشتت سكان ساحل قطر؛ حيث تم طرد بعضهم بينما لجأ بعضهم الآخر إلى موانئ أخرى على الساحلين العربي والفارسي.

3- بما أن أمير الوهابيين لديه بعض الطموحات بالسيادة على قطر، توسل السكان المسروقون إليه، فتولى قضيتهم، وهدد شيخ البحرين بمحاربته إذا لم تتمّ إعادة الغنائم، وعاد السكان إلى منازلهم؛ يُقال إن الأمير قد صرح أنه «طالما أن أهدافه متطابقة مع أهداف الحكومة البريطانية فلا يجب أن يتعرض الأهالي لمزيد من الأذى من ناحية البحر».

تحدى شيخ البحرين غضب الأمير الوهابي بمصادرة الممتلكات التي كان قد تخلى عنها، وطرد مجددًا بعض العائلات التي كان قد سمح لها بالعودة إلى منازلها.

4- بناءً على ذلك، طُلب من الوكيل الوهابي الإستعداد لمهاجمة البحرين، وكان قد ذُكر أنه في (23 أبريل) قامت قبيلة من الساحل، تكن الولاء لنجد، بمهاجمة ونهب بعض رعايا البحرين.

5- في يونيو الماضي، بعدما أدرك أهالي قطر أنهم لن يحصلوا على التعويض؛ قاموا بتجاهل القوانين وشنوا هجومًا انتقاميًا على البحرين، ونشبت معركة في البحر، وقيل إنه تمّ تدمير حوالي ستين مركبًا، وقتل أكثر من 1000 شخص؛ (من سكرتير حكومة بومباي رقم 139 بتاريخ 7 يوليو).

2- الإجراءات التي اتخذها العقيد بيلي

7 ديسمبر 1867م: حالما وصلت أنباء الهجوم الذي شنه شيخا البحرين وأبوظبي إلى العقيد بيلي، قام بإبلاغ حكومة بومباي مشيرًا إلى استحسان إيلاء الأمر اهتمامًا شديدًا. وقال إن السفينة الوحيدة الجاهزة للخدمة في الخليج الفارسي هي «هيو روز»، وهي سفينة حربية مزودة بطاقم

محلي، وليست قادرة على الإبحار لأكثر من ثماني ساعات متواصلة. كذلك طلب من السلطات أن تُخبر شيخ أبوظبي أن خرق الهدنة الفاضح، الذي قام به لن يمر دون عقوبة. توقع العقيد بيلي أن يدعي شيخ البحرين أن أهالي قطر هم رعاياه، لكن حتى لو كان الأمر كذلك؛ فقد حُظر عليه بموجب شروط الهدنة البحرية القيام بأي هجوم بحري، أما بالنسبة لشيخ أبوظبي فلن يقبل عذرًا كهذا على سلوكه؛ (من سكرتير حكومة بومباي رقم 13 بتاريخ 17 يناير 1868م. تقرير رقم 137 ورقم 138 بتاريخ فبراير 1868م).

عندما حصل العقيد بيلي على الإذن المطلوب، وجه رسالة إلى شيخ البحرين في 21 يناير 1868م بالمفاد المذكور أعلاه، طالبًا منه إعادة الممتكات المنهوبة سريعًا. وأن يرسل شخصًا معتمدًا إلى المقيمية بشأن هذا الموضوع. صرح المساعد الأول للكابتن واي بما يلي: «الجميع ينتظر ليرى ما هي الإجراءات التي ستتخذها الحكومة بخصوص حادثة قطر الأخيرة؛ فإذا نجا شيخ أبوظبي من العقوبة فإن جميع الشيوخ الآخرين سوف يطالبون بإعفائهم من التزاماتهم»؛ (من سكرتير حكومة بومباي رقم 37 بتاريخ 13 فبراير 1868م، وتقرير رقم 329 و330 بتاريخ فبراير 1868م).

في الرابع من أبريل، أحال العقيد بيلي رسالتين من شيخ البحرين؛ حيث صاغهما بعبارات لبقة، لكنها غير مرضية أبدًا بمفادها؛ تحتوي الرسالة الثانية على تصريح واضح بعزمه الذهاب إلى الحرب مع الوكيل الوهابي على ساحل قطر. وبإحال هاتين الرسالتين، أعرب العقيد بيلي عن أمله في عدم القيام بأي عمل من شأنه أن يشجع هذا الشيخ (المعروف بأنه واحد من أكثر الشيوخ المزعجين وأقلهم تأييدًا للهدنة البحرية) على الاستمرار في الحفاظ على سفينة حربية؛ (من سكريتر حكومة بومباي رقم 128 بتاريخ 6 يونيو، وانظر الفقرة الأخيرة من رسالة العقيد بيلي رقم 55 بتاريخ 9 مايو، والتقرير رقم 49 ورقم 50 بتاريخ مايو 1868م).

في التاسع من مايو، أرسل مستفسرًا كي تتم دراسته من قبل حكومة بومباي، عمّا إذا كان يُسمح له بتوجيه رسالة لشيخ البحرين، مماثلة للرسالة التي وجهها سابقًا إلى شيخ أبوظبي أم لا؟ (من سكرتير حكومة بومباي رقم 128 بتاريخ 6 يونيو، وانظر الفقرة الأخيرة من رسالة العقيد بيلي رقم 55 بتاريخ 9 مايو، والتقريرين رقمي 29 و39 بتاريخ يونيو 1868م).

في الثامن عشر من مايو، أعلن عن وصول السفينة «السند» وطلب من السلطات فرض حصار على أبوظبي، خاصة أن موسم الغوص على اللؤلؤ ينتهي في أغسطس، وبعدها لن يكون للحصار أي تأثير؛ (من سكرتير حكومة بومباي رقم 128 بتاريخ 6 يونيو، وانظر الفقرة الأخيرة من رسالة العقيد بيلي رقم 55 بتاريخ 9 مايو، والتقريرين رقمي 92 و93 بتاريخ يونيو 1868م).

في الثالث والعشرين من مايو؛ أحال المقدم بيلي رد شيخ أبوظبي على رسالته بتاريخ 21 يناير، وكان ردًا مراوغًا وغير مرضٍ. وذكر أيضًا أن هناك اتفاقية سرية بين شيخي البحرين وأبوظبي مفادها

أن الأول سوف يدفع لشيخ أبوظبي أي مبلغ قد تطالب الحكومة البريطانية به؛ (من بومباي رقم 155 بتاريخ 3 يوليو).

في السابع من يوليو؛ أرسل المقدم بيلي برقية ليُصرح أنه قد أجل الحصار؛ فعلى الرغم من أن السفينة «السند» قد أتت إلا أنه اكتشف أنها لا تحمل الذخائر، وقال إنه سينتظر وصول القوات الأخرى التي تعهدت حكومة بومباي بإرسالها.

في الثامن من يونيو، وجه المقدم بيلي رسالة إلى شيخ أبوظبي، صرح فيها، بأنه نظرًا لعدم قيامه بإرسال الضمانات المتوقعة، التي تعلن عن عزمه دفع التعويض عن الاعتداء، فإنه سوف يذهب قريبًا إلى أبوظبي ليُجبره على تنفيذ التزاماته، وذلك من خلال دفع لاك وربع من القيرانات، وبإعادة الأشخاص، الذين طردهم مع ممتلكاتهم، إلى قطر، وتقديم ضمانة ندم على الماضي، وسلوك أفضل في المستقبل؛ (من بومباي رقم 138 بتاريخ 7 يوليو).

3- الإجراءات التي اتخذتها حكومة بومباي

في السابع عشر من يناير 1868م؛ صرحت حكومة بومباي أنها كانت قد طلبت من العقيد بيلي أن يُعلن الإجراءات التي اتخذها للتعبير عن استياء الحكومة من سلوك الشيخين المذنبين. وكانت قد سمحت له أيضًا بتوجيه رسالة إلى شيخ أبوظبي في هذا الصدد، لكنها أشارت إلى عدم استحسان تهديده بالحصار في وقت محدد؛ لأنه قد يكون من المستحيل تنفيذ التهديد، بسبب الحاجة الماسة الحالية لاستخدام كل سفينة متاحة من أجل حملة الحبشة؛ (من بومباي رقم 13 بتاريخ 17 يناير 1868م، والتقريرين رقمي 137 و138 بتاريخ فبراير 1868م).

في السادس من يونيو؛ ذكرت أنها سمحت للعقيد بيلي بتوجيه رسالة إلى شيخ البحرين ذات طبيعة مشابهة للرسالة التي وجهها إلى شيخ أبوظبي؛ (من بومباي رقم 128 بتاريخ 6 يونيو 1868م، والتقريرين رقمي 94 و95 بتاريخ يونيو 1868م).

في التاسع من يونيو؛ سمحت حكومة بومباي للعقيد بيلي بفرض حصار على أبوظبي شرط، أن تكون السفينة «السند» قد عادت، وأن يضمن أن القوة المتوافرة لدية كافية لذلك الغرض. مع ذلك حذرته من اتباع أي إجراءات قسرية إذا لم يكن متأكدًا من نجاحها، وتعهدت بإرسال المزيد من القوات الفعالة قريبًا؛ (من بومباي رقم 131 بتاريخ 9 يونيو، والتقريرين رقمي 94 و95 بتاريخ يونيو 1868م).

في التاسع عشر من يوليو؛ ردًا على تعليمات حكومة الهند في السابع عشر منه؛ تعهدت حكومة بومباي بالتواصل مرة أخرى مع العميد «هيث»، لكنها توقعت التأخير في الحصول على رد منه،

وصرحت أنه قد يكون من الممكن تسليح سفينة على الفور من أجل هذه الغاية إذا وافق الحاكم العام في المجلس على ذلك؛ (برقية).

في العشرين من يوليو، أعلنت حكومة بومباي وصول سفينتي صاحبة الجلالة «فيجيلانت» و«أرجوس» إلى بومباي؛ الأولى بُغية التفقد والإصلاح، والثانية في طريقها إلى الصين؛ فإذا وافق القائد الأعلى للقوات البحرية فإنه سيتم تغيير وجهة السفينة «أرجوس» وإرسالها إلى الخليج؛ حيث وُجهت أوامر لقائدها كي يعمل بالتنسيق مع العقيد بيلي؛ (برقية).

في الثاني والعشرين من يوليو؛ أرسلت حكومة بومباي برقية مفادها ما يلي: «ستكون السفينة «فيجيلانت» جاهزة يوم غدٍ، وسوف تُبحر إلى الخليج يوم الجمعة. وقد طُلب من الكابتن «براون» أن يطالب بالتعويض من خلال دفع ضريبة كبيرة، والتي سيعمل على تحصيلها بجميع الوسائل المتاحة لديه. لكن بما أن طاقمه صغير، لن يُطلب منه أبدًا أن ينزل أو يتولى العمليات على الساحل؛ فهو سيلتقي بالعقيد بيلي في بوشهر ويتشاور معه».

4- الإجراءات التي اتخذتها حكومة الهند

في السابع من فبراير 1868م، تمت الموافقة على التحذيرات والتحفظات التي أرسلتها حكومة بومباي إلى العقيد بيلي. في نفس الوقت طُلب من حكومة بومباي أن تراعي عاجلًا مسألة تأمين وجود سفينة حربية في الخليج أقوى من السفينة «هيو روز»، وأن تستفسر من العميد «هيث» عمّا إذا كان بالإمكان إرسال سفينة من أسطوله من أجل مساندة العقيد بيلي. وطُلب منها أيضًا أن تطلب من العقيد بيلي تحذير الشيخين المذنبين أنه ستتم معاقبتهما قريبًا إذا لم يقوما بدفع التعويضات؛ (إلى بومباي رقم 143 بتاريخ 7 فبراير، والتقرير رقم 139 بتاريخ فبراير 1868م).

في الرابع عشر من مايو؛ سأل الحاكم العام في المجلس عن الإجراءات التي تم اتخاذها من قبل حكومة بومباي، لتنفيذ التعليمات الواردة في الرسالة رقم 143 بتاريخ 7 فبراير الماضي؛ (إلى بومباي رقم 489 بتاريخ 14 مايو، والتقرير رقم 51 بتاريخ مايو 1868م).

في 17 يوليو، عندما علم الحاكم العام في المجلس بالهجوم الانتقامي الذي شنته قبائل قطر على البحرين، طلب من حكومة بومباي أن تتواصل على الفور مع السلطات البحرية من أجل إرسال قوة مناسبة إلى الخليج، وأن تبلغ عن الإجراءات التي كانت قد اتخذتها لتلك الغاية. وأضاف أيضًا أنه حالما تكون السفن جاهزة، يجب توجيه أوامر للعقيد بيلي ببرقية كي يُحذر شيخي البحرين وأبوظبي مرة أخرى أنه ستتم معاقبتهما وجميع المشتركين معهما ما لم يقوما بدفع التعويضات على الفور؛ (برقية).

في الحادي والعشرين من يوليو؛ أعرب الحاكم العام في المجلس عن موافقته على آراء حكومة بومباي بخصوص إرسال السفنية «أرجوس» إلى الخليج، واقترح أن تعود السفينة «السند» إلى بومباي للحصول على ذخيرة لأسلحتها، ومن ثم العودة إلى الخليج لتقديم المساعدة. وفي برقية بتاريخ الثالث والعشرين من يوليو؛ تم إبلاغ حكومة بومباي أنه من المُستحسن جدًا أن يقوم العقيد بيلي بمرافقة قائد السفينة «فيجيلانت» (اختارت حكومة بومباي السفينة «فيجيلانت» بدلًا من السفينة «أرجوس»، كما اقتُرح في البداية)؛ (برقية).

بالإضافة إلى هذه البرقية، تم إرسال رسالة إلى حكومة بومباي (رقم 797 بتاريخ 23 يوليو) مشيرةً إلى الطبيعة الخطيرة التي تتسم بها الأزمة الحالية في الخليج الفارسي، وإلى وجوب قيام الحكومة البريطانية باتخاذ إجراءات فورية لمعاقبة شيخي البحرين وأبوظبي مرتكبي الاعتداءات. قيل إن حكومة الهند لم تطلع على الإجراءات التي تم اتخاذها من أجل تنفيذ أوامرها بتاريخ 7 فبراير حتى وصول برقيتي التاسع عشر والعشرين من يوليو، اللتين تم لفت الإنتباه إليهما في الرابع عشر من مايو. بناءً على افتراض أن السفينة «السند» قد أُرسلت تنفيذًا لهذا الأمر؛ فقد وجب توضيح سبب تكبيدها عناء الذهاب دون وجود ذخائر لأسلحتها. ما يدعو للأسف أن العقيد بيلي كان قد وجه إنذارت لم يستطع تنفيذها بسبب عدم استعداد السفينة «السند». أما الآن، وقد تم إرسال قوة كافية إلى الخليج، يُرجى أن يتم اتخاذ كل الإجراءات لتنفيذ التزامات المعاهدة من قبل السلطات البريطانية وانتزاع التعويض من الشيخين المذنبين.

التوقيع/ إتش. ليبور ويني

H. Le Poer Wynne

Ref.: (Foreign Dept. Political, A., Part A, Progs., 1- 21, August, 1868), pp. 45- 46.
1 Aug. 1868.

رقم (20)
رقم (124)
1 أغسطس 1868م

من: حكومة الهند

إلى: السيد ستافورد إتش. نورثكوت
وزير خارجية صاحبة الجلالة لشؤون الهند.

يشرفنا أن نقدم، لمعلومات حكومة صاحبة الجلالة، المراسلات المشار إليها في ملخص المحتويات، والتي تم تبادلها مع حكومة بومباي بخصوص الخرق الفاضح للهدنة البحرية، الذي جرى مؤخرأ في الخليج الفارسي. ونظرًا لأن الأوراق كثيرة؛ ستتم طباعتها وإحالتها من المقيمية، لكننا أرسلنا هذا التقرير، الذي تم إعداده في وزارة خارجيتنا؛ حيث يُلخص الأحداث.

2- الشخصان المذنبان هما شيخا البحرين وأبوظبي، اللذين قاما في أكتوبر الماضي بمهاجمة ونهب مدن الوكرة والبدع في قطر على البر الرئيس لجزيرة العرب المجاور للبحر.

3- إن الهجوم، كما ستلاحظون من خلال التقرير، ليس مُبررًا على الإطلاق؛ فقد بدأ بالطرد المحتمل للشيخ أحمد بن محمد بن سلمان، وكيل شيخ البحرين على ساحل قطر، بسبب قيامه بأسر أحد بدو ذلك الساحل عنوة وإرساله إلى البحرين؛ وبدافع الانتقام، أو الرغبة في النهب، اعتزم شيخ البحرين شن هجوم على قبائل قطر، وبالتنسيق مع شيخ أبو ظبي قام بتنفيذ هجومه بوحشية ذات تفاصيل غريبة.

4- حتى لو كان هناك سبب كاف لتبرير ذلك، فإن شيخ البحرين مُلزم بموجب تعهداته مع الحكومة البريطانية بالامتناع عن أي عمل عدائي في البحر مهما كان نوعه، وبالرجوع إلى المقيم البريطاني بصفته الحاكم، فإنه قد طالبه بتقديم تعويض كامل عن جميع الاعتداءات في البحر، وبموجب القانون؛ يمكن تغريمه أو تغريم رعاياه به. كما أن شيخ أبوظبي مُلزم بنفس التعهدات. والحكومة

البريطانية لا تحافظ على أمن البحر بموجب المسؤولية فقط، بل هي مُلزمة تمامًا بموجب شروط الهدنة البحرية باتخاذ الإجراءات الضرورية للحصول على التعويض عن الأضرار الناجمة شرط أن يتم إثبات حدوثها بوضوح.

5- فور معرفتنا بتحركات شيخي البحرين وأبو ظبي، طلبنا من حكومة بومباي أن تراعي سريعًا مسألة تأمين وجود سفينة حربية أقوى من السفينة الحربية «هيو روز»، في الخليج تحت تصرف مقيم بوشهر، وأن تسأل العميد «هيث» عمّا إذا كان يستطيع إرسال سفينة من أسطوله لمساندة العقيد بيلي. طُلب من حكومة بومباي أيضًا أن تأمر العقيد بيلي بتحذير الشيخين المذنبين، وذلك أنه ستتم معاقبتهما إذا لم يقوما بدفع التعويض سريعًا. لكن بقينا دون معلومات عن الإجراءات التي تمّ اتخاذها لتنفيذ هذه التعليمات حتى التاسع عشر والعشرين من الشهر الحالي. وحتى ذلك الوقت كانت السفينة «السند» هي السفينة الوحيدة التي تم إرسالها لمساندة العقيد بيلي، وقد أبحرت دون التزود بالذخائر، وبالتالي وجد العقيد بيلي نفسه عاجزًا عن التحرك بموجب الإذن الممنوح له، الذي كان قد تسلّمه من حكومة بومباي من أجل محاصرة أبوظبي شرط أن يتأكد من امتلاك الوسائل الكافية لتلك الغاية.

6- متوقعًا الوصول المبكر للقوات التي تعهدت حكومة بومباي بإرسالها، رأى العقيد بيلي أنه من المُستحسن توجيه إنذار؛ تمّت الموافقة عليه في رسالة سكرتيرنا رقم (143) بتاريخ السابع من فبراير الماضي، لكن لا يُمكن تنفيذ الإنذار؛ فكانت النتيجة مؤسفة جدًا؛ عندما أدركت قبائل قطر، التي تم نهبها من قبل شيخي البحرين وأبوظبي في أكتوبرالماضي، أنها لن تحصل على التعويض، فقامت بتجاهل القوانين وشنت هجومًا انتقاميًا على البحرين في يونيو الماضي (1868)، ونشبت معركة في البحر؛ حيث قيل إنه تم تدمير حوالي 60 مركبًا، وقتل أكثر من ألف شخص.

7- لحسن الحظ أن سفينتي صاحبة الجلالة «فيجيلانت» و«أرجوس» وصلتا إلى ميناء بومباي في العشرين من يوليو وقد تمّ إرسال الأولى إلى الخليج؛ حيث تم توجيه تعليمات لقائدها للعمل بالتنسق مع العقيد بيلي. بالنسبة للتعليمات المفصلة التي رأينا أنه من المناسب إصدارها، نستسمح أن نلفت انتباه حكومة صاحبة الجلالة إلى رسالة سكرتيرنا رقم (797) بتاريخ الثالث والعشرين من الشهر الحالي، التي تشكل البند رقم (20) في ملخص المحتويات.

8- نحيل هذه المراسلات كدليل إضافي على إساءة التصرف بسحب القوة البحرية من الخليج الفارسي.

Ref.: (Foreign Dept. Political, A., Part A, Progs., 1- 21, August, 1868), p. 6.

1 Aug. 1868.

رقم (4)

رقم (123)

1 أغسطس 1868م

من: حكومة الهند

إلى: السير ستافورد نورثكوت
وزير الدولة لشؤون الهند

يشرفنا أن نحيل لعلم حكومة صاحبة الجلالة النسخة المرفقة من المراسلات مع وكيلنا في منطقة الهند الوسطى، حول اقتراح تعيين الراجا السير دينور راو، قائد فرسان وسام نجمة الهند، رئيس وزراء ريوه Rewah.

Ref.: (Foreign Dept. Political, A., Part A, Progs., 1- 21, August, 1868), pp. 6- 7.

1 Aug. 1868.

رقم (5)

1 أغسطس 1868م

ملخص محتويات الرسالة رقم (123) بتاريخ 1 أغسطس 1868م الموجهة إلى وزير خارجية صاحبة الجلالة لشؤون الهند.

1 – إلى وزير خارجية صاحبة الجلالة لشؤون الهند رقم (123) بتاريخ 1 أغسطس 1868م.

يحيل نسخًا من الرسائل المذكورة أدناه:

2- ملخص المحتويات.

3- من وكيل الحاكم العام في الهند الوسطى رقم (27-133) بتاريخ 10 يوليو 1868م.

يحيل ترجمة رسالتين حول موضوع اعتزام المهراجا تعيين «راجاه سير دينكور راو Rajah Sir Dinkur Rao» كوزير أول لتلك الولاية.

4- إلى وكيل الحاكم العام في الهند الوسطى رقم (798) بتاريخ 23 يوليو 1868م.

يوافق في الرد على التعيين المقترح، لكنه يرى أن من غير المُستحسن أن يُمنح منصب الوزير من قبل الحكومة البريطانية، ويطلب تقديم التوجيهات.

Ref.: (Foreign Dept. Political, A., Part A, Progs., 1- 21, August, 1868), pp. 46- 48.

1 Aug. 1868.

رقم (21)
1 أغسطس 1868م

ملخص محتويات رسالة إلى وزير خارجية صاحبة الجلالة لشؤون الهند، رقم (124) بتاريخ 1 أغسطس 1868م.

1 - إلى وزير خارجية صاحبة الجلالة لشؤون الهند، رقم (124) بتاريخ 1 أغسطس 1868م.

يحيل نسخة من الرسائل المذكورة أدناه.

2- ملخص المحتويات.

3- من سكرتير حكومة بومباي رقم (13) بتاريخ 17 يناير 1868م.

سياسي (A) رقمي (137 و138) بتاريخ فبراير 1868م.

يحيل نسخة من رسالة من المقيم السياسي في الخليج الفارسي بخصوص قيام بعض شيوخ العرب بارتكاب خروقات خطيرة للهدنة البحرية على الساحل العربي للخليج الفارسي.

4- إلى سكرتير حكومة بومباي رقم (142) بتاريخ 7 فبراير 1868م

سياسي (A) رقم (139) بتاريخ فبراير 1868م.

يوافق في الرد على التحذيرات والتحفظات التي أرسلتها حكومة بومباي إلى العقيد بيلي، ويطلب من القوات الحالية القليلة في الخليج الفارسي أن يتم الاستفسار من العميد «هيث» عن إمكانية إرسال واحدة من سفن أسطوله إلى الخليج لمساندة العقيد بيلي. في نفس الوقت؛ يرى أن من المناسب جدًا أن يُطلب من العقيد بيلي تحذير الشيخين المذنبين أنه ستتم معاقبتهما قريبًا ما لم يقوما بدفع التعويض؛ (نسخة إلى الإدارة العسكرية).

5- من سكرتير حكومة بومباي رقم (37) بتاريخ 13 فبراير 1868م.

سياسي (A) رقمي (329 و340) بتاريخ فبراير 1868م.

يُحيل نسخًا من رسائل أخرى من المقيم في الخليج الفارسي بخصوص تحركات شيخي البحرين وأبوظبي.

6- من سكرتير حكومة بومباي؛ رقم (105) بتاريخ 4 مايو 1868م.

سياسي (A) رقمي (49 و50) مايو 1868م.

يُحيل نسخًا من رسائل أخرى من المقيم في الخليج الفارسي بخصوص تحركات شيخي البحرين وأبوظبي.

7- إلى سكرتير حكومة بومباي؛ رقم (489) بتاريخ 14 مايو 1868م.

سياسي (A) رقم (51) بتاريخ مايو 1868م.

بالإشارة إلى ما ورد أعلاه؛ يطلب إبلاغه بنتائج الإجراءات، التي قد تكون حكومة بومباي اتخذتها لدى تسلم رسالة هذه الوكالة رقم 143 بتاريخ السابع من فبراير الماضي.

8- من سكرتير حكومة بومباي؛ رقم (128) بتاريخ 6 يونيو 1868م.

سياسي (A) رقم (92 و93) بتاريخ يوينو 1868م.

يحيل نسخة من رسالة أخرى من المقيم السياسي في الخليج الفارسي بخصوص خرق شيخي أبوظبي والبحرين للهدنة البحرية.

9- من سكرتير حكومة بومباي؛ رقم (131) بتاريخ 9 يونيو 1868م.

سياسي (A) رقمي (94 و95) بتاريخ يونيو 1868م.

يرسل نسخًا من رسائل تتعلق باقتراح قدمه المقيم السياسي في الخليج الفارسي من أجل فرض حصار على شيخ أبوظبي.

10- برقية من سكرتير حكومة بومباي بتاريخ 14 يونيو 1868م.

سياسي (A) رقم (96) بتاريخ يونيو 1868م.

يعلن أنه تم تأجيل محاصرة أبوظبي بسبب نقص الذخيرة لدى سفينة صاحبة الجلالة «السند».

11- من سكرتير حكومة بومباي رقم (155) بتاريخ 3 يوليو 1868م.

يحيل نسخة من رسالة المقيم السياسي في الخليج الفارسي بخصوص تحركات شيخ أبوظبي، وبخصوص تعليمات حكومة بومباي بشأن اقتراح العقيد بيلي فرض حصار على شيخ أبوظبي.

12- من سكرتير حكومة بومباي رقم (138) بتاريخ 7 يوليو 1868م.

يرسل نسخة من رسالة أخرى من المقيم في الخليج الفارسي بخصوص عملية القرصنة التي ارتكبها شيخ أبوظبي بالتنسيق مع شيخ البحرين.

13- من سكرتير حكومة بومباي رقم (139) بتاريخ 7 يوليو 1868م.

يحيل نسخة من برقية من المقيم السياسي في الخليج الفارسي بخصوص الهجوم الانتقامي الذي شنته قبائل قطر بحرًا على البحرين.

14- برقية إلى سكرتير حكومة بومباي بتاريخ 17 يوليو 1868م.

في الرد؛ يطلب أن تقوم حكومة بومباي بالتنسيق على الفور مع السلطات البحرية من أجل إرسال قوة مناسبة إلى الخليج، وتطلب من العقيد بيلي إنذار شيخي البحرين وأبوظبي كي يدفعا التعويض فورًا.

15- برقية من سكرتير حكومة بومباي بتاريخ 19 يوليو 1868م.

في الرد، يرى أنه لن يكون من المُستحسن مطالبة شيخ البحرين بالتعويض إلى أن يكون في موقف يسمح له بتنفيذه، ومع هذا الرأي يطلب الموافقة على تسليح سفينة بالكامل من أجل الخدمة على الفور.

16- برقية من حاكم بومباي بتاريخ 20 يوليو 1868م.

يُعلن عن وصول سفينتي صاحبة الجلالة «فيجيلانت» و«أرجوس»، والإجراءات التي تم اتخاذها من أجل إرسال السفينة الأخيرة إلى الخليج الفارسي بُغية ضمان تطبيق الهدنة، وانتزاع التعويض من الشيخين المذنبين.

17- برقية إلى حاكم بومباي بتاريخ 21 يوليو 1868م.

يطلب منه أن يستخدم اسم الحاكم العام؛ إذا كان ذلك ضروريًا، كي يُقنع القائد الأعلى للقوات البحرية بالامتثال لمطلب سعادته، كما هو وارد في برقية بتاريخ العشرين منه. ويضيف أن السفينة «السند» قد تغادر إلى بومباي للتزود بالذخائر لأسلحتها، ومن ثم تعود إلى الخليج من أجل المساندة.

18- برقية من حاكم بومباي بتاريخ 22 يوليو 1868م.

يشير إلى أن السفينة «فيجيلانت» سوف تُبحر إلى الخليج في الرابع والعشرين من الشهر الحالي،

وأنه تم توجيه تعليمات للكابتن «براون» بشأن الطريقة التي سيتبعها بالتشاور مع العقيد بيلي من أجل انتزاع التعويض.

19- برقية إلى حاكم بومباي بتاريخ 23 يوليو 1868م.

في الرد؛ يوافق على ما ورد أعلاه، ويقول، إنه من المُستحسن جدًا قيام العقيد بيلي بمرافقة قائد السفينة «فيجيلانت».

20- إلى سكرتير حكومة بومباي؛ رقم (797) بتاريخ 23 يوليو 1868م.

يرد بالتفصيل على الرسائل أرقام (155 و138 و139) وفي حين أنه يشير إلى الطبيعة الخطيرة التي تتسم بها الأزمة الحالية في الخليج الفارسي، فهو يعتمد على حكومة بومباي لتبذل قصارى جهدها في التواصل مع المقيم في الخليج الفارسي، كي تنفذ التزامات معاهدتنا مع القبائل الساحلية في الخليج الفارسي، ومن أجل انتزاع التعويض من شيخي البحرين وأبوظبي بسبب خرقهم للسلام والأضرار التي ألحقاها بقبائل قطر.

21- ملخص المراسلات المذكورة أعلاه.

Ref.: (Foreign Dept. Political, A., Part A, Progs., 1- 21, August, 1868), pp. 51- 56.
U. D.

اعتداءات في الخليج الفارسي

لم تقدم حكومة بومباي أية معلومات بشأن الإجراءات التي اتخذتها بعد تلقي رسالتنا رقم (143) بتاريخ 7 فبراير 1868. ولم يتضح ما إذا جرى توجيه أية رسالة إلى العميد «هيث»، وما هي النتيجة، بغية تعزيز القوات البحرية في الخليج الفارسي. ولم يتضح أيضًا ما هي الإجراءات التي اتُخذت لتنفيذ مضمون الفقرة الرابعة من رسالتنا ذات الطابع التهديدي، التي كان ينبغي لنا إما عدم إرسالها، أو تنفيذ ما جاء فيها، كوننا أرسلناها، (بومباي، رقم 105 بتاريخ 4 مايو 1868).

لقد بلغت إجراءات شيخي البحرين وأبوظبي حدًا لا يمكن السكوت عليه، إلا إذا كانا مستعدين للعودة إلى وضع اعتداءات القرصنة، التي وضعنا لها حدًا منذ خمسين سنة، وكلفنا ذلك سفك بعض الدماء، وخلافًا كبيرًا مع شاه فارس، الذي لا يمكن أن يتحرر من فكرة أن حملتنا ضد قراصنة الخليج كانت ستنتهي بعمليات عدائية على إمبراطوريته، لولا سلطة الحكومة المحلية. قد يكون من السهل الحفاظ على استمرار الهدنة البحرية في الوقت الحالي، وقد يكون تنفيذها صعبًا ومكلفًا ما إن تتكون لدى شيوخ الخليج أنه يمكن خرقها والإفلات من العقاب؛ في الواقع هدد شيخ قبيلة القواسم بالعودة لممارسة القرصنة باتباع النهج الذي تتبعه البحرين وأبوظبي، ما لم تجر معاقبة الجناة هناك؛ إن الوضع الراهن يستدعي اهتمامًا شديدًا من الحكومة. وفي حين أنه يبدو من خلال رسائل شيخ البحرين أنه مسالم حتى الآن، إلا أن مضمون رسالته المؤرخة في 28 يناير، التي وجهها إلى العقيد بيلي، هو بمثابة إعلان حرب صريح ضد الوهابيين على ساحل العرب، ومن ثم وضع نفسه في حال عداء معهم منذ عام 1858، إلا أن الإجراءات التي اتُخذت ضده في سنة 1861 توضح كيف يمكن إعادته إلى رشده بسرعة؛ إذا ما اتُخذت الإجراءات لمنع الأعمال العدائية في بداية الأمر.

ولذلك أود أن أقترح توجيه تعليمات للمقيم بألا يكتفي بتحذير البحرين وأبوظبي من تكرار مثل هذه الاعتداءات، فعليه أن يرسل أحد مساعديه للتحقيق في الأضرار الناتجة، والإصرار على دفع التعويضات، ليس للحاج إبراهيم ورعايانا فقط، بل لرعايا الشيوخ الذين تعهدنا بحماية مصالحهم، وتعويضهم عن الأضرار أيضًا. ينبغي أن يُطلب من حكومة بومباي أن تقدم تقريرًا على الفور بالإجراءات العملية لتعزيز قبضة المقيم وجعل تهديداتنا فعّالة؛ فإن ساد مرة واحدة شعور عام في

الخليج بأننا غير مكترثين لشروط الهدنة، أو أنه يمكن خرقها والإفلات من العقاب، فإننا سنعود بسرعة إلى وضع يهدر سياسة نصف قرن سدىً؛ فالوضع خطير جدًا.

التوقيع/ سي. يو.إيه. 12- 5- 1868

سأنتظر لأرى نتيجة الرسالة رقم (143)؛ فرسائل العقيد بيلي غامضة نوعًا ما.

التوقيع/ جيه. إل. 14- 5- 1868

لم تخبرنا حكومة بومباي إلى هذا الحين (من بومباي، رقم 155 بتاريخ 3 يوليو، رقم 138 و139 بتاريخ 9 يوليو) بالإجراءات التي اتخذتها لتنفيذ التعليمات الواردة في الفقرة الثالثة من رسالة السير آر. تيمبل رقم 143 بتاريخ 7 فبراير 1968. ويبدو أن السفينة الوحيدة التي أُرسلت لدعم العقيد بيلي هي السفينة «السند»، وقد أبحرت دون ذخائر، فوجد العقيد بيلي نفسه غير قادر على محاصرة أبوظبي؛ حيث كانت حكومة بومباي قد سمحت له بذلك، شرط أن تكون قواته كافية لذلك.

وعلى الرغم من ذلك، رأى العقيد بيلي، بعد أن وجهت حكومة بومباي برقية له بأنها تنوي إرسال المزيد من القوة الفعالة، أنه من المستحسن، مادام وصول القوة متوقعًا، إصدار التهديد المُوافق عليه في رسالة السير آر. تيمبل بتاريخ 7 فبراير. وعلى هذا الأساس وجّه رسالة إلى شيخ أبوظبي في 8 يونيو؛ قائلًا له، إنه على وشك أن يتحرك على رأس قوة بحرية لإجباره على إعادة الممتلكات المنهوبة، وإعطائه تأكيدات بحسن المعاملة مستقبلًا، وطالبه بدفع مبلغ 25000 دولار نقدًا كتعويض. مضى قرابة شهر، ولم يتمكن العقيد بيلي خلال تلك الفترة من تنفيذ تهديده، وكما توقعنا، قررت القبائل القطرية، التي تعرضت للنهب من قبل البحرين وأبوظبي في أكتوبر الماضي، أخذ حقها بالقوة لأنها لم تحصل على التعويض؛ فشنت هجومًا انتقاميًا على البحرين، فدمرت أكثر من 60 مركبًا، وقُتل ما يزيد عن ألف رجل في معركة بحرية، وقام شيخ البحرين بالإبحار مجددًا على رأس سفنه الحربية.

كانت تلك النتيجة متوقعة تمامًا، وليس من المرجح أن تنتهي المسألة هناك؛ وفي أغلب الاحتمالات سيحذو القواسم حذوهم قريبًا، وسنسمع بالاضطرابات تحدث في الخليج من طرف لآخر، فإما أن تكون أمانة سر حكومة بومباي عاجزة تمامًا، وإما أنها لم تكن مدركة لفداحة الأزمة؛ فهم يكتفون بإرسال هذه التقارير من وقت لآخر من أجل تقديمها لفخامته، وذلك من دون ذكر الإجراءات التي تقترحها، ودون أن ترد أيضًا على طلبات الملعومات الموجهة إليها حول الإجراءات المتخذة لتنفيذ الأوامر الصادرة عن حكومة الهند.

لابُد من تنفيذ تهديد العقيد بيلي بحذافيره أيًا كانت المخاطر، لكن على الرغم من أن تهديده صدر منذ ستة أسابيع تقريبًا، لم تفصح حكومة الهند عن الإجراءات المتخذة لتعزيز القوة البحرية في الخليج، ولا عن إمكانية إرسال الدعم، الذي اعتمد العقيد بيلي عليه في إصدار تهديده، ولا عدم إمكانيتها القيام بذلك.

لا يوجد مع الكابتن بيلي سوى السفينة «هيو روز»، وهي سفينة حربية طاقمها محلي وغير قادرة على الإبحار أكثر من ثماني ساعات متواصلة، والسفينة «السند» التي تملك المدافع لكن دون قذائف. ينبغي إبلاغ حكومة بومباي ببرقية أن تتواصل على الفور مع السلطات البحرية من أجل إرسال قوة مناسبة إلى الخليج، وأن تذكر الإجراءات التي اتخذتها فعلًا لهذا الغرض. ينبغي إرسال برقية إلى العقيد بيلي ما إن تتوافر سفينة حربية لإبلاغه بذلك، وليُطلب منه مرة أخرى أن يحذر شيخي البحرين وأبوظبي بأنه ستتم معاقبتهما؛ هما وجميع المتعاونين معهما ما لم يتم تعويض الأضرار على الفور. إن تدخلنا في هذه القضية ليس مسألة سياسية لدينا خيار اتباعها أو تركها، بل هي مسألة التزام واضح وصريح لا يمكننا التملص منه دون نقض العهد؛ فنحن ملزمون بموجب البند الثالث من الهدنة البحرية أن نتخذ الإجراءات الضرورية فورًا، لدى تلقي معلومات حول عمل عدائي في البحر، للحصول على تعويض عن الأضرار الناجمة عنه، شرط أن يكون إثبات حدوث الاعتداء ممكنًا على نحو مرضٍ، وأن نتولى الإشراف على حفظ الأمن وأن نتخذ الإجراءات التي تضمن لنا مراعاة بنود الهدنة البحرية كما ينبغي. وكان العقيد بيلي قد صرح في شهر يناير الماضي قائلًا، إن «الجميع ينتظر ليرى الإجراءات التي ستتخذها الحكومة بشأن حادثة قطر الأخيرة، فإن أفلت شيخ أبوظبي من العقاب، فسوف يدّعي كافة الشيوخ الآخرين أنه تم إعفاؤهم من التزاماتهم». ولا ينبغي تفويت المزيد من الوقت دون تنفيذ التزاماتنا التعاهدية تجاه قبائل الخليج الساحلية.

التوقيع/ سي. يو. إيه. 17- 7- 1868

أرسل البرقية المقترحة على الفور واذكر التفاصيل.

التوقيع/ جيه. إل. 17- 7- 1868

تم ذلك.

التوقيع/ سي. يو. إيه. 17- 7- 1868

عمم البرقية بعد إرسالها.

التوقيع/ جيه. إل. 17- 7- 1868

يبدو أن أول انتهاك فاضح علمت به للهدنة البحرية حدث في نوفمبر الماضي، إن لم يكن أبكر من ذلك، ويبدو أننا لم نتخذ أي إجراء بشأنه، سوى إرسال السفينة «السند» مع المدافع، لكن بدون قذائف، إلى تاريخ إرسال البرقية اليوم. بمعنى آخر؛ لم نتخذ أي إجراء طوال تسعة أشهر، واليوم بدأنا بذلك.

ولذلك لا أتعجب من اهتمام الحكومة الفارسية بوضع قوة بحرية في الخليج الفارسي، وأعتقد أن هذه الأحداث كافية لتبرير اهتمامها هذا، فمن المؤكد أن السلطات الفارسية على دراية بما جرى من اعتداءات دون عقاب، وبالسخرية التي ألمت بسيادتنا في تلك المياه.

التوقيع/ إتش. إم. دي. 17- 7- 1868

تم الاطلاع.

التوقيع/ إتش. إس. إم. 18- 7- 1868

التوقيع/ دبليو. آر. إم. 18- 7- 1868

التوقيع/ جيه. إس. 18- 7- 1868

التوقيع/ جي. إن. تي. 19- 7- 1868

Ref.: (Foreign Dept. Political, A., Progs., 406- 410, August, 1868), p. 7.
4 Aug. 1868.

رقم (101-7)
4 أغسطس 1868م

من: كبير مفوضي بورما البريطانية ووكيل الحاكم العام

إلى: سكرتير حكومة الهند في إدارة الشؤون الخارجية لدى الحاكم العام

بالإشارة إلى الفقرة الثانية من رسالتي رقم (101- 2)؛ (أقررتَ بتسلمها في رسالتك رقم 701 المؤرخة في 3 يوليو 1868م)، بتاريخ 12 يونيو الماضي، يشرفني أن أذكر، لعلم فخامة النائب والحاكم العام في المجلس، أنني راسلت رئيس وزراء ملك بورما بشأن مضمونها، ويشرفني أن أرفق ترجمة رده، إضافة إلى نسخة من رسالة تلقيتها من الدكتور كليمنت وليمز حول هذا الموضوع.

2 - سيُلاحظ فخامته أن ملكية الممتلكات المذكورة أُعيدت إلى السيد هوارد وليمز كما اقترحت، وأن الدكتور كليمنت وليمز وشقيقه أعربا عن شكرهما الجزيل على العمل المنجز.

3 - وعندما نتلقى تفسير الكابتن سليدن Sladen حول هذه القضية، سوف نرسله لك على الفور.

قام إيجا ماها ذينا بادي Egga Maha Thena Padi، سيد مدينة باخانجي مينج ذا دو مينجي ماها تسي ذو Pakhangyee meng tha do mengyee maha menhla tsee thoo، بإخبار العقيد ألبرت فيتش، كبير مفوضي بورما البريطانية ووكيل النائب والحاكم العام للهند، بأنه تم تسلم الرسالة التي كُتبت في سنة 1230، في اليوم الثاني عشر من القمر المتناقص Payan، (16 يونيو 1868) في اليوم الثاني عشر من القمر المتناقص واتشو Watsho في سنة 1230 (13 يوليو 1868)، قائلًا إن الممتلكات التي باعها الدكتور وليم هي ممتلكات غير منقولة ضمن مناطق نفوذ صاحب الجلالة، وأنه لا يمكن للمحاكم في رانجون Rangoon التحقيق في القضية، وبالتالي لا يسع كبير المفوضين سوى أن يقترح على السلطات البورمية النهج الذي يرى أنه من المناسب اتباعه في هذا الشأن؛ وذلك أنه إذا قامت حكومة بورما بالاستيلاء على الممتلكات المتنازع عليها،

بناءً على بيان الكابتن سليدن وحده، فإنه سيتم تسليم الممتلكات للسيد هوارد وليمز، الطرف الذي وجدت الممتلكات بحوزته في الأصل.

وعليه جرى إعادة الممتلكات المذكورة إلى السيد هوراد وليمز، وجرى إعادة إيرادات البضائع التي بيعت في المزاد للسمسار أحمد علي، وفقًا لطلب الدكتور وليمز.

حرر في سنة 1230، في اليوم الرابع عشر من القمر المتناقص واتشو (17 يوليو 1868).

Ref.: (Foreign Dept. Political, A., Progs., 406- 410, August, 1868), p. 2.

6 Aug. 1868.

رقم (406)

رقم (176)

6 أغسطس 1868م

من: السيد سي. جوني

سكرتير حكومة بومباي

إلى: السيد دبليو. إس. سيتون كار

سكرتير حكومة الهند في وزارة الخارجية

والحاكم العام

إكمالًا لرسالتي رقم (174) بتاريخ الأول من الشهر الحالي، طُلب مني أن أحيل لك، من أجل تقديمها إلى حكومة الهند، نسخة طبق الأصل من الرسالة المشار إليها في الهامش (رقم 85 بتاريخ 6 يوليو 1868م مع المرفقات) من المقيم السياسي في الخليج الفارسي، بخصوص خرق الهدنة البحرية على ساحل قطر من قبل شيخي البحرين وأبوظبي.

Ref.: (Foreign Dept. Political, A., Progs., 406- 410, August, 1868), p. 5.

31 Aug. 1868.

رقم (408)

رقم (955)

31 أغسطس 1868م

من: السيد سي. إي. آر جيردليستون C. E. R. Girdlestone
معاون سكرتير حكومة الهند القائم بالأعمال في وزارة الخارجية
ولدى الحاكم العام

إلى: السيد سي. جوني
سكرتير حكومة بومباي

ردًا على رسالتك رقم (176) بتاريخ السادس من الشهر الحالي، والمرفق بها رسائل أخرى من المقيم السياسي في الخليج الفارسي، بخصوص خرق الهدنة البحرية على ساحل قطر من قبل شيخي البحرين وأبوظبي.

طلب نائب الملك والحاكم العام في المجلس مني أن ألفت انتباهك إلى التعليمات الواردة في رسالة هذه الدائرة رقم (889) بتاريخ الثالث عشر من الشهر الحالي.

Ref.: (Foreign Dept. Political, A., Part A, Progs., 357- 421, May, 1869), p. 7.

28 March 1869.

14 ذي الحجة 1285هـ / 28 مارس 1869م

من: علي بن خليفة

إلى: محمد بن عيد أو عيسى بن خليفة

تسلمت رسالتك وفهمت محتواها؛ إذا كنت بالفعل لا تستطيع البقاء في مدينتك فلا تخف. لكن إذا كنت تخدعني سيُعاقبك الله على ذلك.

وإذا كنت تريد فقط، كما سمعت، تغيير مكان إقامتك، فعليك الانطلاق فورًا والذهاب إلى أي مكان تريد؛ فأنا لا أمانع في ذلك، وعليك الإسراع. لكنك إذا أجلت يومًا أو اثنين، ونجم أي إزعاج عن ذلك، فلا تلمني؛ هذا كل ما يمكنني قوله.

Ref.: (Foreign Dept. Political, A., Part A, Progs., 357- 421, May, 1869), p. 6.
2 April 1869.

19 ذي الحجة 1285هـ / 2 أبريل 1869م

من: محمد بن عيد الكبيسي Mahomed Bin Aed Al Ichbissee

إلى: الكابتن إس. سميث
المساعد الثاني للمقيم السياسي في الخليج الفارسي

أستسمح أن أخبرك أنني حصلت على معلومات تُفيد أن محمد بن خليفة يعتزم المجيء إلى مدينة الخوير بالقرب من خور حسان، وأنا واثق أنه إذا ما وصل فإن البدو سيأتون ويستولون على مراكبي بالقوة. ولذلك أرسلت رسالة إلى الشيخ علي بن خليفة أخبره بهذا، وقد أرسل ردًا مفاده أنه يُمكنني المغادرة إذا كنت أرغب في ذلك. وبناءً عليه؛ جمعت كل ممتلكاتي وأنزلت مراكبي إلى الماء، معتزمًا الذهاب إلى قطر لأقيم بأمان في ظل حكم محمد بن ثاني.

بعد أن أنزلنا مراكبنا إلى الماء وحمّلنا ممتلكاتنا على متنها، حصل علي بن خليفة على معلومات تُفيد أن قبيلة القبيسات تعتزم الذهاب إلى قطر.

لذلك قام الشيخ علي بإرسال سفينتي بتيل لمنعنا من التقدم، وقد كنا عاجزين. لكن بما أنك أتيت الآن يمكنك رؤية سفننا، وأنه لا يوجد شيء على متنها سوى الممتلكات العادية.

أرسلت إليك الرسالة الأصلية التي تسلمتها من علي بن خليفة كي تطلع عليها. إن شاء الله؛ لن نقوم بغير الأعمال السديدة.

Ref.: (Foreign Dept. Political, A., Part A, Progs., 357- 421, May, 1869), p. 7.
2 April 1869.

19 ذي الحجة 1285هـ / 2 أبريل 1869م

تصريح صادر عن محمد بن عيد الكبيسي

أعلن بموجب هذا، بالأصالة عن نفسي وبالنيابة عن جميع أتباعي، أننا لن نقوم أبدًا بأي عمل يُخالف الهدنة البحرية، والله على ما أقول شهيد.

Ref.: (Foreign Dept. Political, A., Part A, Progs., 357- 421, May, 1869), p. 6.
3 April 1869.

3 أبريل 1869م – خور حسان
مقتطف من الفقرتين السادسة والسابعة

من: الكابتن إس. سميث
مساعد المقيم السياسي الثاني

إلى: المقدم لويس بيلي
المقيم السياسي في الخليج الفارسي

6- «أستسمح أن أرفق لمعلوماتك ترجمة رسالة وجهها لي الشيخ عيد Aed ، ذاكرًا السبب الذي دفعه إلى مغادرة الخوير Koweir، وطالبًا اللجوء لدى محمد بن ثاني في قطر».

7- «أرفق أيضًا نسخة من رسالة تسلمها الشيخ عيد من علي بن خليفة؛ (حيث قدم لي بالنسخة الأصلية)، يمنحه فيها الإذن بمغادرة الخوير والاستقرار حيث يريد، وأرفق معها ترجمة بيان بخصوص الهدوء في البحر؛ حيث قدمه لي الشيخ عيد طواعيةً».

Ref.: (Foreign Dept. Political, A., Part A, Progs., 357- 421, May, 1869), p. 7.

5 April 1869.

رقم (13)

5 أبريل 1869م

خلاصة الفقرتين الثالثة والرابعة

من: الكابتن إس. سميث

المساعد الثاني للمقيم السياسي

إلى: المقيم السياسي

في الخليج الفارسي

3- «يسرني أن أصرح أن كل شيء يبدو على ما يرام في الوكرة، ويقول البانيان، إنهم مطمئنون.

4- «أعرب محمد بن ثاني عن سعادته بانضمام أهالي الخوير إليه، وقال إنه لا يكترث للبدو، وإنهم (أهالي الخوير) لن يعانوا أبدًا في ظل رعايته من أي قيود تدفعهم للقيام بزعزعة الأمن في البحر».

Ref.: (Foreign Dept. Political, A., Part A, Progs., 357- 421, May, 1869), p. 5.
9 April 1869.

برقية

9 أبريل 1869م - جوادر

من: روس في جوادر

إلى: المقيم في بوشهر

وصل ناصر شقيق السيد سالم إلى هنا ليلة أمس على متن مركب بغلة. وهو يريد الاستيلاء على جوادر، والأهالي يؤيدونه؛ هل ينبغي لي منع حدوث ذلك؟ وصلت السفينة «هيو روز» أيضًا.

Ref.: (Foreign Dept. Political, A., Part A, Progs., 357- 421, May, 1869), p. 5.

9 April 1869.

برقية

9 أبريل 1869م - جوادر

من: روس في جوادر

إلى: السكرتير السياسي في بومباي

وصل ناصر شقيق السيد سالم إلى هنا ليلة أمس، وكان من المقرر وضعه على جوادر كحاكم مستقل؛ إن أهالي المدينة يؤيدون تحركاته. استنجد الوالي بي. أرسلت برقية إلى المقيم، لكن خطوط البرق انقطعت. وقد استطعت، بوصول السفينة الحربية في الوقت المناسب، إيقاف التحركات التي كانت تهدد بحدوث مشاكل جديدة؛ كيف يمكن التعامل مع ناصر وهو لاجئ من مسقط؟ هل أستطيع أن أقدم له حسن الضيافة ومنزلًا مؤقتًا؟

Ref.: (Foreign Dept. Political, A., Part A, Progs., 357- 421, May, 1869), p. 5.
10 April 1869.

مقتطف من رسالة
26 ذي الحجة 1285هـ / 10 أبريل 1869م

من: علي بن خليفة

إلى: المقيم في بوشهر

بخصوص شقيقي، محمد بن خليفة؛ عندما أدركت تمامًا أنه كان يتآمر ويتواصل مع أهالي قطر قمت باعتقاله عنوةً وأرسلته إلى الكويت على متن مركب؛ لأنني لا أستطيع أن أفعل المزيد حياله.

أرسلت مع شقيقي محمد، أحمد بن محمد Ahmowed bin Mahomed وفهد بن أحمد وخالد بن علي، الذين سيقومون بزيارتك بعد ترك شقيقي محمد في الكويت.

سيخبرك أخي أحمد بكل الأمور التي لم أكتبها؛ إن شاء الله سيكون صريحًا معك تمامًا، وأرجو أن شؤوني لن تسبب لك الإزعاج كثيرًا.

Ref.: (Foreign Dept. Political, A., Part A, Progs., 357- 421, May, 1869), Pp. 4-5.
10 April 1869.

رقم (62)
10 أبريل 1869م - جوادر

من: الكابتن إي. سي. روس
مساعد الوكيل السياسي في جوادر

إلى: العقيد إتش. ديسبرو
الوكيل السياسي في مسقط

يُشرفني أن أصرح بأن السيد ناصر بن ثويني وصل إلى جوادر برفقة شخص يُدعى دابو Daboo، المسؤول السابق عن خيول السيد سالم، على متن مركب محلي مساء الثامن من أبريل. وفي نفس الليلة تمّ حبك مؤامرة لتنصيب السيد ناصر على جوادر والتخلص من حكومة مسقط.

2- في صباح التاسع منه، زارني «دابو Daho» بالنيابة عن السيد ناصر، وصرح عن نية الأخير بالاستيلاء على المكان. وفي نفس الوقت أرسل الوالي يطلب مساعدتي في الحفاظ على منصبه كحاكم لحكومة مسقط.

3- لم أتمكن، بسبب انقطاع الاتصالات البرقية، من الحصول على تعليمات من بوشهر حينها، مما اضطرني أن أتصرف بحسب معرفتي؛ فأخبرت السيد ناصر، ردًا على رسالته، أنني لا أوافق على مخططه، وسوف أبذل قصارى جُهدي في دعم سلطة الوالي.

4- لقد نجحت حتى الآن في منع سكان جوادر من المشاركة في المخططات التي يبدو لي أنها قد لا تُحقق نتائج كبيرة، لكنَّ السيد ناصرًا، الذي يبدو أنه أداة دابو Daboo، يستمر في مطالبة الوالي بمنحه ملكية الحصن.

5- أرفق نسخًا من برقياتي، وسأكون ممتنًا إذا تكرمت بإحال الرسالة الحالية إلى العقيد بيلي كي يطلع عليها.

Ref.: (Foreign Dept. Political, A., Part A, Progs., 357- 421, May, 1869), p. 5.
12 April 1869.

رقم (189)
12 أبريل 1869م - مسقط

من: العقيد إتش. ديسبرو
الوكيل السياسي في مسقط

إلى: المقدم لويس بيلي
المقيم السياسي في الخليج الفارسي

لقد تسلمت صباح هذا اليوم رسالة من مساعدي الكابتن «روس»، وأحيل إليك بهذا نسخة أصلية منها مع المرفقات، معلنًا أن السيد ناصر بن السيد ثويني الراحل، سلطان مسقط، قد وصل إلى جوادر مساء الثامن من الشهر الحالي، وأنه تمّ حبك مكيدة ليلة اليوم المذكور؛ كي تتم تولية السيد ناصر في جوادر.

2- سألك الكابتن «روس» في برقية بتاريخ التاسع من الشهر الحالي (يُفضل تفسيرها) عمّا إذا كان (الأهالي الذين يؤيدون السيد ناصرًا) يجب عليه (الكابتن روس) منع السيد ناصر من الاستيلاء على جوادر.

3- من المحتمل أن يكون الانقطاع في الخط قد انتهى قبل أن تصل إليك هذه البرقية، وستكون قد أرسلت ردك إلى الكابتن «روس»، لذلك لا حاجة لأقوم بتقديم الملاحظات لاحقًا.

4- فضلًا عن ذلك؛ لا أعرف في الواقع بأي طريقة ستدرس تحركات السيد ناصر البحرية وبسفينة غير مسلحة. ربما يكون السيد ناصر قد تلقى دعوة إلى جوادر من قبل البلوش الذين ينفرون كثيرًا من المكوس Muthowas المفروضة عليهم.

5- أخبرت الكابتن أتكينسون Atkinson في رسالتك رقم (242) بتاريخ الخامس من ديسمبر الماضي، أن نائب الملك في المجلس يرى «أنه لا ينبغي لنا التدخل في شؤون مسقط بأي شكل من الأشكال، لكن علينا مراقبة سير الأحداث».

6- مرة أخرى أخبرت الضابط نفسه في برقية بتاريخ الحادي عشر من الشهر الماضي أن «حكومة الهند تطلب منع جميع العمليات البحرية من قبل أي طرف في مسقط وغيرها، وباستخدام القوة إذا دعت الضرورة، ويجب تنفيذ هذه التعليمات بشدة. وعليك أن تخبرني بالتفصيل عن جميع الإشاعات عن أية عمليات بحرية سواء ضد زنجبار أو بندر عباس أو مكران أو أي مكان آخر».

7- لذلك إن الخطة التي أعتزم اتباعها هي أن أتجنب كليًا ونهائيًا، بقدر استطاعتي، التدخل في الشؤون البرية، وأن أطلب المساعدة أو أواجه جميع الخروقات في البحر، ويبدو لي أن هذه الخطة تنسجم مع تعليمات الحكومة.

8- اتضح لي أنه تمّ وضع الكابتن روس في موقف حرج.

9- فيما يتعلق ببرقيتك المشار إليها أعلاه (بتاريخ 11 يناير) انتشرت إشاعة بأن حكومة عزان تعتزم إرسال قوة إلى جوادر، ولا شك أنك سترسل برقية إلى الكابتن «روس» تقدم له فيها التعليمات عن كيفية التصرف في حال وصلت أية قوة. سأقوم بمراقبة الأحداث، وسأقوم بمنع العمليات بحرًا إذا كانت الوسائل متاحة لديّ.

رست سفينة صاحبة الجلالة «دريا» هذا اليوم في خليج مسقط.

Ref.: (Foreign Dept. Political, A., Part A, Progs., 357- 421, May, 1869), Pp. 5 -6.
12 April 1869.

رقم (190)
12 أبريل 1869م - مسقط

من: العقيد إتش. ديسبرو
الوكيل السياسي في مسقط

إلى: المقدم لويس بيلي
المقيم السياسي، لصاحبة الجلالة البريطانية، في الخليج الفارسي

إكمالًا لرسالتي رقم (189) بتاريخ اليوم، يُشرفني أن أرسل التفاصيل الموجزة التالية:

2- من المرجح أنك تعرف أسلاف ناصر بن ثويني ودابو Daboo الذي رافقه إلى جوادر. ناصر هو ابن السلطان الراحل السيد ثويني من محظية بلوشية. قام السلطان بتقديم هذه المحظية، بعد ولادة ناصر، إلى دابو، الذي عينه الكابتن روس خبير الخيول لدى السيد سالم، الذي كان مسؤولًا عن جناح الحريم لدى السيد ثويني. فقام دابو (زوج الأم؛ إذا جاز أن أدعوه كذلك) بالزواج من المحظية.

3- اعتاد ناصر على ممارسة حياة مستقلة في أطراف مدينة مسقط، لكنه ظهر فجأة مُدعيًا أنه حصل على إذن للإقامة في كلباء، أول وأقرب قرية على مسقط على الطريق إلى مطرح؛ حيث جمع بعض المال من خلال رهن منزله في مسقط، وغادر إلى جوادر خفيةً ليلة الخامس من الشهر الحالي على متن مركب تابع لجوادر تمّ إرساله من أجله، وقام دابو بمرافقته.

4- هذه هي أحداث القضية بحسب ما علمته حتى الآن.

Ref.: (Foreign Dept. Political, A., Part A, Progs., 357- 421, May, 1869), Pp. 13-14.
12 April 1869.

رقم (191)

12 أبريل 1869م - مسقط

من: العقيد إتش. ديسبرو
الوكيل السياسي في مسقط

إلى: المقدم لويس بيلي
المقيم السياسي، لصاحبة الجلالة البريطانية، في الخليج الفارسي

يُشرفني أن أحيل، لمعلوماتك، الأنباء التالية:

2- ذهب السيد عزان بن قيس إلى الرستاق منذ عدة أيام، وقد يكون ذلك من أجل مراقبة الأحداث شمال وغرب مسقط. لقد ذهب الشيخ صالح بن علي، وهو كما تعلم ذو نفوذ كبير في الحكومة هنا، إلى صور، وأعتقد أن ذلك، من ناحية، للاهتمام بوصول صاحب السمو السيد تركي المتوقع من بومباي، ومن ناحية أخرى، كما يقال، خوفًا من وصول صاحب السمو السيد ماجد من زنجبار.

3- وصل عدد قليل من بني بو حسن إلى هنا منذ يوم أو اثنين، وتختلف التقارير حول أعدادهم؛ يُقال إن شيخ بني بو حسن، حمود بن مسلم، الذي كان هنا وغادر إلى صور برفقة الشيخ صالح، قد توفي في الطريق. قد تكون على علم بأن الشيخ الآخر لقبيلة بني بو حسن، خميس، غادر في شعبان الماضي إلى زنجبار برفقة حوالي 300 رجل من أتباعه؛ يبدو أن هناك اعتراضًا على صداقته مع السيد عزان، كما يوجد قلق من أن السيد ماجد قد يقوم بمساعدة خميس بطريقة أو بأخرى.

4- قيل لي؛ إنه تمّ استقبال الشيخ صالح لدى وصوله إلى صور بإطلاق القذائف. في السادس من أبريل، وعندما زارني الشيخ ناصر قريب الشيخ صالح، قال لي إن السيد عزان سيعود من الرستاق إلى مسقط في غضون سبعة أيام، وسوف ينضم إلى الشيخ صالح في جعلان في غضون خمسة عشر يومًا. لا أعرف مدى مصداقية هذه المعلومات. يبدو أن الحجريين والحرث وبني بو حسن مخلصون للسيد عزان. لم تستجب قبيلتا الجنبة وبني بو علي لمناشدات عزان حتى الآن.

5- جلبت المركب البقارة، التي وصلت إلى هنا، أنباء تُفيد بأنها قابلت في سوقطرة سفينتين بخاريتين تسحبان سفينتين مجهزتين من زنجبار، وتعود ملكيتهما لصاحب السمو السيد ماجد. وكانت كلتا السفينتين تتزودان بالمياه في سوقطري، وكانتا متجهتين إلى بومباي، وكان على متن السفينتين رجال مسلحون، هذا ما يُقال، ومع ذلك لا يُمكنني معرفة مدى مصداقيته.

6- تُفيد الرسائل السرية التي وصلت بواسطة المركب البقارة أن صاحب السمو السيد تركي قد جمع المال من مصادر أخرى غير الحكومة، وأن سموه يعتزم المجيء إلى عمان.

7- أرفق موجزًا بالأنباء التي جُمعت على عجل اليوم، وقد تكرم الكابتن كولومب، قائد سفينة صاحبة الجلالة «دريا»، بإرسالها لي.

لقد أرسل شيخ بني جابر إلى صاحب السمو السيد سالم يعرض عليه المساعدة والسيادة الطوعية، وقد يكون ذلك لأن السيد عزان عامله بقسوة، وهو يرغب في استعادة أراضيه التي خسرها. كذلك قام خمسة شيوخ من الهناوييين Henavi (مستائين من عزان) وأسماؤهم غير معروفة، بعرض خدماتهم على السيد سالم. تعهد السديري قبل وفاته (سيتم ذكر تفاصيل وفاته فيما بعد) بتقديم المساعدة للسيد سالم من قبل الوهابيين إذا كان ذلك ضروريًا. تمّ استقبال السيد سالم في دبي بحفاوة واحترام كبيرين. قام كابتن السفينة «دريا» بمقابلة السيد سالم بعد حوالي عشرين ساعة من مقتل السديري، وقال إن خططه لم تتغير، وأنه كان ينوي الانتقال إلى مطرح (بالقرب من مسقط) على الفور تقريبًا جامعًا قواته. بينما كان مُغادرًا كان الاعتقاد الشائع أن دبي أيضًا ستتحرك لصالح الشيخ سالم إذا تحركت أبوظبي لصالحه، لكن إذا رفضت أبو ظبي التحرك فإن دبي أيضًا سترفض ذلك. تحدث شيخ دبي بتبجح عمّا يستطيع فعله، وما سيفعله إذا تحرك بحرًا، وقد يكون هذا لإخفاء حقيقة أنه حتمًا لن يتحرك برًا.

سأبدأ الآن سرد الحوادث التي أدت إلى وفاة السديري:

كان السديري برفقة جماعة صغيرة من الخدم، وقد سجن شيخ الشارقة تمهيدًا للاستيلاء على منصبه. قام عدد من أهالي الشارقة بتطويق المنزل الذي كان السديري، وشيخ الشارقة المسجون، وكل جماعة الوهابيين تقريبًا مجتمعين فيه. قام أهالي المدينة بإطلاق النار على جميع الوهابيين تقريبًا، وكان السديري من بينهم؛ حدث هذا مساء يوم الأربعاء في السابع من شهر أبريل (1869م).

حاول السديري قتل شيخ الشارقة في المعركة، لكن شقيق السديري تشبث به وحرره، وكان شقيق السديري مقيدًا في الشارقة، ولكن يبدو أنه نجا لأنه أنقذ حياة شيخ الشارقة.

استأنف شيخ الشارقة ممارسة سلطته، لكن من الواضح أنه خائفٌ مما قد حدث. فهو لم يذهب

إلى سفينة صاحبة الجلالة «دريا»، ولم يرسل أي رسول إلى الكابتن «كولومب». ربما اعتقد أن وصول السفينة «دريا» يحمل إشارة إلى الحوادث الأخيرة.

قام تاجر من البصرة بعرض مبلغ 5000 جنيه إسترليني على صاحب السمو السيد سالم مقابل «الرحماني Rohomany»، الموجودة الآن في بندر عباس. ولكن توجد شكوك حول قضية العرض.

ملاحظة: قد ينطلق صاحب السمو السيد سالم من دبي، لكن هل تعتقد حقًا أنه سيصل إلى مطرح جالبًا وحاملًا معه فرص النجاح لاستعادة عرشه بالقوة؟

Ref.: (Foreign Dept. Political, A., Part A, Progs., 357- 421, May, 1869), p. 4.
15 April 1869.

برقية

15 أبريل 1869م - بوشهر

من: بيلي في بوشهر

إلى: السكرتير السياسي في بومباي

أرسل الكابتن «روس» برقية تفيد أن جوادر ثارت اليوم ضد حكومة مسقط، وطردت الوالي. لا توجد اضطرابات. أجلت رحيل السفينة «هيو روز» من جوادر.

Ref.: (Foreign Dept. Political, A., Part A, Progs., 357- 421, May, 1869), Pp. 8-13.
20 April 1869.

المرفق رقم (24)
رقم (275)
15 أبريل 1869م – السفينة السند

من: الكابتن إيه. كوتون واي
المساعد الأول للمقيم السياسي في الخليج الفارسي

إلى: المقدم لويس بيلي
المقيم السياسي في الخليج الفارسي

وفقًا لتعليماتك، غادرت البصرة على متن سفينة صاحبة الجلالة «السند» مساء الحادي والثلاثين من الشهر الماضي، متجهًا إلى الساحل للتحقيق في الشكاوى والقضايا المعلقة.

وفي الشارقة؛ أول ميناء وصلت إليه، وجدت الشكاوى والقضايا التالية:

أولًا: من قبل شيخ أم القيوين عن احتجاز مركب بتيل استولى عليها أهالي مرير Mourir وسلموها إلى الشارقة.

ثانيًا: من قبل شيخ أبوظبي عن قيام أهالي فشت بالاستيلاء على مركب في البحر وعلى متنه ثمانية عبيد مع ممتلكات تقدر بقيمة 300 دولار.

ثالثًا: من قبل محمد اللازي Al Lazi عن نهب حمولة من القمح من على متن مركب بغلة كانت راسية في مدخل خليج الشارقة.

رابعًا: من قبل دهيانا Dheeana، أحد الرعايا البريطانيين، عن استيلاء شيخ الشارقة على منزله.

خامسًا: من قبل دورجي لولا Durgee Lolah، أحد الرعايا البريطانيين، عن ابتزاز وسجن أولاده.

سادسًا: من قبل الرعايا البريطانيين عن عدم السماح لهم بالصعود إلى أسطح منازلهم، وعن تعرض أحد أولادهم للضرب بحجر كبير عندما ذهب لجلب العشب المخزّن هناك.

سابعًا: من قبل البانيان فورسو Fursoo وكيسو Kesoo، عن قيام البدو بنهب جزء من ممتلكاتهم، قبالة الشارقة، بعد أن تمت إعادتها من قبل الشيخ.

ثامنًا: من قبل شيخ عجمان عن احتجاز مركب تم سرقته من خليج عجمان.

تاسعًا: من قبل سلطان محمد من عجمان يطالب بمبلغ 603 دولار، وهو عبارة عن سلفة قدمها عبيد بن سيف Oben bin Seef مقابل الغوص على اللؤلؤ.

عاشرًا: من قبل محمد بن دينجي Dingee، أحد الرعايا البريطانيين، يطالب بمبلغ مئة دولار إثباتًا لصحة وصاية سلطان بن لوقط Sutlan bin Luggut.

حادي عشر: من قبل عبدول رشيد، أحد الرعايا البريطانيين، يطالب بمئة دولار مقابل كمبيالة أرسلها له الشيخ خالد الراحل.

ثاني عشر: من قبل شامو Shamo، أحد الرعايا البريطانيين، يطالب بمبلغ 140 قيرانًا مقابل كمبيالة أرسلها له الشيخ خالد الراحل.

اتضح من خلال الأدلة أن الظروف المرتبطة **بالشكوى الأولى** هي كما يلي: قام شيخ أم القيوين بتصنيع بتيل، وعيّن شخصًا يُدعى عبيد بن خليجان Khalijan كقائد لها. وتوفي عبيد في مسقط، فقام دائنه وهو أحد رعايا الشارقة بإقناع الوكيل الوهابي، السديري الذي كان في الشارقة حينها، أن يطلب من أهالي مرير الاستيلاء على البتيل وهي في طريقها إلى أم القيوين وتسليمها له. وحسب تعليماتك، طلبت من شيخ الشارقة أن يتخلى عنها. لكنه كان كارهًا لهذه الفكرة مدّعيًا أن ملكيتها تعود لمدين أحد رعاياه، ناخودا، وقد استولى عليها أهالي مرير في المرسى قبالة ذلك الميناء. وقد وعدته بأن أقوم بإعادة النظر في القضية إذا كان بإمكانه الإثبات أن البتيل من ممتلكات ناخودا، وأصدرت أوامر بإرسال البتيل إلى البصرة مؤقتًا.

(تمت الموافقة عليه، لكن سيكون من الأفضل معرفة المالك الحقيقي بأسرع وقت ممكن وإعادة السفينة إليه- لويس بيلي).

توافرت أدلة كافية عن **الشكوى الثانية**، وتمّ تسليمي سبعة عبيد؛ حيث إن الثامن قد هرب وقام الشيخ محمد النعيمي Mahommud Al-Nahemee بالمطالبة به. لم أستطع الحصول على أدلة بخصوص الممتلكات هنا، ولذلك طلبت تعهدًا بأن تتم إعادة دفع المبلغ عندما تتوافر الأدلة في أبوظبي.

في **الشكوى الثالثة** لم يكن مقدم الشكوى حاضرًا ولا طاقم البغلة، ولا يمكن البت في القضية

بغياب المدعي. وقد تعهد الشيخ، في حال تمّ التعرف على المخربين، بأنه سوف يعمل على إعادة الممتلكات. **(يجب على الوكلاء إرسال تقرير بناء على ذلك- لويس بيلي).**

أما بشأن **الشكوى الرابعة**، فقد اعترف الشيخ بأنه استولى على المنزل، لكنه أكد لي أن المشتكي كان يستخدم المنزل كرهن. وقد وافق على التخلي عن المنزل في حال ثبت حق المشتكي بامتلاكه. علمت أنه سيتم إبلاغ مقدم الشكوى الموجود في قشم بذلك. **(سيكون من المستحسن عندما يكون ذلك ممكنًا إبلاغ كلا الطرفين أنه سيتم التحقيق في قضيتهما في موقع معين في تاريخ محدد- لويس بيلي).**

أما فيما يتعلق **بالشكوى الخامسة** فسيكون من المُستحسن، عندما يمكن تنفيذ ذلك، تحذير كلا الطرفين المتخاصمين أنه سيتم التحقيق في قضيتهما في مكان معين وفي تاريخ محدد.

وفيما يتعلق **بالشكوى رقم (6)**، زُعم أن البانيان قد ينظرون إلى المنازل والأفنية المجاورة، ويرون النساء المقيمات من أسطح منازلهم **(شيء مقنع- لويس بيلي)**، وأنه عند رؤية الولد على سطح المنزل تمّ رميه بحجر لإبعاده وليس بهدف إيذائه. قام الشيخ باستدعاء الولد وأعرب عن أسفه عمّا حدث، وقدم التعويض اللازم. وقد اتضح أنه يمكن إلغاء الاعتراض على صعود البانيان على أسطح المنازل من خلال بناء جدار على أحد الجوانب، وقد طلبت من الوكيل البريطاني أن يعلم البانيان أنه إذا كانوا يرغبون بالصعود على أسطح منازلهم فعليهم بناء الجدار. **(تمت الموافقة- لويس بيلي).**

سيقوم الشيخ بدفع المبلغ المطلوب في **الشكوى رقم (7).**

تمّ الإقرار **بالشكوى رقم (8)**، لكن قيل إن الطرف الذي أخذ المركب من خليج عجمان لديه مستحقات لدى مالك المركب. وتمّ الاعتراف بتلك المستحقات، وتمّ الاتفاق على أن يتمّ تسليم المركب إلى الوكيل البريطاني حين دفع المبالغ المستحقة. **(تمت الموافقة- لويس بيلي).**

تتعلق **الشكوى رقم (9)** بسلفة الغوص على اللؤلؤ؛ فقد تسلم المدعى عليهم مبلغ 603 دولار كسلفة من المدعي، ثم فروا إلى الشارقة لتجنب تسديدها. تمّ تفسير الرسالة الدورية الأخيرة للشيخ بشكل جيد فيما يتعلق بهذه السلفة، وقد تعهد الشيخ بإعادة دفع المبلغ لدى تقديم الأدلة المناسبة. طُلب من الوكيل البريطاني الحصول على الأدلة كاملةً وتقديمها إلى الشيخ، وقد انتهزنا الفرصة لنطلب من الشيخ أن يطلب من الجهات المقرضة للمال من أجل الغوص على اللؤلؤ أن يكونوا حريصين على الحصول على إيصالات ملكية موثقة مقابل السلف التي يدفعونها. اتضح أن الشيخ يعتقد أنه؛ إذا تمّ تنفيذ شروط الرسالة الدورية، فسوف تزول أسباب الكثير من الاستياء بين الشيوخ.

وافق الشيخ ماجد بن سلطان، المسؤول عن ممتلكات الشيخ سلطان بن صقر، على تسديد المستحق في **الشكوى رقم (10).**

سيقوم الشيخ سالم على الفور بدفع المستحقات في **الشكويين رقمي (11) و(12).**

يُعتبر العبد جزءًا من الممتلكات في حال الإفلاس في الشارقة؛ أستسمح أن أطلب الحصول على تعمليات عمّا إذا كان يجب بيعه من قبل الوكيل البريطاني لصالح الدائنين؛ تقدر قيمة العبد بمئة دولار؛ (سأطلب الحصول على تعليمات من الحكومة).

أجريت التحقيقات بخصوص ما يزعم عن إرسال الشيخ مراكب مسلحة إلى أم القيوين وعجمان في أثناء الشجار الأخير مع شيوخ تلك المشيخات، وقد اتضح أنه تمّ إرسال مراكب مسلحة إلى الحمرية Humreah وغيرها، من أماكن الشيوخ، إلا أنني لم أستطع الحصول على أي دليل واضح على أنه تمّ إرسال أي مركب مسلح إلى أم القيوين أو عجمان. لذلك لم أتحدث مع الشيخ عن هذا الأمر، لكنني أكدت له ضرورة الالتزام بأوامر الحكومة التي أصدرتها مؤخرًا لمنع جميع العمليات بحرًا.

(وقد تمّت الموافقة على أن يقوم أحد الشيوخ عند زيارة شيخ آخر على الساحل باصطحاب بعض الرجال المسلحين معه؛ لكن طالما أنه لم يرتكب أي عمل يُزعزع الأمن فإنني لن أتدخل سوى عند الطلب- اطلب من الوكيل أن يعلمك عن جميع حالات التحرك هذه- لويس بيلي).

اشتكى الشيخ أن شيخ أم القيوين قد قام مؤخرًا بمحاولة الاستيلاء على مركب بتيل خاص به قبالة أم القيوين. فقمت على الفور بالتحقيق في الشكوى، وقد ثبت بوضوح بشهادة ملاحين من الرعايا البريطانيين في أم القيوين وغيرهم أنه عندما رأى شيخ أم القيوين مركب البتيل، التي يدّعي أنه تمّ الاستيلاء عليها بطريقة غير شرعية من قبل أفراد من مرير ومن ثم قام شيخ الشارقة بإعادتها، راسية قبالة مرفئه، خرج برفقة عدد من المراكب المحملة برجال مسلحين للاستيلاء عليها، وأنها أفلتت بسبب هبوب الرياح؛ وفقًا لذلك، أرسلت لك البرقية التالية:

«في الخامس والعشرين من الشهر، حاول شيخ أم القيوين الاستيلاء على البتيل بينما كانت تجتاز أم القيوين مع ست سفن بقارة محملة برجال مسلحين، ولكنه فشل بسبب هبوب الرياح، من فضلك أرسل التعليمات».

(يجب علينا أن نتذكر في هذه الحال أنه بسبب الأوضاع في المناطق التابعة لمسقط، وبسبب عدم وجود سفن فعالة، حدث تأخير طويل قبل التوصل إلى تسوية، وسأكون راضيًا بإعادة المركب إلى مالكها الحقيقي - لويس بيلي).

سوف تتذكر أنه طُلب من شيخ أم القيوين أكثر من مرة عدم زعزعة الأمن في البحر فيما يتعلق بمركب البتيل.

أما بخصوص تحركات السيد سالم، فقد تلقيت معلومات جيدة تفيد أن السديري قد تعهد

بمساعدته، وأن السديري كان يحاول تسوية الخلافات بين شيوخ الساحل كي يقوم أحدهم أو بعضهم بمساعدته أيضًا، وأن السيد سالم، سواء تلقى مساعدة الشيوخ أم لا، سوف يذهب إلى البريمي، وأنه سينتقل من هناك برفقة السديري؛ كي ينضما إلى الهناويين؛ حيث أرسل العديد منهم دعوات ملحة للسيد سالم كي يكون زعيمًا لهم. علمت أن إبراهيم بن يوسف يقدم سلفًا مالية على السفينة «الرحماني». **(هذه مسألة برية ونحن لا نتدخل فيها- لويس بيلي)**

أرسل السديري، الذي كان يخيم على بعد حوالي ثلاثة أميال من الشارقة، بطلب الوكيل البريطاني وأعرب عن رغبته بمقابلتي في الشارقة، ولذلك قمت بزيارته، وعندما وصل أخبرني أنه قد أتى إلى الساحل لتسوية الخلافات بين الشيوخ الذين سماهم أتباع الإمام الوهابي.

(هذه مجرد حجة؛ فنحن نعتبر شيوخ الساحل مستقلين، ولن نسمح بشن أي هجوم بحري ضدهم من قبل القوات الوهابية. أما برًا فهم يستطيعون اتخاذ الإجراءات الخاصة بهم- لويس بيلي).

وسألني عمّا إذا كانت الحكومة البريطانية تُمانع في ذلك؛ فأجبته إنني واثق من أن الحكومة ترغب في أن ترى الشيوخ متفقين، فأجاب إنه وجد طريقة لإقامة علاقات ودية بينهم. قلت له إنني علمت أن الإمام الوهابي يساعد السيد سالمًا، فأجاب قائلًا لم يتمّ تسلم أي أمر، ولكن الإمام والسيد سالمًا صديقان قديمان، فإذا طلب السيد سالم المساعدة فإنه سيحصل عليها. قال إنه علم أن سفنًا حربيةً قد وصلت إلى مسقط، وأنه يُريد أن يعرف سبب قدومها، وكيف أن الحكومة ساندت السيد عزان، وإذا كانت مسقط ستتعرض لهجوم من قبل السيد ماجد أو السيد تركي.

فأجبته بأن مسقط ليست خاضعة لمراقبتي، وإنني لا أستطيع منح أية معلومات، لكنني تلقيت أوامر بعدم السماح بأية عمليات بحرية. أما بالنسبة لوجود السفن الحربية في مسقط، فقلت له لا علم لي بوجود أية سفينة هناك لكن ليس من المدهش أن تكون هناك؛ لأن سفننا تُبحر في جميع البحار. وعندما سألته عن الإمام الوهابي قال لي إنه في الأحساء، وسوف يزور ساحل قطر، وليس ساحل العرب؛ فقد يقوم بإرسال شخص ما إلى هناك. لم أتأكد من سبب زيارة الإمام الوهابي إلى ساحل قطر؛ فقد بدا أن لا أحد يعرف سبب ذلك. **(لاحقًا قادتني المعلومات إلى أن الإمام لايزال في عاصمته- لويس بيلي).**

لابد أنك تتذكر أن الشيخ خالد، شيخ الشارقة ورأس الخيمة، قد قام بطلب المساعدة من الوكيل الوهابي، السديري، في الهجوم الأخير الذي شنته قوات الحلفاء، أقصد شيوخ أبوظبي وعجمان وأم القيوين، على الشارقة، وأنه أتى إلى الساحل وعقد الصلح بين الشيوخ، وأن الشيخ سالمًا أصبح شيخ الشارقة، والشيخ حميدًا أصبح شيخ رأس الخيمة بعد مقتل الشيخ خالد. ومنذ ذلك الحين؛ قام أولئك الشيوخ عمومًا بإحال مشاكلهم إليه، لذلك لم يتوان عن التدخل وتوسيع النفوذ الوهابي. يُمكن الآن اعتبار هذه الولايات، كما يُطلق عليها السديري، مناطق وهابية؛ لقد شكا شيخ

رأس الخيمة السابق، الشيخ إبراهيم، بمرارة من معاناته من النفوذ الوهابي، لكنني شككت، من خلال ما علمته، في أن يكون من السهل إرضاء الشيخ في هذه الحادثة.

(لقد شككت بذلك، منذ أن علمت وقرأت عن الخليج؛ فقد لاحظت أنه يتمّ الإعراب عن نفس المخاوف؛ لكن لم يكن من المتوقع أن تكون ذات تأثيرات دائمة؛ نرى في الحال الحالية أنه منذ عدة أيام فقط تمّ قتل الوكيل الوهابي، وتمّ إطلاق النار على أتباعه وتشتيتهم من قبل شيخ الشارقة- لويس بيلي).

بناءً عليه أرسلت لك البرقية التالية في الخامس من الشهر (5 أبريل 1869م):

«أخبرني السديري يوم أمس أنه لم يتمّ تلقي أي تعليمات من عبد الله بن فيصل، لكن إذا طلب السيد سالم المساعدة فسيحصل عليها؛ فقد تعهد السديري بتقديم المساعدة، فهو سيُمكنهم من مساعدته بمحاولة القيام بإقامة علاقات جيدة بين شيوخ الساحل. أما الاتفاق الحالي فهو أن يذهب السيد سالم إلى البريمي ومن ثم يذهب بمرافقة السديري للالتحاق بمجموعة من قبيلة الهناوية؛ حيث تلقى السيد سالم يوم أمس دعوات مُلحة منها للعودة. لا أعتقد شخصيًا أن شيوخ الساحل سيساعدون عبد الله بن فيصل في الأحساء، وأنهم سيزورون قطر، لكن ليس هذا الساحل؛ فقد يرسل شخصًا ما، وقد تمّ استغلال الخلافات بين الشيوخ من أجل توسيع النفوذ الوهابي».

(أخشى أن أكبر مصدر لضعف السيد سالم يكمن في قلبه؛ فهو يفتقر إلى الشجاعة، ولا يملك القدرة أو الذكاء المطلوبين لقيادة الرجال أو إخماد الثورات. كما أن شبح والده يُقلق ضميره – لويس بيلي).

زارني شيخ عجمان يوم أمس عندما كنت قبالة الشارقة، وقد أخبرته عن حادثة المعاقبة غير المنصفة بحق «كيسو Kessoo»، أحد الرعايا البريطانيين، وقد تعهد لي أنه سيتمّ دفع التعويض. لقد قام هذا الشيخ بإرسال قطعانه هذا العام للرعي في جزيرة بوموسى Bebmusa وهي تابعة للشارقة. **(مقبول- لويس بيلي).**

وقد تعهد بنقلها على الفور، وقد طلبت منه عدم إرسالها مجددًا لأن القيام بذلك قد يؤدي إلى زعزعة الأمن في البحر. ولقد سلمت الشيخ رسالتك الدورية، وطلبت منه أن ينصح مقرضي الأموال لصيادي اللؤلؤ أن يحصلوا على إيصالات مناسبة مقابل السلف التي يدفعونها. **(تمت الموافقة – لويس بيلي).**

ذهبت من الشارقة إلى دبي. وقد جاء الشيخ إلى السفينة فور وصولي. كان السيد سالم في دبي، وأكد الشيخ الأنباء السابقة، التي تسلمتها بخصوص تحركات السيد سالم، وأنه تلقى دعوات من قبيلة الهناوية، وأن السديري تعهد بمساعدته، وقال الشيخ إنه سيساعده.

كان هناك شكوى واحدة فقط، وهي من قبل أحد الرعايا البريطانيين؛ حيث قام أحد أتباع الشيخ بضربه، وقد تعهد الشيخ بدفع التعويض المناسب عندما علم بالأمر. **(مقبول – لويس بيلي).**

يبدو أن رسالتك الدورية بخصوص مديني الغوص على اللؤلؤ لم تُعجب الشيخ؛ فقد قال إن لديه من الشكاوى ضد الشيوخ الآخرين بقدر ما لديهم ضده، وسيكون من الصعب إثبات هذه الديون، ويريد أن يعرف ما إذا كان سيُعتبر مسؤولًا عن ديون رجل أقام لفترة قصيرة في منطقته ومن ثم انتقل إلى مكان آخر؛ فكيف كان سيستطيع ملاحقته، وسأل أيضًا عمّا إذا كان للرسالة الدورية أثر، وإذا كان الأمر كذلك؛ فمن أي تاريخ، منبهًا أنها إذا كانت كذلك فإن دبي ستُدمر. قلت له بوضوح إن المسؤولية ستقع فقط على المُستضيف، وإن الأوامر لن تكون رجعية إلى ما قبل العام الماضي. لم أناقش ادعاءات أبوظبي ضده لأنني لا أعرف تواريخًا لها.

(كان هذا متوقعًا، إلا إذا أخفى. لكن إذا عثر عليه في منطقته يجب أن يُسلّمه. لا، فقال إن هذا صحيح تمامًا، وتمت الموافقة عليه – لويس بيلي).

تعهد الشيخ بتحقيق العدالة في قضايا البانيان، وقد وجدت أن تسويتها سوف تستغرق ثلاثة أو أربعة أيام، وأنه يُمكن أن يقوم المترجم بتسويتها، لذلك تركت مترجمي عبدالله هناك، وذهبت إلى أبوظبي، **(تمت الموافقة – لويس بيلي).**

كانت سفينة صاحبة الجلالة «دريا» في أبوظبي، وقد انضم الكابتن «سميث» إليَّ وفقًا لتعليماتك. وتكرم العميد «كولومب» بوضع نفسه وسفينته تحت تصرفي، وحيث أنني لم أحتج إلى مساعدة رفضت عرضه مع التقدير، وفي نفس الوقت ذكرت له أن توقفه في الموانئ المتعددة سيكون ذا نتائج جيدة. تعهد بالقيام بذلك، وغادر بعد فترة قصيرة.

لقد أبلغت شيخ أبوظبي بخصوص شكوى شيخ الشارقة من الاعتداء على مركب الصيد، وقد سررت لأنه قام على الفور بدفع قيمة الضرر الحاصل. وتمّ تسديد كامل مستحقات المدعين الحالية واعتبر هذا الأمر مناسبًا. **(مقبول – لويس بيلي).**

تمّ إقرار المبلغ البالغ 1100 دولار الذي تمّ المطالبة به في رسالتك الدورية، وتعهد الشيخ بدفعه في غضون أربعة أشهر. **(ننتظر تقريرًا آخر – لويس بيلي).**

لم أستطع الحصول على أدلة أخرى حول ما يُزعم عن نهب سفن البقارة التابعة للشيخ من قبل أهالي خور لجيج Lajej، وسيكون من الضروري الحصول على أدلة من البحرين.

بشأن خادم بن سليمان قال إنه يُطالب بإعادته مع أتباعه مجددًا، وقال إنه إذا لم تتمّ إعادتهم مُجددًا فإن جميع رعاياه سوف يُغادرون، وسيكون من المستحيل حينها بالنسبة له أن يدفع الضريبة.

قلت له إنه لا يُمكن إعادة الرجال، لكن سيتمّ الاهتمام بأية شكوى على السلف، وقلت له أيضًا إن أفضل طريقة لمنع رعاياه من المغادرة ولإعادة أولئك الذين غادروا هي معاملة رعاياه معاملة حسنة وتحقيق العدالة. **(محق تمامًا – لويس بيلي).**

طلبت أدلة تثبت أن قيمة المركب الذي احتجزه رعايا الشارقة مع عبيد أبوظبي تبلغ 600 قيران، وأن ممتلكات بقيمة 430 قيرانًا كانت بحيازة العبيد عندما تمّ الاستيلاء عليها؛ ستتمّ مطالبة شيخ الشارقة بهذين المبلغين. **(تمّت الموافقة- لويس بيلي).**

وقد ثبت أيضًا أن المستحقات على دبي كانت ديونًا من موسم الفوضى في العام الماضي.

وتنفيذًا لأوامرك؛ فقد ذكّرت الشيخ أن القسط الثاني من الضريبة كان مستحقًا في شهر المحرم، فقال إنه يعرف ذلك جيدًا، وخشي أنه لن يستطيع جمع المبلغ لأن المراكب، التي أرسل على متنها الخيول والممتلكات الثمينة إلى زنجبار كي يتمّ بيعها، لم تعد بعد؛ فقد كان حريصًا على دفعها، وتمنى لو أنه يُمكن تمديد الوقت حتى نهاية شهر صفر. علمت من البانيان أن الشيخ لن يتمكن من دفع مبلغ كبير في شهر المحرم.

(تمت الموافقة على التأجيل، ومن فضلك لا تُلح على الضريبة؛ حيث إنني أرغب في حذف جزء منها، إذا تمّ الحفاظ على الأمن البحري بصدق – لويس بيلي).

أراد الشيخ أن يعرف ماذا عليه أن يفعل، فيما يتعلق بأوامر الحكومة الأخيرة، التي تمنع جميع العمليات بحرًا، في حال قام البدو بشن هجوم على الجزر التابعة له؛ فإذا لم يتمكن من حمايتها فإنه سيفقد كامل نفوذه عليها، وإذا قام بحمايتها؛ حيث يُمكنه القيام بذلك بحرًا فقط، فإن الحكومة ستعاقبه. قد تقول الحكومة إنها ستعتبر البدو مسؤولين، لكن كيف ستعاقبهم أو تمسك بهم إذا أتوا فجأة، ونهبوا المكان، ومن ثم اختبؤوا مجددًا في الصحراء؟

(لا يقوم البدو بمهاجمة الجزر، وإذا أرادوا القيام بذلك فعليهم استعارة أو استئجار المراكب من أحد شيوخ الساحل أو أتباعه، وفي هذه الحال سيكون الشيخ، الذي يقرضهم أو يسمح لهم باستئجار المراكب، مسؤولًا – لويس بيلي).

طلب الشيخ أيضًا أن يتمّ منع شيوخ قطر من بناء حصن في العديد في منطقته؛ حيث إن بناءه قد يُدمر أبوظبي بالكامل. بدا أنه يعتقد أن زيارة الإمام الوهابي إلى الساحل تهدف إلى وضع قبائل قطر تحت حمايته، وإلى إجراء الترتيبات من أجل بناء الحصن. أخبرته أنني سوف أحيل أسئلته إليك من أجل الحصول على رد عاجل، مُحذرًا إياه بجدية من القيام بأية عملية بحرية في تلك الأثناء؛ فهو يطلب الحصول على إذن للقيام بالعمليات البحرية على ساحله. **(سوف أنظر في هذه القضية، عندما أذهب إلى الساحل – لويس بيلي).**

غرقت عوامة البصرة في جزيرة جونيا Guoneya وليس في حالول كما ذُكر سابقًا؛ يعتقد الشيخ أن بعض ملاحي دبي قاموا بإحداث ثقب فيها. لقد تكرم الكابتن «سميث» بوضع مترجمه تحت تصرفي، فأرسلته لفحص العوامة. لم يكن قد عاد عندما غادرت أبوظبي، لذلك تركت له تعليمات بالذهاب إلى باسيدو Bassidore؛ حيث أتوقع أن أتوقف للتزود بالفحم. **(ننتظر تقريرًا آخر – لويس بيلي).**

نزولًا عند رغبتك؛ فقد قمت بتسليم رسالتك للشيخ، مع أمر إلى مساعد الطبيب الجراح الثاني عبد الرحيم حكيم أن يسلم مركب البغلة لوكيل الشيخ. **(تمّت الموافقة – لويس بيلي).**

في العاشر من الشهر (10 أبريل 1869م) وردتني أنباء تُفيد بأن الوكيل الوهابي، السديري، قد أصيب بطلق ناري في الشارقة في السابع منه، وقد أكد الشيخ ذلك عندما زارني، وقال لي إنه إذا تلقى أوامر من الإمام للهجوم على الشارقة فإنه سيلتزم بتنفيذها. وخوفًا من أن تكون هناك اضطرابات إثر وفاة السديري فقد ذهبت إلى الشارقة للاهتمام بمصالح البريطانيين.

أدركت لدى وصولي إلى هناك أنه لا وجود للذعر والخوف بالنسبة للرعايا البريطانيين. أما ملابسات مقتل السديري فهي، كما رواها لي الشيخ سالم وغيره، على النحو التالي:

أراد السديري من شيخ الشارقة إقامة علاقات ودية مع شيخي أم القيوين وعجمان شرط أن تتمّ إعادة جميع الممتلكات التي قاما بنهبها، لكن الشيخ رفض ذلك. في السابع من الشهر، قام السديري بدعوة الشيخ سالم لتناول طعام العشاء في منزل سيف بن عبد الرحمن في الشارقة، وبعد أن جلس ضيفه قام فجأة بتجريده من السلاح؛ حيث احتجز بعض أتباعه وفر آخرون، وقاموا بنشر خبر احتجاز شيخهم في أرجاء المدينة، فتمّ تطويق المنزل على الفور، والمطالبة بإطلاق سراح الشيخ، فقام السديري حينها بإطلاق النار على شخص من الحشد، وتبادل الطرفان إطلاق النار، فقُتل أربعة أو خمسة من رجال السديري، ثم أصيب هو برصاصة في معدته، وتوفي بعد فترة قصيرة في منزل الشيخ سالم. وتمّ إلقاء القبض على شقيق السديري وبعض زعماء بني كُبر kubbub والبعض من قبائل Gajlah وبعض أقارب شيخ أم القيوين الذين كانوا برفقة السديري، كما تمّ تجريد جميع البدو من السلاح. وقُتل حوالي ثمانية عشر رجلًا من البدو.

كان هدف السديري عزل الشيخ سالم؛ لأنه لم يوافق على إعادة العلاقات الودية كما أراد، وكذلك جلب الشيخ Omard إلى الشارقة، ووضع الشيخ إبراهيم في رأس الخيمة. لا شك أنه تمّ التنسيق لكامل الخطة بالتنسيق مع شيوخ المناطق المجاورة؛ لأنه بعد إلقاء القبض على الشيخ سالم، تمّ إرسال الرسل إلى محمد علي بن محمد النعيمي في معكسر السديري وإلى شيخي أم القيوين وعجمان وجميع أولئك الذين يزحفون نحو الشارقة؛ حيث التقوا برسول آخر يُعلن مقتل السديري. لا شك أنه خُدع بشأن مشاعر أهالي الشارقة تجاه الشيخ سالم، وإلا ما كان له أبدًا أن يقوم باحتجازه مع وجود القليل من الأشخاص برفقته.

أخبرني الشيخ سالم أنه كان قد أطلق سراح شقيق السديري، وجميع أتباع الوهابي بنصيحة من محمد النعيمي، وأعاد جميع أسلحتهم وممتلكاتهم، وكان قد أرسل للإمام شهادة أولئك الموجودين، وذلك أنه لا يقع على عاتقه أي ذنب في الأمر، وسألني عمّا يمكنه فعله. بالطبع؛ أجبته أنه لا يُمكنني تقديم النصح له، لكن يُمكنني معرفة ما عليه فعله بعدما يتأكد من وجهة نظر الإمام، وقد طلبت منه أن يُخبرني عندما يعرفها. **(تمت الموافقة عليه، لكنه شجار عن طريق البر وعليهم تسويته بأنفسهم إلا إذا طلبوا مساعينا الحميدة بطريقة ودية غير رسمية – لويس بيلي).**

يرى الشيخ حشر Hatheer شيخ دبي أن موت السديري لن يؤثر على تحركات السيد سالم على الإطلاق؛ لأن محمد علي بن محمد النعيمي قد تعهد بتنفيذ الاتفاقيات المبرمة مع السديري. **(قد تتحرك قبيلة النعيم، لكن لا أعتقد أن يفعل وهابي نجد Nuzd في البريمي ذلك – لويس بيلي).**

فهو يؤكد أن الشيخ سالم سينتقل مباشرة. تمّ إرسال مركب إلى الساحل الفارسي من أجل عائدات الأموال والمؤن، وسيقدمها محمد النعيمي إلى إبراهيم بن يوسف، وكيل الإمام، ويعتقد آخرون، أنه على العكس، لا يُمكن تنفيذ أي عمل قبل تعيين وكيل آخر.

تسلمت برقيتك بتاريخ الثاني عشر منه (12 أبريل 1869م)، وقد أرسلت السفينة «السند» حسب توجيهاتك. وعبيد أبوظبي على متن تلك السفينة.

في الختام، أستسمح أن أقر بالاهتمام الكبير الذي أبداه الضابط قائد السفينة «السند» خلال الرحلة.

Ref.: (Foreign Dept. Political, A., Part A, Progs., 357- 421, May, 1869), p. 4.
20 April 1869.

برقية
20 أبريل 1869م - بوشهر

من: بيلي في بوشهر

إلى: السكرتير السياسي في بومباي

صرح العقيد ديسبرو عن شكوكه في أن حكومة عزان سترسل قوة بحرية إلى جوادر؛ من فضلك أرشدني إذا كان ذلك مسموحًا.

Ref.: (Foreign Dept. Political, A., Part A, Progs., 357- 421, May, 1869), p. 3.
24 April 1869.

رقم (76)
24 أبريل 1869م- بوشهر

من: المقدم لويس بيلي
المقيم السياسي، لصاحبة الجلالة البريطانية، في الخليج الفارسي

إلى: السيد سي. جوني
سكرتير حكومة بومباي – الإدارة السياسية

إكمالًا لمراسلات سابقة بخصوص المنطقة الوهابية؛ تلقيت معلومات موثوقة بأن سعود، بعد أن هُزم من قبل شقيقه عبد الله في الحرب الأهلية، تراجع إلى قبيلة عسير بُغية تجديد القتال بمساعدتهم.

2- يبدو أن شريف مكة قد تدخل وطلب من قبيلة عسير أن تلتزم الهدوء.

3- سعود موجود في نجران، وعبدالله يتولى السلطة بصفته أمير نجد.

4- الأمير نفسه موجود في العاصمة الرياض، لكن التقارير تتماثل في الاعتقاد أنه يعتزم القيام ببعض المصالح الفعالة على الساحل؛ فقد قام مؤخرًا بمهاجمة قبيلة الدواسر في الوادي المسمى بنفس الاسم وخرب مزارع التمر الخاصة بهم.

5- من المتوقع أن الأمير سيقوم عاجلًا أم آجلًا بالانتقام لمقتل وكيله في البريمي على أيدي قبيلة القواسم بقيادة شيخهم، الشيخ سالم، شيخ الشارقة، كما ورد في رسالتي رقم (...) بتاريخ أبريل 1869م التي تمّ إرسالها بهذه المناسبة.

Ref.: (Foreign Dept. Political, A., Part A, Progs., 357- 421, May, 1869), p. 3.
24 April 1869.

رقم (81)
24 أبريل 1869م- بوشهر

من: المقدم لويس بيلي
المقيم السياسي، لصاحبة الجلالة البريطانية، في الخليج الفارسي

إلى: السيد سي. جوني
سكرتير حكومة بومباي – الإدارة السياسية

فيما يتعلق برسالتي المشار إليها في الهامش (رقم 73 بتاريخ 12 أبريل 1869م)؛ يُشرفني أن أصرح أنني تسلمت برقية من السيد سالم يسمح فيها لوكيله بتسلم قيادة سفينته «الرحماني» من شيخ قشم، ووضعها في المرسى قبالة مركزنا في البصرة. وقد وافقت على هذا الإجراء بالطبع.

2- لديَّ سبب للاعتقاد بأن السيد سالمًا قد باع سفينته لشخص يُدعى إبراهيم بن يوسف، تاجر لؤلؤ، الذي يزعم أنه يقدم المال للسيد سالم على ساحل العرب.

Ref.: (Foreign Dept. Political, A., Part A, Progs., 357- 421, May, 1869), Pp. 3-4.

24 April 1869.

رقم (82)

24 أبريل 1869م - بوشهر

من: المقدم لويس بيلي

المقيم السياسي، لصاحبة الجلالة البريطانية، في الخليج الفارسي

إلى: السيد سي. جوني

سكرتير حكومة بومباي – الإدارة السياسية

فيما يتعلق بالفقرة الأخيرة من رسالتي المشار إليها في الهامش (رقم 75 بتاريخ 12 أبريل 1869م)، بخصوص الإذن الممنوح لمحمد بن خليفة للإقامة بالبحرين على مسؤولية شقيقه، شيخ تلك الجزيرة؛ يُشرفني أن أذكر أنني تلقيت رسالة من الشيخ يُخبرني فيها، أنه قام بطرد محمد عنوة إلى الكويت بعد أن اكتشف أنه يحيك مؤامرة من أجل إحداث المزيد من الاضطرابات في المنطقة.

2- أعتقد أن هذا التصرف كان حكيمًا مع أن محمد بن خليفة سيستمر دون شك بالتآمر لأن هذا من طبيعته. لكن من الأفضل بالنسبة للهدوء والازدهار في البحرين أن يقوم بالتآمر من بعيد؛ حيث يأمل أن مؤامرته ستكون أقل ضررًا.

3- يكتب الشيخ متفائلًا مع أنه من المستحيل توقع السلوك المستقبلي لقبائل همجية وسريعة الانفعال مثل تلك القبائل على ساحل العرب، إلا أن التسوية السلمية التي تمّ التوصل إليها في الخريف الماضي بتعليمات من سعادته في المجلس لاتزال حتى الآن تدعم وتبشر بالهدوء.

4- إن ظهور سفينة صاحبة الجلالة «دريا» وعلى متنها مساعدي الثاني، الكابتن سميث، كان في الوقت المناسب ومفيدًا عمليًا، كما أن الكابتن «سميث» يقر بجميل الكابتن «كولومب»، قائد السفينة «دريا»، ومساعدته الكريمة.

Ref.: (Foreign Dept. Political, A., Part A, Progs., 357- 421, May, 1869), p. 4.

24 April 1869.

رقم (83)

24 أبريل 1869م - بوشهر

من: المقدم لويس بيلي

المقيم السياسي، لصاحبة الجلالة البريطانية، في الخليج الفارسي

إلى: السيد سي. جوني

سكرتير حكومة بومباي – الإدارة السياسية

بالإشارة إلى برقيتي بتاريخ الخامس عشر والعشرين من الشهر الحالي، تمّ إرفاق نسخ منهما؛ يُشرفني أن أرسل، لمعلومات الحكومة، نسخة من الرسالة رقم (189) بتاريخ 12 أبريل 1869م، التي تسلمتها من الوكيل السياسي في مسقط، ومن ردي، بخصوص تحركات السيدين ناصر وعزان.

Ref.: (Foreign Dept. Political, A., Part A, Progs., 357- 421, May, 1869), p. 5.
24 April 1869.

رقم (220)
24 أبريل 1869م - بوشهر

من: المقدم لويس بيلي
المقيم السياسي، لصاحبة الجلالة البريطانية، في الخليج الفارسي

إلى: العقيد إتش. ديسبرو
الوكيل السياسي في مسقط

يُشرفني أن أرفق، لمعلوماتك، وفيما يتعلق بالفقرة التاسعة من رسالتك المشار إليها في الهامش (رقم 189 بتاريخ 12 أبريل 1869م) نسخة من برقية بتاريخ العشرين من الشهر الحالي؛ وجهتها إلى الحكومة، ونسخة من ردها بتاريخ الحادي والعشرين منه، بخصوص الشكوك التي تدور حول نية عزان شن هجوم بحري ضد جوادر.

Ref.: (Foreign Dept. Political, A., Part A, Progs., 357- 421, May, 1869), p. 5.

24 April 1869.

رقم (84)

24 أبريل 1869م - بوشهر

من: المقدم لويس بيلي

المقيم السياسي، لصاحبة الجلالة البريطانية، في الخليج الفارسي

إلى: السيد سي. جوني

سكرتير حكومة بومباي – الإدارة السياسية

يُشرفني أن أرسل، لمعلومات الحكومة، نسخة من الرسالة (رقم 190 بتاريخ 12 أبريل 1869م)، التي تسلمتها من الوكيل السياسي في مسقط، ونسخة من ردي بخصوص حملة ناصر بن ثويني الأخيرة ضد جوادر.

Ref.: (Foreign Dept. Political, A., Part A, Progs., 357- 421, May, 1869), p. 6.

24 April 1869.

رقم (221)

24 أبريل 1869م - بوشهر

من: المقدم لويس بيلي

المقيم السياسي، لصاحبة الجلالة البريطانية، في الخليج الفارسي

إلى: العقيد إتش. ديسبرو

الوكيل السياسي في مسقط

إنني ممتن لرسالتك المثيرة للانتباه؛ رقم (190) بتاريخ الثاني عشر من الشهر الحالي؛ أعتقد أن سر حملة ناصر على جوادر ونجاحها يكمن في علاقته بالبلوش من ناحية والدته.

لم أعرف أن السيد ناصرًا على وفاق مع شقيقه السيد سالم.

Ref.: (Foreign Dept. Political, A., Part A, Progs., 357- 421, May, 1869), p. 6.

24 April 1869.

رقم (85)

24 أبريل 1869م - بوشهر

من: المقدم لويس بيلي

المقيم السياسي، لصاحبة الجلالة البريطانية، في الخليج الفارسي

إلى: السيد سي. جوني

سكرتير حكومة بومباي – الإدارة السياسية

أتشرف أن أرفق مقتطفًا من تقرير وجهته إلى الكابتن إس. سميث، المساعد الثاني للمقيم السياسي، مشيرًا إلى أن قبائل قطر مستقرة حتى الآن في خور حسان على شاطئ الساحل القطري ناحية البحرين؛ حيث هاجرت معظم القبائل بهدف توحيد جهودها مع القبيلة الرئيسة في قطر بالقرب من الوكرة.

2- هذه التحركات، التي تتم بموافقة شيخ البحرين، سوف تؤدي إلى التقليل من أية فرصة للصدام بين قبائل قطر والبحرين.

Ref.: (Foreign Dept. Political, A., Part A, Progs., 357- 421, May, 1869), p. 7.

24 April 1869.

رقم (86)

24 أبريل 1869م

من: المقدم لويس بيلي

المقيم السياسي، لصاحبة الجلالة البريطانية، في الخليج الفارسي

إلى: السيد سي. جوني

سكرتير حكومة بومباي

صرح الكابتن إس. سميث، المساعد الثاني للمقيم السياسي، بعد أن زار مؤخرًا ساحل قطر على متن سفينة صاحبة الجلالة «دريا» أن جميع الأمور تسير بهدوء في الوكرة، وأن رعايانا الهنود البريطانيين المستقرين هناك قد أعربوا عن ارتياحهم.

2- قدم شيخ قطر، ابن ثاني، إلى الكابتن سميث ضمانات سلمية تنسجم مع اتفاقياته في سبتمبر الماضي؛ (رقم 111 بتاريخ 25 سبتمبر 1868م). ما من شك أن تسوية خلافات قطر في الخريف الماضي قد حققت أفضل النتائج حتى الآن.

Ref.: (Foreign Dept. Political, A., Part A, Progs., 357- 421, May, 1869), Pp. 7-8.
24 April 1869.

رقم (87)
24 أبريل 1869م - بوشهر

من: المقدم لويس بيلي
المقيم السياسي، لصاحبة الجلالة البريطانية، في الخليج الفارسي.

إلى: السيد سي. جوني
سكرتير حكومة بومباي – الإدارة السياسية

يُشرفني أن أرسل الرسالة المشار إليها في الهامش، (رقم 275 بتاريخ 15 أبريل 1869م)، بالنسخة الأصلية، تسلمتها من مساعدي الأول، الكابتن كوتون واي، ملخصًا الإجراءات التي قام بها على ساحل العرب في أثناء جولته البحرية الأخيرة.

2- بالكاد يوجد أي شيء في هذا التقرير يوجب اهتمام الحكومة المباشر. لكنني أقدم على إرسالها لأنها تروي بوضوح وبدقة طريقة العمل الاعتيادي الذي تستند إليها هذه المقيمية بين قبائل الساحل.

3- اكتشف الكابتن واي عندما كان في دبي أن السيد سالمًا لايزال في ذلك الميناء، وهو يُعد لهجوم بري على حدود مسقط. لكن الكابتن واي تجنب إجراء مقابلة شخصية لأنها ستكون غير مناسبة في وضع السيد سالم الحالي المريب.

4- كان الوكيل الوهابي على الساحل بُغية مساعدة السيد سالم، وقد أجرى الكابتن واي مقابلة معه. لكن في حين أنه كان يُعد للهجوم على مسقط، ادعى الوكيل أنه يفصل في بعض الخلافات على الساحل، وخطط لسجن شيخ الشارقة. أوقع الأخير الوكيل في شركه، وقد أصيب الوكيل برصاصة في شجار عام. وقد شاركه العديد من أتباعه بنفس المصير، وتراجع الناجون من بينهم. سيكون لهذه الحادثة عمومًا أثر جيد في إضعاف النفوذ الوهابي على الساحل.

5- يسأل الكابتن واي عن طريقة العمل، التي يجب اتباعها في حال الإفلاس؛ حيث يشكل العبد

سلعة من بين الممتلكات. يدّعي الدائنون العرب أن قيمة العبد 100 دولار. إنني أرى أنه لا يمكن أن يختلط الأمر علينا، وأنه يجب تحديد قيمة الممتلكات دون الإشارة إلى العبد، الذي يجب تجاهله من قبلنا كونه لا يحق لنا تحريره.

6- في حال أخرى، فرّ بعض العبيد من أبوظبي، وتمّ القبض عليهم، واحتجازهم قبالة الشارقة. ونحن بوصفنا وسيط الهدنة البحرية طلبنا من شيخ الشارقة تسليم العبيد؛ لأن أتباعه ألقوا القبض عليهم في البحر. فقام شيخ الشارقة بتسليمهم. والسؤال الذي يطرح نفسه هل يجب إعادة العبيد إلى أبوظبي أم يجب تحريرهم؟

7- نسلّم العبيد لأنهم طلبوا الحماية منا وفي ظروف اعتيادية لمكافحة العبيد، ولكن بطلب شيخ أبوظبي، وتنفيذًا لالتزاماتنا بصفتنا المشرفين على الأمن البحري؛ فإنني أعتقد أن الشيوخ الذين هم أطراف في الهدنة البحرية قد يعتبروننا مقصرين في تنفيذ التزاماتنا كوسطاء إذا قمنا بتحرير العبيد؛ إن المسألة دقيقة، وإلى أن تصل التعليمات من الحكومة سيبقى العبيد بأمان في البصرة.

Ref.: (Foreign Dept. Political, A., Part A, Progs., 357- 421, May, 1869), p.13.
24 April 1869.

رقم (91)
24 أبريل 1869م - بوشهر

من: المقدم لويس بيلي
المقيم السياسي، لصاحبة الجلالة البريطانية، في الخليج الفارسي

إلى: السيد سي. جوني
سكرتير حكومة الهند في بومباي – الإدارة السياسية

إكمالًا لرسالتي المشار إليها في الهامش (رقم 74 بتاريخ 12 أبريل 1869م) يُشرفني أن أرسل، لمعلومات الحكومة، نسخة من رسالة تسلمتها من الوكيل السياسي في مسقط، ومن ردي عليها متناولًا الأوضاع الحالية في مسقط، وتحركات السيد سالم فيما يتعلق باستعادة السلطنة.

Ref.: (Foreign Dept. Political, A., Part A, Progs., 357- 421, May, 1869), p.14.

24 April 1869.

رقم (222)

24 أبريل 1869م - بوشهر

من: المقدم لويس بيلي

المقيم السياسي، لصاحبة الجلالة البريطانية، في الخليج الفارسي

إلى: العقيد إتش. ديسبرو

الوكيل السياسي في مسقط

يُشرفني أن أقر بتسلم رسالتك رقم (191) بتاريخ الثاني عشر من الشهر الحالي.

2- أعتقد أن الموت المفاجئ للسديري سوف يؤثر على فرص السيد سالم بالنصر، ومع ذلك فإن قبيلة النعيم، وعشيرتي الهناوي والغافري قد تنضم إليه.

3- أشك في أن يقوم شيوخ الساحل بتقديم المساعدة دون دفع مبالغ باهظة لهم.

4- أعتقد أن السيد سالمًا ستنفد أمواله قريبًا، كما أن نقص الميزات الشخصية لديه التي يجب أن تتوافر في قائد مشروع خطير تؤثر سلبًا عليه.

5- من ناحية أخرى لا أثق كثيرًا في ولاء قبائل المناطق الجنوبية إلى جانب عزان.

6- فضلًا عن ذلك؛ إذا تمّ الاعتراف بعزان، فإن فارس ستُعفى من التزامات المعاهدة فيما يخص بندر عباس، وقد يتعين على ذلك تجديد مسألة معونة زنجبار.

7- صرح الكابتن واي أن السيد سالمًا لايزال على الساحل، كما أنه متفائل بتحقيق النصر. وسياستنا في الوقت الآتي هي مراقبة الأحداث على الشاطئ، والحفاظ على الأمن والهدوء في البحر، وتشجيع التجارة في كل مكان.

Ref.: (Foreign Dept. Political, A., Part A, Progs., 357- 421, May, 1869), p. 3.
13 May 1869.

رقم (191)

13 مايو 1869م- قلعة بومباي

من: السيد سي. جوني
سكرتير حكومة بومباي – الإدارة السياسية

إلى: السيد دبلو. أس. سيتون كار
سكرتير حكومة الهند في وزارة الخارجية
والحاكم العام

طُلب مني أن أحيل لك، من أجل تقديمها إلى سعادة الحاكم العام في المجلس، نسخًا من البرقيات المشار إليها في الهامش (رقم 76، ومن رقم 81 حتى رقم 87، ورقم 91 بتاريخ 24 أبريل 1869م) من المقيم السياسي في الخليج الفارسي بخصوص الأحداث في تلك المنطقة.

Ref.: (Foreign Dept. Political, A., Part A, Progs., 228- 232, Oct., 1869), p. 6.

5 Aug. 1869.

ترجمة مضمون رسالة

26 ربيع الثاني 1286هـ / 5 أغسطس 1869م

مستلمة في 11 أغسطس 1869م

من: محمد بن ثاني

شيخ قطر

إلى: المقيم السياسي لصاحبة الجلالة البريطانية

في الخليج الفارسي

أقر بتسلم رسالتك؛ وفهم محتوياتها. سررت لمعرفة أنك بصحة جيدة، لم يحدث أي شيء جديد؛ تلقيت رسائل من الإمام عبد الله بن فيصل مفادها أنه يعتزم إرسال القوات إلى عمان.

أستسمح أن أذكر أنني الآن أحد رعايا الحكومة البريطانية، ومن واجبي الامتثال لأوامر تلك الحكومة.

أرجو أن تستمر في إرسال الرسائل والتوجيهات إليّ.

Ref.: (Foreign Dept. Political, A., Part A, Progs., 228- 232, Oct., 1869), pp. 6- 7.
16 Aug. 1869.

رقم (229)
رقم (139)
16 أغسطس 1869م

من: المقدم لويس بيلي
المقيم السياسي لصاحبة الجلالة البريطانية، في الخليج الفارسي

إلى: السيد سي. جوني
سكرتير حكومة الهند

يُشرفني أن أحيل، لمعلومات سعادة المبجل الحاكم في المجلس، نُسخًا من المراسلات التي تمّ تبادلها مع محمد بن ثاني، شيخ قطر، الذي يبدو أنه يرى أن الهدوء يعم المناطق من جميع النواحي.

Ref.: (Foreign Dept. Political, A., Part A, Progs., 228- 232, Oct., 1869), p. 7. Aug. 1869.

جمادى الأولى 1286هـ / أغسطس 1868م

من: المقدم لويس بيلي

المقيم السياسي لصاحبة الجلالة البريطانية؛ في الخليج الفارسي

إلى: الشيخ محمد بن ثاني؛ شيخ قطر

لقد تسلمت رسالتك الودية، ويسرني أن الهدوء يعمّ أرجاء قطر؛ فسعادتك ورفاهيتك مع أتباعك تكمن في ممارسة التجارة سلميًا والامتناع عن شن الغارات التي تسبب الأذى لك وللآخرين.

أنت لست أحد الرعايا البريطانيين، بل شيخ عربي، وعلى تواصل ودي مع حكومة صاحبة الجلالة في الهند. استمر في ممارسة عملك سلميًا وبتعقل وسوف تجدني مستعدًا دائمًا إلى جانبك.

Ref.: (Foreign Dept. Political, A., Part A, Progs., 228- 232, Oct., 1869), pp. 5- 6.
10 Sep. 1869.

رقم (228)
رقم (371)
10 سبتمبر 1869م

من: السيد سي. جون
سكرتير حكومة بومباي

إلى: السيد دبليو. أس. سيتون- كار
سكرتير حكومة الهند في إدارة الشؤون الخارجية
لدى الحاكم العام

تلقيت تعليمات بأن أحيل، لعلم فخامة الحاكم العام في المجلس، نسخة من الرسالة المشار إليها في الهامش (رقم 139 بتاريخ 16 أغسطس 1869) من المقيم السياسي في الخليج الفارسي، ناقلًا بعض المعلومات عن قطر.

2 - سأحيل نسخة من هذه الرسالة إلى وزير الخارجية في الوقت المناسب.

Ref.: (Foreign Dept. Political, A., Part A, Progs., 228- 232, Oct., 1869), p. 6.

17 Sep. 1869.

شؤون قطر

وجه شيخ قطر رسالة إلى المقيم في الخليج الفارسي قائلًا إن الأمن مستتب في منطقته، وإن الأمير الوهابي يعد حملة ضد عمان، وقد علمنا بمسألة الحملة من قبل. واختتم قائلًا إنه أصبح أحد رعايا الحكومة البريطانية، فقال له العقيد بيلي إنه «ليس من الرعايا البريطانيين، وإنما شيخ عربي يجري مراسلات ودية مع حكومة الهند»؛ (من حكومة بومباي رقم 371 بتاريخ 10 سبتمبر 1869).

التوقيع/ سي. جي

17- 9- 1869

يبدو رد العقيد بيلي واقعيًا وحكيمًا.

يمكن تعميم هذه الوثائق.

التوقيع/ دبليو. إس. إس. كيه.

18- 9- 1869

أجل، أبلغ حكومة بومباي أن فخامته في المجلس يوافق كليًا على الرد الذي أرسله العقيد بيلي.

أُرسلت نسخة إلى وزير الخارجية.

التوقيع/ إم. 22- 9- 1869

التوقيع/ دبليو. آر. إم. 25- 9- 1869

التوقيع/ إتش. إم. دي. 28- 9- 1869

التوقيع/ بي. إتش. إي. 28- 9- 1869

التوقيع/ جيه. إس. 28- 9- 1869

Ref.: (Foreign Dept. Political, A., Part A, Progs., 228- 232, Oct., 1869), pp. 8- 9.

2 Oct. 1869.

رقم (230)

رقم (1425)

2 أكتوبر 1869م

من: السيد سي. يو. إتشيسون

سكرتير حكومة الهند القائم بالأعمال في وزارة الخارجية

والحاكم العام

إلى: السيد سي. جوني

سكرتير حكومة الهند

يُشرفني أن أقر بتسلم رسالتك رقم (371) بتاريخ 10 سبتمبر 1869م مع مرفقاتها؛ بخصوص الأوضاع في قطر.

2- وردًا عليها، طُلب مني أن أخبرك أن سعادة نائب الملك والحاكم العام في المجلس يوافق كليًا على الرد الذي قدمه المقيم في الخليج الفارسي لشيخ قطر، معلنًا ردًا على رسالته، أنه ليس من الرعايا البريطانيين، بل شيخ عربي وتربطه علاقات ودية مع حكومة صاحبة الجلالة في الهند.

Ref.: (Foreign Dept. Political, A., Part A, Progs., 228- 232, Oct., 1869), p. 10.
18 Oct. 1869.

رقم (231)
رقم (347)
18 أكتوبر 1869م

من: حكومة الهند

إلى: سعادة دوق أرجيل
وزير شؤون الهند

فيما يتعلق برسالتنا رقم (243) بتاريخ 29 يوليو 1869م، يشرفنا أن نحيل نسخة رسالة من حكومة بومباي ومرفقاتها بخصوص الأوضاع في قطر.

2- نرفق أيضًا نسخة من ردنا عليها؛ فسعادتك سوف تلاحظ من خلاله أننا نؤيد الرد الذي قدمه المقيم في الخليج الفارسي لشيخ قطر، وذلك أنه ليس من الرعايا البريطانيين بل شيخ عربي، وتربطه علاقة ودية مع حكومة صاحبة الجلالة في الهند.

Ref.: (Foreign Dept. Political, A., Part A, Progs., 228- 232, Oct., 1869), pp. 10- 11.
18 Oct. 1869.

رقم (232)

ملخص محتويات رسالة إلى وزير خارجية صاحبة الجلالة لشؤون الهند رقم (347) بتاريخ 18 أكتوبر 1869م

1- إلى وزير خارجية صاحبة الجلالة لشؤون الهند رقم (347) بتاريخ 18 أكتوبر 1869م.

يُحيل نسخة من الرسائل المذكورة أدناه.

2- ملخص المحتويات.

3- من سكرتير حكومة بومباي، رقم (371) بتاريخ 10 سبتمبر 1869م.

يُحيل نسخة من رسالة المقيم السياسي في الخليج الفارسي بخصوص الأوضاع في قطر.

4- إلى سكرتير حكومة بومباي، رقم (1425) بتاريخ 2 أكتوبر 1869م.

في الرد؛ يوافق على رد المقيم السياسي في الخليج الفارسي على شيخ قطر، فيما يتعلق بتأكيد الأخير بأنه أحد رعايا الحكومة البريطانية.

Ref.: (Foreign Dept. Secret, Progs., 292- 355, December, 1871), p. 14.

30 Nov. 1870.

رقم (315)
ترجمة لنص الرسالة
التي بعث بها محمد بن ثاني، شيخ قطر
إلى المقيم في الخليج الفارسي
6 رمضان 1287هـ - الموافق 30 نوفمبر 1870م
تم تسلم الرسالة بتاريخ 12 ديسمبر 1870م

بعد التحيـة ،

كتبت لك منذ بعض الوقت وعبرت عن مشاعري الودية خشية أن يصلك عني أي تقرير آخر شرير.

وكان مركبي يغادر القطيف واثقًا من الأمان، ثم سمعت أن أهل البحرين قد استولوا عليه، ولست متأكدًا إن كانوا قد احتجزوه أم لا. وأردت إخطارك بهذا؛ حيث إنك لن تسمح بأي انتهاك للسلام في البحر، وحيث إنك عادل في أحكامك؛ فإننا نعتمد عليك.

Ref.: (Foreign Dept. Secret, Progs., 292- 355, December, 1871), p. 14.

26 Jan. 1871.

رقم (316)

رقم (51)

4 ذي القعدة 1287هـ / 26 يناير 1871م

من: المقدم لويس بيلي

المقيم السياسي لصاحبة الجلالة البريطانية في الخليج الفارسي

إلى: محمد بن ثاني - شيخ قطر

بخصوص شكواكم المتمثلة بأن أحد المراكب المملوكة لبعض أتباعكم قد تعرض للنهب على يد بعض سكان سيهات وغيرهم؛ فإنني أرى أن تغتنم فرصة زيارة مساعدي القادمة إلى الساحل، لإرسال مندوبكم إلى الباخرة، وأن تمنحه صلاحية التفاوض مع الشخص الذي سيرسله شيخ البحرين لهذا الغرض، وعندئذ سيتم التحري في الأمر تمهيدًا لاتخاذ القرار المناسب بهذا الشأن.

Ref.: (Foreign Dept. Secret, Progs., 292- 355, December, 1871), p. 15.
26 Jan. 1871.

رقم (317)
رقم (52)
4 ذي القعدة 1287هـ / 26 يناير 1871م

من: المقدم لويس بيلي
المقيم السياسي لصاحبة الجلالة البريطانية في الخليج الفارسي

إلى: الشيخ عيسى بن علي؛ شيخ البحرين

بخصوص الشكوى التي تقدم بها محمد بن ثاني، والمتمثلة في أن أحد المراكب التابعة لبعض سكان قطر قد تعرض للنهب في البحر على يد بعض سكان سيهات وغيرهم، أرى أن تغتنم فرصة الزيارة القادمة لمساعدي لإرسال مندوبكم إلى باخرة الحكومة، ومنحه الصلاحيات اللازمة للتفاوض مع الشخص الذي سيرسله محمد بن ثاني لهذا الغرض؛ حيث سيتم التحقيق في الأمر، ويتم اتخاذ القرار المناسب بهذا الشأن.

Ref.: (Foreign Dept. Secret, Progs., 292- 355, December, 1871), p. 15.

6 Feb. 1871.

رقم (318)

ترجمة لنص الرسالة

التي بعث بها الشيخ عيسى بن علي، شيخ البحرين

إلى المقدم لويس بيلي المقيم في الخليج الفارسي

15 ذي القعدة 1287هـ/ 6 فبراير 1871م

تسلّمت رسالتكم المتعلقة بشكوى محمد بن ثاني، المتمثلة في أن أحد مراكبه قد تعرض للاحتجاز على يد بعض سكان سيهات، وقد تحادثت مع الرائد سميث بهذا الخصوص، وأبلغته بأنه تم إعادة كل ما أخذه سكان سيهات من المراكب القطرية، وأن الجميع أصبحوا على علم بأن سكان قطر قد استعادوا ممتلكاتهم.

كان سكان سيهات يقيمون في البحرين، ولكن عندما غادر سعود بن فيصل البحرين، كتب إلى سكان سيهات طالبًا منهم التوجه إلى القطيف؛ حيث إنهم كانوا من رعاياه.

وفي هذا الوقت؛ يقيم سكان سيهات بالقطيف، وأصبحوا تحت سلطة سعود بن فيصل.

سبق أن كتبت لي رسالة طالبًا مني القيام بإرسال مندوب عني إلى باخرة الحكومة، للتشاور مع المندوب الذي سيرسله محمد بن ثاني، وذلك شيء جيد؛ فإن مندوبي على استعداد للحضور.

Ref.: (Foreign Dept. Secret, Progs., 292- 355, December, 1871), p. 15.

16 March 1871.

رقم (319)

رقـــم (143)

24 ذي الحجة 1287هـ/ 16 مارس 1871م

من: المقدم لويس بيلي Lewis Pelly

المقيم السياسي لصاحبة الجلالة البريطانية في الخليج الفارسي

إلى: الشيخ محمد بن ثاني؛ شيخ قطر

بالإشارة إلى الشكوى المقدمة منكم، والمتمثلة في أن أحد مراكبكم قد تعرض للنهب على يد سكان سيهات؛ مرفق لعنايتكم نسخة من الرسالة التي تلقيتها من شيخ البحرين بهذا الشأن.

Ref.: (Foreign Dept. Secret, Progs., 292- 355, December, 1871), p. 15.

13 July 1871.

رقم (320)

13 يوليو 1871م

برقية

من: سميث - البحرين

إلى: العقيد بيلي - بوشهر

وصلت المذكرتان الصادرتان عنكم بتاريخ 8 و 10 يوليو؛ يقال بأن شيخ الكويت قام بزيارة البدع وطلب من ابن ثاني تقديم العون للأتراك في المناطق البرية، واعتذر ابن ثاني بمبررات الناس وموسم الغوص على اللؤلؤ، ويقال إن جاسمًا نجل ابن ثاني قد وافق على قبول العلم التركي، وقام برفعه على منزله.

راجت شائعات بأن شيخ أبوظبي قام بتنصيب مندوب سعود حاكمًا للبريمي مؤخرًا؛ حيث قام بالتحالف مع دبي بنهب بعض ممتلكات أبوظبي، وقامت أبوظبي بشن عمليات انتقامية عن طريق البر وتوجهت قواتها إلى البريمي.

الاتصالات بين مناطق نجد لم تعد مأمونة؛ لم نتعرف على حقيقة العلاقات القائمة الآن بين الأتراك والوهابيين، النقيب لودر قد يحصل على أخبار من البدع. السفينة «ماجبي» ستظل في المنطقة الواقعة بين قطر ورأس تنورة. سوف أستقل السفينة «هيو روز» في الأيام القادمة للذهاب إلى البدع وأبوظبي للتعرف على حقيقة الشائعات المتضاربة. آخر مراكب الغوص البحرينية ستغادر في طريقها إلى منطقة المغاصات هذا اليوم. كذلك علمنا أن كل مراكب قطر تقريبًا قد غادرت إلى منطقة المغاصات.

Ref.: (Foreign Dept. Secret, Progs., 292- 355, December, 1871), p. 14.

17 July 1871.

رقم (314)

17 يوليو 1871م

نسخة من برقية أرسلت

من: لودر - هنجام

إلى: العقيد بيلي - بوشهر

العلم التركي (العثماني) مرفوع في البدع؛ وصلت إلى مشارف تلك المنطقة إحدى البواخر التركية (العثمانية) وبرفقتها مركب كويتي، المركب دخل إلى الميناء وبه شيخ الكويت وأحد المسؤولين الأتراك؛ تم تسليم العلم التركي لشيخ البدع، وطلب منه القيام برفعه، وأعتقد بأنه قام بذلك طوعًا. السفينة «لينكس» ستغادر إلى بومباي، وسأذهب إلى لنجة لتسلم البريد والعودة.

Ref.: (Foreign Dept. Secret, Progs., 292- 355, December, 1871), p. 16.

17 July 1871.

رقم (321)

17 يوليو 1871م

برقية

من: لودر - هنجام

إلى: العقيد بيلي - بوشهر

العلم التركي (العثماني) مرفوع في البدع؛ وصلت إلى مشارف تلك المنطقة إحدى البواخر التركية (العثمانية) وبرفقتها مركب كويتي، المركب دخل إلى الميناء وبه شيخ الكويت وأحد المسؤولين الأتراك، تم تسليم العلم التركي لشيخ البدع، وطلب منه القيام برفعه، وأعتقد بأنه قام بذلك طوعًا. السفينة «لينكس» ستغادر إلى بومباي، وسأذهب إلى لنجة لتسلم البريد والعودة.

Ref.: (Foreign Dept. Secret, Progs., 292- 355, December, 1871), p. 16.
18 July 1871.

رقم (322)
18 يوليو 1871م
برقية

من: بيلي - بوشهر

إلى: السكرتير السياسي - بومباي

تلقينا برقية من مساعد المقيم بالبحرين عن طريق «هنجام» يفيدنا خلالها بالتالي :

قدم شيخ قطر المبررات لتعامله مع الأتراك؛ ابنه جاسم تعهد بتقديم العون للأتراك ورفع العلم التركي على منزله، الرائد سميث سيقوم بزيارة قطر على السفينة «هيو روز» للتأكد من الحقائق. مجمل المراكب ذهبت لمنطقة المغاصات، الاتصالات بين مناطق نجد لم تعد مأمونة، لم نتأكد بعد من الموقف الحالي لأطراف النزاع.

السفينة «ماجبي» تبحر الآن قبالة البحرين؛ حدثت مناوشات ومعارك بين دبي وأبوظبي بشأن منطقة البريمي، الأمن مستتب في البحر حتى تاريخه.

Ref.: (Foreign Dept. Secret, Progs., 292- 355, December, 1871), p. 16.
18 July 1871.

رقم (323)
18 يوليو 1871م
برقية

من: العقيد بيلي - بوشهر

إلى: السكرتير السياسي - بومباي

أفادنا النقيب «لودر» بعد زيارته لساحل قطر بما يلي :

العلم التركي (العثماني) مرفوع بالبدع، وصلت إحدى البواخر التركية (العثمانية) إلى مشارف هذه المنطقة وبرفقتها مركب كويتي، المركب دخل إلى الميناء وبه شيخ الكويت وأحد المسؤولين الأتراك؛ تم تسليم العلم التركي لشيخ البدع وطلب منه القيام برفعه، وفي اعتقادي أنه فعل ذلك برغبته. السفينة «لينكس» ستغادر إلى بومباي، وأنا ذاهب إلى لنجة لتسلم البريد والعودة. انتهت البرقية.

Ref.: (Foreign Dept. Secret, Progs., 292- 355, December, 1871), p. 16.
18 July 1871.

رقم (324)
18 يوليو 1871م
برقية

من: العقيد بيلي - بوشهر

إلى: السكرتير السياسي - جنشخند Gunneshkhund

أفادنا بحارة أحد مراكب القطيف بأن القوات التركية احتلت الأحساء دون مقاومة.

Ref.: (Foreign Dept. Secret, Progs., 292- 355, December, 1871), pp. 11- 12.
19 July 1871.

رقم (308)
19 يوليو 1871م - البدع
إفادة محمد بن ثاني شيخ قطر
التي وردت خلال اجتماعه مع ميرزا أبو القاسم

وصل إلى المنطقة أحد العسكريين البريطانيين، وسألني عن حقيقة مسألة العلم التركي، وأبلغته بأن شخصًا قد حضر مبعوثًا من السلطات، وطلب مني قبول العلم.

وإذا كان للإنجليز اعتراض على ذلك، فبإمكانهم التحدث إلى السلطان بهذا الشأن.

تسلمت رسالة من سليمان بن زهير، مرفقًا بها تعميم جاء فيه أن السلطان العماني سوف يضم لسلطته المناطق الواقعة بين البصرة ومسقط، وأنه بإمكان كل الشيوخ العرب الراغبين في الحصول على العلم التركي، الحصول عليه، وعلى حماية الحكومة التركية تبعًا لذلك.

تلك الرسالة والتعميم المرفق بها، هي الآن بحوزة ابني جاسم؛ (الشيخ أشار إلى ذلك لصالح السلطان).

منذ مدة طويلة لم يأت إلينا أي شخص من الأحساء؛ حيث إن الطريق لم يعد آمنًا.

يبدو لي أن الحكومة العثمانية ستقوم بضم منطقة نجد وهذه المناطق إلى سلطتها.

ثلاثة أرباع غواصي اللؤلؤ التابعين لنا ذهبوا إلى المغاصات، أما البقية فلا يزالون هنا بانتظار التمويل اللازم للحاق بهم.

يقال إن سكان خور العديد قد تلقوا رسالة من المقيم؛ جاء فيها أنه ينبغي لهم البقاء بمنطقتهم، وبناءً على ذلك قاموا بالتوجه إلى المغاصات.

التوقيع / الرائد سيدني سميث
مساعد المقيم السياسي لصاحبة الجلالة البريطانية
في الخليج الفارسي

Ref.: (Foreign Dept. Secret, Progs., 292- 355, December, 1871), pp. 13- 14.
19 July 1871.

رقم (313)
19 يوليو 1871م – لنجة

من: النقيب إدوارد إف. لودر Lodder
القائد وكبير ضباط الأسطول البحري في الخليج الفارسي
سفينة صاحبة الجلالة «بوليفنتش»

إلى: المقدم لويس بيلي
المقيم السياسي - بوشهر

يُشرفني أن أفيدكم، بأنه وبعد اجتماعي بالرائد سيدني سميث بالبحرين، توجهت إلى البدع؛ حيث وجدت العلم التركي (العثماني) مرفوعًا بها، وقابلت الشيخ ابن ثاني الذي أبلغني بوصول إحدى البواخر التركية (العثمانية)، وكانت محملة بالجنود إلى منطقة البدع، وبرفقتها مركب كويتي، ودخل المركب إلى الميناء؛ حيث نزل منه شيخ الكويت وأحد الضباط الأتراك، وبحوزتهم رسالة من الحاكم التركي، وتم تسليم العلم التركي إلى شيخ البدع، وأبلغ بضرورة رفعه وإلا سيجبر على ذلك بالقتال، لذا فإنه قام برفع العلم لتفادي القتال.

عندما سألت الشيخ عمّا إذا كان مقتنعًا بمسألة رفع العلم التركي، أجابني قائلًا «نعم»؛ حيث إن الانجليز لا يوفرون لنا الحماية.

يبدو أنه، وقبل حوالي ثمانية أشهر، أبحر مركب «داو» من البدع محملًا بالأرز والتبغ وبعض البضائع، ووصل إلى مشارف رأس تنورة؛ حيث تعرضت البضائع للنهب، وتم الاستيلاء على المركب من قبل قبيلة أخرى، وتم إبلاغ الرائد سيدني سميث بالحادثة في فترة وجوده بالبدع.

الشيخ تظلم الآن لأنه لم يتلق أي رد بشأن حادثة مركب «الداو»، كما أنه لم يحصل على تعويض، وحيث إن الرائد سميث سيحضر إلى البدع في الأيام القليلة القادمة، فقد رأيت أنه ينبغي أن أنأى بنفسي عن الخوض في هذه المسألة، وأن أكتفي بمجرد أن أذكّر الشيخ بالاتفاقية الخاصة بأمن

الملاحة، التي هو طرف فيها، بينما قال هو، إن المسؤولين الأتراك قد أبلغوه بأنه طالما كان يرفع العلم التركي، فإن بإمكان مراكبه التوجه لأية منطقة، ولن يعترضها أو يستطيع اعتراضها أحد.

وحيث إنني أرى أنه ينبغي أن أبلغكم بهذه المعلومات، فقد توجهت إلى هنجام، على الفور، ووصلت إليها بتاريخ 17 من الشهر الجاري؛ حيث أرسلت برقيتي (مرفق نسخة منها).

وجدت السفينة «لينكس Lynx» راسية في الميناء، وقد تلقى قائدها «كيتس Keats» أوامر من القائد العام بضرورة التوجه إلى بومباي؛ لتنفيذ بعض المهام في الخليج الفارسي، وبناءً على ذلك، غادر ميناء «هنجام» بتاريخ 18 من الشهر الجاري.

سوف أغادر هذه المنطقة في طريقي إلى هنجام بتاريخ 21 من الشهر، وسوف أبقى بالميناء لأسبوع.

Ref.: (Foreign Dept. Secret, Progs., 292- 355, December, 1871), pp. 10- 11.

20 July 1871.

رقم (307)

رقــــم (25)

20 يوليو 1871م- قبالة البدع

من: الرائد سميث

مساعد المقيم في الخليج الفارسي

سفينة المدفعية لصاحبة الجلالة «هيو روز»

إلى: المقدم لويس بيلي

المقيم السياسي لصاحبة الجلالة البريطانية في الخليج الفارسي

بوشهــــر

بالإشارة إلى برقيتي، المؤرخة في البحرين بتاريخ 13 من الشهر الجاري والمرسلة عن طريق السفينة «بوليفنتش»، يُشرفني أن أبلغكم بأني سأغادر البحرين على سفينة المدفعية «هيو روز» بتاريخ 18 من الشهر الجاري، وأن سفينة صاحبة الجلالة «ماجبي» ستبقى راسية في الميناء.

2 - عند وصولي إلى البدع بتاريخ 19 من الشهر، وجدت، (كما سبق أن ورد في برقيتي)، العلم العربي مرفوعًا على منزل الشيخ محمد بن ثاني، والعلم التركي مرفوعًا على منزل نجله جاسم، كذلك تأكدت بأن معظم الناس موجودون في منطقة مغاصات اللؤلؤ.

3 - سوف أرفق لكم نسخة من تقرير ميرزا وترجمة له، بعد القيام بزيارة المجاملة المعتادة للشيخ، كما سأرفق لكم نسخة وترجمة لرسالة شيخ قطر، التي بعث بها إليّ والرد عليها.

4 - سيتضح لكم أن شيخ قطر قد أعلن بصورة رسمية، أنه تقبل العلم التركي الذي أرسله إليه الباشا (في القطيف) بصحبة شيخ الكويت، وقد أشار إلى ذلك بصراحة قائلًا :

«نحن من سكان الجزيرة العربية، وقواتهم (الأتراك) تتجه نحونا عن طريق البر، وفي خلال محادثاته

مع ميرزا، علق قائلًا : إن لم يكن الإنجليز يرغبون في رفعه العلم التركي فينبغي لهم الاتصال بالسلطان (العثماني)».

5- كما تعلم، وعلى الرغم أن علاقة محمد بن ثاني بنا لاتزال جيدة، فإنه شيخ كبير السن، وليس قويًا بما فيه الكفاية، ولنجله جاسم نفوذ عليه، علمًا بأن لجاسم علاقة جيدة بالقرصان ناصر بن مبارك، ومن المعلوم أن كلا هذين الرجلين يضيقان ذرعًا بالسياسات السلمية التي لاتزال قائمة في الخليج، وهما يخططان منذ فترة طويلة للهجوم على البحرين، وبذلك فإن الفرصة التي طال انتظارهما لها سوف تحين لهما، من خلال قيامهما بكل سرور بقبول العلم الذي يعتقدان - سواءً كانا محقين في ذلك أم كان مخطئين - أنه سوف يحقق لهم مبتغاهم.

6 - أود أن أضيف إلى أن شيخ قطر قد صرح في إحدى محادثاته قائلًا: «تسلمت مذكرة من سليمان بن زهير (الشيخ العربي للبصرة) مصحوبًا بها تعميم؛ جاء فيه أن السلطان العثماني سيضم إلى حكمه مجمل المناطق الواقعة بين البصرة ومسقط، وأن مجمل الشيوخ العرب الراغبين في التحالف مع الحكومة التركية سينالون ذلك، كما ستوفر لهم الحماية اللازمة».

علمًا بأن الشيخ لم يبرز هذه الرسالة والمستندات الأخرى المشار إليها.

7 - أود أن ألفت انتباه عنايتكم إلى التقرير (لتسهيل الاطلاع عليه، مرفق نسخة منه) الذي كنت قد تشرفت بإرساله قبل أكثر من سنة؛ كان يتضمن الشائعات التي كانت رائجة في حينه بشأن احتمالات التوسع التركي في أراضي منطقة الخليج.

8 - مسألة قيام قطر برفع العلم التركي، أخشى أن تؤدي إلى حدوث اضطرابات وانعدام للثقة في البحرين؛ حيث إنه وعلى الرغم من تأكيداتنا لذلك الشيخ فإنه يعتقد إلى حد ما أنه لا ينبغي لنا، أو أننا لا نستطيع التدخل في مسألة رفع العلم التركي.

9 - في ضوء الظروف المشار إليها أعلاه، أرجو أن تتكرم بإفادتنا عما ينبغي اتخاذه من إجراءات عاجلة تجاه الشيوخ الذين لايزالون طرفًا في اتفاقية الهدنة، ومراكبهم التي ترفع العلم التركي، وذلك في حال حدوث قتال في مناطق مغاصات اللؤلؤ، أو في حال إخلالهم بالأمن البحري.

10 - شيخ خور شجيج كان في البدع، وعلمت أنه قد وافق على قبول العلم التركي، وتحت أي ظرف من الظروف ولحين أن أتلقى تعليمات أخرى بهذا الشأن، رأيت أن الوقت ليس مناسبًا لتسليم رسالتكم التي تضمنت تذكيره بالمتأخرات الواجبة السداد للبحرين، في مقابل المبلغ المقرر دفعه كعقوبة عليه، مقابل تسلمه بعض الأشياء المنهوبة خلال فترة القرصنة التي تمت مؤخرًا في تلك الجزيرة.

11 - بعد أن علمت أنه تم إرسال العلم التركي إلى خور العديد التابعة لمنطقة أبوظبي، توجهت إلى تلك المنطقة على الفور للتأكد من ذلك.

Ref.: (Foreign Dept. Secret, Progs., 292- 355, December, 1871), p. 12.

20 July 1871.

رقم (309)

أخبار متفرقة

20 يوليو 1871م – البدع

عبدالله بن صباح شيخ الكويت، وصل إلى البدع على مركب بغلة، وكان يصاحبه مركب آخر، وعند وصوله أطلق النار، وذهب جاسم بن محمد بن ثاني (ابن الشيخ) لزيارته على المركب، ودعاه إلى منزله، وأطلق ثلاث طلقات تحية له، وقد جلب شيخ الكويت معه أربعة أعلام تركية، ورسالة من فريك باشا إلى جاسم بن محمد بن ثاني، يمجد من خلالها الحكم التركي.

تقبل جاسم الأعلام الأربعة المشار إليها أعلاه، وقام برفع أحدها على منزله الخاص، وأخذ محمد بن ثاني العلم الثاني وأرسله إلى الوكرة، وأعطى العلم الثالث لعلي بن عبدالعزيز، شيخ منطقة خور «شجيج» لرفعه على مدينته، أما العلم الرابع فقد أرسل إلى خور العديد.

أقام عبد الله بن صباح بالبدع ليومين، ولم يكن بصحبته أي من المسؤولين الأتراك، لكنه كان يحمل رسالة من الباشا إلى جاسم، ثم غادر المنطقة في طريقه لزيارة العقير.

غواصو اللؤلؤ من أفراد قبيلة النعيم توجهوا إلى منطقة المغاصات، أما راشد بن جبر شيخهم وأتباعه البدو فقد ظلوا هادئين في مناطقهم باليابسة، ويقال إنهم على علاقة جيدة بسعود.

في حال وقوع منطقة نجد في أيدي سعود فإنهم سيساعدونه، لكن في حال سقوط نجد في أيدي أناس آخرين، فإن أفراد قبيلة النعيم لن يأبهوا لذلك؛ فإنهم يرغبون في النأي بأنفسهم عن التدخل.

التوقيع / الرائد سيدني سميث

مساعد المقيم السياسي لصاحبة الجلالة البريطانية

في الخليج الفارسي

Ref.: (Foreign Dept. Secret, Progs., 292- 355, December, 1871), p. 12.
20 July 1871.

رقم (310)

1 جمادى الأولى 1288هـ/ 20 يوليو 1871م

من: محمد بن ثاني

إلى: الرائد سيدني سميث
مساعد المقيم السياسي لصاحبة الجلالة البريطانية في الخليج الفارسي

بعثت إليكم برسالة يوم أمس بخط ميرزا أبو القاسم، لكن لم أتلق ردًا عليها حتى الآن.

أفيدكم بأني لم أقم بأي عمل مخالف للاتفاقية المبرمة بيني وبين الحكومة، ومازالت راغبًا في التقيد بتعليمات الحكومة، وفيما يخص العلم الذي أرسله لي فريك باشا بصحبة عبد الله بن صباح، فإنك تعلم أننا نعيش في منطقة الجزيرة العربية؛ وأن القوات التركية تتقدم نحونا عن طريق البر، وقد طلبوا مني قبول العلم التركي، وقد قبلته نتيجة لذلك، وأنتم كلكم سلاطين، ونحن أناس فقراء وليس بإمكاننا عصيان أوامرهم أو أوامركم، فأنتم سلاطين البحر، وهم سلاطين البر.

أرسلت لكم مبعوثي حاجي ناصر، وأرجو أن توافوه بردكم.

أعتذر عن عدم تمكني من مقابلتكم.

Ref.: (Foreign Dept. Secret, Progs., 292- 355, December, 1871), p. 13.
20 July 1871.

رقم (311)
20 يوليو 1871م - البدع

من: الرائد سيدني سميث
مساعد المقيم السياسي لصاحبة الجلالة البريطانية في الخليج الفارسي

إلى: محمد بن ثاني

تسلّمت رسائلكم الودية، وعلمت بمحتواها، وقد أسفت لعلمي باعتلال صحتك، وأني لن أتمكن من مقابلتك.

ويجب عليّ الذهاب إلى مكان آخر، لكنني على أمل أن أتمكن من العودة للتشرف بزيارتكم.

أرجو أن تتماثل للشفاء.

Ref.: (Foreign Dept. Secret, Progs., 292- 355, December, 1871), p. 16.
20 July 1871.

رقم (325)
برقية
20 يوليو 1871م

من: الكولونيل لويس بيلي - بوشهر

إلى: السكرتير السياسي - جنشخند

أكدت باخرة تركية قادمة من القطيف أخبار احتلال الأحساء.

Ref.: (Foreign Dept. Secret, Progs., 292- 355, December, 1871), p. 16.

21 July 1871.

رقم (326)

برقية

21 يوليو 1871م

من: سكرتير الخارجية - سيملا

إلى: المقدم بيلي- بوشهر

هل الأحساء مدينة بحرية ساحلية، أم هي المنطقة التي عاصمتها الهفوف، أم هو اسم آخر للهفوف، يبدو أن هذا الاسم يستخدم كيفما اتفق، وما هو الحد الذي يعتقد أن الأتراك وصلوا إليه في الداخل؟

Ref.: (Foreign Dept. Secret, Progs., 292- 355, December, 1871), p. 17.
22 July 1871.

الرقم (327)
برقية
22 يوليو 1871م

من: الكولونيل لويس بيلي- بوشهر

إلى: سكرتير الخارجية - سيملا

إلى: السكرتير السياسي - بومباي

الأحساء منطقة داخلية خصبة، الهفوف إحدى القلاع الرئيسة بها؛ يقال إن الأتراك يحتلون تلك المنطقة الآن، والعقير Ojair هي أقرب ميناء بحري إليها.

Ref.: (Foreign Dept. Secret, Progs., 292- 355, December, 1871), p. 17.
25 July 1871.

الرقم (328)
برقية
25 يوليو 1871م

من: العقيد بيلي - بوشهر

إلى: سكرتير الخارجية - سيملا

إلى: السكرتير السياسي - بومباي

يمكنك مراجعة الفقرات من 96 حتى 101 من تقريري رقم (57) بتاريخ 5 مايو 1866 فيما يخص الأحساء، ويمكنك أيضًا الاسترشاد بالخريطة التي أعددتها لطريقي من الرياض وإليها في الصفحة رقم 78 من التقرير المطبوع.

Ref.: (Foreign Dept. Secret, Progs., 292- 355, December, 1871), p. 13.

27 July 1871.

رقم (312)

27 يوليو 1871م- البحرين

الأخبار التي تلقيناها مساء أمس

من التجار القادمين من الأحساء عن طريق العقير

قالوا إن فريك باشا ظل بالأحساء مع جيشه بعد احتلالها، وأنه قد أعطى مواطنيها الأمان.

تقدم بعض مواطني الأحساء بشكاواهم إلى فريك باشا؛ حيث تظلموا من سعود بن فيصل، كذلك الذين قد تعرضوا للاعتقال من قبل سعود، أو أخضعوا لضرائب جائرة، وقد وعد الباشا بإنصافهم.

فريك باشا كتب إلى الباشا في بغداد ليبلغه باحتلاله للأحساء، وأن مواطنيها قد تقبلوا الاحتلال بصدر رحب، لكن ليس باستطاعته التوجه للرياض على الفور، وذلك لارتفاع درجة الحرارة، وشح المياه في الطريق، وأنه بناءً على ذلك ينبغي الانتظار حتى انتهاء فصل الصيف.

تم إرسال هذه الرسالة عن طريق مبعوث خاص إلى القطيف، وصدرت الأوامر إلى الحاكم إبراهيم بك بإرسالها إلى البصرة فور تسلمها.

خلال العشرين يومًا الماضية، لم نتلق أي أخبار عن سعود أو عبدالله، وربما كان السبب في ذلك أن الأخير قد هرب، وأن سعودًا خرج في تعقبه، لكن يبدو أن أحدًا لا يعرف المكان الذي ذهبا إليه.

القوات التي كانت بصحبة سعود قد تفرقت، والسبب في ذلك أنهم كانوا يأملون في الحصول على بعض المكاسب من الأحساء، لكن الأحساء أصبحت الآن في أيدي الباشا، وفي الرياض لا يوجد ما يكفيهم، علاوة على ذلك؛ فإنهم على قناعة الآن بأن الحكومة العثمانية ستستولي على الرياض في نهاية الأمر.

مرة أخرى أصبح سعود مفقودًا، والعديد من الناس يطالبونه بمستحقاتهم، وفي الوقت الحاضر توجد عائلة فيصل خارج الرياض في أغلب الظن، وإذا ما تقرر توجه القوات التركية إلى الرياض، فلربما تمكنوا من الاستيلاء عليها دون مقاومة.

يبدو أن سكان منطقة نجد الآن إلى جانب الحكم التركي؛ فقد نالوا وعودًا بالحصول على مكاسب قيمة.

كذلك أفاد بعض القادمين من منطقة القطيف، أن إبراهيم بك قد تلقى رسالة من فريك باشا، وأرسلها على الفور إلى الفاو.

التوقيع/ الرائد سيدني سميث

مساعد المقيم السياسي لصاحبة الجلالة البريطانية

في الخليج الفارسي

Ref.: (Foreign Dept. Secret, Progs., 292- 355, December, 1871), p. 17.
28 July 1871.

الرقم (329)
برقية
28 يوليو 1871م

من: السكرتير السياسي - جنشخند

إلى: العقيد بيلي - بوشهر

برقيتك بتاريخ الثامن عشر من الشهر؛ حاول أن تحصل على معلومات وافية، حول طبيعة السفينة التركية؛ أهي سفينة خاصة أم هي سفينة حربية؟ وحاول أن تعرف الغاية من رفع الراية التركية، لكن لا ينبغي لك مراسلة هربرت بشأنها في الوقت الحاضر.

Ref.: (Foreign Dept. Secret, Progs., 292- 355, December, 1871), p. 20.

28 July 1871.

رقم (333)

ترجمة لنص التقرير

الذي بعث به الكاتب أبو القاسم من البحرين

28 يوليو 1871م

تم تسلمه في 8 أغسطس 1871م

أفادنا بعض الأشخاص القادمين من الأحساء عن طريق العقير، بأنه وبينما كانت القوات التركية في منتصف المسافة إلى الأحساء، كان سعود بن فيصل في الرياض، وكان عبدالله بن فيصل في Arzemeh، وكان عبدالله يرغب في التحالف مع القوات التركية، وعندما علم سعود برغبته هذه غادر الرياض بصحبة مائة (100) رجل لمنعه من ذلك، لكن عبدالله بن فيصل تمكن من الهروب من منطقة Arzemeh ، وتبعه سعود الذي كان يرغب في اعتقال عبدالله لسجنه أو قتله للتفرغ لشؤونه الأخرى؛ حيث إنه كان يجد صعوبة في مقاومة الأتراك طالما كان عبدالله بمثابة العدو المتربص به من خلفه.

غادر سعود الرياض تاركًا ابنيه الكبيرين سعود ومحمد في تلك المنطقة، ومعهم عدد من المقاتلين.

سبق أن استولى سعود على ستة آلاف (6000) قلة من التمور من مواطني الأحساء، وعمل على تخزينها هناك كمؤن لقواته، وبعد وصول فريك باشا إلى الأحساء، تظلم لديه سكان الأحساء بشأن هذه المسألة، وعندئذ أمر فريك باشا بإعادة التمور إلى أصحابها، وقد تم تنفيذ الأمر، وأرسلت التمور إلى العقير، ومنها إلى قطر والبحرين بغرض البيع. القوافل لاتزال تمر في طريق الأحساء - العقير لجلب التمور، ونقل المؤن لقوات الحكومة التركية.

الباخرة «آشور Assoor» بالعقير الآن، وهناك أيضًا مراكب أخرى كانت تحمل المؤن المجلوبة من القطيف والعقير.

محمد بن فيصل وناصر بن مبارك أبلغا فريك باشا في الأحساء بأنه سيواجه صعوبة في الذهاب

إلى الرياض، لكن إذا ما طُلب منهم ذلك فإن بإمكانهم الذهاب إلى الرياض والاستيلاء عليها؛ فلا يوجد بها أحد، على أن يذهب إليها الباشا عندما تنخفض حرارة الجو، ولم يوافق فريك باشا على هذا المقترح، واقترح أن يتم الانتظار إلى أن تتحسن حال الجو وتصبح أقل حرارة. وقال إنه لا يرى داعيًا للعجلة، وقد رأى الناس إنه لم يوافق على المقترح، لكونه يريد أن ينسب له الفضل في عملية الاحتلال، بينما يرى آخرون أن فريك باشا لا يثق بهم، خشية أن يقوموا بخداعه، لذلك ظلوا بالأحساء.

عبدالله بن ثنيان وعبدالعزيز بن سعود، وأتباعهما من قبيلتي العجمان والمرة، تم توطينهم في بداية الأمر في منطقة جنوب الأحساء، لكن بعد أن تمكن الباشا من احتلال الأحساء انتقلوا من تلك المنطقة إلى قطر، وهم الآن يقيمون على بعد مسيرة يومين من البدع في انتظار ما سوف تثمر عنه الأحداث.

عبدالله بن ثنيان أرسل مبعوثًا إلى جاسم بن محمد بن ثاني ليطلب منه تزويده بثلاثين (30) جوالًا من الأرز، وأن يسمح للبدو بالمجيء إلى البدع لشراء احتياجاتهم، لكن جاسمًا رفض منحهم الأرز المطلوب أو الحضور إلى قطر؛ حيث إنه كان على عداوة معهم، لكن عبدالله بن ثنيان امتنع عن التعليق على الأمر لدى تلقيه لهذه الرسالة.

بعض أفراد قبيلة المرة شنوا هجومًا بغرض الاستيلاء على ماشية مواطني قطر، وتمكنوا من أخذ مجموعة كبيرة من الماشية، وأربع خيول خاصة بجاسم بن محمد بن ثاني. ومن المؤكد أنهم سيهاجمون البدع بغرض النهب؛ فلم يعد لديهم الغذاء الكافي، وإذا ما اشتد عليهم الجوع ذهبوا إلى مناطق مغاصات اللؤلؤ.

Ref.: (Foreign Dept. Secret, Progs., 292- 355, December, 1871), p. 17.
30 July 1871.

الرقم (330)
برقية
30 يوليو 1871م - بوشهر

إلى: السكرتير السياسي - بومباي

السفينة «ماجبي» وصلت إلى المنطقة؛ لاحظ الرائد سميث أن العلم التركي مرفوع في منزل جاسمًا، والعلم العربي مرفوع على منزل ابن ثاني في البدع. أفادنا شيخ قطر كتابيًا أنه قام برفع العلم التركي بناء على طلب القائد التركي الذي أرسله له مع شيخ الكويت. يبدو أن السفينة التركية لم تدخل إلى الميناء.

الشيخ طلب شفويًا من السلطات الإنجليزية الاتصال بالسلطان العثماني بشأن مسألة رفع العلم التركي.

Ref.: (Foreign Dept. Notes, Progs., C 190 / 253½, 1871), pp. 2-7.
30 July 1871.

برقية رقم (3214)
30 يوليو 1871م

من: حكومة بومباي
18 يوليو 1871

في 18 يوليو أرسل المقدم بيلي برقية (برقية من حكومة بومباي بتاريخ 18 يوليو 1871) جاء فيها أنه بالرغم من أن شيخ قطر اعتذر عن رفع الراية التركية، تعهد ابنه جاسم بتقديم المساعدة ورفع الراية التركية على منزله. كان الرائد سميث عازمًا الذهاب إلى قطر للتحقق من الأمور.

وفي نفس اليوم، أرسل المقدم بيلي برقية أخرى، (برقية أخرى بنفس التاريخ)، مفادها أن الكابتن لودر زار البدع Bedda) Biddah على خريطة بالجريف، على الساحل الشرقي لشبه جزيرة قطر)، فوجد الراية التركية مرفوعة هناك. وكانت سفينة تركية، (سألنا ببرقية بتاريخ العشرين منه (يوليو 1871م) ما إذا كانت السفينة حربية أم تجارية)، قد وصلت برفقة مركب يحمل شيوخًا كويتيين؛ حيث تم إرساله إلى شيخ البدع بأوامر لرفع الراية.

نقل المقدم بيلي في برقيته بتاريخ التاسع عشر منه (يوليو 1871م) تصريحًا للعقيد هيربرت؛ مفاده أن مدحت باشا أنكر معرفته بإرسال أية راية إلى قطر، وقال: «لم ترسل أي فرمانات صادرة عن السلطان إلى هناك»، فهمت من ذلك أنه يقصد أن المنطقة لم تكن خاضعة لتركيا، على خلاف نجد، لكونها لم تتلق أوامر السلطان. لكن عندما أرسل العقيد هيربرت برقية أخرى إلى مدحت باشا، (برقية من بومباي بنفس التاريخ)، أجاب الأخير «مكررًا تأكيداته فيما يتعلق بالبحرين، التي لن يتم التدخل بشؤونها إلى أن تُسوى المسألة بين الحكومتين البريطانية والعثمانية، إلا أن قطر لم تُستثن مثل البحرين».

أعتقد أن ذلك يُشير إلى تأكيدات مدحت باشا في رسالته المؤرخة في الأول من يونيو إلى العقيد هيربرت بأن «مسألة البحرين ليست محط اهتمامنا»، وقد قال ذلك عندما كان يتحدث عن الغاية من البعثة.

نستخلص من ذلك أن مدحت باشا لا يرى نفسه ملزمًا بكل الأحوال للكف عن السعي لإخضاع قطر للسيادة التركية، وبالرغم من أنه كان قد أقر سابقًا بأن هذه المسألة ليست مسألة قائمة فعلًا في نطاق تلك السيادة، وبالرغم من أن حكومته صرحت في تأكيداتها أن الهدف الوحيد للبعثة هو «إعادة حال الهدوء في نجد إلى ما كانت عليه، بعدما تزعزعت بسبب الخلافات، التي أثارها الشيخ عبدالله والشيخ سعود»، وأنه لا يوجد لديهم «نية لممارسة السيادة على البحرين أو مسقط أو القبائل المستقلة جنوب الجزيرة العربية»؛ (يبدو أنه كان يجري الحديث عن تلك الأنحاء، في المراسلات المتبادلة بين السير إتش. إليوت والوزراء الأتراك، على أنها واقعة جنوب الجزيرة العربية، ولعل ذلك يختلف عما نعتبره المناطق العربية الخاضعة للحكم التركي، لكن ربما يكون الباب العالي يعتبر أنها منطقة شمال الجزيرة العربية). وقد تلقى المقدم بيلي أمرًا من الحكومة، (رقم 1028P بتاريخ 30 مايو الماضي)، بأن يرسل هذه التأكيدات إلى جميع شيوخ الخليج الفارسي والساحل المهادن وغيرهم (طُلب من المقدم بيلي نقل هذه التأكيدات على أوسع نطاق وبأشد العبارات: «أخبر جميع شيوخ الساحل المهادن وغيرهم بأن الحكومة التركية تعتزم شن هجوم ضدهم، ولكنها لا تنوي فرض سيادتها على أية دولة أو قبيلة مستقلة»، كانت الحكومة قد تلقت من بومباي برقية المقدم بيلي بتاريخ 25 مايو، التي جاء فيها أن مبعوثًا وصل من الكويت إلى قطر مؤكدًا نية تركيا شن الهجوم، وتغيير سياستنا، وهذا ما ذكره شيخ البحرين. طلبت الحكومة في رسالتها بتاريخ 26 مايو، إبلاغ شيخ البحرين أن تأكيد المبعوث الكويتي ليس صحيحًا، وطلبت أيضًا إبلاغ تأكيدات الحكومة التركية).

أُشير إلى «قطر Cootr» بعد البحرين في قائمة المناطق، التي أفادت الصحيفة الرسمية أنها تشكل جزءًا من نجد، كما أفاد العقيد هيربرت في رسالته رقم 19 بتاريخ 7 يونيو. لا أعتقد أن هذا الاسم يشير إلى مكان آخر سوى Guttur، أو كما يُلفظ أحيانًا Gwuttur أو kuttur. لا تحتوي وثائق مختارات حكومة بومباي أي ذكر لاسم Guttur باستثناء تفاصيل جغرافية شحيحة.

والشيخ ليس من بين أولئك الذين لديهم التزامات تجاه الحكومة البريطانية.

جرى تذكير العقيد هيربرت بتاريخ (31 يوليو) بالأمر الذي تلقاه بعدم تبادل المراسلات مع الباشا، حول مسائل تتناول المبادئ الدولية أو الحقوق والالتزامات التعاهدية. وُطلب من المقدم بيلي في نفس اليوم أن لا يوجه رسائل مباشرة إلى العقيد هيربرت حول تلك المواضيع.

وفي 24 يوليو، تلقت حكومة بومباي برقية، مفادها أن المقدم بيلي سيحصل على معلومات وافية حول طبيعة السفينة التركية، ورفع الراية التركية.

وقد أرسلت حكومة بومباي مؤخرًا مزيدًا من المعلومات من المقدم بيلي، مفادها أن الرائد سميث على متن السفينة «ماجبي»، «وقد تبين أن الراية التركية مرفوعة على منزل جاسم، والراية العربية

على منزل ابن ثاني في البدع؛ (محمد بن ثاني هو شيخ قطر، وجاسم ابنه؛ وقد أطلق المقدم بيلي عليه لقب «المناور القديم»).

وأوضح شيخ قطر في رسالته أن الراية التركية رفعت بطلب من القائد التركي، الذي أرسلها مع شيخ الكويت، لا يبدو أن سفينة تركية قد دخلت الميناء. طلب الشيخ شفهيًا من السلطات الإنجليزية الاتصال بالسلطان العثماني بشأن مسألة رفع الراية التركية (العثمانية).

ورد في رسالة حكومة بومباي رقم (3214) بتاريخ 18 يوليو مزيد من التفاصيل حول الظروف، التي دفعت المقدم بيلي إلى توجيه برقية في الخامس والعشرين من الشهر حول المخططات التركية ضد قطر.

وفي السابع عشر منه (يوليو 1871)؛ صرح شيخ البحرين أن مبعوثًا كويتيًا زار جاسمًا في البدع؛ وقال له إن المقيم أُقيل من منصبه في الخليج الفارسي، وأن الحكومة العثمانية تتجهز للحرب ضد البحرين وجميع مناطق الخليج.

فأرسل جاسم على الفور بطلب زعيم القراصنة ناصر بن مبارك، وقبيلة بني هاجر التي تمارس أعمال السلب، واتخذ موقفًا عدائيًا معلنًا؛ (الصفحتان 8 و 9 من رسالة بومباي).

فقام المقدم بيلي (26 و27 مايو) بنقل التأكيدات لشيخي البحرين والبدع، أن هدف الحكومة التركية الوحيد من الحملة هو إعادة الهدوء إلى نجد، وأنها لا تنوي فرض سيادتها على البحرين أو أي شيخ من الشيوخ العرب المستقلين؛ صرح المقدم بيلي قائلًا: «لا نية بشن هجوم عليكما»؛ (الصفحات 10 إلى 13).

أرسل المقدم بيلي الرسائل؛ أرقام (559-141)، وأعرب عن قناعته بأن تلك الحملة، التي من الصعب فهم دافع لها غير ذلك، مرتبطة في الواقع بمخطط ضم كامل الجزيرة العربية إلى السيادة التركية (العثمانية). وهو يرى أن تلك العملية ستكون صعبة، وإن نجحت فإنها ستشكل خطرًا على تركيا نفسها، لأن القبائل العربية لن ترزخ طويلًا تحت نير الاستبداد، وسوف تنتفض ما إن تواجه تركيا تحديات صعبة، أو ما إن تحدث على حدودها الشمالية.

ذكرت حكومة بومباي في رسالتها إلى المقدم بيلي؛ (انظر الرسالة رقم 3214 بتاريخ 18 يوليو 1871، الفقرة 3، من بومباي) أن «الباب العالي صرح بأن الهدف من الحملة هو فقط إعادة نفوذ القائمقام، حاكم نجد. ويخشى سعادته في المجلس أن يكون وراء ذلك محاولة للمطالبة بولاء جميع القبائل الساحلية. أثنت مسقط على أمير الرياض، الذي لم يكف عن المطالبة بحق السيادة على البحرين وساحل قطر وأبوظبي. وإذا أُعيد الشيخ عبد الله بدعم من القوات التركية، فإن سعادته في المجلس على يقين أن الأمير سيجدد ادعاءاته؛ وإذا جدد ادعاءاته وجرت مواجهتها بنجاح،

فإنه لا يوجد على ما يبدو ما يمنع تركيا من التعرض لقبائل الساحل. وقد أقر سعادته في المجلس بمخاوفه من حدوث ارتباكات كبيرة في المستقبل، التي سيكون من الممكن تفاديها لو أنه جرى تبني لهجة أكثر حسمًا ومنع التدخل التركي».

وإذا حاول ممثلو الحكومة التركية، خلافًا لتأكيداتها، فرض السيادة التركية على شيخ مستقل، مثل شيخ قطر، فلن يكون هناك ما يمنع الحكومة البريطانية من الاحتجاج بشكلٍ فعلي ومؤثرٍ. بالطبع كان من المتوقع أن يحاول مدحت باشا، تحقيقًا لطموحاته الشخصية، وحفاظًا على سمعته، أن يجلب بعض المكاسب المادية لحكومته من الحملة المكلفة والخطرة، التي أقنعها بالمشاركة فيها. لكن بما أن الحكومة البريطانية حصلت على تأكيدات أنه لا يوجد مساغ أو رغبة بتحقيق مثل هذه المكاسب، فإنه يمكنها إن شاءت أن تطلب من الحكومة التركية إلغاء أي إجراء يتخذه مسؤولوها المحليون خلافًا لتلك التأكيدات. أعتقد أنه إذا تبيّن، بعدما يرد تقرير المقدم بيلي، أن شيخ قطر احتج على طلب رفع الراية التركية، فإن الحكومة البريطانية، التي أكدت للشيخ من خلال وكيلها المحلي بأنه سيتم احترام استقلاله، سترى نفسها ملزمة بتقديم الشكوى الاحتجاجية اللازمة للباب العالي. وإذا جاء رد الباب العالي حينها بأن قطر في الواقع تابعة لنجد، فإنه يمكنها بسهولة دحض ادعائه. لكن من الواضح أنه لم يجر استخدام أي نوع من القوة أو يطرح استخدامها ضد شيخ قطر، الذي لم يقبل برفع الراية التركية، إنما ابنه فعل، ولعل ذلك يؤذن باحتمالية تجدد الاضطرابات والقرصنة.

اختتم المقدم بيلي رسالته؛ (انظر الفقرة 8 من الرسالة أعلاه)، بالقول:

«لا أعرف ماهية الترتيبات التي قد يتخذها الأسطول التركي لتوفير المياه؛ لكن إذا تقلص مخزون المياه، فمن الوارد أن يلجأ القائد إلى البحرين لتعويض النقص في المياه. وسيكون إجراء من هذا النوع مخالفًا للأوامر التي أصدرتها السلطات التركية، وبالتالي سيكون مرفوضًا».

أعتقد أن المقدم بيلي يقصد أن طلب الحصول على المياه سيكون مرفوضًا؛ ليس هنالك ما يُعترض عليه في طلب الحصول على المياه، كما كانت ستفعل السفينة البروسية في موريشيوس خلال الحرب، لو أنه جرى إرسال أسطول لمهاجمة ريونيون Reunion[1].

وعندما ترد تعليمات سعادته من حكومة بومباي، حول هذه الرسالة، فإنه سيتم إصدار أوامر بشأن رسالة الوكيل السياسي رقم (19) بتاريخ 7 يونيو حول المناطق العربية الخاضعة للحكم التركي.

جرى تعليق تعميم رسالة العقيد هيربرت المؤرخة في 7 يوينو، والملاحظات المرفقة حولها، ريثما يتم النظر في هذه الرسالة، التي وردت من بومباي أيضًا؛ فمن المستحسن النظر في جميع الرسائل معًا، لأنها تتعلق فعليًا بنفس الحقائق والسياسة.

1 جزيرة فرنسية تقع في المحيط الهندي شرق مدغشقر على بعد 200 كم من موريشيوس. (المراجع).

وبالنسبة للإجراءات التركية برًا، فقد ورد ما يكفي حول هذه المسألة في الملاحظات الواردة في تقرير سعادته السابق. وجل ما يسعنا فعله هو أن نلفت انتباه وزير الخارجية إلى تلك الإجراءات مجددًا؛ وأن نثبت أن إجراءاتهم في البدع تشكل خرقًا لتأكيدات الباب العالي، وأن نحث وزير الخارجية على مطالبة السلطان بإصدار التعليمات، التي من شأنها وضع حد لتلك الحكومة الخاضعة له. وإذا قرر الأتراك، بعد كل ذلك، الاستمرار في تحقيق مطامعهم، فلا أرى أن الأمر يعنينا كثيرًا.

لكن المسألة مختلفة تمامًا في البحر؛ إذ لابد أن نتحفظ على سيادتها فيه. ومادام لدينا أسطول كافي للحفاظ على أمن البحر، وإجبار الشيوخ الذين تربطنا بهم علاقات تعاهدية على التقيد بالتزاماتهم، وإفشال أية محاولة يقوم بها الشيوخ والقوى التي لا التزامات لنا معها لإثارة الفوضى، فإن الأمر لا يهمنا كثيرًا، حتى إن ذبحوا بعضهم البعض على اليابسة.

لكن من الضروري، كي نضمن سياسة راسخة في البحر، أن يرد وزير الخارجية على رسائلنا حول هذا الموضوع، وأن يوضح لنا ماهية الإجراءات التي علينا اتخاذها مع القوتين العظميين؛ فارس وتركيا.

لم أجد في هذه الوثائق ما هو مقنع بخصوص الحادثة، التي وقعت في البدع على ساحل قطر، ويبدو من التقرير الأخير أن الراية التركية تُرفع على منزل، والراية العربية تُرفع على منزل آخر.

وكما ذكرت سابقًا، لا يمكنني معرفة ماهية السفينة التركية، أكانت سفينة حربية أم كانت غير ذلك، ولا من الذي قرر رفع الراية في المكان الذي نزل فيه الفريق.

لم يرفع شيخ قطر الراية، ولكن ابنه فعل، ومع ذلك؛ أرى أنه يستحيل توجيه رسالة رسمية لأي منهما، دون أن نكون ملمين إلمامًا كاملًا بالحقائق.

أود تلقي ردود على هذه الأسئلة في برقية، كي نصبح على علم تام بحقيقة الوضع، بأسرع وقت ممكن.

Ref.: (Foreign Dept. Secret, Progs., 292- 355, December, 1871), pp. 10- 11.
31 July 1871.

الرقم (306)
الرقم (847 / 218) لعام 1871م
31 يوليو 1871م- بوشهر

من: المقدم لويس بيلي
المقيم السياسي لصاحبة الجلالة البريطانية في الخليج الفارسي
المقيمية البريطانية - بوشهر

إلى: سكرتير حكومة بومباي

عادت سفينة صاحبة الجلالة «ماجبي» إلى هذه المنطقة قادمة من البحرين لتحميل المؤن، وكان فيها الرائد سميث الذي جاء للتشاور معي.

2 - واسمح لي أن أرفق بهذه الرسالة نسخة موجزة لمستجدات الأخبار، وكذلك التقرير الذي أرسله لي الرائد سميث مع مرفقاته، وكان يتعلق بالوضع الراهن في قطر بعد الحملة التركية تجاه منطقة نجد. مرفق كذلك نسخة من الرسالة التي تلقيتها من كبير ضباط الأسطول في نفس الشأن.

3 - حيث من المقرر أن يرسل البريد اليوم، فإن الوقت لم يسعفني لكتابة أية رسائل سوى القيام بإرسال هذه التقارير.

4 - سبق أن تشرفت بإرسال برقيتين، تضمنتا موجزًا لبعض النقاط المهمة المشتملة في هذه التقارير.

5- يبدو أن الفقرة الأخيرة من رسالة السيد السكرتير أيتشيسون، التي تحمل الرقم (419P)، المؤرخة في 17 مايو 1871م، التي كانت مرفقة برسالتكم المشار إليها بالهامش، كانت تتضمن الرد على استفسار الرائد سميث، بشأن ماهية الإجراءات التي ينبغي اتخاذها في حال قيام القبائل القطرية، أو أية قبائل أخرى تحت سيطرة الحكومة التركية، بالتحرش بالبحرين أو بالمراكب البحرينية المستخدمة في مغاصات اللؤلؤ.

6 - أفيدكم بأني أتفق تمامًا مع الرائد سميث، في وجهة نظره بشأن إمكانية قيام القرصان الهارب ناصر بن مبارك وجاسم ابن شيخ قطر بوضع أنفسهم برضاهم في خدمة أية سفينة، وأنهما قد يستغلان أية ذريعة قد تتيح لهما إمكانية الاعتداء على البحرين.

7 - وفيما يخص شيخ قطر نفسه؛ فإنني أرى أنه حكيم ومسالم، لكنه يعلم أن اهتماماتنا تقتصر على المحافظة على أمن الملاحة، وأنه في حال قيامه بالتصدي للحكومة التركية، فقد يُجبر على الانصياع لقوة القوات التركية القادمة من ناحية اليابسة.

8- أخشى أن يكون هنالك احتمال كبير لحدوث معركة بحرية بين البحرين وقطر تنفيذًا لنيات قطر، أو أي من الشيوخ الآخرين أتباع الحكومة التركية والمشمولين بحمايتها.

9 - الرسالة التي بعث بها مؤخرًا باشا بغداد إلى العقيد هيربت، التي تتعلق بالإجراءات التي اتخذتها الحكومة التركية، سوف تسعى في سبيل ضم بعض الأراضي التابعة حاليًا للشيوخ أطراف الاتفاقية المبرمة معنا، إلى منطقة نجد بحدودها المعينة من قبلهم.

10 - ما أشار إليه شيخ قطر من وقوع حادثة قرصنة على أحد مراكبه من قبل بعض سكان منطقة سيهات كان مجرد ادعاء، وربما حصل على تلك المعلومات من ابنه، والشيخ يعلم تمامًا أن تلك الحال مثلها مثل حالات القرصنة الأخرى جميعها، تحال إلى المقيمية التي تقوم بأمر التحري، وأنه قد طلب منه ومن شيخ البحرين إرسال مندوبيهما إلى باخرة المقيمية، لتقديم حججهما بخصوص الحادثة. مرفق نسخ لبعض المراسلات المتعلقة بالمسألة.

11 - سيهات نفسها جزيرة صغيرة تقع على مشارف ميناء القطيف، علمًا بأنه لا جدوى من عقد جلسات التحري في منطقة سيهات أو القطيف، مادامت المناطق الوهابية في حال حرب أهلية.

12 - ختامًا، مرفق نسخ من البرقيات المتبادلة بشأن الحملة التركية، بدءًا من تاريخ آخر تقرير أرسلته إليكم.

Ref.: (Foreign Dept. Secret, Progs., 292- 355, December, 1871), pp. 20- 21.

1 Aug. 1871.

رقم (334)
ترجمة لنص التقرير
الذي بعث به الكاتب أبو القاسم
13 جمادى الأولى 1288هـ/ 1 أغسطس 1871م – البحرين
تم تسلمه في 5 أغسطس 1871م

وصل إلى هذه المنطقة قادمًا من البدع، شخص يدعى محمد، وهو من مواطني البحرين، وقال إن جاسم بن محمد بن ثاني قد أبلغه أن السفن الحكومية التركية قد توجهت إلى البحرين، وتمكنت من اعتقال الشيخ عيسى بن علي واحتلال الجزيرة، وأن السفن التابعة للحكومة الإنجليزية قد غادرت البحرين، وأضاف محمد أنه وبمجرد سماعه لهذا النبأ غادر البدع متجهًا إلى البحرين، وتيقن أن ذلك الخبر كان عاريًا من الصحة، وأن الأغبياء وحدهم الذين يروجون لمثل هذه الأخبار، لكن الناس يصدقون مثل هذه الأخبار، ويتبع ذلك الاضطراب والقلق.

يقال إن جاسمًا المشار إليه أعلاه، قد فرض ضريبة على التجار البانيان المقيمين في البحرين بواقع ستمائة (600) قيران، ويتم تحصيلها بصورة إلزامية، واحتج البانيان على ذلك قائلين، إن ذلك مناف للقانون، وطلبوا الموافقة للمتعسرين منهم على تأجيل السداد إلى حين التمكن من تحصيل مستحقاتهم لدى الآخرين، وإلا فإنهم سيغادرون المنطقة، فأجاب جاسم قائلًا، يجب أن تقوموا بسداد المبالغ المطلوبة، وإلا سأكون مضطرًا لإجباركم على الدفع، ولايزالون يناقشون المسألة حتى الآن، والأموال لم تدفع بعد.

الشيخ محمد بن ثاني، لم يعترض على تصرفات ابنه، وهم يعيشون في حال ترقب دائم لهجمات البدو، ويقومون بمراقبة المناطق المجاورة؛ فإن البدو يهاجمونهم يوميًا، ويحملون كل ما يمكنهم حمله، وقد تمكنوا حتى الآن من الاستيلاء على أربعة آلاف (4000) رأس من الأغنام، وحوالي ثمانية (8) خيول، وعاد معظم البحرينيين المقيمين في قطر إلى البحرين.

شيوخ المرة، وحلفاء عبدالعزيز بن سعود فيما مضى، ذهبوا إلى راشد شيخ قبيلة النعيم (مقيم

في إحدى المناطق الداخلية)، وأبلغوه أنه في حال التوصل إلى اتفاقية سلام بينهم وبين سكان قطر لتمكينهم من الدخول إلى البدع لشراء احتياجاتهم سيكون ذلك مستحسنًا، وما لم يحدث ذلك فإن بإمكانه القيام بمهاجمة البدع وتدميرها تدميرًا تامًا.

راشد بن جبر (النعيمي) ذهب إلى محمد بن ثاني بغرض البحث عن احتمالات التوصل إلى تسوية لخلافاتهم، واتضح أنه يرغب في السلام، لكن ابنه جاسمًا لم يكن كذلك، علمًا بأن مجمل الصلاحيات الآن بيد جاسم، ولم تعد هنالك أية سلطة لدى محمد بن ثاني.

محمد بن ثاني تمكن من تحصيل مبالغ ضريبية؛ قدرها ثمانية آلاف (8000) قيران Krans من مواطني المنطقة، وسلم المبلغ إلى قبيلة بني هاجر في مقابل الطعام وبقية احتياجاتهم في مقابل قيامهم بحماية المنطقة.

راشد بن جبر عاد إلى منطقته، ونأى بنفسه عن المزيد من التورط في المسألة.

هذه هي الأخبار التي قد نمت إلى علمي.

حتى الآن لم يحضر أي شخص إلى هذه المنطقة من العقير، أما القادمون من القطيف فلم يكن لديهم أي خبر جديد.

وإذا ما لم أحصل على أخبار أخرى من القطيف خلال اليومين القادمين، فإنني سوف أذهب إليها بنفسي للتعرف على مستجدات الأخبار.

Ref.: (Foreign Dept. Secret, Progs., 292- 355, December, 1871), pp. 21- 22.
U. D.

رقم (335)

تقريـر إخبـاري

قبل أربعة أيام وصلت إلى هذه المنطقة باخرة قادمة من بغداد، تدعى «آلوس Aloos»، وكانت تحمل رسالة تتضمن تعليمات الحكومة العثمانية لفريك باشا، وكان مضمون الرسالة كما يلي:

عندما ينتصف شهر جمادى الآخرة 1288هـ / 1871م يجب أن يتحركوا باتجاه الرياض، ويجب أن يحصل فريك باشا على التعزيزات اللازمة عن طريق البر عبر اليمن، كما يجب عليه نقل جانب من قواته لحماية قطر، وأنه يجب أن تتوجه باخرتان إلى البدع، وبإحداهما شيخ الكويت لاختيار الموقع المناسب لإنشاء «بيت الحكم».

الباخرة آشور وبها شيخ الكويت، وصلت إلى القطيف يوم أمس قادمة من العقير، وهم الآن بانتظار أوامر فريك باشا بشأن خطة التوجه للبدع، ومن المحتمل أن يغادروا خلال ثلاثة أيام تقريبًا.

نشب قتال بين عبدالله بن فيصل وسعود بن فيصل، لكن لم يتحقق النصر لأي منهما؛ عبدالله في منطقة تدعى نقاية Negayeh، وسعود يوجد في منطقة تدعى محمدي Muhumedee، وكلاهما أرسل إلى نجد طلبًا للدعم، وكان الرد الذي جاءهم من سكان نجد أنهم لن يتدخلوا إلى أن يتمكن أحدهما من قتل الآخر؛ إذ إنهم لو قاموا بمناصرة أحد الشقيقين، فإن أحدهما قد يهزم، وسيقوم الثاني بنهبهم وقتلهم، والسياسة المتبعة لديهم هي التزام الحياد.

عبدالله وسعود لايزالان في أماكنهما، ويبدو أنهما قد فقدا رجالهما، وقد امتنع سكان نجد عن الاستجابة لطلب مناصرة أي منهما.

فريك باشا فرض ضرائب على أشجار النخيل بالأحساء؛ بواقع عُشر الإنتاج، وقد أعاد الباشا ما سبق أن أخذه ابن سعود من أشياء إلى مالكيها، واكتفى بتحصيل المبالغ المتفق عليها وفق الأعراف السائدة.

كذلك منّت الحكومة على بعض سكان القطيف من كبار التجار والأعيان بألقاب شرفيه كلقب «بك» و «آغا»، وكان ينبغي لهم حضور الاجتماع اليومي لإبراهيم بك، والخاص بمناقشة أوضاعهم.

أصدرت الحكومة التركية أمرًا لبناء أبراج وتزويدها بالجنود على كافة نقاط توقف القوافل على الطريق بين الأحساء والقطيف، ومن العقير إلى الأحساء.

تقرر أن يتم هدم قلعة العقير القائمة، وأن يتم إنشاؤها في منطقة أخرى بنفس المدينة.

عدد الجنود الأتراك بالعقير أربعمائة (400) جندي.

في قرية عنك Anuch الواقعة بين القطيف وسيهات، سيقوم الأتراك ببناء قلعة على الشاطئ.

توجد حامية بالدمام تتكون من ثلاثين (30) مقاتلًا.

شيخ الكويت يقوم بتنفيذ أوامر الحكومة التركية عن قناعة تامة.

محصول التمور في هذه المناطق كان جيدًا في هذا العام.

هنالك بعض حالات للكوليرا في القطيف.

في حال تعدي أي شخص على مزرعة نخيل يملكها شخص آخر، سوف يسجن لمدة ستة أشهر، وقد أُودِع مائتان (200) من الشحاذين السجن حتى الآن، وكان معظمهم من مناطق فارس، وتم ربط كل اثنين منهم بوثاق واحد، وألزموا بكنس الشوارع.

البدو، الذين سبق أن تحالفوا مع ابن سعود في القطيف، تحالفوا الآن مع الأتراك مقابل الحصول على الطعام ومبلغ سبعة قيرانات في الشهر.

Ref.: (Foreign Dept. Secret, Progs., 292- 355, December, 1871), p. 22.

7 Aug. 1871.

رقم (336)

برقية

7 أغسطس 1871م

من: العقيد بيلي - بوشهر

إلى: السكرتير السياسي - بومباي

أبلغت بصورة رسمية أن الأمن مستتب تمامًا في البحرين. لم نتحصل على أخبار جديدة من الأحساء. يبدو أن الطريق الواصل بين معسكر القوات التركية والعقير لم يعد مأمونًا. يشاع هنا أن تلك القوات لن تغادر الأحساء باتجاه نجد.

Ref.: (Foreign Dept. Secret, Progs., 292- 355, December, 1871), p. 19.
8 Aug. 1871.

رقم (332)
رقــم (27)
8 أغسطس 1871م

من: الرائد سميث
مساعد المقيم السياسي في الخليج الفارسي

إلى: المقدم لويس بيلي
المقيم السياسي لصاحبة الجلالة البريطانية في الخليج الفارسي

أفيدكم بتسلّم رسالتكم المتضمنة للتعليمات، ويُشرفني أن أبلغكم بوصولي إلى البحرين على سفينة صاحبة الجلالة «ماجبي» في مساء يوم 3 من الشهر الجاري.

2- نظرًا لعدم وجود الشيخ عيسى بالمدينة؛ انتظرت حتى اليوم التالي، الموافق لتاريخ 4 من الشهر، على أمل أن تتاح لي فرصة الاجتماع به والتشاور معه، بشأن ماهية السلوكيات التي ينبغي لغواصي اللؤلؤ التابعين له، التقيد بها في حال حدوث نزاع بين أي من الأطراف.

ولعدم وجود الشيخ بالمدينة، أرسلت إليه رسالة تتضمن مقترحاتكم.

3- في وقت مبكر من صباح يوم 5، وبينما كانت السفينة «ماجبي» متوقفة بالميناء، توجهت على متن الباخرة «هيو روز» إلى منطقة تقع قبالة القطيف، وأنزلت كاتبي للذهاب إلى البر على أحد مراكب المنطقة. فعاد في صباح اليوم التالي، وبحوزته تقرير إخباري، نرفقه لكم بهذه الرسالة في صورته الأصلية، بالإضافة إلى ترجمة له.

4- النقاط الأكثر أهمية في ذلك التقرير كانت كما يلي:

أولًا: أن فريك باشا، الذي يقال إنه قد خاطب حكومته مؤخرًا، قائلًا، إنه وبسبب شُح المياه، لا يمكنه التوجه للرياض إلا عندما تنخفض حرارة الجو، ولكنه تلقى أوامر للتو تبلغه بضرورة التحرك الآن دون إبطاء.

ثانيًا: إرسال قوة برية إلى قطر لحمايتها، والتأكيدات بشأن إرسال الباخرتين المرابطتين الآن بالقطيف إلى الرياض مع شيخ الكويت.

ثالثًا: الموقف الراهن لكل من الشقيقين المتخاصمين عبدالله وسعود، يجب أن يتم التعامل معه بكل تحفظ، فإن التقارير الخاصة بهما لاتزال متناقضة ومصدرها في الغالب هو الجانب التركي، وما يشاع عن افتقار سعود إلى القوة اللازمة، لا يتلاءم مع حادثة الهجوم التي قام بها البدو تجاه قطر بزعامة عبد العزيز بن سعود. وفي نفس الوقت؛ من المؤكد أن البدو أصبحوا بحاجة ماسة إلى المواد الغذائية؛ حيث إن الأحساء أصبحت محتلة، وليس بإمكانهم دخول قطر.

5 - مرفق بهذه الرسالة مجموعة من التقارير، وقد أرسلت إليكم عن طريق بعض مراكب البحرين منذ فترة، ووجدت في البر لدى النوخذة المفترض أن يقوم بتسليمها في بوشهر، وكان ذلك سببًا في توقف المراسلات التي ينبغي أن تتواصل بغير انقطاع.

6 - أفيدكم بوصولي إلى بوشهر صباح اليوم.

حاشيـة:

يوجد تاجران من التجار البانيان بالقطيف في الوقت الحاضر.

Ref.: (Foreign Dept. Secret, Progs., 292- 355, December, 1871), p. 22.
8 Aug. 1871.

رقم (337)
برقية
8 أغسطس 1871م

من: العقيد بيلي - بوشهر

إلى: السكرتير السياسي - بومباي

«تشير التقارير الواردة من القطيف أن قائد الحملة قد صدرت إليه الأوامر بالزحف إلى نجد، وأنه سيتلقى تعزيزات من خلال اليمن. سيتم إرسال قوات إضافية إلى قطر، واختيار موقع ليكون مقرًا حكوميًا. وستقام الأبراج وتعسكر فيها قوات إضافية في كل مرحلة فيما بين القطيف والأحساء. وستُبنى قلاع بين القطيف والعقير. ويتشكل في الأفق التحالف المقترح لحملة الخليج والبحر الأحمر في أواسط شبه الجزيرة العربية».

Ref.: (Foreign Dept. Secret, Progs., 292- 355, December, 1871), pp. 17- 19.

14 Aug. 1871.

رقم (331)

رقم (899 - 238) لعام 1871م

14 أغسطس 1871م- بوشهر

من: المقدم لويس بيلي

المقيم السياسي لصاحبة الجلالة البريطانية في الخليج الفارسي

إلى: سكرتير الحكومة

الإدارة السياسية - بومباي

إلحاقًا برسالتيّ المشار إليهما بالهامش (رقم 847-218 بتاريخ 31 يوليو 1871م، ورقم 27 بتاريخ 8 أغسطس 1871م)، ورسائلي السابقة بخصوص الحملة التركية تجاه نجد، يشرفني أن أرفق بهذه الرسالة التقرير الأصلي، الذي وصل إليّ من الرائد سميث مساعد المقيم، الذي يحتوي موجزًا لأهم المعلومات التي حصلنا عليها حتى تاريخ 8 من الشهر الجاري.

2 - مرفق كذلك نسخ من ترجمة ثلاثة تقارير حصلنا عليها مؤخرًا؛ أولها صادر عن أحد كتبتي في إحدى مناطق ساحل القطيف، علمًا بأن هذه التقارير تتضمن مستجدات الأخبار وملخصًا موجزًا لمستجدات الأحداث.

3 - الآن ستكون البرقيتان اللتان سبق أن أرسلتهما إلى معالي الحاكم في المجلس والمشار إليهما في هذه الرسالة بحوزته، علمًا بأنهما تتعلقان بموضوع هذه الرسالة (مؤرختين في 7 و8 أغسطس 1871م).

4 - كافة التقارير التي قد تتلقونها من المناطق الداخلية بالجزيرة العربية في الوقت الراهن، يجب أن تعامل بمزيد من التحفظ والحذر.

5 - لكن حسب علمي فإن الوضع الراهن يبدو كما يلي إلى حدٍ ما

أولًا: القوات التركية تمكنت من احتلال منطقة الأحساء الخصبة وقلاعها، ولايزال النقاش جاريًا بين قائد القوات والسلطات التركية، بشأن ما إذا كان ينبغي أن تبقى قوات الحملة في الأحساء في الوقت الراهن، أم إن الأحساء هي مجرد نقطة انطلاق للعمليات، وأن الحملة سوف تتجه إلى نجد.

ثانيًا: يبدو أن قائد القوات كان يرغب في البقاء بالأحساء مهما كانت الظروف، إلى أن تنخفض درجة الحرارة، ويبدأ موسم سقوط الأمطار، ومن ناحية أخرى، يبدو أن السلطات التركية تتعجل تقدم قواتها، كما أنها تخطط لغزو نجد بجهود مشتركة للقوات التي تحتل الآن بعض المناطق الساحلية في الخليج الفارسي والبحر الأحمر، وفي حال نجاح هذه العملية المشتركة، فسوف يؤدي ذلك إلى تحقيق مكاسب مهمة، ويبدو أن ذلك يُعد دليلًا على عزمهم على احتلال شبه الجزيرة العربية بصورة نهائية لتصبح جزءًا من الأراضي التركية.

ثالثًا: يبدو أن قوات الحملة الآن بصدد تقوية قاعدتها البحرية، من خلال قيامها بإنشاء القلاع في منطقة العقير وجوار القطيف، بينما سيتم تعزيز خطوط الاتصال بين هذين الميناءين والأحساء، بإنشاء النقاط المحصنة في كل المراكز الواقعة على طرق القوافل.

رابعًا: يبدو أن الاستعدادات تجري تمهيدًا لاحتلال قطر، لكن تلك المنطقة لاتزال في حال فوضى، وهي الآن خاضعة لضغوط الأتراك وتحرشات البدو، الذين هم على استعداد للاستجابة لتحريض سعود بن فيصل، للقيام بعمليات نهب واعتداء على امتداد الجانب الجنوبي لخطوط الإمدادات التركية.

خامسًا: الموقف الحالي لكل من الشقيقين المتخاصمين عبدالله وسعود بن فيصل، يبدو بأنه لم يتضح لنا بجلاء، وكلاهما يفتقر إلى القوة الكافية، بينما يبدو أن قبائل وسكان العاصمة الرياض هم الآن في انتظار أحد شيئين هما : إما اعتقال وإما موت أحد طرفي الخصومة.

6- الحرية المتعلقة بأوجه الحياة الاجتماعية، التي تسمح بها القوانين التركية، قد أثمرت حتى الآن عن نتائج إيجابية فيما يخص ممارساتهم السياسية والعسكرية؛ حيث إن مجتمع التجار بالأحساء والمناطق الساحلية الواقعة تحت حكم الوهابيين، قد تبين منذ فترة طويلة أن القيود، التي قد فرضت عليهم بموجب تعاليم الوهابية كانت قاسية. عمومًا؛ إذا ما تمكنت الحملة التركية من التقدم باتجاه منطقة نجد فعلًا، فمن المحتمل أن تجد الشعور الديني هناك أكثر تأثيرًا عمّا هو الحال في الأحساء؛ (انظر الفقرات 97-102 من التقرير رقم 57 بتاريخ 15 مايو 1866م).

7- ربما يكون معالي الحاكم قد علم من خلال تقاريري السابقة، أن سفينة صاحبة الجلالة «ماجبي»، التي هي الآن بالبحرين، لاتزال تعاني من تأثيرات الحرارة، وأن قائدها قال إنه قد يضطر لسحبها من منطقة الخليج.

8- كذلك تعاني سفينة صاحبة الجلالة «بوليفنتش» نفس المعاناة، وقد اضطر قائدها لمغادرة الخليج بغرض القيام باستبدال جنود عرب من مسقط أو أي من المناطق المحلية بالجنود الأوروبيين الذين معه، عمومًا؛ فإن السفينة سوف توضع في حراسة صاحب السمو السيد تركي.

9- سفينة المدفعية «هيو روز» عادت للتو من البحرين وبها مساعد المقيم الرائد سميث، لكنني أعفيته من الذهاب إلى مناطق الساحل العربي مرة أخرى في الوقت الحاضر، بسبب اعتلال صحته.

10- النقيب جرانت Grant، مساعدي الثاني، في إجازة مرضية الآن، لكن بمجرد أن يتماثل للشفاء، سوف أرسله على السفينة «هيو روز» إلى البحرين، لمراقبة الأوضاع والتعرف على مستجدات الأخبار.

11- علمت أن قائد سفينة المراقبة «كونستانس» قد اضطر إلى مغادرة مسقط للهند لأسباب صحية، لذا فقد تقرر تأجيل عملية مراقبة شواطئ البحرين والقطيف إلى وقت لاحق.

12- مما تقدم يتضح بأن هذا الفصل لم يكن ملائمًا من الناحية الصحية، على الرغم من أن هذا الصيف هو أكثر فصول الصيف اعتدالًا بالنسبة لي، باستثناء فصل الصيف الذي كان متزامنًا مع حملتنا التي تمت في عام 1857.

13- بالطبع فإن اعتلال الصحة ناجم عن فترات الجفاف الطويلة، وسوء التغذية الذي يصاحب ذلك الجفاف، وقد انتشرت أمراض الجدري والكوليرا، والآن ظهرت أيضًا حمى التيفوئيد، لكن يبدو أن معظم الأوروبيين المرضى كانوا يعانون من تأثيرات ضربات الشمس.

14- منذ فترة قليلة أُبلغنا بمرض الطبيب الجراح بالمقيمية، وأنه توجه إلى بومباي عن طريق هذه الباخرة لتلقي العلاج.

Ref.: (Foreign Dept. Secret, Progs., 292- 355, December, 1871), p. 22.

14 Aug. 1871.

رقم (338)

رقـم (900 - 239) لعام 1871م

14 أغسطس 1871م- بوشهر

من: المقدم لويس بيلي

المقيم السياسي لصاحبة الجلالة البريطانية في الخليج الفارسي

إلى: سكرتير الحكومة

الإدارة السياسية - بومباي

إلحاقًا برسالتي المشار إليها بالهامش (رقم 899-238 بتاريخ 14 أغسطس 1871م) ورسائلي السابقة بشأن الحال الراهنة في قطر بعد الحملة التركية تجاه نجد، يشرفني أن أرفق لعنايتكم ترجمة لنص الرسالة التي تلقيناها من الشيخ محمد بن ثاني؛ شيخ قطر.

يتضح من هذه الرسالة أن الشيخ أصبح في وضع صعب لم يكن راغبًا في الكشف عنه، لكنه أكد لنا أنه لن يخل باتفاقية الهدنة البحرية.

Ref.: (Foreign Dept. Secret, Progs., 292- 355, December, 1871), p. 23.

14 Aug. 1871.

رقم (339)
ترجمة مضمون لرسالة
3 جمادى الآخرة 1288هـ
تم تسلمها في 14 أغسطس 1871م

من: محمد بن ثاني؛ شيخ قطر

إلى: حاجي عبد النبي Hahee abdool Nubbee

أود إفادتكم بأنه، ومنذ بضعة أيام، وصل شيخ الكويت عبدالله بن صباح إلى قطر وبصحبته مندوب فريك باشا، وطلب مني القيام برفع العلم التركي، ولم يكن باستطاعتي رفض طلبهم، وذلك بسبب تفوقهم البري، وأنت تعلم كذلك أننا نقيم في المناطق الداخلية، وليس بإمكاننا عصيان أوامرهم، وقد علمت منهم الآن أنهم قد تمكنوا من احتلال الأحساء وتلك المناطق، ويعلم الله ما سيحدث بعد ذلك.

وصل إلى هذه المنطقة الرائد سميث، مساعد المقيم، وقضى بها يومًا واحدًا، لكنه لم ينزل إلى البر، ولم يرد على رسالتي، ولست متأكدًا بخصوص سبب حضوره، علمًا بأنه غادر في طريقه إلى عمان.

مرفق رسالة موجهة إلى المقيم، برجاء التكرم بتسليمها له، وتوضيح اشتراطاتنا له؛ حيث إننا نرغب في المحافظة على أمن الملاحة والالتزام بأوامره، ولن نتسبب في الإضرار بأمن الملاحة، لكن فيما يخص مسألة رفع العلم التركي في قطر، فإننا من سكان المناطق الداخلية وهذه الحكومة فرضت سيطرتها على البر، لذا؛ فليس إمكاننا رفض الانصياع لأوامرهم.

طلبت من الرائد سميث أن يعمل في سبيل تسوية خلافاتنا مع العماير Ameer، لكنه لم يقدم أية إجابة مرضية؛ حيث قال إنه ينبغي ترك الأمر معلقًا إلى أن يتم تنصيب حاكم لنجد.

أنت تعلم أن شيوخ العماير ليسوا تابعين لأي شخص، وأنت وكيلي في كل الأمور، لذا؛ أرجو أن تتكرم بشرح حالي إلى المقيم بالصورة التي قد تراها مناسبة.

Ref.: (Foreign Dept. Secret, Progs., 292- 355, December, 1871), p. 24.
18 Aug. 1871.

رقم (342)
18 أغسطس 1871م- بوشهر

من: النقيب / بي. بروبي داوتي P. Proby Doughty
قائد سفينة صاحبة الجلالة «ماجبي»

إلى: المقدم / لويس بيلي
المقيم السياسي لصاحبة الجلالة البريطانية - بوشهر

عدت ظهيرة الأمس إلى هذا الميناء، قادمًا من جولتي في مناطق مغاصات اللؤلؤ الواقعة بين هذا الميناء ومنطقة رأس ركن Ras Reccan، واتضح لي بأن الأحوال هادئة تمامًا ومرضية، ووجدت العديد من المراكب التابعة لمختلف المناطق محملة بالركاب، ولم تكن لديهم شكاوى، ولم يتحرش بهم أحد، ولايرغبون في الاعتداء على أحد، وكان أحد مراكب القطيف من نوع البقارة صغير الحجم يرفع العلم التركي، أما بقية المراكب فكانت ترفع أعلامها الخاصة.

وكنت على أمل أن تتاح لي فرصة مقابلة السفينة «هيو روز» في طريق عودتي بالبريد والرسائل، لكني أعتقد أنها بقيت في انتظار البريد المفترض وصوله اليوم.

الخيمة التي تكرمت بإعارتنا إياها، كانت ذات فائدة كبيرة لمرضانا، ولاتزال نستقبل بعض حالات «ضربة الشمس»، على الرغم من أن الأيام الأخيرة كانت نوعًا ما أفضل حالًا، إلا أن الانخفاض في درجة الحرارة لم يكن كبيرًا.

أفادني كاتب الرائد سميث، أنه كتب تقريرًا بمجمل الأخبار، التي قد تحصّل عليها، وأن مركبًا كان من المقرر أن يغادر بالتقرير مساء أمس، لكن اتضح لي صباح اليوم أنه مازال هنا، وسوف أضيف ما جاءني به حاجي قاسم من أخبار؛ حيث إن معظم ما أبلغني به من أخبار كان مماثلًا لما أبلغني به الكاتب بالأمس، لكن الخبر المهم الوحيد كان الصمت الذي أبداه فريك باشا فيما يخص بخططه التالية؛ حيث يبدو أن سعودًا قد أقنعه بأن حادثة وفاة شقيقه ستجعل منه الحاكم المحتمل

للوهابيين، وأنه يرغب في التعرف على نيات الباشا، وفي الوقت الحاضر لم يبق سعود ساكنًا، بل إنه يخاطب أصدقاءه ويفعل ما بوسعه لعقد التحالفات، تحسبًا لاحتمال عدم موافقة الأتراك على الإقرار به حاكمًا، وقد تمكن الأتراك من اعتقال بعض حملة رسائله، وبذلك تعرفوا على نياته. ويبدو أن فريك باشا أصبح يعد نفسه للتحرك باتجاه الرياض، وأن هنالك باشا آخر سيحل محله في الأحساء.

فرحان بن خير الله، الأمير السابق للقطيف، وصل إلى البحرين مؤخرًا بعد أن غادر الأحساء بناءً على تعليمات فريك باشا، بصحبة آخرين يفترض أنهم كانوا على اتصال بسعود.

محمد شقيق سعود، وهو صبي حُدّدت إقامته في منطقة الأحساء.

في اليوم التالي اتضح لي أننا لم نسمع دوي طلقات المدفعية في القطيف في الفترتين الصباحية والمسائية، واتضح لنا أن خوجا بك المسؤول عن بروتوكول الميناء كان قد قرر الاستغناء عن هذه المراسم التشريفية لما قد ألحقته من أضرار بالسفن، ولتجنب إلحاق الأذى بالبحارة بسبب ضغط الهواء المصاحب لدوي المدافع.

استجبت لطلب عيسى بن علي بإطلاق نار المدفعية صباحًا ومساءً خلال فترة تغيب السفينة «هيو روز»، ويبدو أن ذلك كان مصدرًا للثقة التي يتبعها المزيد من الاحترام والنفوذ.

يشرفني أن أكون خادمكم المطيع.

Ref.: (Foreign Dept. Secret, Progs., 292- 355, December, 1871), Pp. 5-6.

19 Aug. 1871.

رقم (294)

ترجمة للتقرير الإخباري

الصادر عن الكاتب أبو القاسم

2 جمادى الآخرة 1288هـ/ 19 أغسطس 1871م

تم تسلمه في 28 أغسطس 1871م

سمعت أن بدو العجمان والمرة قاموا بهجوم على العقير، ونهبوا المؤن الخاصة بالقوات التركية، علمًا بأن هنالك ثمانين شخصًا فقط في العقير.

بتاريخ 3 جمادى الآخرة، الموافق 20 أغسطس، أمر الشيخ عيسى كافة البدو المقيمين بالبحرين بمغادرة المنطقة، لاستيائه من تجمعهم بالجزيرة؛ حيث إن العديد منهم من اللصوص، وبعد ذلك توجه البعض منهم إلى قطر.

بتاريخ 4 جمادى الآخرة/21 من الشهر الجاري، وصل إلى هذه المنطقة أحد المراكب قادمًا من البدع، وأفاد ركابه أن البدو قد اتخذوا لهم معسكرًا بجوار منطقة آبار المياه واستولوا على الآبار، فاضطر سكان البدع إلى شراء الماء من البدو في مقابل قيران واحد لكل Musuk، ولم يبق لسكان البدع أي شيء سوى مايمكن شراؤه، ولم يحصلوا على مساعدة من أية جهة كانت.

وصل إلى المنطقة بعض الأشخاص قادمين من الأحساء عن طريق العقير، وأفادوا أن الطرق لم تعد آمنة، وأنهم كانوا يخشون سعودًا حتى وهم في الأحساء، لعلمهم أن سعودًا قد تمكن من حشد العديد من الناس تمهيدًا لمهاجمة الأحساء، وذكروا أيضًا أن بعض قواته قد وصلت إلى جودة Joodeh.

فريك باشا قام بتجنيد بعض مواطني الأحساء؛ يقدر عددهم بحوالي تسعمائة (900) من الشباب، بمقابل قدره ستة (6) دولارات شهريًا، وهم بانتظار وصول ناصر بن مبارك في أية لحظة.

محمد بن فيصل لم يسجن، لكنه يخضع للمراقبة لمنعه من امتلاك الأسلحة.

بتاريخ 5 جمادى الآخرة/22 من الشهر الجاري؛ أفادت الأنباء الواردة من القطيف بوصول مركبين من البصرة، وعليهما مجموعة من المقاتلين الأتراك، الذين تم نقلهم إلى الباخرتين آشور Assor، وألوس Aloos، لترحيلهم إلى العقير، كما تم تأجير مراكب لنقل المؤن الخاصة بالجنود واثني عشر مدفعًا، إلى منطقة العقير.

تأجلت مغادرة القوافل للأحساء إلى حين وصول القوات إلى العقير؛ حيث سيتم حراستها طوال فترة مسيرها وإلى حين وصولها إلى الأحساء، علمًا بأن إقامة القوات في العقير ستتعذر بسبب نقص المياه في تلك المنطقة.

المراكب البحرينية أصبحت تنقل خزانات المياه إلى البدع لبيعها هناك، وذلك لتدني تكلفة نقلها بالمراكب عن تكلفة النقل بالجمال.

بتاريخ 6 جمادى الآخرة/23 من الشهر، وصل إلى البحرين قادمًا من ربيجة Robeyjeh المبعوث الذي أرسله سعود إلى عبد الله بن ثنيان، الموجود في قطر. وقد حمل المبعوث رسالة لعبد العزيز بن سعود سبق أن أبلغتكم بمضمونها.

وصل أحد المراكب من القطيف، وأبلغ بحارته بأن السفن التركية الخمس الراسية في القطيف وبها خمس كتائب من القوات التركية قد استأجرت مراكب لنقل المؤن والأسلحة والقوات، وسوف تغادر إلى العقير يوم الجمعة القادم.

عبد الله بن صباح شيخ الكويت، سبق أن استأذنني ثلاث مرات للذهاب للكويت، لكنه لم يحصل على الموافقة، وهو الآن في تاروت، وتحت إمرته خمس سفن.

Ref.: (Foreign Dept. Secret, Progs., 292- 355, December, 1871), p. 25.

19 Aug. 1871.

رقم (345)

19 أغسطس 1871م- البحرين

من: النقيب إف. بروبي داوتي

قائد سفينة صاحبة الجلالة «ماجبي»

إلى: المقدم لويس بيلي

المقيم السياسي لصاحبة الجلالة البريطانية - بوشهر

سـيدي؛

يسرني إبلاغكم أن مركبًا وصل من القطيف أمس قد غادر مساء الخميس، وقبل إبحاره بثلاث ساعات وصلت السفينة البخارية المُسمَّاه «نينوى» رافعة العلم التركي، وملأى بالقوات المرسلة من البصرة.

وسوف يأتي الشيخ عيسى بن علي اليوم ليزورني، ولابد أن أشكو أن إحدى السفن البخارية التركية قد رست في بقعة ما على الساحل الغربي للبحرين؛ حيث حصلت على الماء اللازم، وقامت بفحص المكان، وبقيت لأربع وعشرين ساعة، وغادرت متجهة للقطيف من حيث أتت.

ولم نجد أي تصرف عدائي عند النزول على شاطئ محايد سعيًا وراء الماء، كما كانت إجراءات الحصول على إذن متصفةً بالود، وإن كانت قد تأخرت بعض الوقت، وربما احتاجت إلى مراسلات قد تسبب بعض المعاناة.

وبالأمس بعثت لكم برسالة عن طريق مركب كان مُبحرًا.

Ref.: (Foreign Dept. Secret, Progs., 292- 355, December, 1871), p. 6.
22 Aug. 1871.

رقم (295)
ترجمة مضمون رسالة
5 جمادى الآخرة 1288هـ/ 22 أغسطس 1871م
تم تسلمها في 28 أغسطس 1871م

من: الكاتب أبو القاسم منشي

إلى: المقيم في الخليج الفارسي

تسلمت رسالتكم رقم (434) المؤرخة في الأول من جمادى الآخرة وعلمت بمحتواها.

قمت بتسليم الرسالة التي بحوزتي إلى الشيخ عيسى، شيخ البحرين، وأبلغته بضرورة الامتناع عن التدخل في أية مسألة لا تخصه أو تتعلق بسعود والأتراك. وقد طلب الشيخ من كافة أصحاب المراكب البحرينيين الامتناع عن جلب البدو إلى البحرين.

أفاد الشيخ عيسى بأن عبد العزيز بن سعود يرغب في توطين نفسه بالبحرين، ولم يجد له نصيرًا في ذلك المسعى، وهو يرغب في الإقامة بالبحرين، لكنه لا يرغب في وجود البدو في البحرين. وصرح الشيخ عيسى بأنه سوف يمتنع عن التدخل في المسائل المتعلقة بسعود أو الأتراك.

Ref.: (Foreign Dept. Secret, Progs., 292- 355, December, 1871), pp. 6- 7.

25 Aug. 1871.

رقم (296)

تقرير إخباري

8 جمادى الآخرة 1288هـ/ 25 أغسطس 1871م- البحرين

وصل إلى هذه المنطقة مبعوث عبدالله بن ثنيان، شيخ البدو التابعين لسعود، وهو يحمل رسالتين إلى الشيخ عيسى طالبًا منه تقديم معونة تتمثل في ثلاثين (30) جوالًا من الأرز والتمور، على أن تدفع قيمتها عند تحسن الظروف.

ويقال إن الشيخ عيسى قدم بعض المبررات، التي حالت دون الوفاء بالطلب، واعتذر بعدم توافر المطلوب في الوقت الحاضر.

بعد ذلك؛ وصل مبعوث آخر من سعود بن فيصل، حاملًا رسالة إلى الشيخ عيسى؛ تاريخها يعود لعشرة أيام مضت.

من واقع الرد الذي جاء به الشيخ عيسى؛ يتضح أن تلك الرسائل كانت تحمل مضمون المحادثات التي جرت بين سعود وشقيقه عبدالله فيصل.

أفاد العرب أنهم سيصلون إلى منطقة تدعى حجّاج، وتقع بجوار الأحساء، في حوالي يوم 20 جمادى الآخرة، الموافق 6 سبتمبر 1871م، بصحبة عدد كبير من المقاتلين.

أفاد المبعوث المشار إليه أعلاه بأن سعودًا يرغب في استعادة كل منطقة الأحساء قبل موسم حصاد التمور.

وصل أحد المراكب من القطيف، وعلمت أنه سبق أن وصلت إلى هذه المنطقة باخرتان تركيتان، وقامتا بإنزال شحناتها من المؤن والمقاتلين، ومن ثم غادرتا إلى البصرة.

وصل إلى هذه المنطقة باخرتان صغيرتان؛ هما آشور Assour، وآلوس Aloos، لإنزال الجنود، ومن المقرر أن تُغادرا بعد ظهيرة اليوم في طريقهما إلى العقير.

بعث عبدالله بن صباح شيخ الكويت بشخص يدعى ظافري بن سُكون Zafiree bin Sukoon إلى الأحساء، حاملًا رسالة إلى فريك باشا طالبًا منه الإذن بالعودة للكويت.

وقد أبلغ المبعوث أنه سيحصل على مكافأة في حال الموافقة لعبدالله بن صباح على العودة.

وصل من الكويت أحد المراكب، وأبلغ الركاب أن السفن التركية قد وصلت إلى بومباي، بغرض تحرير محمد بن خليفة من السجن وإعادته إلى البحرين.

Ref.: (Foreign Dept. Secret, Progs., 292- 355, December, 1871), p. 7.

26 Aug. 1871.

رقم (297)
ترجمة مضمون رسالة
9 جمادى الآخرة 1288هـ/ 26 أغسطس 1871م- البحرين

من: الكاتب أبو القاسم منشي

إلى: المقيم في الخليج الفارسي

ركبت سفينة المدفعية «هيو روز» عند عودتها إلى البحرين، وكنت أغادرها يوميًا للتعرف على مستجدات الأخبار، لأعود إليها عند الغروب لإبلاغ النقيب جوثري بتلك الأخبار.

اليوم، وعندما غادرت السفينة كما هو معتاد، رأيت حشدًا كبيرًا حول منزل المرحوم علي بن خليفة بالمنامة؛ حيث يقيم الآن الشيخ الحالي عيسى بن علي.

وبعد التحري عن الأمر علمت أن عبد العزيز بن سعود قد وصل لزيارة الشيخ عيسى، وظللت على مسافة بعيدة إلى حين وصول عبد العزيز على صهوة جواده مع عشرة من أتباعه كانوا خلفه، وأربعة أمامه، بالإضافة إلى حشد من حرسه البدو. وكان عبدالعزيز طويل القامة وحسن المظهر، وقالوا إن عمره يزيد على ما ذكرته سابقًا وكان يبدو زعيمًا.

بعد ذلك دخل عبد العزيز إلى منزل عيسى بن علي، وحسب علمي فإن عبد العزيز كان متكفلًا بنفقاته.

عندما تسنح الفرصة سوف أبعث لكم بهذه الملاحظات.

Ref.: (Foreign Dept. Secret, Progs., 292- 355, December, 1871), p. 7.

27 Aug. 1871.

رقم (298)

تقريـر إخبـاري

10 جمادى الآخرة 1288هـ/ 27 أغسطس 1871م – البحرين

عادت المراكب البحرينية التي استخدمت في نقل المؤن التركية من القطيف إلى العقير الآن إلى البحرين. وأفادت أن هنالك قافلة قد وصلت من الأحساء مصحوبة بعشرين (20) من الفرسان الأتراك لحمايتها، وقد تعرضت القافلة لهجوم من بدو العجمان؛ حيث تمكنوا من نهبها والفرار بعد العملية، وقد تعقبهم الفرسان الأتراك وقتلوا اثني عشر (12) من اللصوص، واستعادوا أحد عشر (11) جملًا.

أفاد المسافرون القادمون من الأحساء، أن فريك باشا قد خاطب سعود بن فيصل لإفادته برغبته في الحضور لزيارته، وأن مبعوثًا قد حمل تلك الرسالة، لكن يعتقد أن سعودًا لن يوافق على مقابلة الباشا.

وصل أحد المراكب قادمًا من القطيف، وأبلغ ركابه بأنه منذ وصول الأتراك إلى تلك المنطقة، انتشرت الكوليرا على نطاق واسع، وذلك بسبب تكاثر القاذورات في المدينة، وحشد أعداد كبيرة من الناس في مكان واحد ووجود الهواجر.

وفقًا لما نما إلى علمي، فإن مرض الجدري أصبح منتشرًا في قطر، وتُوفي الكثير بسببه، وهرب العديد منهم إلى خارج المدن لتحاشي مرض الجدري، ليموتوا على بعد فرسخ من تلك المدن.

توالى وصول غواصي اللؤلؤ من العمانيين إلى البحرين لشراء التمور، وأبلغوني أن بعضهم قد ذهب إلى خور العديد، وأفادوا أن العلم التركي يرفع في تلك المنطقة كل يوم جمعة.

Ref.: (Foreign Dept. Secret, Progs., 292- 355, December, 1871), p. 8.

27 Aug. 1871.

رقم (299)

27 أغسطس 1871م – البحرين

من: النقيب وليـم جوثري

قائد سفينة المدفعية لصاحبة الجلالة «هيو روز»

إلى: المقدم لويس بيلي

المقيم السياسي لصاحبة الجلالة البريطانية في الخليج الفارسي

بعض المراكب التي استخدمت في نقل المؤن من القطيف إلى العقير لمصلحة الأتراك وصلت إلى هذه المنطقة في طريقها إلى القطيف.

أفاد ركاب تلك المراكب بأن القافلة المرسلة من الأحساء، بحراسة ثلاثين (30) من الفرسان الأتراك، قد تعرضت لهجوم من قِبَل بدو قبيلة العجمان، الذين تمكنوا من الاستيلاء على أحد عشر (11) جملًا، لكنهم فقدوا اثني عشر رجلًا، بينما عاد الأتراك دون خسائر من الأرواح.

أفاد أحد مرافقي القافلة بأن فريك باشا المقيم بالأحساء قد كتب إلى سعود يدعوه إلى الحضور للأحساء لمناقشة بعض المسائل، لكن من المشكوك فيه أن سعودًا سيأمن وجوده بينهم.

يقال إن الكوليرا قد تفشت بكثرة مرة أخرى بالقطيف، وذلك بسبب تزايد أعداد السكان وحرارة الجو وتزايد القاذورات، علمًا بأن الإشارة لكلمة قاذورات من قبل العرب تعني أن الحال قد أصبحت بالغة السوء.

مرض الجدري أصبح شائعًا في البدع، وقد قام المسؤولون باتخاذ إجراءات فورية للسيطرة عليه.

مع أول أعراض المرض يتم نقل المريض لمسافة ميلين أو ثلاثة أميال بعيدًا عن المدينة ويترك لمصيره، ولن نتعجب إذا ما علمنا أن هنالك العديد من الذين يفقدون أرواحهم هناك بسبب المرض.

يقال هنا بشيء من الخوف، إن مركبًا قد وصل إلى هذه المنطقة قادمًا من منطقة الساحل الجنوبي، بغرض الحصول على بعض التمور، وأفاد ركابه أنه وابتداءً من خور العديد، وعلى امتداد الساحل القطري، كان يتم رفع العلم التركي في كل أيام الجمع.

ثبت أن البضائع المنهوبة من إحدى المناطق الداخلية في قطر قد بيعت علنًا في أسواق البحرين.

اجتمع نجل سعود بشيخ البحرين بالأمس في احتفال كبير؛ حيث وقف أربعة من الخيالة في كل من جانبي المدخل وبصحبتهم حوالي مائة من أتباعه، علمًا بأن نجله لم يكن طفلًا كما ذكر ميرزا، بل هو شاب يعرف تمامًا ما ينبغي له أن يفعل.

في الوقت الحاضر يوجد عدد كبير من البدو بالبحرين، ولم يكونوا مفرطين في شكوكهم؛ حيث تعرض أحد مهندسينا الفرس للتفتيش الذاتي كما تم تفتيش جيوبه.

Ref.: (Foreign Dept. Secret, Progs., 292- 355, December, 1871), p. 24.
27 Aug. 1871.

رقم (343)
برقية
27 أغسطس 1871م

من: العقيد بيلي - بوشهر

إلى: سكرتير الحكومة - بومباي

تأكد لنا خبر وفاة عبدالله؛ يقال إن سعودًا غادر الرياض لحشد القوات، وإنه قد خاطب القائد التركي بشأن إمكانية تنصيبه إمامًا. لم نتعرف على نية القائد التركي، الذي صرح بأنه سيتحرك إلى الرياض، ويقال إنه قلق لذلك. التعزيزات وصلت إلى القطيف قادمة من البصرة. قائد السفينة «ماجبي» ذكر أن غواصي اللؤلؤ يمارِسون عملهم في مناطق المغاصات دون أي مشاكل.

Ref.: (Foreign Dept. Secret, Progs., 292- 355, December, 1871), p. 8.

28 Aug. 1871.

رقم (300)

برقية

28 أغسطس 1871م – بوشهر

من: المقدم لويس بيلي

المقيم السياسي لصاحبة الجلالة البريطانية في الخليج الفارسي

إلى: سكرتير حكومة بومباي

آخر التقارير الواردة من كاتب المقيمية، بناء على إفادة العرب.

قام البدو بمهاجمة العقير، ونهبوا ممتلكات القوات التركية، والطريق إلى الأحساء لم يعد مأمونًا، والأحساء مازالت تعيش في حال توجس من سعود. القائد التركي مازال يقوم بتجنيد الرجال في الأحساء. سعود كتب إلى نجله، مؤكدًا وفاة عبدالله. القوات التركية بالقطيف تلقت بعض التعزيزات. الشيوخ القطريون توقفوا عن رفع العلم التركي خوفًا من سعود. شيخ البحرين قام بإبعاد البدو، الذين قدموا إليها من شبه الجزيرة العربية للحيلولة دون حدوث النزاعات. شيخ الكويت طلب الإذن بالعودة لموطنه، لكن الأتراك لم يوافقوا على طلبه.

Ref.: (Foreign Dept. Secret, Progs., 292- 355, December, 1871), pp. 23- 24.

28 Aug. 1871.

رقم (341)

رقــم (975 - 255) لعام 1871م

28 أغسطس 1871م

من: المقدم لويس بيلي

المقيم السياسي لصاحبة الجلالة البريطانية في الخليج الفارسي

إلى: سكرتير حكومة بومباي

يشرفني أن أرفق لعناية الحكومة، نسخة من رسالة النقيب داوتي، قائد سفينة صاحبة الجلالة «ماجبي» المشار إليها بالهامش (المؤرخة في 18 أغسطس 1871م).

2 - يسرنا أن نعلم أن غواصي اللؤلؤ يمارسون عملهم كالمعتاد دون مضايقات؛ **(لقد سمعت أن موسم الغوص على اللؤلؤ عادة ما يكون غزير الإنتاج- لويس بيلي 28/ 8/ 1871م)**

3 - لست متأكدًا مما إذا كان صمت القائد التركي ناتجًا عن رغبته في المحافظة على سرية خططه التالية، أو أن وفاة عبد الله وتناقص قوة الحملة التركية بسبب المرض لم تكن هي الأسباب الكامنة وراء قلقه على مركزه وطموحاته.

4 - يبدو أن القائد التركي أصبح متعجلًا للحصول على التعزيزات.

5 - برقيتي المرسلة لكم بتاريخ 27 أغسطس كانت بناء على الرسالة والتقرير اللذين تسلمتهما من كاتب المقيمية بالبحرين.

Ref.: (Foreign Dept. Secret, Progs., 292- 355, December, 1871), p. 25.
28 Aug, 1871.

رقم (344)
رقم (256-976)
28 أغسطس 1871م - بوشهر

من: المقدم لويس بيلي
رفيق وسام نجمة الهند
المقيم السياسي في الخليج الفارسي

إلى: سكرتير حكومة بومباي
إدارة الشؤون السياسية

يُشرفني أن أحيل لعلم الحكومة نسخًا من رسالة تلقيتها من الكابتن داوتي، قائد سفينة صاحبة الجلالة «ماجبي»، ومن ردي عليها.

Ref.: (Foreign Dept. Secret, Progs., 292- 355, December, 1871), p. 25.
28 Aug. 1871.

رقم (346)
رقم (937 - 465) لعام 1871م
28 أغسطس 1871م - بوشهر

من: المقدم لويس بيلي
المقيم السياسي لصاحبة الجلالة البريطانية في الخليج الفارسي

إلى: النقيب / إف. بروبي داوتي
قائد سفينة صاحبة الجلالة «ماجبي»

يشرفني أن أفيدكم بتسلم رسالتكم الصادرة من البحرين بتاريخ 19 أغسطس 1871م، ولكم جزيل الشكر على ذلك.

2 - إنني موافق تمامًا على وجهة نظركم بشأن ما ينبغي اتخاذه من إجراءات حيال تحركات البواخر التركية، لكنني سأعمل لأجل الحيلولة دون قيام شيخ البحرين بعقد محادثات مع السلطات التركية، أو إقحام نفسه بأية صورة كانت في تلك الصراعات.

3 - الأحوال هادئة تمامًا في الوقت الحاضر، وأمن الملاحة مستتب، ومناطق المغاصات هادئة، والمصالح البريطانية في منطقة الساحل العربي بصورة عامة، في حال طيبة.

Ref.: (Foreign Dept. Secret, Progs., 292- 355, December, 1871), p. 9.

9 Sep. 1871.

رقم (303)

رقــم (537) لعام 1871م

9 سبتمبر 1871م- مسقط

من: الرائد / إي. سي. روس E. C. Ross

الوكيل السياسي وقنصل صاحبة الجلالة البريطانية في مسقط

إلى: المقدم لويس بيلي

المقيم السياسي لصاحبة الجلالة البريطانية في الخليج الفارسي

يشرفني أن أبلغكم بأن السفينتين الحربيتين التركيتين «لبنان Lebanon» و«الإسكندرية Iskenderia»، قد غادرتا هذا الميناء صباح اليوم في طريقهما إلى الخليج الفارسي.

أبلغني العميد البحري التركي عارف بك، أنه من المنتظر أن يتم إدخال العديد من السفن الإضافية إلى الخليج الفارسي، وقد أبلغ العميد البحري لودر أنه من المقرر أن يتم إدخال عشر سفن إلى الخليج الفارسي، وأنه يتم تجهيز بعض السفن حاليًا لهذا الغرض، وقد أشار العميد البحري كذلك صاحب السمو سعود تركي، أنه سيتم إرسال ثماني سفن حربية إضافية لتلحق بالسفينتين «لبنان» و«الإسكندرية».

Ref.: (Foreign Dept. Secret, Progs., 292- 355, December, 1871), p. 5.

12 Sep. 1871.

رقم (293)

الإدارة السياسية

رقم (1024 - 274)

12 سبتمبر 1871م - بوشهر

من: المقدم لويس بيلي

المقيم السياسي لصاحبة الجلالة البريطانية في الخليج الفارسي

إلى: سكرتير حكومة بومباي

إلحاقًا برسالتي المشار إليها في الهامش (رقم 977-257 بتاريخ 28 أغسطس 1871م) وبرسائلي السابقة (تقارير كاتب المقيمية المؤرخة في 19، 22، 25، 26، 27 أغسطس 1871م، وتقرير السيد جوثري بتاريخ 27 أغسطس 1871م)، يشرفني أن أرفق لكم بهذه الرسالة نسخًا من ترجمة المستندات المشار إليها في هذه الرسالة، التي تتضمن ملخصًا للتقارير التي تلقيناها بشأن البحرين أو ساحل القطيف، بشأن مستجدات الأوضاع فيما يخص علاقات الأتراك والوهابيين وقبائل المناطق الساحلية.

هذه التقارير تغطي الفترة ما بين 19 و 27 من الشهر الماضي.

علمًا بأن المعلومات ذات الأهمية في تلك التقارير، سبق أن أحيطت الحكومة بها علمًا من خلال برقيتي المؤرخة في 28 من الشهر الماضي، والمرفق نسخة منها.

الرسالة المؤرخة في 27 من الشهر الماضي، (مرفق نسخة منها)، والصادرة عن السيد جوثري قائد سفينة المدفعية «هيو روز»، تتضمن ملخصًا موجزًا لهذه التقارير التي تلقاها من كاتب المقيمية، وكذلك الشائعات الرائجة في أوساط العامة.

Ref.: (Foreign Dept. Secret, Progs., 292- 355, December, 1871), pp. 9- 10.
14 Sep. 1871.

رقم (304)
تقرير كبير الكتبة
28 جمادى الآخرة 1288هـ/ 14 سبتمبر 1871م

هنالك سفينتان من سفن الحكومة التركية مرابطتان في ميناء بوشهر، وقد تأكد لنا أن هاتين السفينتين قد جاءتا من القسطنطينية عن طريق قناة السويس، في طريقهما إلى البصرة، وأنه لا يوجد عليهما جنود، علمًا بأن مجمل عدد أفراد البحارة في السفينتين ثلاثمائة (300) شخص، وبإحدى السفن ستة عشر (16) مدفعًا، وبالأخرى ثمانية (8) مدافع.

أطلقت السفن 21 طلقة، وقد استفسر نائب الحكومة عن السبب في إطلاق النار، وعندما علم بأن ذلك كان مجرد تحية عاد أدراجه.

وكيل القنصل الهولندي، ميرزا محمد تقي، أبلغ وكيل الشؤون الخارجية أنه ينبغي رد التحية، ولأن العلاقات القائمة في حينه بين وكيل الشؤون الخارجية والقنصل الهولندي لم تكن جيدة، تجاهل ذلك الطلب، وطلب من ميرزا محمد تقي أن يكتب له في ذلك الشأن رسالة رسمية، لكنه رفض وعاد إلى سفينته، بعد ذلك تم إطلاق طلقات المدفعية من السفينة «شهر برج Chehar Burj»؛ فاستفسر وكيل الشؤون الخارجية عن السبب، فتم إبلاغه بأن «ياور» القوات قد أرسل إلى الشاه زاده، يبلغه أن العرف يقتضي أن يقوم برد التحية بعد تلقي الموافقة على إطلاق النار.

بعدئذ، غادر ميرزا محمد تقي السفينة مع قائدها، وكان في استقبالهم بالميناء ثلاثة فرسان Sowar، أرسلهم ميرزا محمد تقي ليكونوا في استقبالهم، وتوجه العميد البحري أولًا إلى منزل ميرزا محمد تقي. بعد ذلك حضر القنصل الهولندي إلى منزل حاجي عبد النبي؛ حيث ذهب العميد البحري التركي لمقابلته، ثم بعث القنصل بمذكرة إلى الشاه زاده بالسفينة «شهر برج» وطلب منه فيها إيفاد شخص للترحيب بالعميد البحري التركي. وبعث الأمير بميرزا هدايت وشال كهدية لهذه المناسبة، وقد حصل موظفو ميرزا هدايت على مبلغ قدره ثمانية «تومان» كهدية.

طلب العميد البحري التركي مقابلة الأمير، وقد وافق سموه على ذلك، ثم أجرى الاستعدادات اللازمة لاستقباله بحضور 50 من الحرس السرباز Sirbaz ، والشربيت Sherbe.

وكيل الشؤون الخارجية لم يكن لديه علم بهذه الإجراءات؛ حيث حُدد له موعدٌ لمقابلة الأمير في فترة الظهيرة استجابة لطلبه، وعندما حضر في الظهيرة ورأى الاستعدادات الجارية، قام بإجراء تغيير في الإجراءات؛ كانت تتعلق بالحرس من السرباز والشربيت، وأراد العودة لمنزله، لكن الأمير طلب منه البقاء، وبعد وصول العميد البحري التركي كان باستقباله القنصل الهولندي وميرزا محمد تقي، وبعد المجاملات المعتادة، غادروا جميعًا الموقع، وعادوا إلى سفنهم في صباح اليوم التالي، لاستئناف طريقهم إلى البصرة.

Ref.: (Foreign Dept. Secret, Progs., 292- 355, December, 1871), p. 26.

22 Sep. 1871.

رقم (349)

ترجمة لمضمون الرسالة

7 رجب 1288هـ/ 22 سبتمبر 1871م

تم تسلمها في 29 سبتمبر 1871م

من: الشيخ عيسى بن علي بن خليفة - شيخ البحرين

إلى: المقيم السياسي في الخليج الفارسي

إنني في غاية الحذر في سبيل تجنب إقحام نفسي في الأشياء التي ليست بذات أهمية، لكني مشغول بمشاكل الفلاحين المقيمين في جزيرتي، ليس إلا.

تلقينا أنباء تفيد وصول سفينتين تركيتين إلى البصرة، وعلمنا برغبتهم في زيارة هذه الموانئ، وبإحداهما مدحت باشا، وإذا صحت هذه الأنباء أرجو إفادتي عمّا إذا كان لزامًا عليّ أن أمتنع عن الالتزام بأي تعهد معهم.

النقيب جوثري، سوف يبين لكم كافة التفاصيل لدى اجتماعه بكم.

أنا في انتظار ردكم بخصوص ما يجب عليّ عمله، وأنا واثق في حكمة قراراتكم.

Ref.: (Foreign Dept. Secret, Progs., 292- 355, December, 1871), p. 9.
23 Sep. 1871.

رقم (302)
رقم (1079 - 291) لعام 1871م
23 سبتمبر 1871م - بوشهر

من: المقدم لويس بيلي
المقيم السياسي لصاحبة الجلالة البريطانية في الخليج الفارسي

إلى: سكرتير حكومة بومباي

بالإشارة إلى برقيتيّ بتاريخ 14 و 15 من الشهر الجاري بشأن مسألة وصول السفن الحربية التركية «لبنان» و «الإسكندرية» إلى الخليج الفارسي، يشرفني الآن أن أرفق نسخة من الرسالة التي تلقيتها من الرائد روس Ross في هذا الصدد، وكذلك ترجمة لنص المذكرة التي أرسلها لي كبير الكتبة بهذه المقيمية.

2- يبدو في كل من مسقط وبوشهر، أن العميد البحري التركي قد بيّن أن أمره نهائي، وأنه قد حشد أسطولًا ضخمًا يتكون من ثماني أو عشر سفن.

3- لولا تلك التصريحات المتكررة الصادرة عن العميد البحري بحكومة الباب العالي الموقرة، ما كنت أتصور أن السفينتين اللتين رافقتاه في الوصول، كانتا نفس السفينتين اللتين تمت الإشارة إليهما في رسائل مكتب الهند وحكومة الهند، في رسائلهما التي كانت مرفقة بقرار الحكومة رقم (2553) المؤرخ في 15 يونيو الماضي، الذي تضمن إبلاغي باعتزام الحكومة التركية على مرابطة سفينتين إضافيتين في المنطقة الواقعة بين البحر الأحمر والخليج الفارسي.

Ref.: (Foreign Dept. Secret, Progs., 292- 355, December, 1871), p. 26.

29 Sep. 1871.

رقم (350)

رقـــم (508) لعام 1871م

14 رجب 1288هـ/ 29 سبتمبر 1871م- بوشهر

من: المقدم لويس بيلي

المقيم السياسي لصاحبة الجلالة البريطانية في الخليج الفارسي

إلى: الشيخ عيسى بن علي - شيخ البحرين

يسرني أن أفيدكم بتسلم رسالتكم المؤرخة في 7 رجب 1288. نصيحتي لكم، أن تكون مجاملًا لكل الزوار ذوي الأهمية الذين قد يصلون إلى بلدكم، لكن يجب أن تمتنع تمامًا عن إقحام نفسك بأية صورة أو أية درجة كانت في شؤونهم، وألا تورط بلدك في أي نزاع أو حرب قد تحدث خارج نطاق حدودكم.

Ref.: (Foreign Dept. Secret, Progs., 292- 355, December, 1871), pp. 26- 27.
30 Sep. 1871.

رقم (352)
ترجمة مضمون رسالة
15 رجب 1288هـ/ 30 سبتمبر 1871م

من: الشيخ عيسى بن علي آل خليفة - شيخ البحرين

إلى: العقيد لويس بيلي المقيم السياسي في الخليج الفارسي

نصائحكم وتأكيداتكم المقررة بشأن حمايتنا أثمرت عن إشاعة جو من البهجة في أوساط الناس هنا. الرعايا المقيمون لدينا في أفضل حال وفي أمان تام، والجزر التابعة لي تعيش في أمن وسلام، والشكر للحكومة الإنجليزية على ما نحن فيه من خير.

أفيدكم بأنني سوف ألتزم بتوجيهاتكم المتمثلة في ضرورة التزام الحياد التام، وعدم التدخل أو مساعدة أي من أطراف النزاع، ولكم الشكر على ذلك، ولم يتبق إلا أن أفيدكم بأني سوف أبلغكم بكل ما قد يستجد من أخبار.

في الفترة الأخيرة تلقينا بعض الرسائل من سعود بن فيصل، وقد رأيت أن ما ورد فيها كان من الأهمية بمكان فاستوجب إخطاركم به. من ضمن تلك الرسائل رسالة باسمي، تجدونها مرفقة بهذه الرسالة لعلملكم وعنايتكم.

Ref.: (Foreign Dept. Secret, Progs., 292- 355, December, 1871), p. 27.

30 Sep. 1871.

رقم (353)

مرفق برسالة الشيخ عيسى المؤرخة في 30 سبتمبر 1871م ترجمة لنص الرسالة التي بعث بها سعود بن فيصل إلى الشيخ عيسى بن علي آل خليفة 12 جمادى الآخرة 1288هـ/ 29 أغسطس 1871م تم تسلمها في 8 أكتوبر 1871م

أنا بخير والحمد لله، وقد قررت أن أبعث لكم بهذه الرسالة لعلمي أنكم متشوقون للتعرف على أخبار هذه المناطق.

كل الفلاحين الهنود، والبدو، وسكان المدن، قد أعلنوا ولاءهم وقبولهم لسلطتي، وتم التوصل إلى تسوية للمسائل العالقة بيننا، والحمد لله على ذلك.

سبق أن أرسلت لكم مندوبي لإبلاغكم بما حدث لعبد الله وأتباعه؛ فعندما وجد أن سكان نجد قد تخلوا عنه، قام بجلب الجيش (التركي) إلى بلده.

أنت تعلم أن هذا الجيش قد جاء إلى الجزيرة العربية والقطيف وغيرها من المناطق عن طريق البحر، وتعلم أيضًا أن البحر خاضع للتعهدات (أو الحماية)، وأن نيتي للتحرك تجاه القطيف قد أحبطت بأوامر المقيم، الذي كان يرغب في تجنب حدوث معارك أو اضطرابات في البحر، وكما تعلم كان عبد الله سببًا في العمليات، التي قام بها ذلك الجيش؛ حيث جاء لنصرته، وبسط سيطرته بعد ذلك في هذه المنطقة انطلاقًا من البحر.

ما أريده منكم هو أن تساعدوني في التخلص من هذا الجيش، ويمكن تحقيق ذلك إما بمنحهم مبلغًا معينًا كل عام، أو من خلال التصدي لهم.

مبعوثي عبد العزيز بن محمد بن غانم، سيخبركم بكل شيء في هذا الشأن شفهيًا.

أرجو أن تتوسط بيني وبين المقيم، وسوف ألتزم بكافة طلباته المتعلقة بوسائل استعادة هذه

المنطقة من أيدي هذا الجيش، سواء أكان ذلك بدفع مبلغ معين بضمانته، أم كان من خلال التصدي لهم هم وحلفاؤهم من شيوخ الكويت وغيرهم.

إن عبدالله، وكذلك سكان الكويت، وابن زهير، وابن رشيد، وابن بطي، هم الذين خططوا وأغروا هذا الجيش بالحضور من بغداد لمناصرة عبدالله.

في الوقت الحاضر؛ سوف أنتقل إلى مكان آخر بصحبة مجمل أتباعي من العرب والبدو وسكان المدن، وسوف أتحرك وكلي ثقة في أن الله سيعينني.

بعد وصول عبدالعزيز إليكم، وتسلمكم للرسائل التي بحوزته؛ يرجى الرد عليها بصورة عاجلة، على أن تتضمن كافة الأخبار، وأرجو ألا تطول إقامة المبعوث لديكم، كما يرجى إفادتي بشأن كل الأحداث التي حدثت مؤخرًا، سواء في البحر أم في البر، ويرجى إفادتي بشأن المبعوثين الذين أرسلتهم إلى بغداد؛ فلم يعد منهم أي أحد حتى اليوم، ولا أعرف سببًا لتأخرهم.

Ref.: (Foreign Dept. Secret, Progs., 292- 355, December, 1871), p. 26.

7 Oct. 1871.

رقم (348)

رقم (1164 - 328) لعام 1871م

7 أكتوبر 1871م- بوشهر

من: المقدم لويس بيلي

المقيم السياسي لصاحبة الجلالة البريطانية في الخليج الفارسي

إلى: سكرتير حكومة بومباي - الإدارة السياسية

يشرفني أن أرفق لعناية الحكومة نسخة من ترجمة نص الرسالة التي تلقيتها من شيخ البحرين، ونسخة من ردي عليها.

2- يتضح أن الشيخ مازال ملتزمًا بقراره المتمثل في النأي بنفسه عن التدخل بأية صورة كانت لصالح أي من طرفي النزاع، واستشارني فيما ينبغي له عمله، في حال قيام أي مسؤول تركي بزيارته في جزيرته لمناقشة الأمر.

Ref.: (Foreign Dept. Secret, Progs., 292- 355, December, 1871), p. 26.
18 Oct. 1871.

رقم (351)
رقم (1191 - 340) لعام 1871م
18 أكتوبر 1871م

من: المقدم لويس بيلي
المقيم السياسي لصاحبة الجلالة البريطانية في الخليج الفارسي

إلى: سكرتير حكومة بومباي
الإدارة السياسية

بالإشارة إلى مراسلاتكم السابقة بشأن الحملة التركية تجاه نجد، يشرفني أن أرفق لعنايتكم نسخة من ترجمة نص الرسالة التي تلقيتها من شيخ البحرين، وكان مرفقًا بها الرسالة التي تلقاها من سعود بن فيصل؛ حيث رأى الشيخ أن المعلومات المتضمنة بها كانت من الأهمية فينبغي إطلاعي عليها.

Ref.: (Foreign Dept. Secret, Progs., 292- 355, December, 1871), p. 5.

27 Oct. 1871.

رقم (292)

رقم (5177) لعام 1871م

27 أكتوبر 1871م - قلعة بومباي

من: دبليو. ودربيرن المحترم

السكرتير المسؤول لحكومة بومباي

إلى: سي. يو. إيتشيسون المحترم

سكرتير الحاكم العام لحكومة الهند

وزارة الخارجية

إلحاقًا برسائلنا السابقة التي كان آخرها رسالتي رقم (5043)، المؤرخة في 20 من الشهر الجاري، وبناء على التوجيهات التي تلقيتها؛ مرفق لعناية حكومة الهند، نسخة من رسالة ومرفقاتها؛ كانت قد صدرت عن المقيم السياسي في الخليج الفارسي تحت رقم (1024 - 274)، بتاريخ 12 سبتمبر 1871، بشأن العمليات التركية في الخليج الفارسي.

2- وقد طُلب من العقيد بيلي تقديم تفسير لما ورد في رسالة النقيب جوثري، بشأن مسألة بيع الأشياء المنهوبة من قطر في سوق البحرين بصورة علنية.

Ref.: (Foreign Dept. Secret, Progs., 292- 355, December, 1871), p. 8.

28 Oct. 1871.

رقم (301)

رقم (S-202)

28 أكتوبر 1887م – قلعة بومباي

من: السيد دبليو. ودربيرن المحترم

السكرتير المسؤول لحكومة بومباي

إلى: السيد سي. يو. إيتشيسون المحترم

رفيق وسام نجمة الهند

سكرتير الحاكم العام لحكومة الهند

وزارة الخارجية

بالإشارة إلى رسالة السيد ليبور وين Lepoer Wynne رقم (957P)، المؤرخة في العشرين من مارس الماضي؛ فقد تلقيت تعليمات بأن أحيل، لعلم حكومة الهند، نسخة من الرسالة رقم (1079-291) بتاريخ الثالث والعشرين من الشهر الماضي مع مرفقاتها، بشأن وصول سفن حربية تركية إلى الخليج.

Ref.: (Foreign Dept. Secret, Progs., 292- 355, December, 1871), p. 10.

3 Nov. 1871.

رقم (305)

رقم (5356)

3 نوفمبر 1871م - حصن بومباي

من: السيد دبليو. ودربيرن المحترم

السكرتير المسؤول لحكومة الهند

إلى: السيد سي. يو إيتشيسون المحترم

رفيق وسام نجمة الهند

سكرتير الحاكم العام لحكومة الهند

وزارة الخارجية

بالإشارة إلى برقية المقيم السياسي في الخليج الفارسي، المؤرخة في الثلاثين من يوليو الماضي، المشار إليها في الهامش لسهولة الرجوع إليها؛ (وصلت السفينة «ماجبي Magpie». لاحظ الرائد سميث أن جاسمًا يرفع الراية التركية على منزله، وأن الراية العربية مرفوعة على منزل محمد بن ثاني في البدع. وضح شيخ قطر الأمر برسالة؛ حيث تم رفع الراية التركية (العثمانية) بطلب من القائد التركي الذي أرسلها عبر الكويت. لم نر الشيخ. دخلت السفينة التركية إلى الميناء. أحال الشيخ الإنجليز شفويًا إلى السلطان العثماني بشأن رفع الراية) وبرقيات لاحقة؛ فقد تلقيت تعليمات بأن أرفق نسخًا من الرسائل المشار إليها أدناه من العقيد بيلي، حول أوضاع قطر فيما يتعلق بالحملة التركية على نجد، من أجل إرسالها إلى حكومة الهند:

1 – رسالة رقم (847-218) بتاريخ 31 يوليو 1871 مع المرفقات.

2 – رسالة رقم (899-238) بتاريخ 14 أغسطس 1871 مع المرفقات.

3 – رسالة رقم (900-239) بتاريخ 14 أغسطس 1871 مع المرفقات.

Ref.: (Foreign Dept. Secret, Progs., 292- 355, December, 1871), p. 23.

25 Nov. 1871.

رقم (340)

رقـم (5679) لعام 1871م

25 نوفمبر 1871م – قلعة بومباي

من: دبليو ودربيرن المحترم

السكرتير المسؤول لحكومة الهند - بومباي

إلى: سي. يو. إيتشيسون المحترم

سكرتير حكومة الهند - وزارة الخارجية

بناء على التعليمات التي وصلت إليّ بهذا الشأن، أرفق لعناية حكومة الهند نسخة من رسالة المقيم السياسي في الخليج الفارسي، التي تحمل الرقم (255/975)، والمؤرخة في 28 أغسطس الماضي، مع مرفق الرسالة الصادر عن قائد سفينة صاحبة الجلالة «ماجبي» التي تتعلق بالحملة التركية على نجد.

مرفق كذلك نسخة خطية من رسالة أخرى صادرة عن العقيد بيلي، بالتاريخ نفسه.

Ref.: (Foreign Dept. Secret, Progs., 292- 355, December, 1871), p. 25.

25 Nov. 1871.

رقم (347)

رقـــم (5689) لعام 1871 م

25 نوفمبر 1871م – قلعة بومباي

من: دبليو ودربيرن المحترم

السكرتير المسؤول لحكومة بومباي

إلى: سي. يو. إتشيسون المحترم

سكرتير حكومة الهند - وزارة الخارجية

إلحاقًا بالوثائق المرفقة برسالتي التي تحمل الرقم (5177)، بتاريخ 27 من الشهر الماضي، وبناءً على التوجيهات بهذا الشأن، مرفق لعناية حكومة الهند نسخ للرسائل المشار إليها بالهامش؛ (رسالة رقم (328/1164) في 7 أكتوبر 1871 مع مرفقاتها، ورسالة رقم (340/1191) في 18 أكتوبر 1871 مع مرفقاتها)، والصادرة عن المقيم السياسي في الخليج الفارسي، بشأن الحملة التركية تجاه نجد.

Ref.: (Foreign Dept. Secret, Progs., 292- 355, December, 1871), p. 28.
20 Dec. 1871.

رقم (354)
رقم (80)
20 ديسمبر 1871م – فورت ويليام

من: حكومة الهند

إلى: سمو دوق أرجيل Duke of Argule
وزير الدولة لشؤون الهند

إكمالًا لرسالتنا رقم (73) المؤرخة في 31 أكتوبر 1871م، حول الحملة التركية على نجد، يشرفنا أن نحيل نسخة من رسائل أخرى، وردت من حكومة بومباي حول هذا الموضوع، كما هو موضح في ملخص المحتويات المرفق.

2 - نود أن نلفت اهتمام سموك إلى الرسالة التي وجهها الوكيل السياسي في مسقط إلى المقيم السياسي في الخليج الفارسي، التي أُرفقت في الرسالة (رقم 4 في ملخص المحتويات)، التي تحمل الرقم (5202) والمؤرخة في 28 أكتوبر 1871م من حكومة بومباي؛ حيث ذكر فيها أن القائد التركي أخبره أنه سيتم إرسال العديد من السفن الحربية إلى الخليج الفارسي، إضافة إلى السفينتين «لبنان» و«الإسكندرية» المتمركزتين هناك. ونحن نرى أن من المستحسن توجيه تعليمات إلى سفير صاحبة الجلالة في القسطنطينية كي يستفسر عن مدى صحة هذا التصريح.

Ref.: (Foreign Dept. Secret, Progs., 292- 355, December, 1871), p. 28.

20 Dec. 1871.

رقم (355)
ملخص محتويات الرسالة رقم (80)
بتاريخ 20 ديسمبر 1871م
الموجهة إلى وزير الدولة لشؤون الهند

رقم 1- إلى وزير الدولة لشؤون الهند رقم (80) بتاريخ 20 ديسمبر 1871م، يحيل نسخة من الرسائل المذكورة أدناه.

رقم 2- ملخص المحتويات

رقم 3- من القائم بأعمال سكرتير حكومة بومباي، رقم (5177) بتاريخ 27 أكتوبر 1871م.

يحيل نسخة من رسالة المقيم السياسي في الخليج الفارسي، حول العمليات التركية في تلك المنطقة.

رقم 4- من القائم بأعمال سكرتير حكومة بومباي، رقم (5202) بتاريخ 28 أكتوبر 1871م.

بالإشارة إلى رسالة حكومة الهند رقم (P 957) بتاريخ 20 مارس 1871م، يحيل نسخة من رسالة المقيم السياسي في الخليج الفارسي، حول وصول سفينتين حربيتين تركيتين إلى الخليج.

رقم 5- من القائم بأعمال سكرتير حكومة بومباي، رقم (5356) بتاريخ 3 نوفمبر 1871م.

يحيل نسخة من رسائل المقيم السياسي في الخليج الفارسي، حول أوضاع قطر على إثر الحملة التركية على نجد.

رقم 6- من القائم بأعمال سكرتير حكومة بومباي رقم (5679) بتاريخ 25 نوفمبر 1871م.

يحيل نسخة من رسائل أخرى من المقيم السياسي في الخليج الفارسي، حول الحملة التركية (العثمانية) على نجد.

رقم 7- من القائم بأعمال سكرتير حكومة بومباي رقم (5689) بتاريخ 25 نوفمبر 1871م.

يحيل نسخة من رسائل أخرى من المقيم السياسي في الخليج الفارسي، حول الحملة التركية (العثمانية) على نجد.

إس- 354- 355- ديسمبر.

نسخة طبق الأصل،

التوقيع/ جيه. دي. جي. J. D. G.

نماذج من الوثائق

5

remaining Ports in these waters. But not only are similar statements not available for those other Ports, but it is probable that, if procured, their submission might only tend to mislead. For the articles which would appear as imports by large craft, at one Port, might again appear as exports from this same place, and as imports again at some other point. And the data do not exist for analyzing these complications, and presenting a complete statement of the trade in the Persian Gulf, considered as a whole.

48. I note below a list of the principal Exports and Imports of Bushire, obtained from independent mercantile sources.

Exports from Bushire.

Cotton	60,000	Tabreez maunds.
Madder root	100,000	„
Raw Silk	10,000	„
Gall Nuts	7,000	„
Almonds	50,000	„
Raisins	50,000	„
Tallow	30,000	„
Tobacco	120,000	„
Rosewater	6 to 20,000	Carboys.
Ditto	15,000	Flasks.
Assafætida	3,000	Tabreez maunds.
Salep	1,200	„
Gum Persia	25,000	„
Wool	100,000	„
Wheat	1,500,000	„
Opium	4,700	„
Ghee	10,000	„
Cummin seed	40,000	„
Bees wax	4,000	„
Dates	20,000	Baskets.
Gram	26,000	Tabreez maunds.
Carpets	5,000	Pieces.
Wine	500 to 1,000	Carboys.

Imports at Bushire.

		Rupees.
Cashmere shawls	to value of	2,500,000
Cocoanut oil	„	2,000
Preserves (Ginger)	„	5,000
Sealing-wax	„	1,000
Alum	„	5,000
Piece goods, Europe	„	600,000
Yarn Europe	„	35,000
Flints for Guns	„	6,000
Lead	„	7,000
Tin, Pig	„	70,000
Tin Sheet	„	5,000
Stationery	„	2,000
Leather	„	4,000
Spices	„	50,000
Pepper	„	50,000
Sugar	„	9,50,000
Sugar-candy	„	40,000
Tea	„	80,000
Camphor	„	2,000
Coffee	„	40,000
Blackwood	„	30,000
Brazil wood	„	4,000
Iron	„	10,000
Sal Ammonia	„	6,000
Drugs	„	7,000
Steel	„	3,000
Glassware	„	7,000
Candles, wax	„	2,000
Gold cloth	„	75,000

5

but, it is, pearls alone excepted, the sole export of these Maritime Arabs. Men must export what they can produce and spare, or else they must go without Imports. If men situate like these Arabs do not export salt-fish and pearls, they must either turn pirates, or starve.

111. So long ago as 1823 Captain McLeod reporting on the Joasmee tribe (being then at Ras-ul-khyma and Shargah) described them as possessing "no articles of export, since their pearls are generally purchased by merchants on the spot, and the produce of their country is not even sufficient for their maintenance. Their only employment is fishing, diving for pearls and importing dates, grain and other necessaries of life, which they purchase with the price of those pearls. Their dates are chiefly brought from Bahrein and Busreh; grain and cloth from Muscat and the Persian Ports. They are very poor, and, perhaps can never find much employment in commerce unless in carrying for others, although it is said they at one time possessed a very extensive trade. The Joasmees procure all their materials for building, as well as their warlike stores from Muscat, Bahrein and the Persian Ports in the lower part of the Gulf."

112. Colonel Kemball writing in 1845, remarked:—

"Upon the success of the Pearl fishing, and the profits of the carrying trade, which it brings into operation, must depend the means of obtaining the positive necessaries of life, and those trifling luxuries desirable to an Arab. It is needless to observe how materially their own condition, and by an easily deduced corollary, the safety of the Gulf, might be affected by the failure of a single season." Hence "the anxiety and care attended with great expense which has been devoted" by our Government "to the maintenance of perfect tranquillity and security on the Pearl banks."

113. The Maritime resources of the Arab (or Piratical) Ports are stated to be as follows:—

Ports.	Buglas engaged in the Indian and African trades.	Their tonnage in morabs.	Smaller vessels for Gulf trade from 500 to 1,000 morahs.	Pearl Boats.	Remarks.
Ras-ul-khyma........	11	24,000	15	15	
Ramse..................	1	1,000	5	......	Pays 800 Drs. annually to Ras-ul-khyma.
Jazirat-ul-Hamra ...	......	......	6	35	Do. 900 to 1,000 Do. do.
Himreeah	......	......	......	30	Do. 200 Do. do.
Shargah	6	14,750	25	400	Do. 1,500 Do. do.
Heyrah	......	......	......	25	Do. 50 to 75 Do. to Shargah.
Fasht	......	......	......	25	Do. 100 Do. do.
Khan	1	2,000	5	50	Do. 100 Do. do.
Total...	19	41,750	66	580	In addition to the places here enumerated as Joasmee territory, Sheikh Sultan ben Suggur possesses several small places on this as well as Coomza, Dibah, and Khore Facawn, and others on the other side of Cape Mussendom, which yields him a small revenue. His supremacy over Cassaab is merely nominal.
Amulgavine'..........	3	9,500	10	60	
Ejman'.................	4	6,000	10	50	
Debaye	......	......	4	90	
Aboothabee	2	4,000	10	600	

The tax levied upon each diver and his attendant varies, under the different Arab Chieftains, from $1\frac{1}{2}$ to 7 Dollars. The amount, too, fluctuates each season, at the will of the Sheikh.

114. The population varies in these towns; and the frequent convulsions sustained by society have precluded any permanent increase. The Ports of

Diary, during my recent journey, from the lips of the present Chief and other Sheikhs of Koweit.

valuable, and demand rapidly increased.

The same remark applies to Sessamum seed at Lamoo.

128. The family of the present Sheikh, have ruled at Koweit, some five generations or about 250 years; for, as these men live to the good old age of 120 years, their generations are, of course, nearly double ours; or about 50 years each. Originally, the Sheikh's progenitors dwelt in a small Fort called Moomgussur; situate at the head of the Kore Abdullah, near Bunder Zobier. They were the pirates of the North of the Persian Gulf and lower channels of the Shat-ul-Arab. But about 250 years ago, the Busreh authorities attacked and expelled them. The original Sheikh then came down the Boobian creek with his followers, and debouched on the bay, at present known as that of Koweit or Grane. Crossing the bay, he settled on its southern shore; and there erected a Fort or Khote: hence the name Khote, or Koweit. The term Grane, is rather applied to the shore line of the entire Bay; from its resemblance to the curve formed by two horns: Keor or Ghern, meaning horn. The settlement was subsequently increased by the son of the founder, who erected the longer portion of the present walls; which however, have since been again extended along the shore line, as the increase of population, from time to time, demanded.

129. Perhaps no conjuncture of circumstances could have seemed less favorable to the creation of a thriving commercial settlement, than the arrival of a band of Arab Pirates on a barren shore, with brackish water, and back grounded by a series of Bedouins. Yet what is the fact? Here is a clean, active town, with a broad and open main bazaar, and numerous solid stone dwelling houses, stretching along this strand, and containing some 20,000 inhabitants; attracting Arab and Persian merchants from all quarters by the equity of its rule, and by the freedom of its trade. It imports from Malabar and Bombay, some two lacs of rupees value, principally in longcloths, rice, coffee, planks and spices. It exports some 800 horses at an average value of 300 rupees each. 40,000 rupees worth in wool; 60,000 rupees of dates, and perhaps, 40,000 rupees worth in miscellanies, or say approximately nearly four lacs of rupees worth of exports against two and a half lacs, Imports. Of the horses some 600 are shipped direct from Koweit; the remaining 200 from Busreh. The horsedealers of Koweit have their agents among the Shemma Anizee and other Nejd and miscellaneous tribes; collecting accurate detailed information as to all the pedigrees of horses, and as to all the foals coming on. These Agents, towards the commencement of the Bombay season, in July and August, bring down their purchased horses, overland to Koweit; preferring this tedious route, with its cost of protection by the way, to running the gauntlet of the River Custom Houses, bad climate of Busreh, and other inconveniences.

130. The sailors of Koweit are highly reputed, and there may be some 4,000 of them afloat; but Koweit sends to Muskat for boat-builders, as they are esteemed superior workmen. Among a long row of native craft of all sizes, I observed two small boats made at Cochin.

131. Koweit* sends about 30 boats annually to Bombay, each boat on an average of 100 tons, containing 2,000 baskets of dates; worth, say, 1,000 French rials. Hence the date export of 30,000 rials or 60,000 rupees. The dates are received or shipped from the Shat-ul-Arab. Horse forage comes in part down the Boobian creek, from Bunder Zobeir. Mutton, which is good, and milk, butter &c., they receive from the Bedouins, who flock to the town and are pitched in tents or huts all along the outside of its walls. These Bedouins are not allowed to enter the town armed; but they sell at the gate, where the Chief daily sits, and looks on. Koweit may boast of some 6,000 fighting men within its walls; but the policy has been to keep the peace internally, and with all its neighbours. It pays no tribute to the Ameer Fysul; but maintains friendly relations with him. It receives no tribute, customs or revenue from any

* I found English saddles much esteemed among the Arabs at Koweit, and it occurred to me that if among the presents made by Government in this part of the world to the Native Chiefs, useful articles like a saddle were included, not only would the receivers benefit by them, but some want might be created, whose supply would involve subsequent trade.

(15)

25

one; save small offerings at the gate, or from merchants, amounting perhaps to 20,000 Rials per annum, and a complimentary present of dates from Busreh, in token of Suzerainty; and for the supposed protection of the mouths of the Busreh river. The Government is patriarchal; the Sheikh managing the political, and the Cazee the judicial Departments. The Sheikh himself would submit to the Cazee's decision. Punishment is rarely inflicted. Indeed there seems little government interference anywhere; and little need for any. When my father was nearly 120 years old, remarked the Sheikh to me, he called me and said "I shall soon die. I have made no fortune, and can leave you no money; but I have made many and true friends; grapple them. While other States round the Gulf have fallen off from injustice or ill-government, mine has gone on increasing. Hold to my policy, and though you are surrounded by a desert, and pressed on by a once hostile and still wandering set of tribes you will flourish." It is thus under the fostering care of a succession of common sense Rulers, and by means of a policy wisely originated, and systematically pursued, that an Arab band of pirates appear as the masters of a thriving Port, the refuge of the oppressed, and the peaceful free home of all. I confess that I looked round with something like amazement at finding such a political and commercial structure, in such a region, and the work of such hands.

132. If Arabs can do all this in the remotest corner of the Persian Gulf, what might not we do if we held its key gained the confidence of our neighbours by justice, and forwarded their material interests by the exercise of those moral qualities and that intellectual superiority, which the civilization of our country bestows on every English gentleman of common capacity, over an Asiatic?

133. No doubt, much of the prosperity of Koweit may be due to position, and to a comparatively healthy climate. It was in ancient days the point where the sea trade took to caravans, or river carriage. It still maintains its natural advantages; and, although I would not recommend the artificial forcing of trade from its present course, I would still keep an eye on Koweit, for future purposes. It is, in my opinion, by no means impossible that Koweit, under an effective development of the Gulf trade, would become the terminus for our sea-going steamers; a coal station, and a telegraph station. The more you analyze the question, the more you will probably be struck by the fact that the trade of the East and West has a marked tendency to resume its old lines under improved means of transit. Koweit appears to me a preferable Port to Busreh for the same reasons that Kurrachee is preferable to Tatta. The climate of Busreh is fatal; that of Koweit, comparatively good. The water of Koweit, it is true, is brackish; yet fever is unknown. Dysentery and ophthalmia are rare, and when men commence begetting new families at 80, and die at 120, the climate cannot be considered as prematurely exhausting.

134. The only remedies in use are firing, accompanied by doses of senna. If a man suffer from indigestion, he is fired in spots round the navel. If he have chest complaint, he is fired on the back, near the shoulder blade. The sores are kept open for months, as issues. And the efficacy of the treatment is much applauded. Their constitutions are strong, however.

135. The prevalent North-wester is tempered from the desert by blowing over ten miles of Bay; yet it does not, in that space, gain that muggy, relaxing character, with which it arrives on the opposite coast at Bushire. Koweit is always approachable by ships; and affords good and ample harbourage. Busreh is 70 miles up a river. Koweit has a fine broad channel of creek water running from its Bay up to within 12 miles of the Busreh point of the river. I landed close alongside the Zobeir Bunder, in 4 fathoms; and this was the least water I found in a mid-channel of an average width of one mile, from the Koweit end of the creek up to its head, within sight of the date-trees on the Shat-ul-Arab, near Busreh. The cutting of a canal across these twelve miles of flat soil, would be a work of little cost and labor.

136. On the whole, and without endeavouring to change trade from any

7

16

A

(34)

Approximate Annual Imports by Sea from India to Busreh and Baghdad.

Articles	Quantity		Value in Krans	Remarks
Alum	250	Casks	10,000	
Ammonia			30,000	
Brass			50,000	
Brass wire			10,000	
Brazil wood	4,000	Cwts	60,000	
Camphor	300	Cases	30,000	
Candles Sperm	4,000	Boxes	10,000	
Candles Wax			5,000	
Cardamum	65	Boxes	20,000	
Cinnamon	200	Boxes	15,000	
Cochineal			10,000	
Coffee	10,000	Bags	800,000	
Coir			20,000	
Copper	500	Cwts	50,000	
Cotton piece goods	5,000	Bales	700,000	
Cotton yarn	500	Bales	25,000	
Crockery			25,000	
Ebony	1000	Cwts	10,000	
Ginger	3,000	Bags	80,000	
Ginger preserves			5000	
Glass ware			25,000	
Indigo	500	Cases	800,000	
Kinkob &ca			100,000	
			2890,000	Carried over

Memorandum

		Krans
A.	Approximate annual Imports by Sea from India to Busreh & Baghdad	4,750,000
B.	Approximate annual Imports by Sea from England to Busreh & Baghdad	1,675,000
C.	Approximate annual Imports from Europe overland to Baghdad	1,075,000
D.	Approximate annual Import from Persia to Baghdad	500,000
	Approximate annual Import from Mokha and Zanzibar	500,000
	Total Krans ⊕	8,500,000
E.	Approximate annual Export from Busreh and Baghdad to India and Europe	10,000,000
F.	do. do. do. do. to Countries other than India & Europe	2,500,000
	Total Krans	12,500,000

⊕ 239 Krans are equal to 100 Bombay Rupees

الفهرس العام

- أ -

- ب -

- ت -

- ث -

- ج -

- ح -

- خ -

- د -

- ر -

- ز -

- س -

- ش -

- غ -

- ف -

- ق -

- ك -

- ل -

- م -

- ن -

- هـ -

- و -

- ي -